职业能力倾向测验与军人心理选拔

苗丹民　曹　爽　编著

清华大学出版社
北京

本书封面贴有清华大学出版社防伪标签，无标签者不得销售。
版权所有，侵权必究。举报：010-62782989，beiqinquan@tup.tsinghua.edu.cn。

图书在版编目（CIP）数据

职业能力倾向测验与军人心理选拔/苗丹民，曹爽编著. —北京：清华大学出版社，2023.6
ISBN 978-7-302-62155-3

Ⅰ.①职… Ⅱ.①苗… ②曹… Ⅲ.①中国人民解放军—文官—招聘—考核—自学参考资料
②军事心理学 Ⅳ.① E263 ② E0-051

中国国家版本馆CIP数据核字（2023）第059103号

责任编辑：孙　宇
封面设计：吴　晋
责任校对：李建庄
责任印制：杨　艳

出版发行：清华大学出版社
　　　网　　址：http://www.tup.com.cn，http://www.wqbook.com
　　　地　　址：北京清华大学学研大厦A座　　邮　　编：100084
　　　社 总 机：010-83470000　　邮　　购：010-62786544
　　　投稿与读者服务：010-62776969，c-service@tup.tsinghua.edu.cn
　　　质量反馈：010-62772015，zhiliang@tup.tsinghua.edu.cn
印 装 者：三河市铭诚印务有限公司
经　　销：全国新华书店
开　　本：185mm×260mm　　　　印　张：22.25　　字　数：422千字
版　　次：2023年6月第1版　　　　　　　　　印　次：2023年6月第1次印刷
定　　价：150.00元

产品编号：095779-01

编委会名单

主　　审　严　进
主　　编　苗丹民　曹　爽
副 主 编　黄　荷　张亚娟　隋佳汝
编　　委　（以姓氏拼音为序）
　　　　　保宏翔　曹　爽　黄　荷　刘权辉
　　　　　梁　伟　苗丹民　彭　波　齐建林
　　　　　田建全　任　垒　隋佳汝　孙科伟
　　　　　吴　迪　吴　青　毋　琳　王攀辉
　　　　　武圣君　肖　玮　杨志伟　杨业兵
　　　　　张家喜　张亚娟
图画设计　于　湾

序 言

如今，对于社会大众来说，心理测量已不再陌生。精神卫生机构对于心理问题的诊断与评估，大学新生入学后的心理健康检测，应征青年入伍前的心理筛查，个体生涯规划，企业员工特殊岗位的招聘，还有国家公务员的选拔，都离不开各种心理测量工具。若从用途上来看，心理测量既可以用来汰劣，也可以用来择优。相对于择优来说，汰劣的工具通常比较成熟，测量指标也比较客观。因为用来汰劣的指标都是必要条件，例如智力就是接受正常教育的必要条件，如果智商低于同龄人的平均水平，就无法完成正常学业，需要接受有针对性的特殊教育。良好的心理健康状况是从事军事活动的必要条件，应征入伍的适龄青年若智力不足或者存在心理疾病，就无法正常履行其职责。

能力又可分为一般能力与特殊能力。一般能力是任何职业岗位几乎都需要的能力，属于必要条件，如智力。而特殊能力则是特殊职业或岗位所需要的能力，如音、体、美方面的能力，以及飞行员的空间定向能力等。特殊能力通常都是择优测量的内容，人们习惯称之为心理选拔。心理测量发展到今天，择优的需求日渐增大，越来越多的职业岗位需要具备某种特殊能力的人。现代战争不再是兵员数量和武器装备数量的较量，而是科技与人才的较量。随着高科技武器装备种类的增多，对作战人员能力素质的要求也就越来越高。不同类型的岗位需要不同的胜任能力，适用于各种岗位的"优"几乎是不存在的。40多年前我曾经在通信连队服役，如今当我看到有关通信兵选拔标准的研究时，就会产生这样的疑问，通信兵在当时的确算是一个兵种，但就我所在的连队而言，其内部分工就包含多个完全不同的岗位，有电话兵、电台，还有运动通信等，电话兵又分为外线和总机，即便是电台报务员，抄收电报与发电报就是两种完全不同的技能，抄报训练名列前茅者却可能在学习发报时因"坏手"而被淘汰。这些岗位的胜任特征就无法用通信兵这样一个大类来涵盖，所以用一般能力的标准来选拔通信兵是没有意义的，要根据不同岗位的胜任特征来制定不同的选拔内容和标准。就如同坦克兵的选拔，即便是在同一辆坦克车上，车长、炮手与驾驶员的胜任特征都是不一样的。因此，相比汰劣筛查，择优选拔的难度就大多了。择优这个词也许并不准确，个体的能力不仅有发展水平的差异，还有类型的差异。最好的选拔，就是把合适的人员配置在合适的岗位上，即人岗匹配。这就是职业能力倾向测验要做的工作。要做到人岗匹配，首先要对岗位进行合理分类，并对岗位特点做工作分析，由此得出具体岗位的胜任特征，并据此确定相适应的心理特质或能力倾向。而当前有关军人心理选拔的一些研究之所以预测效度不高，就是因为缺乏对特定岗位的工作分析，该书显然能为今后开展这方面的工作提供非常有价值的信息和指导。

该书介绍并探讨美国军队《武装力量职业能力倾向成套测验》（ASVAB）的内容占了大量的篇幅，因为这是当前最为成熟也最具典型性的职业能力倾向测验。毋庸讳言，美国军队在军人心理选拔方面的研究是走在世界最前列的。该测验从20世纪70年代投入使用以来，在实践中不断检验，如今已修订了十几个版本，扩展为多个分测验，应用于所有军兵种，并实现了计算机自适应化测验（CAT）。该测验对应美国军队《军队专业分类》（MOS）的276种岗位，具有非常显著的预测效果，并取得了极大的军事效益。尽管由于国情和军情的不同，该测验并不适合直接套用于我国军队，但他山之石可以攻玉，其原理、思路、做法以及经验教训等，对于我国军队的心理选拔工作都极具参考和借鉴价值。通过该书所介绍的内容，完全可以做到举一反三。

感谢苗丹民教授邀请我为本书作序，也使得我得以近水楼台，先期阅读了本书的书稿。这是我所读过的对职业能力倾向测验介绍得最为充实也最为详细的著作，我相信任何对此内容感兴趣的读者都会从该书收获满满。以上文字就当作阅读书稿后的读书体会分享给大家，也诚挚地向大家推荐这本书。

王京生

2022 年 11 月 8 日

前 言

当初，什么样的机缘巧合让你选择了你所从事的职业？如果有机会，你是否会重新选择它？如果允许重新来过，你知道该如何去选择一个更适合你的职业吗？

其实，无论你是否喜欢现在的职业，也无论你是否认为自己在职场上取得了成功，有一天你都会不由得想到一个问题：这是你从小曾经梦想的那个职业吗？从你接受教育的那一刻开始，一些理念已经逐渐地植入到你的意识中，成为你梦想的源泉。这个源泉可能成为趋向梦想的动力，不知不觉注入到你实现梦想的行为中。随着社会的影响和知识经验的积累，小时候的梦想可能慢慢淡化了，直到需要选择职业的那一天，你迷茫了，然而自小驱动梦想形成的那些潜能却依旧静静地等待。如果冥冥之中选择了能发挥潜能的职业，你可能成为人生的赢家。不过，更多的人期盼着借助一项工具来预测自己的潜能，帮助做出合理的职业选择。从能力角度而论，这项工具就叫职业能力倾向测验。

职业能力倾向测验是能力测验的延伸，属于特殊能力测验。一般能力测验通常指智力测验，特殊能力测验则指检测是否具备某种特殊职业能力的测验。成就测验指对已具备能力的测量，能力倾向测验则指对将来可能具备能力的预测。能力测验又分为狭义的和广义的两种。狭义的主要指一般能力测验和特殊能力测验；广义的则包括了非智力性测验，例如管理能力、沟通能力、情绪调控能力、工作协调能力、心理健康维护能力等，其在人员选拔与评估中也占有重要的地位。职业能力倾向测验在智力层面上告诉你，未来会在哪个或哪些职业上取得成功。这也说明，为什么它要用预测符合率作为有效性指标。

美国军队1968年开发并于1976年投入使用的武装部队职业能力倾向测验（Armed Services Vocational Aptitude Battery, ASVAB）是目前最经典、影响力最大的军事职业能力倾向测验，是美国除GRE（Graduate Record Examination）和TOFLE（Test of English as a Foreign Language）之外影响力第三大的职业测验。1997年实现了计算机自适应化（Computerized Adaptive Testing, CAT），2002年在内容上进行了重大修订，2004年重新设定了测试的百分等级评分系统以确保达到更大效果。直至今天，ASVAB在美国军队军人职业选拔中仍发挥着重要作用。这就是我们使用较大篇幅介绍 ASVAB 的缘由。

2014 年我们完成了 ASVAB-2005 版实用手册的翻译，博士研究生吴青撰写了《军事职业能力倾向测验的修订及应用》的毕业论文。但由于该手册缺乏对 ASVAB 的形成、发展和效果评估的介绍，没有出版价值。2018 年我们对比了多个版本的 ASVAB 手册，查阅了大量相关文献，随即开展了系列本土化研究。2021 年，经 7 年的材料收集、主题讨论和实验研究，我们将介绍职业能力倾向测验与胜任特征、ASVAB 各测验与研究团队研究成果进行了有机结合，形成这部专著，在向从事相关研究的专家、学生和爱好者提供专业研究素材的同时，也为希望了解个人职业发展潜能的人们奉献一部指导用书。

本书分两部分。第一部分包括第 1~5 章，主要介绍职业能力倾向测验的概念，胜任特征与能力倾向测验的关系，ASVAB 的形成、发展、应用和计算机自适应化，ASVAB 与军事职业岗位匹配间的关系；第二部分包括第 6~13 章，分别介绍 ASVAB 各测验的内容、形式，以及我们在相关领域中开展的研究工作，为职业能力倾向测验的编制提供了实证依据。

随着高科技武器装备的迅速发展，军事岗位对军人特殊能力的要求越来越高，由此对研发适用于各类特殊军事职业能力倾向测验的需求也越来越强烈。为了助力军事职业能力倾向测验的开发，加速新型军事能力倾向测验的形成，中国人民解放军空军军医大学军事医学心理学系军人心理选拔研究团队耗费了大量心血，用使命感、责任感和科研操守完成了全书的撰写。

限于编者的经验和水平，书中难免有疏漏甚至错误之处，敬请各位读者批评指正。"路漫漫其修远兮，吾将上下而求索"很好地诠释了军事心理学研究的过去、现在和未来。衷心希望军内、外同仁能携手攻关，谱写军事人才心理选拔的新篇章！

苗丹民　曹　爽

2022 年 10 月 20 日

目 录

第1章 职业能力倾向测验与职业选拔 ········· 1
 一、职业能力倾向测验的概念与理论 ········· 1
 二、职业能力倾向测验的形成与编制 ········· 5
 三、职业能力倾向测验在民用领域中的应用 ········· 8
 四、职业能力倾向测验在军事领域中的应用 ········· 18
 五、职业能力倾向测验的研究 ········· 24

第2章 胜任特征与职业心理选拔 ········· 46
 一、胜任特征与工作分析的概念与关系 ········· 46
 二、经典职业岗位胜任特征研究 ········· 51
 三、军人胜任特征研究 ········· 53
 四、军事飞行员胜任特征研究 ········· 59
 五、航天员胜任特征与心理选拔研究 ········· 67
 六、军人胜任特征研究实例 ········· 70

第3章 ASVAB的形成与发展 ········· 88
 一、ASVAB的发展历史 ········· 88
 二、ASVAB的版本及内容 ········· 92
 三、ASVAB的效度验证 ········· 96
 四、ASVAB的计分 ········· 98

第4章 能力倾向测验的计算机自适应化 ········· 101
 一、CAT的概述 ········· 102
 二、CAT在ASVAB的应用 ········· 112
 三、CAT在军人心理选拔研究中的应用 ········· 114

第5章 ASVAB与职业分类系统 ········· 118
 一、美国军事人员分配操作程序 ········· 118

二、ASVAB 在美军陆军岗位分类中的应用 ………………………………… 120
三、与 ASVAB 对应的岗位分配系统 …………………………………………… 121
四、我军军人—岗位匹配实现途径与方法 …………………………………… 125

第 6 章　数学知识与推理测验 ………………………………………………… 133
一、概述 ……………………………………………………………………… 133
二、ASVAB 中的考察形式 …………………………………………………… 137
三、ASVAB 中的考察内容 …………………………………………………… 137
四、ASVAB 试题举例 ………………………………………………………… 152
五、数学推理测验的编制研究 ……………………………………………… 156

第 7 章　词汇与段落测验及研究 ……………………………………………… 176
一、概述 ……………………………………………………………………… 176
二、ASVAB 词汇考查形式 …………………………………………………… 180
三、ASVAB 中语言能力考查内容 …………………………………………… 180
四、词汇试题举例及解析 …………………………………………………… 182
五、词汇知识测验的编制 …………………………………………………… 187

第 8 章　物体组合测验及研究 ………………………………………………… 200
一、概述 ……………………………………………………………………… 200
二、ASVAB 空间能力测验考查形式 ………………………………………… 203
三、ASVAB 中空间能力测验考查内容 ……………………………………… 203
四、ASVAB 空间能力测验试题举例 ………………………………………… 205
五、空间能力测验的编制 …………………………………………………… 208

第 9 章　机械理解测验及研究 ………………………………………………… 220
一、概述 ……………………………………………………………………… 220
二、考查形式 ………………………………………………………………… 221
三、考查内容 ………………………………………………………………… 221
四、机械理解测验试题举例及解析 ………………………………………… 232
五、国内外相关研究与应用 ………………………………………………… 235

第 10 章　车辆知识测验 ………………………………………………………… 241
一、概述 ……………………………………………………………………… 241
二、考查形式 ………………………………………………………………… 242
三、考查内容 ………………………………………………………………… 243
四、车辆知识测验试题举例及解析 ………………………………………… 249

第 11 章　五金知识测验 · 252
一、概述 · 252
二、考查形式 · 253
三、考查内容 · 253
四、五金知识测验试题举例及解析 · 265

第 12 章　电学知识测验 · 272
一、概述 · 272
二、考查形式 · 273
三、考查内容 · 273
四、电学知识测验试题举例及解析 · 278

第 13 章　科学常识测验 · 285
一、概述 · 285
二、考查形式 · 286
三、考查内容 · 286
四、科学常识测验试题举例及解析 · 305
五、国内外相关测验 · 311

附录　美军军事岗位与 ASVAB 分数 · 312
一、陆军 · 312
二、空军 · 321
三、海军 · 327
四、海军陆战队 · 333
五、海岸警卫队 · 341

第1章
职业能力倾向测验与职业选拔

一、职业能力倾向测验的概念与理论

《中国大百科全书——心理学》第三版中对职业能力倾向测验是这样定义的：测定个体从事某种职业或活动潜在能力的测验。

（一）职业能力倾向

人们的职业能力存在个体差异，每个人的能力都有自身特点，有人擅长操作、有人擅长文字、有人擅长分析，还有人擅长计算。不同职业对从业者的能力要求也有不同，如飞行员对空间定向能力具有较高要求，选拔合适的候选者从事特殊职业，有利于其作业效能的发挥，降低培训耗损。

职业能力倾向（vocational ability tendency）指个体所具备的有利于在某一个职业领域获得成功的潜在能力特质，或指有效进行某类特定活动所必备的、潜在的特殊能力，抑或指经过适当学习、特定训练或置于特定环境下能迅速提高某职业能力的潜在特征。能够测定这些潜在能力特质或特征的测验，均称为职业能力倾向测验。

（二）职业能力倾向测验

职业能力倾向测验是能力测验的延伸。能力测验主要用于测量个体的总智力水平，即高阶智力，也称为一般能力，是个体完成任何一种认知活动所必须具备的基本能力。与之相对应的是特殊能力，指在某种特殊活动中表现出来的潜在能力，是顺利完成该活动应具备的智力条件，属于降阶智力。职业能力倾向测验是用于测量在某一特殊职业领域中应具备特定能力的测验工具，是一类特殊能力测验。一般能力与特殊能力的关系十分密切，一般能力是特殊能力的重要组成部分，如一般听觉能力既存在于音乐能力中，也存在于语言能力中，没有一般听觉能的发展，就不可能发展音乐和语言听觉能力；而特殊能力的发展有助于一般能力的发展，如音乐能力的发展会提高一般的听觉能力，进而影响语言听觉能力的发展。

职业能力倾向测验通常按所测的职业能力进行分类，如学业能力倾向、音乐能力倾向、美术能力倾向、机械操作能力倾向、行政能力倾向等测验。由于职业能力倾向测验可以有效地预测个体在一定职业领域中成功的可能性，或者不成功的可能性，因此通常被用于人员选拔、安置和职业设计。

依据所包含测验种类的多少，职业能力倾向测验又可分为多重能力倾向测验和特殊能力倾向测验。多重能力倾向测验是由不同能力倾向分测验组成；由于各能力倾向属非同质性，测验结果通常不用总分表示，而是以各组能力倾向分数来表示。而特殊能力倾向测验只用于了解能力的某一特殊方面，如机械推理能力、逻辑思维能力等。

职业能力倾向测验按测验目标分为一般能力倾向测验、多重能力倾向测验、特殊能力倾向测验；按测验内容分为一般能力倾向测验、特殊职业能力测验、创造力测验和心理运动机能测验。

（三）职业能力倾向测验的起源发展

1850年，美国掀起职业指导运动。1909年，美国帕森斯（Parsons）出版《选择职业》，介绍了"人—职匹配"职业选择理念：清楚地了解自己、了解职业、正确地选择职业。瑞典实验音乐心理学家西肖尔（Seashore）通过具体测量刺激与人的反应关系来研究音乐感差异，并制造、改进了许多能测量视觉、听觉、动觉以及节奏、音高、音色和颤音方面的仪器，提出人的音乐才能是可以通过实验来测定的。1919年他设计的"西肖尔音乐才能测验法"在西方被广泛应用。1927年，斯特朗（Strong）编制了第一个职业兴趣测验——斯特朗职业兴趣测验，将测验结果与职业相对应。1928年，哈尔（Hull）编制了能力倾向测验，提倡将职业能力倾向测验用于职业指导。1938年，美国心理学家瑟斯顿（Thurstone）开发了《基础心理能力测验》，成为第一个多重能力倾向测验，在教育咨询、职业咨询、职业安置和军人岗位分类等领域被广泛应用。1947年，美国劳工部就业服务署开发了一般能力倾向成套测验（General Aptitude Test Battery，GATB），用来测量认知能力，预测个体在特殊职业岗位上的工作绩效，是世界上第一个预测工作绩效的测验。1958年，美国通过了《全国义务教育法》，鼓励将心理测验和职业指导相结合，相继成立教育测验中心、大学测验中心，开展职业教育与职业指导。1966年，美国国防部下令各军兵种联合开发军队统一的一般能力倾向测验系统，即武装部队职业能力倾向测验（Armed Services Vocational Aptitude Battery，ASVAB），并于 1976 年在美军所有兵种选拔中应用。相比较民用测验而言，军队开发的职业能力倾向测验最多，最为齐全。

（四）职业能力倾向测验的意义

职业能力倾向测验能够得到广泛应用，主要在于其三大功能：①为人择事的职业指导和规划，主要针对不同人的特点，给予选择不同职业或专业的建议；②为事择人的职业选拔和安置，主要用来挑选合适的人从事某一工作；③为岗位绩效的专业评估和资质鉴定，主要用来确定一个人是否具有从事某专业所需要的能力，以鉴定他从事该专业的资格。职业能力倾向测验是选贤任能的一种科学方法和手段，综合了心理学、行为学、管理学、测量学、计算机科学等多种学科理论和技术，通过对人的能力结构和水平、职业倾向和发展潜能进行综合测评，为用人单位招聘、选拔人才提供依据，同时也可为个人的职业发展提供咨询。

（五）职业能力倾向测验的理论基础

心理学家对人类能力结构提出了许多假设，最有代表性的有三种理论模型：二因素说、群因素结构理论、三维结构模型。这些模型为职业能力倾向测验的开发提供了理论基础和发展空间。

1. 二因素说

二因素说是英国心理学家斯皮尔曼（Spearman）于 1904 年提出，英文表述为 Two-Factor Theory。他用因素分析法对各类测验进行分析时发现，有一个因素与所有测验均有一定相关性，他称之为普通智力因素（General Factor，G）；进一步研究发现，有的人在某项测验上的成绩较好，而在另一项测验上成绩较差。他认为这种相同的人在不同测验上存在差异的现象说明还存在另外一种因素，即特殊智力因素（Specific Factor，S）。

普通智力因素是人在所有智力活动（如掌握知识、制订计划、完成工作、人际交流等）中共同依赖的因素，即每一项智力活动中都蕴含着这种普通因素。G 因素值越高，人越聪明，它是界定一个人智力水平的重要指标。

特殊智力因素通常认为包括五大类：①口头能力，②计算能力，③机械能力，④注意力，⑤想象力。斯皮尔曼认为可能还有第六种因素，即智力速度。如果说 G 因素参与所有智力活动的话，那么 S 因素则以一定的形式和程度参与到不同的智力活动中。

依据斯皮尔曼的理论开发的著名智力测验有韦氏智力测试（Wechsler Intelligence Scale，WISC）、斯坦福 – 比奈智力测试（Stanford-Binet Intelligence Scale，SBIC）等。

2. 群因素结构理论

群因素结构理论由美国心理学家瑟斯顿于1938年提出，英文表述为Group Factor Theory。他采用56种智力测验对大学生进行测试，用因素分析法发现存在7种因素，称为7种基本心理能力，有①语言理解：了解词语意义的能力；②语词流畅：迅速选择同义词或近义词的能力；③计算：正确而迅速解答数学问题的能力；④空间知觉：运用感知经验正确判断空间方向及各种关系的能力；⑤记忆：对事物强记的能力；⑥知觉速度：迅速而正确地抓住细节和分辨异同的能力；⑦推理：从特殊事例中发现抽象规则的能力。最初他认为这7种基本能力在功能上彼此独立，但后来发现它们之间有着显著的相关。由此他提出二阶因素（Second Order Factor）的概念，即在彼此相关的第一阶因素的基础上，再度进行因素分析，此时分析的是各种因素间的共同因素。

1941年，瑟斯顿根据7种基本能力编成了著名的"基本心理能力测验"（Primary Mental Abilities Test，PMAT）。

瑟斯顿提出的群因素结构说，在智力结构理论研究方面起着承前启后的重要作用。自从群因素结构说提出后，研究者的目光由对智力的因素研究转向对智力的因素分析，形成两种研究方向：构造包括普遍因素和各种基本能力在内的智力等级体系，在独立的智力因素之上建立智力结构模型。

3. 三维结构模型

三维结构模型美国心理学家吉尔福特（Guilford）于20世纪60年代提出，英文为Structure-Of-Intelligence（简称SOI）。他认为，智力结构由操作、内容和产物三个变量构成。内容指智力活动的对象，包括图形、符号、语义、行为；操作指智力活动的过程，由认知、记忆、聚合思维、发散思维、评价组成；产物指智力活动的结果，包括单元、类别、关系、系统、转换、蕴含。最初，吉尔福特认为该模型应包含120种智力因素；1977年，他在《改善智力和创造性指南》中将智力结构因素修改为150（$5\times5\times6$）种；1988年，经过对记忆的进一步研究，他认为智力三维结构应该为180（$5\times6\times6$）种。人的180种智力因素能够通过不同测验加以检验。在这些测验中，智力活动的内容为符号、操作为认知、产物为单元，这样就可根据个体智力因素的组合了解其认知能力。

吉尔福特的三维结构模型把智力活动的内容、操作和产物有机结合，极大地促进了智力测验研究在教育实践中的应用，使教师能够有效区分学生智力的优缺点，为因材施教提供理论依据。同时，SOI理论引导了智力理论的深入探讨，对智力结构的复杂性、智力要素间的相关性有了深刻的认识，为职业能力倾向测验的编制提供了有力的理论支撑。

4. 弗农层次结构理论

弗农层次结构理论由英国心理学家弗农（Vernon）于1961年提出，英文表述为 Hierarchical Structure Theory of Intelligence。群因素论和三维结构模型都把智力看成由同一层级相对独立的能力组成的，而弗农认为智力因素之间是存在层次结构的，越大的智力因素，越像一般智力，越小的就越像特殊智力。在他的模型里，一般能力居层次的顶端，其下是两个大因素群：语言-教育因素和实用-机械因素。两大因素群可以再分为许多次（小）因素群，前者有词、数等，后者有机械知识、空间、动作等。隶属小因素群的称为特殊因素，即各种各样的特殊能力。弗农层次结构理论像生物分类学那样来划分智力结构。

层次结构理论比智力二因素结构论和智力群因素结构说前进了一步，在G因素和S因素之间增加了大因素群和小因素群，改变了把一般能力和特殊能力对立的认识，为特殊能力测验的编制提供了很好的理论支撑。

5. 卡特尔层次结构理论

卡特尔层次结构理论由美国心理学家卡特尔（Cattell）于20世纪60年代提出。他认为智力包括两种一般因素：流体智力和晶体智力。晶体智力具有厚重的文化成分，通过词汇、数学技能及一般与特殊知识来测量；流体智力包含较多的知觉与操作技能。流体智力与晶体智力对智力活动的作用因人而异，因此智力的稳定性将视流体与晶体成分在行为上所起的作用而定。

流体智力属信息加工和问题解决的能力，受先天因素影响较大，如对事物关系的认知、类比和演绎推理能力，抽象概念形成能力等，较少依赖文化和知识的影响；晶体智力则是个体通过流体智力所学到的并得到完善的能力，是通过后天学习发展起来的，如语言、数学知识等。传统的智力测验测的主要是晶体智力，为此，卡特尔设计了有关文化平等智力测验来专门测量流体智力。结果发现，流体智力随生理成长曲线而变化，20岁达到高峰，30岁后随年龄开始下降；而晶态智力在人的一生中都在发展，25岁以后发展速度渐趋平缓，60岁开始衰退。有研究发现，流体智力的生理基础是大脑皮层的联合区，而晶态智力则是大脑皮层特定的运动区或感觉区。

二、职业能力倾向测验的形成与编制

编制职业能力倾向测验需要考虑如下要素：

（一）编制目的

编制职业能力倾向测验首先需要明确编制目的，即明确是为哪类岗位人员编制测验,如是为飞行员、航天员、导弹发射手、舰艇人员编制,还是为普通士兵等编制的。因为测验编制目的决定了编制的程序、难度、工作量和校验方法等。

(二)工作分析与胜任特征

目标明确后,就要对该类岗位进行工作分析,通过科学的方法了解该岗位对从业人员心理素质的要求。职业能力倾向测验的编制,通常是以对某职业胜任特征分析为依据的。胜任特征(competency)指区分优秀人员与普通人员在能力、人格特质、职业动机等方面差异的特征。胜任特征的提取是通过对某职业岗位进行工作分析,对数据进行收集和整合,从而建立该职业岗位的胜任特征模型。职业能力倾向测验依据的是某工作岗位的优异能力表现或绩效,计算不同特征单元对整体模型贡献而建立的胜任特征模型中的能力特征。建立胜任特征的基本假设是将处于胜任特征中优秀层面的人员选拔进入该岗位,最大程度地发展和提高该岗位所需能力品质,优化并节省培训时间和经费,构建卓越团队,达到效益最大化。

通过对全军多兵种 9 004 例样本的调查,采用多级估量模糊集模型赋值技术,首次建立了初级军官胜任特征模型和士兵胜任特征模型,并在总体评价模型的基础上,建立了各军兵种、不同专业军人分级结构模型,奠定新型军事人才选拔客观、公正、操作性强的基础。在该模型的基础上,编制了《士兵职业基本适应性测验系统》《军校招收学员职业基本适应性测验系统》,形成了两项国家军用标准。通过 16 年对 1400 多万应征人员的心理检测,总符合率达 94.0%。

(三)理论依据

标准化心理测量最大的特点就是必须有理论依据,如韦氏智力测试和斯坦福—比奈智力测试的理论依据是智力二因素结构论;基本心理能力测验(Primary Mental Abilities Test,PMAT)的理论依据是智力群因素结构说。大量研究证实,基于相关理论编制的心理测验,结构效度和预测效度都比较高,并被广泛应用。

对所有智力理论和国际著名智力测验背后的理论进行了回顾,发现它们的观点和测验内容上都有很大差异,但在语言、数字和知觉速度构成一般智力因素核心的观点上,认识是统一的(表1-1)。

通过工作绩效分析发现,作为一名合格的士兵能否掌握语言能力、数学能力、反应速度能力等是决定士兵军事环境适应、军事专业学习、军事训练成绩等的重要因素。因此,《士兵智力测验》(Soldier Intelligence Test,SIT)选择数字运算测验、语词推理测验、数字搜索测验作为测验内容。近20年的实践证明,该测验在士兵基本作业能力评价方面发挥着重要作用。

表 1-1 智力理论与智力测验内容

理论与测验	检测智力内容
Thotndike 智力 CAVD 理论（1898）	完成句子、算术推理、词汇运用、领会指导
Thurston 智力结构（1938）	语文理解、字词流畅、数字运用、知觉速度、记忆、归纳推理、视觉空间
WAIS 智力测验的语言类（1939）	词汇、算术、常识、理解、类似
Vernon 层次模型理论的第一大群（1960）	语言、数字
美国武装部队职业能力倾向测验（ASVAB,1976）	数学推理、词汇知识、段落理解、数学知识、科学常识、车辆和五金知识、机械理解、电学知识、物体组合
多重能力倾向成套测验（1983）	学习能力、语言、数学、空间、文书、运动协调、手指灵活、形状知觉
Sternberg 三元理论的成分智力（1985）	语言、推理、反应速度、词汇、解决问题
一般能力倾向成套测验（GATB,1985）	语言能力、数理能力、书写、空间判断、形状知觉、手指灵活、手腕灵活、职能、运动协调
Stanford-Binet 智力测验的晶体智力（1986）	语言推理、数量推理
CogAT 团体认知能力测验（Form 6,2001）	语言、数量、非语言

（四）题目提取

测验依据工作分析、胜任特征模型和智力理论，从现有的著名能力测验、历年各类考试或借助网络爬虫技术等提取相关题目，根据测验人群、测验目的、测验形式对题目进行筛选。编制双向细目表，采用德尔菲专家评估法对每一个题目进行评估。整合题目、规范答题形式、给测验命名、编制标准化指导语、确定计分方法，整合各分测验，完成量表的初步编制。

（五）信效度检验

编制的测验是否可用，最重要的是对测验进行各种信度、效度、项目质性等的检验。信度检验指测验试卷能测量受试者真实水平的可信程度；效度检验指测验能达到测验目的的有效程度；项目质性分析包括区分度和难度分析；区分度指试题能鉴别受试者真实水平高低的程度；难度指试题对于受试者而言的难易程度。前两项是对整个测验进行评价的指标，后两项是对考试题目分析的指标。

（六）常模与评价标准

常模（Norm）是根据标准化样本测试结果计算出来的平均数和标准差，主要用于特定人群正态分数的描述。心理测验是通过人群正态分布，将其测验分数确定为一个相对的标准分值，有了标准化分数，就能判断一个人在某项测验上的相对位置，确定能力的等级。常模的标准化样本选取的好坏，决定一项测验标定的准确性和测验误差的大小，堆积性的采样，会破坏常模的代表性和有效性。因此常模指定中应把握：①科学抽样，从明确定义的"特定人群"总体中抽取到容量足够大并具代表性的受试样组；②采用规范化施测手续与方法对标准化样组的所有受试施测，以便恰当而准确地收集到所有受试在该测验上的实际测值；③对收集到的全部资料进行统计分析处理，把握受试样组在该测验上的普遍水平或水平分布状况。

（七）推广与应用

测验效果如何，最终取决于在实际使用中的效果，包括测验结果是否准确、测验时间控制是否合理、测验形式是否便利、测验用户体验是否友好等。

三、职业能力倾向测验在民用领域中的应用

（一）一般能力倾向测验

1. 起源与结构

一般能力倾向成套测验（General Aptitude Test Battery，GATB）是美国劳工部就业保险局自1934年起花费了10年时间编制而成的，专为美国国家就业服务机构的顾问们使用，可用来测查受试者多方面的能力倾向。该测验的技术路线分为两个方面：工作分析和因素分析。为了进行工作分析，动用了大量人力分析了美国2万个企业中7.5万个职业岗位，结果发现有20个职业能力模式，并归纳出10种能力倾向。同时，研究人员又对当时应用于选拔士兵、招聘雇用等领域的50多种测验进行因素分析，确定了10种与职业关系密切并有代表性的能力因素。通过对上述两种结果的分析，最终确定15种能力倾向测验，其中11种为纸笔测验，4种为操作测验，主要测定9种能力倾向。

智能：指学习能力，即对问题理解能力、推理判断能力、适应环境能力等；

语言能力：指理解语言意义、关联概念的能力，即对语言相互关系及文章、句子意义的理解能力；

数理能力：指快速正确进行计算的能力，以及推理、解决数学问题的能力；

书写能力：指对词和语言的运用能力，对印刷物细微的知觉能力，对词和数字的判别和纠错能力等；

空间能力：指对平面图形、立体图形以及两者之间关系的理解、判断能力；

形状能力：指对实物或图形细微差异的分辨能力；

运动协调：指迅速、准确掌握眼和手协调的能力，并迅速完成特定操作的能力；

手指灵巧度：指快速、准确活动手指，用手指准确操作细小东西的能力；

手腕灵巧度：指灵巧掌控手和手腕的能力，如拿着、放置、调换、翻转物体时手的精巧运动和腕的自由运动能力。

2. 应用领域

GATB 在民用领域应用非常广泛。

（1）在企业人员招聘中，GATB 是了解求职者能力特点的重要手段。通过实测，可较快掌握求职者的能力优势，从而分析其与不同岗位的匹配度，有利于将适合的人才调整到最适合的岗位上。

（2）对求职者而言，在选择职业岗位之前，可事先完成 GATB，了解自己的能力倾向特点，再结合应聘岗位的职业需求，选择最适合自己的岗位，以提高个人职场的成功率。

（3）无论求职者还是在职者，职业规划都是职业发展的基础。通过 GATB 了解个人发展潜能，扬长避短，积极适应个人职业岗位，不断提升个人职业能力。

（4）GATB 成绩也是高考填报志愿选择大学专业的重要工具，对于绝大部分学生来说，所学专业和未来从事的职业关系紧密，选择适合自己的专业，是大学学业成绩和未来就业的重要保障。

3. 中国版 GATB

迄今为止，GATB 不仅在美国经过多次修订，也被世界许多国家翻译、修订。我国戴忠恒等根据 1983 年日本版本修订出了中国的 GATB，并建立了中国常模。方俐洛等建立了 GATB 中国城市版测验及常模（表 1-2）。

表 1-2　中国版 GATB 测验项目及测验时限

类别	序号	测验项目	时间/秒	序号	测验项目	时间/秒
纸笔	1	工具匹配	90	7	立体图判断	90
	2	名词比较	180	8	算术应用	210
	3	画纵线	15	9	语义	120
	4	计算	210	10	打记号	30
	5	平面图判断	120	11	形状	120
	6	打点速度	30			
操作	12	插入	15（三次）	14	组装	90
	13	调换	30（三次）	15	分解	60

（二）学术能力倾向测验

学术能力倾向测验（Scholastic Aptitude Test，SAT）是美国两大高考测验之一，

1926年开始，由美国大学入学考试委员会编制，1948年后，由美国教育测验中心主持编制，主要用于评估和预测高中生的大学学习能力以及可能更具优势的专业领域，测验分语言和数学两大部分。语言部分有反义词、句子填充、类比推理、阅读理解、标准书面语言等，用以检测词汇量、阅读理解和逻辑推理能力；数学部分包括算术、代数、几何等内容，用于检测数学运算、数学概念运用、推理能力和运用基本数学知识解决实际问题的能力。测验结果包括语言和数学两个分数，全部为多重选择题，每道题目有4~5个选项。每年举行测试5次，时长3小时，满分800分。每份考册分6段，其中语言测验2段共85题，数学测验2段共60题，标准书面语言测验和调查性测验各1段。标准书面语言测验旨在预测学生进入大学后的阅读和书写能力，调查性测验是为美国测验中心提供拟定今后试题的数据资料。

1994年SAT在内容、形式、测量特征、统计程序等方面进行了较大改进，且更强调测量学生的推理和评判性思维能力。2005年SAT采用新版测验，总分共2 400分，分为阅读、写作和数学三部分，由美国教育考试服务中心（Educational Testing Service，ETS）承担其命题及阅卷工作。新版SAT考试的主要特点是：①增加作文部分，同时在作文部分中包含多项选择语法题的测试项目；②语文部分改名为分析性阅读，包含完成句子、短阅读和长阅读；③取消原有语文部分中的词汇类比题；④数学部分的考察范围扩大到美国大学三年级的数学课程内容；⑤取消原有数学部分中比较大小的部分。

围绕SAT展开的研究可谓不计其数，主要集中在测验的预测效度方面。如SAT的测验分数是否能预测受试者大学学习成绩。大量研究表明，SAT分数与大学许多专业课成绩均呈显著正相关；美国大学委员会的考试效度研究中心曾对其700所大学做了2 000多个效度研究，结果显示SAT与大学一年级学习成绩的相关系数为0.42，如果将高中学习成绩与SAT成绩相结合，预测符合率可提高到0.55；研究还发现，SAT可预测大学成绩，特别是对因家庭困难、学习动机缺乏等高中学习成绩低分者的预测，其预测效度最高。从这个意义上讲，SAT提供了一种评价这类学生能力更加公平的方法。

20世纪70年代开始，SAT被用于鉴别具有天赋的初中学生，在美国，每年就有数万名学生参加SAT测试。有研究从1 996名初中学生中选出SAT成绩最优秀的1%，对他们进行10年追踪研究，结果表明使用SAT鉴别学生天赋是有效的。

（三）鉴别能力倾向测验

美国班尼特（Beunett）等编制了鉴别能力倾向测验（Differential Aptitude Tests，DAT），1947年由美国心理公司出版，主要对初高中生进行教育咨询和就业指导。DAT包括8个分测验：语言推理、数学能力、抽象推理、文书速度与准确性、机械推理、空间关系、语言运用（拼写）、语言运用（文法）。8个分测验分别记分，以剖面图的形式呈现测验结果，可直观表达每人各项能力倾向在同年级团体中的相对水平和个体差异。自DAT出版以来，会定期进行修订，1986年形成了计算机化版本。研究者们对DAT的有效性进行了大量研究，结果显示语言推理和数学能力的总分对所有学科都有较好的预测作用，因此这两项测验可用于测评基本学习能力。研究还显示，不同分测验对不同学科具有不同的预测性，如语言推理测验与英语及社会科学等学科方面的成绩有高相关性；机械推理测验在预测自然科学学科成绩方面比预测英语及社会科学学科更为有效。以上结果均表明，DAT具有较好的预测效度和区分效度，由此被学界视为多重能力倾向测验的典范。

（四）行政职业能力倾向测试

行政职业能力倾向测验（Administrative Aptitude Test，AAT）是公务员录用考试的一个重要组成部分，在性质上既不同于一般的智力测验，也不同于行政职业基础知识或专业技能测验，其是通过一系列心理潜能测验，预测受试者在各行政岗位上取得成功可能性的能力倾向测验。

在英国，文官考试中包含了11项认知测验，性质均为能力倾向测验。该测验形式既有文字的，也有非文字的；部分内容用以考查行政官员所必须具备的文字和数学能力，另一部分内容考查其逻辑推理的能力。美国芝加哥大学为美国政府设计的《基础能力倾向测验》也是文官考试能力倾向测验，测查的内容包括空间能力、数量关系理解、观察力、记忆力、文字表达能力、语言关系理解、知觉速度和归纳能力8项。

1994年6月，我国国家人事部颁布实施的《国家公务员录用暂行规定》指出，对公务员的录用考试采取笔试和面试两种方式，考查受试者的公共基础知识、专业知识水平以及适应职位要求的一般素质与能力，后者即行政职业能力倾向测验，目前已在全国范围内的国家公务员考试中推广应用。一般来说，该测验成绩占录取总分的40%~50%，在全国各级各类公务员录用考试中均被列为必考科目。

通过工作分析发现我国行政职业能力倾向测验结构包括数量关系、判断推理、常识判断、语言理解与表达和资料分析5个方面，这是行政职业人员应具备的最基本、最主要、便于实际测查的能力，是做好行政工作必要而非充分的条件。

1. 语言文字综合分析能力

考察语言理解与表达能力。测验形式是通过一段文字资料或者一篇文章，考察受试者对词和句子一般意思和特定意义的理解，对比较复杂的概念和观点的正确理解，对语句隐含信息的合理推断，以及在干扰因素较多的情况下能否比较正确地辨明句义、筛选信息等能力。要求受试者应具有相对较强的语言分析和理解能力，以及扎实的语法功底和文字处理能力。

2. 数量关系理解与计算能力

考察对数量关系的理解与计算能力。对数量关系的理解和基本数学运算的能力是人类智力的重要组成部分。在科学技术高度发达的今天，国家公务员在工作中需要进行高效、科学、规范的信息化管理，因而应具备快速、准确地接受与处理大量数字化信息的能力，才能胜任岗位要求。

3. 逻辑判断推理能力

考察逻辑判断推理能力。逻辑判断推理是智力的核心部分，反映一个人对事物实质及事物关系的认识能力。国家公务员担负着行政管理工作，面临着十分复杂的问题，必须具备较强的逻辑判断推理能力。逻辑判断推理能力测验涉及对图形、词语概念和文字材料的认知理解、比较、组合、演绎、综合判断等。

4. 掌握科学知识能力

考查对常识的掌握能力。国家公务员在处理日常工作中接触形形色色的人物和事件，必须具备较为广泛的知识，包括从古到今、从无机物到人类、从自然到社会等。由此，测验实际上是考查受试者对知识的学习、思考和积累的能力。

5. 资料分析及判断能力

考察对资料的分析和判断能力。现代社会信息量大，信息常常通过统计资料展现，只有具备抽象、快速、综合的信息分析与加工能力，才能从枯燥的资料中找到"关键点"，并有的放矢地制订方案，提高工作效率。

（五）特殊能力倾向测验

特殊能力倾向测验（Special Aptitude Tests）是一类甄别个体在某方面是否具有特殊潜能的测量。特殊能力可在不同的人身上表现出不同的特点，如有的人擅长音乐，有的人擅长美术，有的人擅长言辩，有的人擅长机械等。最早的特殊能力测验是机械能力倾向测验。后来由于职业选拔与咨询的需要，各种文书、音乐及艺术能力倾向测验纷纷面世，同时视力、听力、运动灵敏度等感知觉方面的测验也逐渐被广泛应用于工业、军事等领域的人员选拔与分类中。随着一般能力倾向测验的发展，一些特殊能力测验也被并入其中。但由于测验形式的限制，非纸笔性特殊能力测验依然独立存在，例如视力、听力、运动技能及艺术才能测验等，再如操作、动作协调、空间定向和音乐技能测验等。特殊能力倾向测验独立存在的另一个作用是，由于其灵活性大，可以根据测验的需要进行各种组合。

按测验涉及的类型，特殊能力倾向测验可分为单一特殊能力倾向测验、综合特殊能力倾向测验和专业职业能力倾向测验。按测验涉及的内容，特殊能力倾向测验又可分为5大类：

1. 感知觉能力测验

感知觉能力测验主要涉及视觉敏度、听觉敏度和颜色视觉等。该类经典测验主要有弗劳斯蒂格（M. Frostig）编制的视知觉发展测验（Developmental Test of Visual Perception，DTVP）。DTVP 主要用于测量幼儿感知觉的发展，是一套纸笔测验，特别适合有学习困难或有神经障碍的儿童。DTVP 包括 5 个测验：眼动协调、图案背景恒定、形状知觉、空间位置和空间关系测验。

2. 心理运动能力测验

心理运动能力测验主要测量个体对精细动作的控制能力，通常通过测量手、腿、脚的运动速度、协调性和反应敏捷性来实现。20 世纪 30 年代，心理运动测验被用于对工作和职业成绩的预测。美国空军人事和训练研究中心将其技术运用到飞行员训练和空战模拟中。20 世纪 50—70 年代，弗莱西曼（Flishman）对心理运动能力进行了系统研究，发现心理运动能力与纸笔测验成绩的相关较低，并设计出 11 种相互独立的心理运动测验，涉及瞄准、手及臂稳定性、准确控制、手指敏捷、手工操作敏捷、四肢协调、速度控制、反应时、反应倾向、手臂运动速度，以及腕与手速度。他的研究发现，心理运动能力测验的信度低于其他特殊能力测验，可能与易受练习效应影响有关。就心理运动能力测验的效度而言，在训练成绩的预测性上高于其在工作成就的预测性，对重复性工作成绩的预测也更有效，多重心理运动能力测验效度高于简单心理运动测验的效度，但其预测效度一般都低于机械和文书能力测验，在预测需要高级认知和知觉能力参与的复杂心理运动能力上，预测效度一般都较差。心理运动能力测验通常借助仪器设备，按单位时间完成的任务数计算成绩，适用于青少年和成年人。此外，也有纸笔形式的心理运动能力测验，但效果相对较差，且与仪器测验之间几乎无相关性。

按运动幅度大小，心理运动能力测验又可分为大动作心理运动测验和小动作心理运动测验：

（1）大动作心理运动测验。主要有斯特龙伯格敏捷测验（Stromberg Dexterity Test，SDT）和明尼苏达机械拼合测验（Minnesota Mechanical Assembly Test，MMAT）。SDT 主要用于测量手指、手和手臂大幅度运动速度及准确性，测验要求受试者尽可能迅速地将 54 个饼干大小的彩色圆盘按指定顺序排列。MMAT 是一种手工敏捷测验，在染有红、黄两色孔的 60 块木板上，要求受试者按指定方式翻转、移动和安放木块，分别测量安装、翻转、撤换、单手翻转与安放、双手翻转与安放的能力。

（2）小动作心理运动测验。代表性测验是克劳福德小部件灵活测验（Crawford Small Parts Dexterity Test，CSPDT）。CSPDT 的第一步要求受试者用小镊子将钉子插入孔中，并给每个钉子套一个小环；第二步要求受试者将小螺丝放入螺纹孔内，并用改锥拧紧。测验成绩以完成每个部分的时间来计算。测验分半信度为0.85，但两步间的相关系数只有0.40。该测验对某些要求精细动作敏捷性的职业业绩有一定的预测性。

（3）大—小动作心理运动联合测验。该能力测验可同时测量手的大、小动作运动及手指敏捷性。常见的有普渡木钉板测验（Purdue Pegboard）。测验的第一步是要求受试者用右手、左手或两手把钉子插到孔中；第二步要求把钉子、铜圈一起放在孔中，可以同时使用两手。此外还有罗伯特（Robert）编制的宾夕法尼亚双重动作工作样本（Pennsylvania Bi-manual Work Sample）和本纳特（Bennet）手—工具敏捷性测验（Bennet Hand-Tool Dexterity Test）。这两个测验都要使用螺母和螺栓，前者要受试者将100个螺母拧在100个螺栓上，然后将它们插入孔中；后者要求受试者先将工具箱左板上不同规格的12个螺母从螺栓上拧下来，然后把它们安装到右板上。

3. 机械能力测验

机械能力测验是最早用于工业或军事测验中的特殊能力倾向测验。尽管有研究认为，人类存在着一种类似一般性的机械能力，但大多数此类测验还是包括了多种能力，如视—动协调能力、知觉—空间关系能力、机械推理和机械知识能力等。

（1）空间关系测验。帕特森（Paterson）等人对机械能力作了严格分析，发现存在三个维度，并研发出三项测验：明尼苏达机械拼合测验、明尼苏达空间关系测验（Minnesota Spatial Relations Test，MSRT）和明尼苏达书面形状测验（Minnesota Paper Formboard Test，MPFT）。

MMAT为工作样本测验，要求受试者将随机排放的机械物体进行拼放，以测量其动作敏捷性、空间知觉和机械理解能力；后两项为空间知觉测验，主要测量立体视觉及空间操作的表象能力。

MSRT由特拉布（Trabue）修订，包括A、B、C、D四块测试板及两套几何形状的木块。要求受试者尽快将一套几何形状木块插在A板和B板的凹陷处，将另一套几何形状木块插在C板和D板的凹陷处。完成所有测验所需时间为10~20分钟，成绩按时间和错误次数记分。测验信度为0.80，测验与特定工作相关系数为0.50。

MPFT由里克特（Likirt）和夸沙（Quasha）共同修订，是一项纸笔测验。题目采用多重选择形式，每题包括一个被分解的几何图案和五个拼凑成整体的选项图案。要求受试者在五个选项图案中选择一个图案，正好是分解图案拼凑成整体的形状。测验复本信度为0.80~0.89。研究表明，该测验对测量三维空间体视觉和操作能力方面，是有效的工具，对工程技术等课程学习成绩，对工厂检验、包装、机械操作等实际能力亦有较好的预测性。

（2）机械能力纸笔测验。主要包括机械知识、机械理解或机械推理测验。机械理解指受试者理解实际生活情境中的机械原理的能力。早期多采用操作形式测验，通过给受试者一堆零件，要求其拼成常见的物体。以后逐渐演化成纸笔形式。

本纳特机械理解测验（Bennet Mechanical Comprehension Test，BMCT），比较著名。测验通过展示机械部件和相关定律的图画和问题，测量受试者对实际情境中机械关系和物理定律的理解能力。这项测验已被用于军事和民用等多个方面。现行修订版分 S 和 T 两种。适用于高中生、工业与机械工作的应征者、在职及欲进入职业学校的人员。测验信度为 0.81~0.93，效度为 0.30~0.60。研究结果表明此测验在机械贸易与工程方面具有较高的同时效度和预测效度。第二次世界大战期间，该测验对受试者的飞行能力有较高的预测力，被 DAT 纳入其成套能力倾向测验中。

SRA Test of Mechanical Concept（STMC）是 Systems Research & Applications 开发的机械概念测验，由斯坦纳德（Stanard）和鲍德（Bode）编制。该测验包括三个分测验：机械关系、机械工具及使用、空间关系，分 A、B 两种形式。研究发现，该测验对机械操作员、机器维修员和学习机械操作的人员有一定的预测效度。

4. 文书能力测验

文书能力测验重点测量知觉速度、动作敏捷性，以及语言和数字能力，因此文书能力测验主要包括智力测验、知觉速度和准确性。文书能力测验分为一般文书能力测验、速记能力测验、计算机程序编制与操作能力测验。

（1）一般文书测验（General Clerical Test，GCT）。GCT 是美国心理公司研发的一种综合性文书能力测验，测验包括三组（9 个）测验：组一为文书速度和准确性测验，由校对和字母排列两个分测验组成，目的是测量一般文书才能；组二为数字能力测验，由简单计算、指出错误、算术推理 3 个分测验组成，目的是测量受试者的算术潜能；组三为语言流畅性，由拼字、阅读理解、字词和文法测验组成，目的是测量语文的流利能力。测验时间为 50 分钟，测验结果除总分外，还有三个组的分数。

（2）明尼苏达文书测验（Minnesota Clerical Test，MCT）。MCT 是比较著名的文书能力测验，由安得鲁（Andrew）等人编制。该测验由 2 个分测验组成，各有 200 道题。测验一要求对 3~12 个数字对进行异同对比，挑出不同的数字；测验二是人名正误匹配，也属于找不同。这种测验相对简单，但要求速度和准确性。主要是测评知觉的广度、速度与正确性。这种测验是一类速度测验，目的是在规定的时间内检测其正确性。研究表明，该测验重测信度为 0.70~0.89，测验分数与教师和上级评定有中等相关性。

（3）计算机程序员能力倾向成套测验（Computer Operator Aptitude Battery，

COAB）由帕洛摩（Palormo）编制。随着计算机技术的发展，现各行业已经基本取缔传统办公模式，要求文书人员应具备一定的程序编制和计算机操作能力，因此计算机能力倾向测验已在国外普遍应用。COAB包括5个分测验：语言意义、推理、字母系列、数字能力和制图能力，主要用于评估计算机程序员申请者的专项能力。赫罗威（Holloway）编制的计算机操作能力倾向测验（Computer Operator Aptitude Battery）包括3个分测验，序列再认、格式检查和逻辑思维，用来评估受试者在学习计算机操作时的能力倾向。

5. 艺术能力测验

艺术能力测验包括的内容非常广泛，20世纪20年代起出现了美术能力测验、音乐能力测验，以及较为经典的梅尔艺术鉴赏测验、格雷夫斯图案判断测验、洪恩艺术能力倾向测验等。

（1）梅尔艺术鉴赏测验（Meier Art Judgement Test，MAJT）。主要用于测量学生的审美能力，含艺术判断和审美知觉两个分测验。艺术判断测验包括100对黑白图画，内容有风景、静物、木刻、东方画、壁画等。每道测验由两幅美术图片组成，一幅是被公认的杰作，另一幅是在平衡、比例、明暗等方面与杰作比较稍有调整的作品，要求受试者在这两幅图片中选出更好的一幅。这些图画是被25位艺术专家标定过的，受试者选择正确的数量为测验成绩，测验常模分初中、高中、成人三组，常模团体为选修美术课的学生。分半信度系数在0.70~0.84之间，测验分数与艺术课成就和艺术创造力评定间相关系数为0.40~0.69。审美知觉测验包括50道题目，每题为一件艺术作品的四种形式，每种形式在比例、整体性、形状和设计方面与其他三种有所不同，要求受试者按优劣排出等级。

（2）格雷夫斯图案判断测验（Graves Design Judgement Test，GDJT）。主要用于检测美学基本原则认知和反应判断能力，包括美术欣赏能力和美术创作能力。格氏认为美学基本原则包括调和、主题、变化、平衡、连贯、对称、比例和韵律8个维度，因此在编制测验中应对以上8种能力进行检测。格氏测验由90套二维和三维空间抽象图案组成，每题包括2~3个同一图案的变式，图案涉及线条、平面或立体形式，要求受试者从中选出最好的一个。每题涉及格氏8个美学基本维度中的一个，图形的编选注重单纯的审美选择，测验分半信度为0.80~0.90。

（3）洪恩艺术能力倾向问卷（The Horn Art Aptitude Inventory，HAAI）。该测验主要用于测量艺术的创造能力、鉴赏能力。测验包括三部分：一是素描，要求受试者画出常见物体，以判断受试者作品的线条品质与画面布置技能；二是随意画，测量受试者将指定图形画成简单、抽象图案的能力；三是想象画，给受试者12张卡片，每张卡片上印有几条线，要求采用该线条画幅草图，据此评判受试者的想象力和作画技巧。采用等级评量法记分，分优、普通、劣三个等级。研究发现，该测验与艺术院校专家评定间的相关系数为0.53，与高中艺术课教师评定的相关系数为0.66。

6. 音乐能力测验

音乐能力测验的预测效果通常不高，因为迄今关于音乐能力的一般因素并不明确。音乐能力测验与一般智力测验分数应该不存在显著的正相关，因为较高的智力水平并不是音乐能力的独立基础。研究发现，一些幼儿或智力低下者也表现出相当的音乐能力。

（1）西肖尔音乐才能测验（Seashore Measures of Musical Talents，SMMT）。于1919—1939年间由美国艾奥瓦大学音乐心理学家西肖尔指导编制。他通过理论分析和探讨，提出构成音乐才能的6种知觉成分，设计了包括音调、音量、节奏、音拍、音色和音调的成套测验。西肖尔音乐才能测验的每个题目都由一对音符或系列音符组成，要求受试者比较两者的差异；在节奏测验中要求比较每对音符之间节奏型式是否相同；在音调记忆测验中，先呈现3～5个音符，然后修改一个音符再次演奏，要求指出被改动的那个音符。西肖尔音乐才能测量适用于小学4年级学生到成人阶段。

（2）温格音乐能力标准化测验（The Wing Standardized Tests of Musical Intelligence，WSTMI）。WSTMI是英国温格编制的钢琴曲测验，适用于8岁以上儿童，可用于选拔适于深造的音乐人才。测验内容包括8个方面：和弦分析、音高变化、记忆、节奏重音、和声、强度、短句、总体评价。测验除"音乐年龄常模"外，还分A、B、C、D等级常模。测验信度，8岁组为0.70，11岁组为0.90；测验效度，11岁儿童的温格测验分数与教师评估相关系数为0.60左右。

（3）音乐能力倾向测验（Musical Aptitude Profile，MAP）。由戈登（Cordon E）编制，用录音机播放，包括250个原版小提琴和大提琴短曲选段。测量三种基本音乐因素：音乐表达、听知觉和音乐情感动觉。含3个分测验：T测验，测验音调形象，如旋律、和声；R测验，测量节奏形象，如速度、节拍；S测验，测量音乐感受，如短句、平衡、风格等。T和R测验都有正确答案，要求受试者比较两个测验的异同；S测验采用多重记分方式，要求受试者选择两段音乐中更具韵味的一个。1967年，戈登对MAP的预测效度进行了三年追踪研究。他选择8个班的241名四至五年级学生，先进行MAP测验，然后每周上一次乐器演奏课。研究发现，MAP与儿童音乐演奏水平判断评分相关系数，一年后为0.59，三年后为0.74。

（六）专业能力倾向测验

专业能力倾向测验主要用于选拔合适人员接受专业训练，如临床医学、护理、法律、商业工程、神学、建筑、军事等专业。这类测验与特殊能力倾向测验不同，后者是评估某人是否具备某种特殊能力，并预测其发展前景；而前者是根据特殊专业需要，分析专业所需心理品质，然后根据适合从事该专业的人员的能力特质编制测验。有研究表明，这些测验的预测效度高于一般智力或学业能力倾向测验。专业能力倾向测验从产生到被广泛应用，逐步奠定了在测验体系中不可或缺的地位，其原因有三：一是这类测验可以弥补智力测验的不足；二是多重能力倾向测验较少涉及视力、听力、运动技能及艺术才能等内容，即使是机械、文书能力测验等，也需要与学业能力倾向测验、特殊能力倾向测验结合使用；三是专业能力倾向测验具有较大的弹性，既可以结合使用，也可以单独使用。

1. 法律学院入学测验

法律学院入学测验（Law School Admission Test，LSAT）被视为专业选拔测验的代表，包括多种类型的题目，测验有时间限制，最后得到一个总分。LSAT 阅读理解测验，包括人文科学、自然科学、企业管理及通俗写作或演说测验；LSAT 写作测验，需要在 30 分钟内完成两篇不同内容的短文写作。LSAT 有较高的信度。在效度研究方面，有研究证明 LSAT 与法律学院第一年考试成绩的相关高于大学入学成绩。但也有证据表明，大学入学成绩对高年级学生学习成绩的预测性更高。

2. 管制员决策能力测验

管制员决策能力测验（Controller Decision Evaluation Test，CODE）于 1972 年开发，用于选拔空中交通管制员。该测验通过分析受试者的决策行为与过程，评判其管制决策能力。测验包括两部分，由巴克利（Buckley）和毕比（Beebe）开发的模拟测验和戴利（Dailey）和皮克尔（Pickrel）开发的纸笔测验。模拟测验通过观看 45 分钟的模拟飞机穿梭空中短片，要求受试者通过雷达屏幕找出违反飞行规定的飞机并回答质询；纸笔测验为一套与空中交通管制有关的多项能力决策测验，包括辨别能力、知觉能力和推理能力等。科尔曼（Colmen）研究表明，该测验对管制员执行任务的准确性预测率达 58%，是最早专门用于选拔空中交通管制员的标准化测验。

四、职业能力倾向测验在军事领域中的应用

军事职业能力倾向测验，多属于专业能力倾向测验。因此，通常需要对相关军事专业所需心理品质进行工作分析，然后根据适合从事该专业的人员的能力特质进行测验编制和有效性检验，以实现预期选拔目标。

(一)美军武装部队职业能力倾向测验

武装部队职业能力倾向测验(Armed Services Vocational Aptitude Battery,ASVAB)是一项由美国征兵机构开发的多项测验,主要从科学知识、数学、语言、空间等角度评估应征青年的智力等认知能力情况,用于军兵种人员选拔与岗位安置。ASVAB最早由美军提出、研发并应用于青年入伍测试。

1966年,美国国防部下令各军兵种联合开发全军统一的一般能力倾向测验系统,成为研发ASVAB的原动力。ASVAB最初于1968年被提出,并于1976年被应用于美军所有兵种。2002年开始,美国进行了最重要的一次ASVAB修订工作。2004年,美国对该测试的百分等级评分系统重新进行设定,以确保达到更高的可信度。它的主要目的是测试出申请入伍者的个人资质与潜能,作为军方分配入伍到军事岗位的参考。

ASVAB目前是各国军事人员选拔和分类过程中使用最为广泛的测验。测验根据不同军种设定最低录取线,另外对不同职业的分数要求也不一样,测验分为两大部分10个项目,其中只有第一部分计算分数,第二部分只作为入伍者的专业潜力评估。美国每年有200万余青年人参加ASVAB测验。

ASVAB研究的主要内容是提高征兵心理检测的针对性和预测效率。目前包含10个部分(笔试类型除外,包含9个部分)。每部分的持续时间从十分钟至半小时不等,整个ASVAB测试时间约为三个小时。

武装部队职业能力倾向测试分为纸笔测试和计算机测试两种方式。ASVAB测试完毕后,由电脑计算出各专业领域的相应分数,这些分数会被留存在个人档案中,由军方职能顾问根据ASVAB分数和专业潜力评估测试成绩,再结合申请者的要求及部队单位相关职业的缺额来分配合适的军中职业。

值得注意的是,海军应征者还需额外完成编码速度(Coding Speed,CS)测验。

ASVAB由于良好的信效度及较高的参考性,甚至影响着受试者之后在军队生涯的发展和入伍奖金的多少,为军事测量提供了良好的借鉴。目前被广泛应用于美军多个军兵种的士兵选拔及职业安置方面。

(二)美军武装部队资质测验

武装部队资质测验(Armed Forces Qualification Test,AFQT)是美国陆、海、空及海军陆战队应征人员入伍的准入性测验。由美国国防部于1952年10月针对四个军兵种共同开发而成,在朝鲜战争和越南战争期间被广泛使用。该测验主要用于考察应征人员和现役军人的职业资质,由武装部队职业能力倾向测验中与数学和语文能力最紧密相关的4项测验所组成,即词汇知识(35题)、段落理解(15

题)、算术推理(30题)及数学知识(25题)。测验的难度相当于高中学生水平,但不同的军事机构录取分数各不相同。计分公式为:总分 =2x(词汇知识分值 + 段落理解分值)+ 数学推理分值 + 数学知识分值。评分标准分八类:一类93～99分,二类65～92分,三类A为50～64分,三类B为31～49分,四类A为21～30分,四类B为16～20分,四类C为10～15分,五类0～9分。该测验满足了四个军兵种的共同需求,由此形成了统一标准,也为美国国防部提供了各军种参军人员的质量分布。

(三)美军陆军甲、乙种测验

陆军甲、乙种测验(Army Alpha and Beta test)是由美国心理学家罗伯特·耶克斯(Robert Yerkes)所带领的团队开发的两套团体心理测验。目的是为了系统评估军人的智力、情感等。陆军甲种测验是侧重于文字描述的题目,需要受试者达到一定的文化程度,属于文字测验;而陆军乙种测验是以图片为主,因此又属于非文字测验。

1917年,第一次世界大战爆发。在武器弹药更新换代的同时,对参战人员的素质要求也越来越高。如何选拔合适的兵源,并把他们分配到合适的工作岗位,成了当时亟需解决的问题。美国心理学会(American Psychology Association,APA)临危受命,组建了以著名心理学家罗伯特·耶克斯等为首的心理学专家委员会,对士兵进行系统评估。因此,美军编制了陆军甲、乙种测验。

该委员会编制的陆军甲、乙种测验,也分别被称为陆军α测验(Army α test)及陆军β测验(Army β test)。这两种测验为美军选拔军官与士兵及安置发挥了重要作用。同时,这两种测验与个体测验不同,还可以针对大规模人员进行测试。此类测验开创了团体测验的范例。根据受试者的测验成绩,由高到低把受试者分为A、B、C+、C、C-、D、D-、E八个不同的等级,以此为依据,把受试者分配到对应的不同工作岗位。

陆军甲种测验主要包括8个分测验,分别为:指导测验、算术测验、常识测验、异同测验、语句重组测验、填数测验、类比推理测验、句子填空测验。陆军甲种测验主要是文字测验,针对的是会英语的受试者,并且容易受到受试者的知识经验影响,只适用于文化水平较高的受试者。因此继陆军甲种测验之后,研究者又开发了陆军乙种测验。陆军乙种测验设计的初衷是为了给母语为非英语的受试者以及文盲受试者使用,乙种测验是一种非文字测验。它包括7个分测验,分别为:迷津测验、立方体分析测验、补齐数列测验、译码测验、数字校对测验、图画补缺测验、几何形分析测验。

美军在第一次世界大战期间对170万美军官兵实施了大规模智力检测,成为军人心理选拔的里程碑。但随着时代变迁,许多批评随之而来,主要认为测验过时,测验内容局限于智力因素。值得注意的是,目前美军已不再使用陆军甲、乙种测验,现在美军主要使用人格测验进行人员选拔及分配。

(四)美军三军联合认知绩效评估测验

美军三军联合认知绩效评估测验(U.S. Unified Tri-service Cognitive Performance Assessment Battery,UTC-PAB)是用于检测完成军事任务的能力和技能的专项测验,主要用于评估军人服用药品后军事作业绩效保持状态和作战能力。该测验由药物依赖性战绩减退三军联合工作组(Tri-Service Joint Working Group on Drug Dependent Degradation of Military Performance,JWGD3 MILPERF)于1984年研发,1986年正式使用,是美军多水平药物评估中认知绩效评估的主要工具。

测验包含计算机测验和纸质测验,共25项测验,分6个部分:①知觉辨别:视觉扫描任务、同步模式比较、概率视觉检测、4选项反应时任务;②核心任务:听觉记忆任务、视觉记忆任务、连续回忆任务、条目排序任务、编码替换任务;③语言整合能力:语言加工任务、两列添加任务、符号语法推断任务、传统语法推断任务、算数加工任务;④空间整合能力:空间加工任务、取样匹配任务、人体模型任务、取样匹配任务、矩阵旋转任务、连续模式比较任务、时间墙任务;⑤输出执行:不稳定追踪任务、断续产生任务;⑥注意分散:双耳分听任务、Stroop任务、Sternberg记忆追踪任务。知觉辨别主要检测直觉的输入;核心任务、语言和空间整合能力主要检测信息整合能力;输出执行主要检测执行操作的能力。全套测验有很好的信度、效度,有对使用方式等的详细规定,应用中可根据实际需要选取不同的分测验。

该测验是美军陆海空三军统一研制、统一标准、统一使用的专项测量工具,对由药物引起的战斗任务绩效降低有很好的评估效能,对保障军事任务的顺利执行发挥了一定的作用。

(五)美国空军军官资格测验

空军军官资格测验(Air Force Official Qualification Test,AFOQT)是美国空军从大学毕业生中挑选合适的人才进入相应军事训练计划的标准化选拔测验。通过测验的受试者才可进入军官训练学校(Officer Training School,OTS)、空军后备军官训练营(Air Force Reserve Officer Training Corps,Air Force ROTC)、参加飞行员培养计划、作战系统军官(Combat Systems Officer,CSO)培养计划和空战管理岗位培训。该测验分数是招飞分数的重要组成部分,也是申请奖学金和参加职业军官培训(Professional Officer Course,POC)所必需的。该测验分别于

2005年和2015年进行修订。

2015年版本采用了新的分数体系——T矩阵分数。内容主要包括：①基于军事教育的内容开发了全新的阅读理解测验，主要考察对现代仪器显示信息的理解，是一种基于现实场景的情境判断测验。分数用于评价候选者的语言能力和学术能力；②增加了《情境判断测验》，其中设置了军营中常见的人际情境，考察受试者的人际判断和决策能力。2015版AFOQT共有12个分测验，包括：词汇类比（verbal analogies）、算术推理（arithmetic reasoning）、词汇知识（word knowledge）、数学知识（math knowledge）、阅读理解（reading comprehension）、情境判断测验（situational Judgment test）、自我描述问卷（self-description inventory）、物理科学（physical science）、表格阅读（table reading）、仪表判读（instrument comprehension）、区块计数（block counting）和航空知识（aviation information），共550道多选题，均为4个或5个备选项的多选题形式。各个分测验并没有划界分数，选拔委员会依据岗位需求，综合考量每个受试者在各个测验上的分数来决定选拔和安置，总测验时间为5个小时。

根据各分测验成绩可以形成7个二阶测验分数，分别是：①飞行员岗位综合分数（pilot composite score）：由数学知识、表格阅读、仪表判读、航空知识等分测验所合成的分数，作为飞行员选拔总成绩的一部分；②武器系统军官分数（combat systems officer）：由词汇知识、数学知识、表格阅读、区块计数等分测验所合成的分数；③空战管理岗位（air battle manager）：除了前述飞行员岗位综合分数外，还需要评估受试者的词汇能力和空间能力，包括的分测验有：词汇类比、数学知识、表格阅读、仪器判读、区块计数和航空知识；④学术能力（academic aptitude）：包括语言和数学两方面的综合分数；⑤语言能力：包括词汇类比、词汇知识、阅读理解；⑥数学综合分数：包括算术推理、数学知识；⑦情境判断测验分数：反映受试者的人际能力。

（六）加拿大飞行员自动选拔系统

加拿大飞行员自动选拔系统（Canadian Automatic Pilot Selection System，CAPSS）是20世纪70年代加拿大空军基于单引擎轻型飞机模拟器而开发的新飞行员自动选拔系统，通过对飞行学员在维持飞行参数准确性、对错误和报警反应的速度、飞行中应急处理能力和操纵稳定性、避免过度纠错能力、飞行操作协调性等飞行模拟任务完成情况，预测未来飞行训练成功的可能性。该系统可在两天半内对五项飞行模拟任务和八项基本飞行演练任务连续记录250 000个仪表数据。当飞行受试者完成每项测试任务后，系统将各种参数传输到一个综合分析终端，预测飞行训练成功的可能性并生成后续飞行训练规划。

1991年美国施平纳（Spinner）采用该系统对172名飞行员的检测结果与初级飞行训练成绩进行分析，发现相关系数为0.47。但同年，奥克罗斯（Okros）等对毕业飞行学员的初级飞行训练和基础飞行训练效果进行预测，结果前者的预测性为75%，后者的预测性为80%。

CAPSS能够同时记录各种飞行参数，模拟多项实际飞行动作，对新飞行员选拔有较高的预测效果，同时具备绝对安全性，成为具有划时代意义的研究成果，为世界各国飞行员心理选拔系统的开发奠定了基础。直至2013年，CAPSS在基础飞行训练成绩的检测与预测方面仍发挥着重要作用。

（七）中国武警部队能力倾向测验

武警部队能力倾向测验（Aptitude Test in Psychological Assessment System for Armed Police Force of China，ATAPFC）是中国武警部队于2005年编制的简明团体能力倾向测验，主要是为武警部队兵员筛选、工作安排等提供能力状况评估。该测验基于《长—鞍团体智力测验》而编制而成，包括10个分测验：计算测验、文字测验、数字推理、空间测验、注意测验、打点速度、画圆测验、记忆广度、思维注意和运动速度。

（八）中国军队汽车驾驶员能力倾向测验

中国军队汽车驾驶员能力倾向测验由刘志宏等人1999年开发。依靠胜任特征研制出既符合我国国情，又具有科学性、实用性并在我军推广应用的军队汽车驾驶员职业适宜性测验，是选拔合格专业驾驶员的有效手段，也是加强部队建军质量的一项新举措。测验的主要目的是测查汽车驾驶员受试者是否具备相关的一般能力、特殊能力和某些个性特征。汽车驾驶员职业适宜性测验的内容分瑞文标准推理测验、选择反应时测验、场依存性测验、视深度知觉测验、动作稳定性测验和个性测验等。

瑞文标准推理测验被认为是鉴别一般能力的有效工具，可测验受试者解决问题、清晰思维、知觉、发现和利用自己所需信息以及有效地适应社会生活的能力。选择反应时测验主要用于测量驾驶员对突发情况的选择反应时间，体现在驾驶员驾驶车辆时从发现情况到开始采取措施的时间，即所谓的"反应时间"，时间越长，采取措施的总时间越长，危害越大。视深度知觉测验主要用于对驾驶员视深度知觉的差异和运动视力的测量与研究，主要是测查驾驶员对运动物体情况的判断。动作稳定性测验是测定驾驶员手臂动作的稳定程度，从而了解驾驶员在环境刺激下的情绪稳定性。场依存性是用来测定驾驶员的视觉判断对外界环境依赖性的程度，此部分测量的是特殊能力。

（九）中国职业潜水员能力倾向测验

潜水员是一个特殊的职业，在潜水作业时潜水员不仅要承受高气压所带来的生理影响，而且还要克服并应对复杂的水下或在密闭压力环境下所产生的各种不良心理反应。尽管潜水设备的性能与医学保障日趋完善，但潜水意外和事故仍时有发生。

王华容、姜正林（2012）等人在借鉴国内外相关研究的基础上，对职业潜水员心理选拔和评价方法做了初步探讨。研究发现职业潜水员独特的心理品质特点主要包括个性品质、感知觉品质、聪慧品质、认知—运动品质和注意品质五个方面，研究为该类专业人员选拔和训练提供了重要依据。测量主要采用：瑞文标准推理测验、EPS07空间知觉测试仪、EP503A深度知觉测试仪、EP705C场依存性棒框仪和卡特尔十六种人格因素测验。

五、职业能力倾向测验的研究

（一）《士兵智力测验》的效果分析研究

为适应军队现代化建设需要，向部队输送合格兵员，在源头上把住新兵入伍关，在我国几代军事心理学工作者长期、大量相关研究以及应征青年心理健康状况普查的基础上，借鉴发达国家研究技术和经验，2002年国防部启动"征兵心理检测系统及标准"的研制工作。经4年的技术开发和试点建设，形成了一套适合我国国家战略目标及文化背景的，具有可操作性的士兵职业适应性测验（Testing of Occupational Adaptability for Soldiers），目的是考察其心理特征是否符合军队的心理文化特征及预测士兵职业适应性。其中《士兵智力测验》包括数学能力、语言能力、搜索能力等。

SIT具有较好可训练性、简洁易操作和鉴别力好等优点，被广泛应用。但在大规模的测试中也难免存在一些问题，一定程度降低了检测效果。针对所存在的问题，课题组开展了进一步研究，试图提高检测的有效性。

1. 数学能力测验

针对数学能力测验耗时长、受试者易疲劳的问题，课题组通过结合数据拟合法，在不降低测验效能的基础上，缩短了测验时间，提高了检测效率。研究最终发现第3个40秒的正确率对于受试者工作绩效情况的区分度要优于其他同类指标，所以可以采用第3个40秒内正确率的5%分界点作为参考标准。具体见第6章。

2. 语词能力测验

征兵心理检测系统采用经典测验理论对语词推理测验进行项目分析，使得测验的精度和稳定性较弱，由于项目反应理论（Item Response Theory，IRT）具有项目参数不变性，测验信息函数的概念代替了信度理论等诸多优点，比经典测验理论更能准确反映测验项目的固有性质，于是采用 IRT 重新进行了项目分析和项目筛选，对测验进行优化。

选取应征入伍新兵 1 436 人，采用计算机辅助测验形式，让所有应征青年完成 CSIT 中的语词能力测验部分。采用中心放射式铆测验设计，3 套试卷中有 30 道相同的题目，将受试者分成 3 组，分别接受 3 套测验，每套测验包含 80 道题，最终接受测验 1、2、3 的人数分别为 477、479、480 人。总测验时间为 240 秒，要求受试在保证正确的基础上尽快作答。测验结束后计算机自动判别结果并记录受试的完成数、正确数和正确率。

第一，单维性检验。主要是通过对第一特征根和第二特征根进行分析，三份试卷因子分析检验见表 1-3。结果显示，3 个测验数据的第 1 因子特征根与第 2 因子特征根之比均大于 5，基本符合单维性假设；3 个测验 Cronbach's α 系数均大于 0.8，基本满足单维性要求。

表 1-3　三套试卷因子分析结果

试卷	第一因子特征根	第一因子可解释方差比例	第二因子特征根	第一/二因子特征根之比	Cronbach'α
1	15.90	19.88	2.98	5.34	0.86
2	17.21	21.21	3.04	5.66	0.87
3	19.20	24.00	3.21	5.98	0.90

第二，采用残差分析法进行模型拟合检验。根据项目残差分析的思想，应用图形法对全部 210 个项目进行模型预测性检验。检验结果显示，共有 36 道题目的预测性较差，其余 174 道题的预测性较好，适合于 Logstic 三参数模型。

第三，进行不同测验间等值转换。三套测验所包含的铆题为完全相同的题目，题目等值后的平均难度为 b=−2.24，区分度 a=1.87。

第四，进行信息函数分析。由图 1-1 可知，测验信息函数曲线峰值为 23.99，落在难度 −2.0 水平处，表明测验对 −2 附近能力段的受试具有相对较高的测量精度。峰值与经验标准 25 接近，满足测验的基本要求。

最后，进行项目参数分析。应用 BILOG MG 3.0 软件的边际极大似然法进行项目参数估计。在三套测验中，174 个项目的难度参数在 0 以下，大于 0 的只有 39 题，表明测验整体难度偏低；区分度平均值为 1.43，猜测度平均值为 0.23。题目的难度、鉴别度和猜测度基本情况见表 1-4。

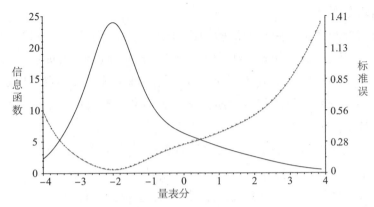

注：实线为信息函数曲线，虚线为标准误

图 1-1　语词推理测验信息函数

表 1-4　三套试卷 174 个题目 IRT 参数基本情况

难度参数	难度性	项目数 /n	鉴别度参数	项目数 /n	猜测度参数	项目数 /n
< −2.5	低难度	35	< 1	40	> 0.25	8
−2.5 ≤ 且 ≤ −1.5	轻低难度	80	1 ≤ 且 ≤ 2	104	0.25 < 且 ≤ 0.2	128
−1.5 < 且 ≤ 1.5	中难度	41	2 < 且 ≤ 2.5	26	< 0.2	38
> 1.5	高难度	18	> 2.5	4	−	−

依据项目反应理论的要求，应删除信息函数峰值小于 0.3 的题目 10 个，以及每套测验 a < 0.5 或 / 和 c > 0.25 的项目共 21 个。最终保留 143 个题目。根据本测验结果，单项智力测验的淘汰相当于在 −1.64 水平，其信息函数峰值从 0.25 ~ 1.66，均值为 0.67 ± 0.14。

以上结果说明，实验阶段编制的语词能力测验整体难度偏低，鉴别度和猜测度适中，适合于中等能力受试者，其基本可以满足征兵心理检测工作的目标。接下来可正式编制测验：一是要调整测验的难度，二是建立测验题库，三是实现测验的 CAT 化。

3. 数字搜索测验

在进行数字搜索测验作答时，测试上方有时间进度指示，受试者在快速作应答行为时，会出现单题反应时间减短、反应错误率以及无效应答增加现象。因此，通过分析受试者作答情况和反应时间等指标，结合视觉鉴别法，确定受试者在数字搜索测验中努力行为和猜测行为的时间分界点，初步设置时间界限，是减少不必要的无效数据、提高检测效率和公平理解测验成绩的手段。选取新兵 548 人，完成 CSIT 中的数字搜索测验，测验时间为 106 秒。

首先，对题目反应时间的分布进行研究。将所有受试者在每一道题上的反应结果与反应时间进行统计处理，并分别将每道题正确反应与错误反应的时间计算成频数。数字搜索测验的前半部分题目基本呈单峰分布，以第 3 题为代表（图 1-2）；后半部分的题目基本呈双峰分布，以第 27 题为代表（图 1-3）。双峰是混合分布的特点，说明在应答的后半部分可能出现了快速猜测行为。据此，研究发现错误与正确回答的分界线主要位于 0.5 秒、1 秒和 1.5 秒三个位置上。但在实际检测工作中受试者很难做到在 0.5 秒左右完成一道题目，所以应将所有题目的时间界限设为 1 秒。

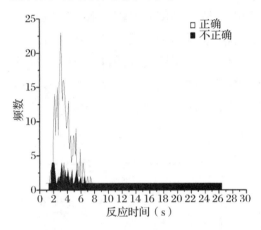

图 1-2　第 3 题的时间分布图　　　　图 1-3　第 27 题的时间分布图

其次，对题目反应正确率和反应时间的分布趋势进行分析，发现测验所有题目的反应正确率呈平台分布，在 27 题以后，正确率开始明显下降（图 1-4）。通过具体题目分析发现，因第 13、19、30 题的正确答案是 1，反应时间就短；第 15 和 17 题的正确答案是 9，反应时间就长，说明大部分应征青年的测验行为是依次数数，所以反应时的长短依答案数字的大小决定（图 1-5）。同时，上述结果也说明，在速度达到熟练之后，受试者的错误率只受到题目本身的影响。

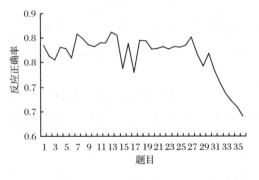
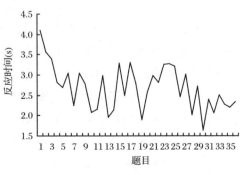

图 1-4　数字搜索测验反应正确率趋势图　　　　图 1-5　数字搜索测验反应时间趋势图

再次，对高、低能力组受试者反应时间与正确率进行分析。从图1-6比较可见，两组受试者解题策略基本是一致的，均采用顺时性加工的方式，即当题目的正确答案是1时，反应时间相对较短，当正确答案是9时，则反应时间较慢，这说明对于应征青年群体而言，数字搜索测验基本采用顺时性加工策略。从图1-7可以看出，高能力组受试者的反应正确率几乎全部为1，而低能力组的正确率在0.3上下波动。

基于以上三个测验的深入分析与研究，发现：①根据加法运算测验运行时限长、易感疲劳的问题，通过基于曲线拟合分析，发现120秒测验时限可缩短测验时间，提高测验效率，保证测验精度；②基于语词能力测验难度和鉴别度低等问题，通过项目反应理论的分析，证实了原测验对能力值为–2水平的受试者可提供较高精度的测量，由此提出应增加测验难度、扩充题量和扩展题型的修订思路；③对于数字搜索测验存在的猜测性问题，基于双状态混合模型的思想，采取视觉鉴别和一般性确定法，初步设定了测验1秒的时间界限，从而可对猜测行为进行有效的监督、反馈和警告。

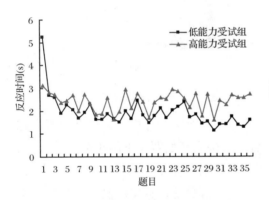

图1-6　高、低能力受试组反应时分布差异

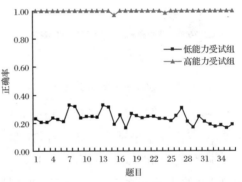

图1-7　高、低能力受试组反应正确率的比较

（二）《士兵智力测验–藏文版》的编制

征兵心理检测系统是军事人员选拔的有力屏障，在选拔过程中，一方面发挥着择优汰劣的巨大功效，另一方面也存在语种单一、无法满足边远地区和少数民族地区心理检测需求等问题。

针对以上难题，研究团队从现有征兵心理检测现状及需求出发，对藏区藏族适龄青年的基本认知能力情况进行调研，采用文献分析技术、心理测验技术和专家评定技术编制了《士兵智力测验–藏文版》（Soldier Intelligence Test-Tibetan, SIT-T），并进行信度、效度分析。

1. 调研工作

采用集体座谈与个别了解的方式对西藏自治区现有武装部的 50 余人次进行纸面调查，发现藏区征兵工作存在以下问题：一是西藏自治区应征青年个性特征、知识水平有其独自特点；二是汉语版征兵心理检测系统语言无法适用于西藏自治区应征青年，检测时需要借助藏族医生的解释指导，心理检测通过率仅为 1/3；三是现有检测人员职业资质与心理检测工作要求不适应。为解决以上问题，必须根据藏族青年的个性特征和知识能力结构编制 CSIT-T。

2. 翻译与预测验

以现有《中国士兵智力测验》为修订蓝本，严格按照量表修订程序进行藏文版测验编制。量表的翻译工作共分六轮进行：三次翻译，一次回译，两次讨论，共形成五版译稿。所有的翻译专家均精通汉藏双语，并保证母语为藏文。

第一步，请第一组专家将汉语翻译成藏文，每位专家独立完成，就分歧之处进行讨论，达成一致意见后形成第一版译稿；

第二步，请第二组专家对第一版译稿进行回译，即把第一版译稿重新翻译为汉语；

第三步，翻译与回译结束后，请第三组专家对翻译稿与回译稿进行比较、修正及润色，形成第二版译稿；

第四步，两轮翻译结束后编制计算机软件，组织藏族专家、教授等二十余人对软件进行测试并对测试内容进行逐条修正，形成第三版译稿；

第五步，依据第三版译稿修订的藏文版《2013 全国征兵心理检测系统》软件对西藏地区 80 名藏族应征青年进行预测验；其中语言能力测验部分共由 40 题组成。对测验数据进行统计分析，语言能力测验难度为 0.26，鉴别度为 0.22，表明经翻译的藏文版语言能力测试鉴别度不高，提示题目可能存在理解方面的差异，需要再次进行修改。

第六步，经翻译—回译—修订—预测验等步骤，形成初步的藏文版测验，然后在此基础上，重点是对量表翻译的概念等价性和语义等价性进行分析；多次翻译和回译后，基本上解决了语义等价性的问题，但在概念等价性上仍存在一定的差异。专家讨论认为这种差异是由文化差异导致的，因此决定由藏文专家按藏文水平测试标准重新出题。

3. 文化调适与正式测验

量表翻译的关键是文化调适，藏文版量表与汉语版量表是否等价，并不仅仅在于翻译是否精准，同一条目要测量的为同一心理品质才是研究所追求的最终目标，因此文化调适在该研究中就显得格外重要。文化调适工作包括专家研讨会、初高中年级、藏族青少年及基层中小学藏族教师讨论会。

专家研讨会邀请了六位国内心理学、精神卫生、藏文化研究专家。藏文化研究专家对汉藏文化的研究与理解较为精湛，可以更好地处理文化差异；心理学专家对量表内容效度的把握起到了至关重要的作用；精神卫生专家可在精神障碍层面进行把控，为藏族士兵心理问题及精神疾病施测提供保证。参与讨论的专家认为，藏文语言能力测试题与藏文测试评判存在一定差异，应根据藏文语言特征与藏族青少年的实际情况调整测验。

分别组织两场座谈会，共计24名藏族初、高中生及基层藏族教师参与，主要目的是了解语言的可理解性。将纸质试题发给每位座谈者，座谈者根据对试题的理解程度，在随后标注的"容易理解""经考虑可理解""难理解"三个维度进行勾选。根据勾选结果发现，对于藏族高中生而言，条目基本清晰可懂，偶尔会出现"经考虑可理解"的条目；对于初中生而言，除了"经考虑可理解"的条目外，还有数个"难理解"的条目。参会人员普遍认为，初中或高中文化水平应征青年都能读懂条目。

考虑到藏文的特殊性，根据文化调适的结果，对语言能力试题进行了重新设置，完全根据藏文语言的特征和藏族青少年实际情况重新命题，研究将试题的重点放在对词汇的掌握度与语法的熟练应用方面，主要采用了两种题型：词语辨析题、藏文语法基础题，共40题，形成第四版题稿。对重新修订的语言能力测试进行测验，选取两所藏族中学226名男性学生进行测试，对测试结果进行统计分析，发现藏文语言能力测试难度为0.81，鉴别度0.33，内部一致性信度Cronbach's α=0.85，结果表明藏族语言能力测试题具有较好地鉴别度和区分度，能较好地测试出受试者的藏文语言能力。

4. 正式藏文版士兵智力测验

第四版题稿形成后，邀请专家对整个量表逐条进行文化调整，对量表每个条目的理解力、准确性进行了审阅。对重新编制的藏文语言能力测验进行第五轮修订，以保证翻译的准确性及专业术语的等价性，最终形成第五版题稿，并编制成SIT-T检测软件。

在正式测量阶段，选取340名藏族男性新兵作为受试者。结果发现，藏族新兵语言能力测试难度为0.71，鉴别度0.30，内部一致性信度：Cronbach's α=0.87，语言能力重测信度0.78，表明正式版藏文语言能力测试效果良好。另外，数学能力测验正确完成数与语言测验成绩相关为0.33。

（三）《士兵智力测验—维吾尔文版》的编制

《士兵智力测验—维吾尔文版》（Soldier Intelligence Test-Uighur，SIT-U）主要是基于现有《士兵职业基本适应性检测系统》，采用结构访谈技术、文献技术、心理测验技术、专家评定技术、调查技术和多参数模型评估技术等方法研发编制，并检验了量表的信度和效度，确定了维吾尔文版心理检测各分量表的常模分数和评判标准。研究由数字运算测验和维吾尔语语言能力测试两部分构成。

自《士兵智力检测》正式推广应用以来，对选拔学习能力较强的青年进入部队发挥了重要作用，但从每年应征入伍的维吾尔族青年智力状况分析来看，测验的预测性并不好，这与目前尚未建立一套针对维吾尔族青年特定的认知和智力评判体系有很大关系，因此编制维吾尔文版士兵智力测试显得尤为重要。

在借鉴《士兵智力检测》编制的成熟经验基础上，将数学能力测验和语言能力测试经翻译组专家（均精通维吾尔语和汉语）反复论证，确定了编制 CSIT-U 的方案：

第一步：将《士兵智力检测》的所有量表条目和工作手册翻译成维吾尔文；

第二步：翻译后的条目再交由未参与最初量表翻译的翻译专家，将其回译成汉语，对回译后的内容和量表的原始条目进行比较，根据比较的结果对译文条目进行修改，形成维吾尔文版智力测验的问卷初稿；

第三步：制作纸质版智力测试问卷，在维吾尔族应征青年中进行预测试，根据测试的结果决定下一步的处置方案：如果翻译后的条目经过预测验符合心理学测量标准，能够有效测出维吾尔族应征青年的智力水平，则可以沿用翻译后的版本；如果翻译后的量表经过项目分析和信效度检验，不能如实反映该人群的智力水平，则需要对测验的条目重新进行编制；

第四步：将改善后的问卷进行正式测验，即维吾尔文版智力测验初稿，包括维吾尔文版数学能力测验和语言能力测验两部分，继续进行下一步预测验。在预测验中，选择维吾尔族中学生为研究的对象，共 276 人，其中男性 152 人，女性 124 人，对预测验数据进行分析，结果见表 1-5。分析显示，维吾尔文版数字运算测验的各项指标符合心理测量学的要求，能够反映出维吾尔族应征青年的数学能力水平，而语言能力测验的项目指标存在难度偏高、区分度较差和内部一致性信度低的问题。

表 1-5 维吾尔文版智力测验预测验结果（$n=276$）

测验内容	P（难度）	D（区分度）	Cronbach's α
数字运算测验	0.65	0.43	0.94
语言能力测验	0.28	0.23	0.56

第五步：根据以上研究结果，通过与维吾尔文语言学专家的讨论，将直译《中国士兵智力测验》中的语言能力测试题目全部舍去，并决定从标准化维吾尔族语言能力测试题库中选取题目，形成问卷初稿。经过维吾尔文专家和心理学专家评议，

最终选取了 40 道有代表性的题目，测验的形式继续沿用了汉语版语言能力测验的模式。最终形成的维吾尔文版语言能力测试包含 20 道近义词、近形词辨析题，以及 20 道句意理解题。对数学能力测试和新修订的维吾尔族语言能力测试编制新测验，进入正式测验环节。

第六步：受试选取包括两个部分：一部分为 2014 年夏季应征入伍的 462 名维吾尔族男性应征青年；另一部分为 123 名乌鲁木齐市民族干部学院的男性学员。采用正式版 CSIT-U，进行初测和重测，重测间隔时间为 3 周。测试发现，在分数及项目难度分布上，语言能力测验的分数呈负偏态分布，说明语言能力测验高分数人群的比重较大，与人群的基本特征相吻合，各项目的难度分布也略呈负偏态分布；难度值为 0.70，区分度为 0.41，表明测验符合心理测量学的要求，能够有效区分维吾尔族人群语言能力水平。正式版 CSIT-U 的内部一致性系数为 0.84，重测信度为 0.80。

第七步：邀请维吾尔语言学专家及心理学专家，采取逻辑分析的方法评判语言能力测试的内容效度。具体分析步骤如下：①根据国际知名的智力测验理论，如 WAIS 智力测验的语言类测试，一般能力倾向成套测验（GATB）及 Thotndike 智力 CAVD 理论等，专家组认为选择同义词、近形词辨析及句意理解检测语言能力较为合适；②从维吾尔文标准化语言能力测试题库中选择 80 道题，列出双向细目表，选择 20 道词汇部分（同义词、近形词辨析）题，20 道句意理解和推理部分题，请语言学专家对选择的题目逐一进行对照分析；③制定评定量表，每个试题后面列出"1、2、3"的评分标准，分别代表与测验内容"完全不相关""有点相关""完全相关"，请语言学专家对从题库中选择的每一道题目进行打分和分类，统计最后的评分情况，排除相关分数较低的 40 道题目。最后保留的 40 道题目，其符合率均在 80% 以上。

第八步，确定维吾尔族文语言能力测试的划界分数，主要有三个依据：一是根据维吾尔族人群测验成绩正态分布和新疆地区征兵上站/录取比，确定计算机测验单项淘汰划界分数；二是根据专家访谈确定合格与不合格者，比较两者计算机测验成绩分布，最终确定划界分数；三是在智力测验中根据各年级学生计算机智力测验成绩分布，确定士兵智力测验的年级当量；最后，根据常模参照测验确定划界分数，2 个标准差相当于将成绩最差的 2.27% 受试确定为不合格。

以上结果表明维吾尔文语言能力测试题具有较好的鉴别度和区分度，能较好地测试出受试者的维吾尔族文能力，结合直译的数字运算测验，最终形成了维吾尔文版的《士兵智力测验》。

(四)陆军院校学员一般能力倾向测验

一般能力倾向测验在各国军校学员心理选拔测验系统中都占据非常重要的位置,其编制目的是:评价和预测学员接受军校训练的适宜度,在特殊环境完成军事任务的可能性,筛除智力障碍和精神发育迟滞者。但由于各国心理选拔测验目的不同,在选择测验项目的内容和数量上也各不相同。

编制《陆军院校学员一般能力倾向测验》(General Aptitude Test of Military Academy Cadets,GATMAC),必须考虑军校学员选拔的背景,即高考成绩线为准许进入军校的首要条件,而至少到目前为止,心理选拔工作通常置于其后。因此,在编制一般能力倾向测验时应考虑到高考实际上已经起到了部分智力选拔的目的。GATMAC编制的第一项原则,是对高考智力选拔的补充;第二项原则,是结合军校学员报考与录取人数比的特点,采取淘汰选拔原则;第三项原则是,测验结构应该建立在智力结构理论基础上。GATMAC测验编制的理论基础是瑟斯顿(Thurston)智力结构理论。瑟斯顿认为,人的基本智力是由七个因素组成的。我国心理学家凌文辁等提出一般能力倾向结构理论,验证了瑟斯顿的智力理论同样适用于中国人一般能力倾向测验。

GATMAC共包括4项测验,涉及语言、空间能力、运算、短时记忆及心理加工速度等内容。经对551名军校本科学员进行测试,证明有较好信度和效度;对28 535名应征青年进行检测,追踪调查有效率达85%以上。

1. GATMAC的信度研究

研究对象为某陆军学院551名一至四年级男性本科生,平均年龄为21.2岁,均无精神疾病及脑疾患史。对45名四年级男性本科生间隔六个月先后两次进行测验,进行重测信度分析;对100名一至四年级男性本科生的前三项分测验中每次测验的奇数题与偶数题回答正确的题数进行分半信度分析,结果见表1-6。结果表明,GATMAC有比较好的信度。

表1-6 GATMAC四项分测验的重测与分半信度相关系数(r)

指标	n	文字运用	二维旋转	加减法	符数转换
重测信度	45	0.382*	0.625*	0.692*	0.741*
分半信度	100	0.732*	0.896*	0.703*	

注:*$P<0.05$;**$P<0.01$

2. GATMAC的效度研究

对某院551名一至四年级男性本科生测验成绩进行主成分分析提取公因子,分别选择因子数为2、3或4进行因子分析,累积解释方差分别为69.6%、85.4%和100%(表1-7)。结构效度分析发现,按4个因子进行分析,总累积解释方差为 100%，说明 4 个测验均单独存在，在每个因子上达到最大负荷，有较好的结构效度。

表 1-7　GATMAC 分测验因子分析负荷（$n=551$）

因子数	分测验	因子 1	因子 2	因子 3
2	文字运用	0.798	−0.108	
	二维旋转	0.247	0.948	
	加减法	0.717	0.361	
	符数转换	0.755	0.336	
3	文字运用	0.944	0.101	−0.289
	二维旋转	0.138	0.985	−0.258
	加减法	0.334	0.261	−0.965
	符数转换	0.645	0.409	−0.605

让该院 38 名四年级男性本科生同时完成本测验及韦氏成人智力测验，两测验分数相关结果见表 1-8。

表 1-8　GATMAC 与韦氏成人智力测验各分数相关（$n=38$）

WAIS-C 分测验	GATMAC			
	文字运用	二维旋转	加减法	符数转换
常识	0.297*	0.208	−0.082	−0.041
类同	0.116	0.217	−0.119	0.089
算术	−0.008	0.103	0.372*	−0.009
理解	0.352*	0.004	−0.026	−0.277
数字广度	0.187	0.058	0.249	0.189
词汇	0.445**	−0.085	−0.186	−0.009
语言 IQ	0.413**	0.135	0.037	0.091
数字符号	−0.140	0.125	0.223	0.347*
填图	−0.062	0.004	−0.045	0.082
排列	0.09	0.317*	−0.205	−0.316
拼图	−0.136	0.204	−0.224	−0.012
积木	0.023	0.284*	0.055	−0.134
操作 IQ	0.018	0.328*	−0.106	−0.059
全量表 IQ	0.277*	0.371*	−0.035	0.001

注：*$P<0.05$；**$P<0.01$

表 1-8 与韦氏关联效度结果可见，文字运用测验与韦氏常识、理解、词汇三个分测验及语言 IQ 有最大正相关；二维旋转测验与韦氏积木、排列、操作分有显著正相关（$P<0.05$），与常识、拼图、类同有显著相关；加减法测验与韦氏算术和数字广度分测验有最大正相关；符数转换测验与韦氏数字符号有显著正相关（$P<0.05$）。

GATMAC 心理测验研究表明，能力测验由于是速度、成绩测验，有时间限制，所以很难具有像态度、人格测验那样高的信度系数，本测验中有 3 个分测验的重测信度达到 0.62 以上，就能力测验而言，已经比较理想。由于语言文字测验采取的是鉴别错别字的方式，部分受试者通过学习，对提高成绩帮助较大，所以重测信度较低，但作为大范围的集体测试，仍有较大的利用价值。在结构效度方面，通过因子分析可以看出，如果按 4 个因子进行分析，结果累积解释方差为 100%，4 个测验均单独存在，在每个因子上达到最大负荷。可见，GATMAC 4 个分测验反映的是四个独立的能力结构层面。从与韦氏关联效度结果可以看出，GATMAC 4 个分测验与韦氏测验相关分测验均有显著或近似显著正相关，有的分测验没有达到显著相关水平，可能与样本量较少有关。

3. GATMAC 的效标关联效度研究

研究对象为某陆军指挥院校一至四年级男性本科，平均年龄 21.2 岁。对所有对象集体实施 GATMAC 和胜任特征评价，收集在校学习期间核心课程学业成绩，计算 GATMAC 成绩与胜任特征评价、学业成绩之间的相关性。

学员在院校期间根据陆军指挥院校教学大纲课程设置有 32 门闭卷考试课程，分为 4 种：自然科学、军事技能、社会科学和军事专业理论科目。将 32 门课程成绩与 GATMAC 四项分数作相关分析（表 1-9）。

表 1-9　学业总成绩和 GATMAC 标准分之间 pearson 相关

成绩	n	文字运用	二维旋转	加减法	符数转换
自然科学	217	0.156*	−0.085	0.349**	0.195**
军事技能	217	0.166*	0.077	0.198**	0.235**
社会科学	217	0.235**	−0.120	0.161*	0.120
军事理论	217	0.159*	0.070	0.224**	0.219**
总分	217	0.226**	−0.042	0.292**	0.226**
Z 总	337	0.172**	−0.100	0.236**	0.221**

注：*$P<0.05$；**$P<0.01$

从表 1-9 可见，文字运用、加减法、符数转换 3 个分测验与学习总成绩之间存在显著性相关，文字运用与社会科学之间相关系数最高，说明它反映了能力结构中与文学和社会知识相关的组成部分；加减法与自然科学相关课程的相关性最为显著，相关系数接近 0.35，说明加减法测验能够检测能力结构中数学理论和逻辑推理的部分，对于掌握数理理论，物理工程等学科有较好的预测性；符数转换反映受试者心理反应速度和短时记忆能力，从测验结果来看，它与军事技能和专业理论均有较高相关，说明符数转换测验反映了能力结构中与军事专业特殊相关的部分结构，同时也表明，心理反应速度对于陆军指挥院校学员而言至关重要。

4. GATMAC 对学员在校胜任特征评价的研究

将 GATMAC 成绩与胜任特征评价进行相关分析，结果见表 1-10。研究发现文字运用、加减法、符数转换测验与聪慧性的相关系数最高，说明对于军校学员来说，聪慧是一个含义比较宽泛的概念，包括了一个人的基本综合素质，是评价学员能力的重要方面；文字运用还与文字表达能力和口头表达能力显著相关，说明它反映了能力结构中语言文字和口头表达能力，加减法测验对聪慧、人际交往、情绪稳定性有较好的预测性；符数转换对聪慧、威信、情绪稳定性等 6 项胜任特征评价指标有较好的预测性，二维旋转测验与胜任特征各评价指标均未表现出显著性相关，这与保罗（Paul）等人的结果是一致的。但曼福德（Mumford）等人认为空间判断能力是基本认知能力的重要组成部分，与解决问题能力有较大联系，这还需进一步探讨。

表 1-10　GATMAC 与胜任特征评价的相关（$n=205$）

胜任特征指标	文字运用	二维旋转	加减法	符数转换
事业心	0.198**	0.004	0.214**	0.168*
管理能力	0.217**	0.047	0.177*	0.155*
人际交往	0.146*	0.034	0.215**	0.071
文字表达能力	0.240**	0.087	0.152	0.146*
口头表达能力	0.208**	0.084	0.195	0.113
聪慧	0.373**	0.034	0.291**	0.323**
约束力	0.167*	−0.116	0.126	0.144*
军人气质	0.160*	0.029	0.133	0.134
决策力	0.173*	0.075	0.223**	0.167*
情绪稳定性	0.199**	−0.123	0.234**	0.214**
影响力	0.257**	−0.065	0.221**	0.245**

注：*$P<0.05$；**$P<0.01$

5. GATMAC 对学员院校绩效预测符合率研究

一般能力倾向测验合格标准和效标评价合格与否是两个不同的概念，它们构成了一般能力倾向测验对陆军指挥院校学员心理选拔效果评定的两个不同维度。如图 1-8 所示，纵坐标为效标分数，横坐标为心理测验预测分数。在纵坐标上，效标分数在临界点以上为效标评价合格，在临界点以下为效标评价不合格。在横坐标上，预测分数在临界点右侧为选拔录取对象，在临界点左侧为选拔淘汰对象。坐标图中间长径自左下向右上的椭圆形区域，代表着一种人群分布情况，效标分数和预测分数的临界点的延长线，将该椭圆形区域划分为 4 个部分：

A 部分：正确录用。指选拔测验的预测分数和效标评价分数均在临界点之上者，即经心理选拔测验被评定为合格录取，在日后的效标评价中也被评为合格者。

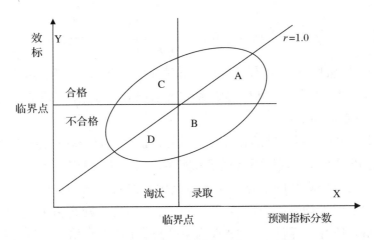

图 1-8　心理选拔的预测分数与效标分数的关系

B 部分：错误录用。指选拔测验的预测分数在临界点之上，但效标评价分数在临界点之下者，即经心理选拔测验被评定为合格录用，在日后的效标评价中被评为不合格者。

C 部分：错误拒绝。指选拔测验的预测分数在临界点之下，但效标评价分数在临界点之上者，即经心理选拔测验被评定为应被淘汰，但在日后的效标评价中被评为合格者。

D 部分：正确拒绝。指选拔测验的预测分数和效标评价分数均在临界点之下者，即经心理选拔测验被评定为应被淘汰，在日后的效标评价中也被评为不合格者。

预测合格符合率：如果将测验合格的标准定为文字运用、加减法、符数转换三项测验中至少有两项测验成绩不低于平均分 1 个标准差，则合格者共 192 人，根据学业成绩和胜任特征评价，有 44 人为不合格，148 人合格，预测合格符合率为 77.08%。即：

$$预测合格符合率 = \frac{A}{A+B} \times 100\%$$

预测淘汰符合率：测验成绩为差者共 14 人，其中根据胜任特征评价和学业成绩分组也评为差者为 8 人，被评为合格者 6 人，预测淘汰符合率为 57.14%。即：

$$预测淘汰符合率 = \frac{D}{D+C} \times 100\%$$

预测优秀符合率：测验成绩为优秀者 17 人，其中根据胜任特征评价和学业成绩分组也评为优者为 9 人（7 人为合格，1 人为差者），预测优秀符合率为 52.94%。

总预测合格符合率：指在全体候选者中，正确录用和正确拒绝的人数所占百分比。即：

$$总预测合格符合率 = \frac{A+D}{A+B+C+D} \times 100\%$$

GATMAC 预测合格，胜任特征评价和学业成绩也合格者为 148 人，GATMAC 预测不合格，胜任特征评价和学业成绩也不合格者为 8 人，总预测合格符合率为 $156 \div 205 \times 100\% = 76.1\%$。

心理选拔测验录用标准的临界点和效标评价合格与否的临界点均是可以变动的，影响选拔预测性的各种因素直接或间接作用于这两个临界点，改变其阈值，可导致选拔测验预测性的变化。在此研究中，如果将测验合格的标准定为 3 个测验成绩均不低于均数 1 个标准差，其他标准不变，则合格者共 126 人，根据学业成绩和胜任特征评价，有 18 人为不合格，108 人合格，预测合格符合率为 85.71%。总预测合格符合率则为 56.6%。

6. GATMAC 对学员院校绩效期望表

期望表是解释测验分数意义的方法之一，它是根据个体的期望效标成绩来解释测验分数的。对于得到每一个测验分数的个体，期望表可以给出获得不同效标结果的概率。将两个年级共 205 位受试者的测验成绩作为依据，以胜任特征评价和学业成绩为标准进行了预测性分析。

根据统计学原理，将测验成绩分为 4 个等级：Ⅰ级为三项测验成绩均不低于平均分一个标准差，且至少有两项以上测验成绩高于平均分一个标准差；Ⅱ级为三项测验成绩均不低于平均分一个标准差，最多有一项测验成绩高于平均分一个标准差；Ⅲ级只有一项测验成绩低于平均分一个标准差；Ⅳ级为至少两项测验成绩低于平均分一个标准差。对学业成绩和胜任特征评价的分组标准为：低于平均分一个标准差者为不合格；高于平均分一个标准差者为优秀；介于平均分和优秀标准之间者为良好；介于平均分和不合格标准之间者为合格，分别对学业成绩和胜任特征评价进行预测。胜任特征评价结果是 5 位评价者评分的算术平均值（表 1-11）。

表 1-11　GATMAC 对胜任特征评价预测性期望表

测验成绩	n	胜任特征评价 /%			
		不合格	合格	良好	优秀
Ⅰ级	17	5.9	35.3	23.5	35.3
Ⅱ级	109	6.4	35.8	47.7	10.1
Ⅲ级	66	19.7	30.3	39.4	9.1
Ⅳ级	14	28.6	42.8	28.6	0.0

注：Ⅰ级为三项测验成绩均不低于平均分一个标准差，且至少有两项以上测验成绩高于平均分一个标准差；Ⅱ级为三项测验成绩均不低于平均分一个标准差，最多有一项测验成绩高于平均分一个标准差；Ⅲ级只有一项测验成绩低于平均分一个标准差；Ⅳ级为至少两项测验成绩低于平均分一个标准差。

由于二维旋转测验只和军事地形学相关,所以未将其列入对学业成绩和胜任特征预测的性能评价。学业成绩是在校学习期间主要必考科目成绩之和,分别以胜任特征评价和学业成绩为效标评价绘制期望表(表1-12)。

表 1-12　GATMAC对学业成绩预测性期望表

测验成绩	n	学业成绩 /%			
		不合格	合格	良好	优秀
Ⅰ级	17	11.8	23.5	23.5	41.2
Ⅱ级	109	10.1	29.4	43.1	17.4
Ⅲ级	66	25.8	40.9	24.2	9.1
Ⅳ级	14	42.9	35.7	14.3	7.1

从期望表可以看出,GATMAC对于学员绩效评价具有良好的预测性,在能力倾向测验优秀者当中,有41.2%的受试者学业成绩为优秀,有35.3%的受试者胜任特征评价也为优秀,比较而言,GATMAC对学业成绩的预测性优于对胜任特征的预测性。

7. GATMAC对学员院校绩效期望图

在许多实际情况下,能够将效标分成工作、学习课程或其他任务中的"成功"和"失败"两类。在这种情况下,能够绘制期望图,它表示相当于每个分数组的成功或失败的概率。为了直观显示测验分数和效标评价之间的关系,首先将205名受试者的文字运用、加减法、符数转换3个分测验的原始分转换为T分数,3个分测验的分数相加作为GATMAC的总成绩,再将总成绩转换为标准九分(图1-10)。

如果将学习成绩低于平均分1个标准差定为不合格,则其期望图如图1-10所示。从中可见,随着GATMAC成绩由低到高的顺序,根据学业成绩淘汰的百分率呈现明显的下降趋势,当测验成绩为标准1分时,淘汰率为50%;当测验成绩达到标准7分时,淘汰率为4%;测验成绩为9分时,根据学业成绩的淘汰率为0。从淘汰率来看,如果将测验成绩分为三个档次,分别为1～3分、4～6分、7～9分,则各档次之间淘汰率有明显差异,呈现出由高到低的趋势。这说明GATMAC对学业成绩有较好的预测性。

如果将胜任特征评价低于平均分1个标准差定为不合格,则GATMAC成绩与胜任特征评价淘汰率之间的期望图如图1-11所示。

从图1-11可见,随着GATMAC成绩的增高,根据胜任特征评价的淘汰率基本呈现出明显降低趋势,只是测验成绩在3分和6分时,淘汰率出现异常波动,但就总体趋势而言,仍是随着测验成绩的上升,淘汰率逐步降低。

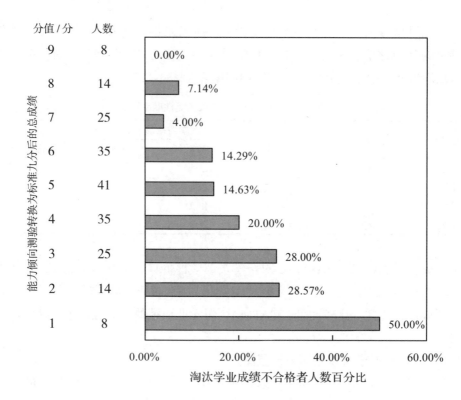

图 1-10　GATMAC 与学业成绩淘汰率期望图

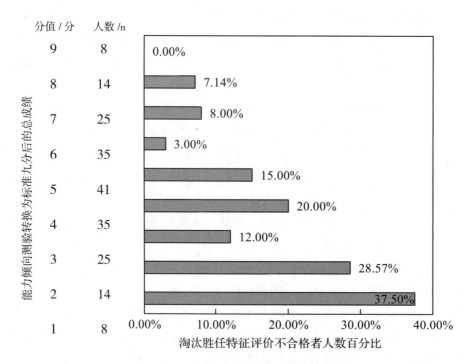

图 1-11　GATMAC 与胜任特征评价淘汰率期望图

对上两图比较可以看出，GATMAC对学业成绩的预测性要优于对胜任特征评价的预测性，这可能是由于文字运用、加减法两个分测验主要反映了语言文字运用能力和数理运算能力，而这些能力与学业成绩直接相关，符数转换反映了个体的心理反应速度和短时记忆能力，与学业成绩也有较直接联系，GATMAC主要反映了个体一般特征对学业成绩有较好的预测性。胜任特征评价共有11项指标，反映了个性特征、品质特征和能力特征三个维度，比较全面地概括了一个人的特征，而一般能力倾向测验可能只能预测其中某个维度。

8. GATMAC临界值的确定

根据以上研究结果可以看出，能力倾向成套测验中，文字运用、加减法、符数转换3个分测验对军校学员胜任特征和学业成绩均有良好的预测性。制定陆军指挥院校学员能力倾向成套测验的目的是为了给陆院学员的选拔提供依据。考虑到二维旋转测验只与军事地形学相关，在制定选拔标准时，只选用了文字运用、加减法和符数转换3个分测验。

前文已述，心理选拔测验录用标准的临界点和效标评价合格与否的临界点均是可以变动的，影响选拔预测性的各种因素直接或间接作用于这两个临界点，改变其阈值可导致选拔测验预测性的变化。因此，对于不同标准会有不同的淘汰率，同样，根据不同的录取比例，也会提出不同标准，二者都会影响测验的决断分数。

为了便于操作，将文字运用、加减法、符数转换3个分测验的T分之和转换为标准九分作为总成绩。根据205位受试测验结果，其淘汰率和总预测合格符合率见表1-13。

表1-13 不同标准下测验成绩对效标评价的预测符合率（$n=205$）

统计与临界值	单位	决断分数*（标准九分制）							
		≥1	≥2	≥3	≥4	≥5	≥6	≥7	≥8
一般统计	总人数 /n	205	205	205	205	205	205	205	205
	合格人数 /n	197	183	158	123	82	47	22	8
	淘汰人数 /n	8	22	47	82	123	158	183	197
	淘汰率 /%	3.90	10.73	22.93	40.00	60.00	77.07	89.27	96.10
标准A	合格符合率 /%	75.63	78.14	78.48	82.93	85.37	87.23	86.36	87.50
	淘汰符合率 /%	50.00	45.45	38.30	37.80	32.52	29.11	26.78	25.89
	总符合率 /%	74.63	74.63	69.27	64.88	53.66	42.44	25.89	28.29
标准B	合格符合率 /%	97.46	98.36	99.37	100.00	100.00	100.00	100.00	100.00
	淘汰符合率 /%	37.50	22.73	14.89	9.76	6.56	5.10	4.37	4.06
	总符合率 /%	95.12	90.24	80.00	63.9	44.39	27.32	24.39	7.80

决断分数*：又称临界分数，是判断合格与否的分界点，高于该值，则认为合格或被录取，反之亦然。

表1-13可以看出，当测验成绩在1~4分时，随着决断分数的升高，预测合

格符合率也随之上升,由于标准*的合格条件高于标准**,所以同样的人群,在以标准**为效标评价决断分数时,其预测合格符合率明显高于标准*。当测验成绩达到4分时,预测合格符合率已经达到100%,而以标准*为效标评价决断分数时,当测验成绩大于等于8分时,预测合格符合率才为87.5%。从预测合格符合率来看,无论是标准*还是标准**,当决断分数为3分时,均比较理想,分别为78.48%和99.37%;而当决断分数为4分时,总预测符合率则下降为64.88%和63.9%。选拔临界值是一动态标准,可根据不同情况和不同要求进行确定,对于经过高考筛选的地方院校大学生,建议以院校绩效即胜任特征和学业成绩两项评价指标均低于平均分一个标准差为不合格,测验成绩应不低于标准3分,在这一决断分数,GATMAC对陆军指挥院校学员院校绩效的预测总符合率为80%。

(五)通信兵职业能力倾向测验

研究发现,预防控制通信事故不能单靠改善通信设施,必须在改善通信设施的同时,切实提高通信兵的职业心理素质。故依据我军通信兵的职业特点,制定了心理评价标准。

通信兵专业主要有三个任务:一是快速建立信息通道;二是准确接收、传递、处理信息;三是保障信息通道畅通。对外界信息做出准确、迅速地判断,必须具有一定的智力水平。因此,《通信兵职业能力倾向测验》选择瑞文标准推理测验、图形数字编码测验(快速识别莫尔斯码能力)、记忆广度测验(短时间内记忆大量信息能力)、注意分配测验(通信兵接收信息时既要观看屏幕信号又要同时操作记录)、敲击板测验、选择反应时测验、动作速度测验、动作稳定性测验等(表1-14)。

表1-14 通信兵职业心理适宜性理论模型

理论结构	能力指标	功能描述
一般能力	智力	对外界信息正确、迅速地做出判断和决策的能力
特殊能力	记忆广度	对彼此间无关系的事物单呈现后立即记忆的数量
	注意分配	同一时间把注意力分配到两种不同的活动
	动作速度	动作敏捷,有良好的协调和准确的感知
	视觉选择反应时	能迅速而准确地感知外界信号,并作出正确的反应
	动作稳定性	动作稳定,能够顺利完成较精细的工作

从内容效度、结构效度和效标关联效度三个方面评判测验的真实性。

1. 内容效度

选取的7个指标(个性因素除外)是在查阅大量国内外文献、咨询数名通信心理学专家的基础上,依据通信行为模型确定的,且各个指标均对通信技术的学习和应用有直接或间接的影响,所以认为其具有良好的内容效度。

2. 结构效度

运用主成分法对 7 项测验进行因子分析,相关矩阵的特征值和贡献率见表 1-15。

表 1-15 7 项能力测验相关矩阵的特征值和贡献率

项目	指标 1	指标 2	指标 3	指标 4	指标 5	指标 6	指标 7
特征值	2.143	1.190	0.975	0.871	0.761	0.646	0.413
贡献率	0.306	0.170	0.139	0.124	0.109	0.092	0.059
累计贡献率	0.306	0.476	0.616	0.740	0.849	0.941	1.000

前 4 个公因子的累计贡献率为 74% 以上,所以决定提取 4 个公因子。为了使因子模型的意义更加鲜明且利于解释,对初始因子模型采用最大方差旋转法进行旋转,旋转后的因子模型见表 1-16,结合心理学知识,对各个公因子的解释和命名如下:第 1 公因子 F1 主要支配着动作速度、敲击次数和动作稳定,故命名为动作敏捷稳定因子;第 2 公因子 F2 主要支配瑞文和编码,故命名为智力因子;第 3 公因子 F3 主要支配注意分配,故命名为注意力因子;第 4 公因子 F4 主要支配记忆广度,故命名为记忆力因子。经过因子分析,7 项指标分别负荷于某一公因子,每个公因子分别支配 1~3 个意义相关的变量,充分说明此套测验具有良好的结构效度。

表 1-16 最大方差旋转法旋转后的因子模型

能力指标	F_1	F_2	F_3	F_4
记忆广度	0.288	0.162	0.214	0.776
注意分配	−0.015	0.030 3	0.922	0.150
动作速度	0.849	0.094 9	0.000 699	0.024
瑞文测验	0.033 1	0.826	0.006 23	0.126
敲击测验	0.813	0.038 4	0.020 3	0.235
动作稳定	0.503	0.154	0.452	−0.483
编码测验	0.109	0.820	0.066 1	−0.018

3. 效标关联效度

选用通信兵专业考核成绩作为效标。用 70 名新训报务员的考核成绩结果对标准进行检验和验证,参加报务训练的 70 名学员预测试验与训练 8 个月后的考核成绩相关显著,相关分析结果见表 1-17。

表 1-17 70 名新训报务员各项预测验与学习成绩的相关分析

测验项目	n	r	P
瑞文测验	70	0.315*	0.026
记忆广度	70	0.421**	0.002
注意分配	70	−.247	0.084
敲击速度	70	0.355*	0.011
动作稳定	70	0.317*	0.025

注：*$P<0.05$；**$P<0.01$

参加报务训练的 70 名学员训练 8 个月后的考核成绩与同时进行的心理测验相关显著，相关分析结果见表 1-18。以上结果显示研究的校标关联效度较好。

表 1-18 70 名新训报务员各项同时测验与学习成绩的相关分析

测验项目	n	r	P
瑞文测验	70	0.280*	0.029
记忆广度	70	0.362**	0.004
注意分配	70	0.123	0.346
敲击速度	70	0.372**	0.003
动作稳定	70	0.265*	0.039

注：*$P<0.05$；**$P<0.01$

（苗丹民　曹　爽　隋佳汝　杨志伟）

参考文献

［1］Banks M H, Jackson P R, Stafford E M, et al.The job components inventory and the analysis of jobs requiring limited skill[J]. Personnel Psychology, 2010, 36(1): 57-66.

［2］Brown F G. Principles of educational and psychological testing[M]. 3rd ed. Holt, Rinehart and Winston, New York, 1983.

［3］Conte J M, Dean M A, Ringenbach K L, et al. The relationship between work attitudes and job analysis ratings：do rating scale type and task discretion matter？[J]. Human Performance, 2005, 18(1):1-21.

［4］Cucina J M, Vasilopoulos N L, Sehgal K. Personality-based job analysis and the self-serving bias[J]. Journal of Business & Psychology, 2005. 20(2)：275-290.

［5］Dierdorff E C, Morgeson F P. Consensus in work role requirements: the influence of discrete occupational context on role expectations[J]. Journal of Applied Psychology, 2007, 92(5)：1228-1241.

［6］Dierdorff E C, Wilson M A. A meta-analysis of job analysis reliability[J]. Journal of Applied Psychology, 2003, 88(4)：635-646.

［7］Flanagan J C. The critical incident technique[J]. Psychological Bulletin, 1954, 51(4)：327-358.

［8］Guilford J P. The nature of human intelligence[M]. New York: McGraw-Hill, 1967.

［9］Guilford J P. Way beyond the IQ[M]. Buffalo, NY: Creative Eduacation Foundation, 1977.

[10] Hanter J E. Validity Generalization for 12, 000 Jobs: An Application of Synthetic Validity and Validity Generalization to the General Aptitude Test Battery(GATB). US Departmwnt of Labor, Employment Service, 1980.

[11] Hegge F W, Reeves D L, Poole D P, et al. Unified tri-service cognitive performance assessment battery (UTC-PAB), 1985.

[12] Perez W A, Masline P J, Ramsey E G, et al. Unified tri-services cognitive performance assessment battery: review and methodology. Dayton: Armstrong Aerospace Medical Research Laboratory, 1987.

[13] Reeves D L, Thorne D R, Winter S L, et al. Unified tri-service cognitive performance assessment battery (UTC-PAB). 2. Hardware/Software Design and Specifications.(UTC-PAB), 1988.

[14] Speraman C. General intelligence, objectively determined and measured[J]. American Journal of Psycholigy, 1904, 15:201-293.

[15] Sternberg R J. Beyond IQ[M]. Cambridge: Cambridge University Press, 1985.

[16] Thurstone L L. The differential growth of mental abilities[M]. Chapel Hill, NC: Psychometric laboratory, University of North Carolina, 1955.

[17] Wechsler D. Wechsler Abbreciated Scale of Intelligence(WASI) [M]. San Antonio, TX: Harcourt Assessment, 1999.

[18] 梁宁建. 心理学导论[M]. 上海：上海教育出版社, 2013.

[19] 林艳.《中国士兵智力测验》的综合分析和修订[D]. 西安：第四军医大学, 2006.

[20] 苗丹民, 罗正学, 王京生, 等. 初级军官胜任特征心理品质评价模型建立[J]. 第四军医大学学报, 2004, 25(8):755-758.

[21] 苗丹民, 肖玮, 刘旭峰, 等. 军人心理选拔[M]. 北京：人民军医出版社, 2014.

[22] 苗丹民, 王京生, 刘立. 军事心理学手册[M]. 北京：中国轻工业出版社, 2004.

[23] 倪生冬. 维吾尔族文版《士兵职业基本适应性检测系统》的编制与信效度检验[D]. 西安：第四军医大学, 2015.

[24] 彭聃龄. 普通心理学（第4版）[M]. 北京：北京师范大学出版社, 2014.

[25] 宋芸芸.《中国征兵心理检测系统》(藏文版)的编制与信效度检验[D]. 西安：第四军医大学, 2014.

[26] 田建全. 一般能力倾向测验对陆军指挥院校学员院校绩效预测性研究[D]. 西安：第四军医大学, 2004.

[27] 王华容, 戴家隽, 蔡婧, 等. 职业潜水员的心理选拔指标[J]. 中国心理卫生杂志, 2012, 26(5): 382-387.

[28] 王进礼, 张月娟, 龚耀先, 等. 用于武警部队能力倾向测验的编制[J]. 解放军预防医学杂志, 2005, 23(4)：252-255.

[29] 王京生. 军事心理学导论[M]. 北京：轻工业出版社, 2006.

[30] 徐德鸿. 普通心理学[M]. 北京：航空工业出版社, 2012.

[31] 中国大百科全书（第三版）总编辑委员会. 中国大百科全书：心理学[M]. 北京：中国大百科全书出版社, 2021.

[32] 朱霞. 通信兵职业心理适宜性研究[D]. 西安：第四军医大学, 2001.

第2章
胜任特征与职业心理选拔

一、胜任特征与工作分析的概念与关系

（一）胜任特征概念

胜任特征（competence），也称为胜任能力、胜任力或胜任素质，最早由哈佛大学教授戴维·麦克利兰（David·McClelland）于1973年正式提出。随后，许多学者依此进行深入的研究。表2-1列举了几个有代表性的定义，除哈克尼（Hackney，1999）外用特定职业岗位的工作绩效大小来衡量，所有专家将其核心内涵都指向将卓越成就者与普通人区分开来的个人深层次特征。

表2-1 胜任特征的概念

人名	时间/年	具体内涵
McClelland	1973	胜任特征指能将某一工作中卓越成就者与普通者区分开来的个人深层次特征。
Homby	1989	胜任特征可以从表现优秀的个体身上挖掘出来，体现表现优异者所代表的知识、技能和人格特性。
Boyatzis	1994	人们在担任具体工作或任务过程中展现的重要特质被视为胜任特征。
Hackney	1999	个体为实现工作目标时必须具备的专业知识、特定技术操作和职业态度就是胜任特征。
Spencer	2003	胜任特征可以有效准确地区分工作者，对表现优异与一般者进行鉴定，同个体绩效表现密不可分。
时勘	2003	个体在工作表现中体现出的，能将表现优异者与一般者进行区别，具有深刻内涵的行为特性称为胜任特征。

目前，在学术界最具有权威性和较高认可性的是斯宾塞（Spencer）的定义，即能将某一工作（或组织、文化）中表现卓越者与表现平平者区分开来的个人潜在的深层次特征，包含动机、特质、自我形象、态度或价值观、专业知识、认知、

行为技能,以及任何可以被测量或计数,且能显著区分优秀与一般绩效个体特征的综合表现。

(二)胜任特征模型

胜任特征模型(competency model)是指承担某一特定职位角色所应具备的胜任特征要素的总和,即在该职位上表现优异的特征结合起来的胜任特征结构。目前主要有以下三种类别:冰山模型、洋葱模型和金字塔模型。

1. 冰山模型

冰山模型由美国心理学家麦克利兰于1973年提出,将胜任特征比作水中漂浮的冰山,并将其划分为两个层面和五个特征,水面上的部分为表层特征,包括知识和技能,是容易被探测的;水面下的为潜在特征,包括社会角色、自我概念、特质和动机,是潜在的特质,难以测量。潜在特征指一个人个性中深层和持久的部分,显示其行为特点和思维方式,能够预测多种情境或工作中的心理特征,见图2-1。

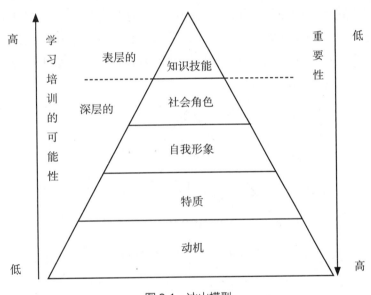

图 2-1 冰山模型

2. 洋葱模型

洋葱模型由美国心理学家博亚特兹(Boyatzis)于2013年提出,采用由外到内的结构描述胜任特征,将其由外到内划分为三层结构和七个胜任特征,其内层(最核心)部分是个性和动机,中间层为自我形象、价值观、社会角色和态度,外层是知识和技能。洋葱模型越往内,胜任特征越难改变,即处于核心部分的个性和动机一旦形成,基本不会改变,而最外层的知识和技能则可通过培训和学习获得,见图2-2。

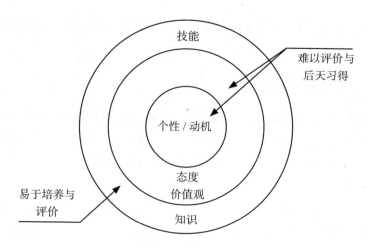

图 2-2　洋葱模型

3. 金字塔模型

匹兹堡大学约翰·普雷斯科特（John E.Prescott）提出的金字塔模型认为，胜任特征模型包括天生的能力和后天获得的能力。这种胜任特征模型基本上形成了一个金字塔，其以天赋为基础，通过后天学习、努力以及亲身体验得到各种技能和知识。位于金字塔顶端的则是一些具体的行为表现，它们是所有先天内在以及后天获得能力的外在表现，见图 2-3。

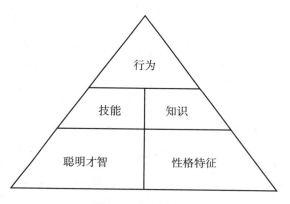

图 2-3　金字塔模型

（三）工作分析与胜任特征的关系

工作分析（Job Analysis）又称职位分析、职务分析或岗位分析，指系统地收集特定工作岗位的整体情况，并进行系列分析、整理和综合，为组织管理提供相关工作信息的过程。工作分析包括两部分：工作描述，指对组织内各职位所要从事的工作内容和承担的工作职责进行清晰界定；任职说明，旨在说明担任某项职务的人员必须具备的生理要求和心理要求。通过分析得到对任职人员是否胜任工作的评价，不仅如此，工作分析也是构建胜任特征的基础。用数学公式简单描述工作分析和胜任特征之间的关系，如下：

符合工作分析要求的人员＝具备相关岗位职业素质人员（含具有优秀绩效人员）
符合胜任特征要求的人员＝在相关岗位具有优秀绩效人员

例如，对国际民航系统飞行员胜任特征系统的分析（表2-2），严格说"国际民航系统飞行员胜任特征系统"不是仅仅用于描述胜任特征系统的，而是对其所做的工作分析。competence在英语中被解释为：能力、胜任、权限、作证能力，以及足以过舒适生活的收入等。如core competence，被翻译成核心竞争力、核心能力、核心才能、核心专长；language competence为语言能力、语言表达能力、语言素质、言语能力；social competence为社会能力、社会语言能力、社会胜任力；sociolinguistic competence为社会语言能力、社会语言学能力、社交语言能力；technical competence为技术能力、技术型、技术竞争力、技术性方面；managerial competence为管理型、管理能力、管理才能；intercultural competence为跨文化能力，跨文化胜任力；implementing competence为执行能力等。所以表2-2中"国际民航系统飞行员胜任特征系统"不宜理解为是对民航飞行员胜任力的分析，而是"工作分析"。

表 2-2 国际民航系统飞行员胜任特征系统

胜任力	标签	行为指标
1. 程序运用（APK）	遵守标准操作程序	除非偏离能够提高安全裕度，否则应遵守标准操作程序
	确定并遵守运行规章	及时地明确和遵守所有的运行规则
	正确使用飞机系统	正确使用航空器的相关系统和设备
	安全管理飞机	安全地管理飞机并实现最佳运行效益，包括燃油、环境、旅客舒适度和准时性
2. 知识运用（KNO）	确定运行规章的来源	明确运行规则的来源
	限制和系统	展现出对相关限制和系统知识以及它们相互关系的理解
	运行规章	展现出对公布的运行规则的理解
	物理环境/基础设施	展现出对客观环境，包括航路、天气、机场与运行设施在内的空中交通环境相关知识的理解
	信息溯源	知道获取所需的知识的途径
	有兴趣获取	展现获取知识的积极态度
	有效运用	能够有效应用知识
3. 飞行航径管理-自动化（FPA）	精确、平稳	根据情况使用合适的自动化设备精准、平稳地控制航空器
	发现并修正偏差	发现非预期的航空器航径偏差并采取适当的行动
	正常飞行参数	将航空器控制在正常飞行包线之内
	优化运行性能	管理飞行航径以实现最佳运行性能

续表

胜任力	标签	行为指标
4. 飞行航径管理-人工（FPM）	监控飞行航径	在管理其他任务和干扰的同时，使用自动化设备保持期望的飞行航径
	正确的方式	根据飞行阶段和工作负荷，及时选择合适的自动化等级和模式
	有效监控	有效监控自动化设备，包括接通的状态和模式的转换
	精确、平稳	根据情况对航空器进行精准、平稳的人工控制
	发现并修正偏差	发现非预期的航空器航径偏差并采取适当的行动
	正常飞行包线	将航空器控制在正常飞行包线之内
	原始数据飞行	仅使用姿态、速度和推力之间的联系来安全地控制航空器
	监控飞行航径	在管理其他任务和干扰的同时，人工控制飞机保持期望的飞行航径
	优化运行性能	管理飞行航径以实现最佳运行性能
	正确的方式	根据飞行阶段和工作负荷，及时选择合适的飞行引导系统的等级和模式
	有效监控	有效监控飞行引导系统，包括接通的状态和模式的转换
5. 情境意识（SAW）	飞机和系统	持续了解并清楚航空器及其系统的状态
	空间	持续了解并清楚航空器的位置状态
	环境	持续了解并清楚航空器周围的环境状态
	时间和燃油	持续监控并清楚时间和燃油状况
	人	持续了解并清楚包括乘客在内的运行人员的状态
	应急计划	根据可能发生的意外情况，制定应急预案
	威胁管理	识别影响航空器和人员安全的威胁，并采取适当的行动
6. 问题解决和决策（PSD）	诊断	辨别核实发生问题的原因，不急于做出结论或盲目假设
	收集信息	从适当来源获得准确、充足的信息
	坚持不懈	坚持不懈地解决问题而不降低安全裕度
	恰当、及时的过程	采用适当、一致、及时的决策过程
	考虑条件和优先级	根据关键和可取的原则进行优先级排序
	生成可选方案	视情况考虑多个可行方案
	灵活性	在需要时做出决策，必要时进行回顾和更改
	风险评估	考虑风险，但不承担不必要的风险
	恰当的随机应变	面对预料不到情况，随机应变，争取最安全的结果
7. 领导力和团队合作（LTW）	认同角色分工和目标	理解并认同机组成员的角色分工和目标
	平易近人，激励他人	平易近人，热情，调动机组成员的积极性
	考虑他人	考虑他人
	行使主动权，给出指示	在需要时，行使主动权，提供指示，勇于承担责任
	支持他人	对其他机组成员的需要有所预期，并在得到指令时执行
	开放	对他人的想法、顾虑和意图持开放和真诚的态度
	给出和接收反馈	善于给予和接受批评和表扬，勇于承认错误
	为了安全进行干预	在安全攸关的情况下，自信地进行干预

续表

胜任力	标签	行为指标
8. 工作负荷管理（WLM）	同理心和尊重	展现同理心，对他人表现出尊重和宽容
	共同参与	让他人共同参与计划，根据能力合理分工
	自我管理	冷静、放松、仔细而不冲动
	计划和准备	对任务进行有效的计划、准备和安排
	任务优先级排序	对任务进行有效的优先级排序
	时间管理	执行任务时高效地管理时间
	接受协助/委托	主动接受协助，必要时委派任务给他人或尽早寻求帮助
	提供协助	必要时主动提供协助
	监控和交叉检查	有意识地主动回顾、监控和交叉检查
	任务完成	确保任务已完成
	干扰管理	有效管理中断、干扰、各种变化和未能达到目标的情况
9. 沟通（COM）	时机与过程	恰当地选择合适的沟通方式、时机和对象
	恰当的内容	恰当地选择沟通的内容和信息量
	确保接收者准备好	确保接收者准备好，并且有能力接收信息
	清楚、准确	清晰、准确、及时、完整地传递信息
	证实理解	证实接收者正确理解重要信息
	倾听	接收信息时，积极、耐心地倾听，并表现出理解的行为
	询问	询问相关、有效的问题并给出建议
	非语言	使用恰当的身体语言，眼神接触和语气，正确理解他人的非语言信息
	善于接收	善于接纳他人的观点并愿意达成一致

一个好的工作分析，可以指导用人单位准确地提取本工作岗位所需要的知识、技能和能力，把一名新成员安排在最适合的岗位上，但这并不意味着该成员可以将工作做得优秀。而胜任特征研究的目的，是要提取某一岗位上表现优秀的品质，使据此选拔的成员能够成为该岗位上的优秀者。

二、经典职业岗位胜任特征研究

不同的岗位有其独特的胜任特征模型，表 2-3 具体介绍几种经典职业的胜任特征。从中可看出胜任特征具有明显的职业性，即随职业性质与职业要求的不同而有所变化，具有特异性。另外，通过对比同一职业的中外差异，可以发现其中的相似点与差异性，其中差异性主要是由文化与国情差异导致的。

表 2-3 经典职业胜任特征

职业	年份/年	胜任特征的具体内涵
党政领导干部	2006	工作能力、自我约束、政治素质、领导能力、学习能力、协调能力和以人为本 7 个维度
企业管理者	2007	决策能力、情绪智力、自我效能、成就动机、创新能力、社交能力、学习能力、沟通能力、领导能力、变革能力、知识应用水平 11 个维度
出版社编辑人员	2007	创新能力、成就导向、客户导向、主动性、坚韧性、思维能力、关注细节 7 个核心素质
法官	2008	职业道德、工作作风、办案能力、和谐意识 4 个维度
企业行销人员	2009	成熟的个人品性、社交素养、市场与营销业务能力、客户导向能力、道德素养、规划与协调能力、情绪品质、人际沟通能力和成就欲 9 个维度
狱警	2015	基础能力、业务能力、职业精神、工作态度、法律素养、知识掌握 6 个维度以及 31 个子因子
优秀教师	2015	知识更新、情意驱动、个性调适、人际沟通、教育艺术五大类
康复护理人员	2016	促进健康和成功生活能力、护理主导的干预能力、跨专业的护理能力、领导能力四个维度下的 13 个公共因子
团体心理治疗师	2016	专业素质、分析判断、思维认知、行动能力、个人成长、积极心态、沟通交流、友善待人、管理驾驭、伦理规则 10 个维度
急诊医生	2017	情商、解决问题及决策技巧、运作管理、病人专注、病人护理、程序技巧及医学知识、专业精神、沟通技巧,以及团队领导及管理 9 个核心胜任特征 33 个子特征
牙医	2018	技能和医疗服务、疾病预防和健康促进、人际沟通技能、核心价值观和专业精神、医学知识和终身学习能力、团队合作能力、科研能力 7 个主要指标
时装设计师	2018	解决问题能力、研究能力、人际交往能力和自我发展能力 4 种核心能力
公共卫生医师	2019	医学基础知识、公共卫生知识、卫生管理与健康促进、专业技能、研发、综合能力和专业素质 7 个维度
基层消防指挥员	2019	下属导向、专注、责任心、灵活应变、组训能力、专业素养 6 个项目
图书馆数据馆员	2021	专业知识、工作能力、个性特质 3 个维度以及 29 个子要素
中文教师	2021	人格特征、人际交往、价值取向、管理特征、专业知识、教研能力、跨文化教学能力、学习反思能力、理解沟通能力 9 个维度
临床信息工作者	2021	沟通能力、研究能力、教育培训能力、领域知识能力、信息服务能力和技术能力 6 种核心能力

三、军人胜任特征研究

军人胜任特征是指"个体的一系列显著关键特质,这些特质不仅能够有效保证军人完成岗位工作,还能够区分军人属于绩效优秀者或绩效一般者,这些特质包括动机、需要、理想、人格、自我意识或行为技能等"。对于军人胜任特征研究,外军已将研究成果应用到军队人力资源管理之中,而我军在这方面的研究也取得了骄人的成果。

(一)外军军人胜任特征的相关研究

外军军人胜任特征的相关研究起步较早,涉及的领域也较为广泛。外军对于胜任特征的研究大致可以分为军官和其他特殊专业军事岗位两部分。

1. 外军军官胜任特征研究

文献分析发现,外军对军官胜任特征的研究是一个循序渐进的过程,在这个过程中纳入了许多要素,并且表现出很强的科学性与规范性(表2-4)。从表中可看出,20世纪80年代前,外军对入伍人员的筛查多集中于知识、技能等易被后天训练或易被测量评估的心理素质上,而非智力素质的评估尚未得到重视。到了20世纪80年代,外军开始意识到对那些不易被后天训练的心理素质筛查的重要性,如在陆军军官选拔测验中,增加了对决策、动机等素质的筛查;20世纪90年代后,军官非智力素质受到全面、高度的重视,在军官胜任特征的研究中被分类得更为细致、具体,特别是有关道德、人际交往、团队领导等素质方面。

表 2-4 外军军官胜任特征的相关研究

项目名称	时间/年	胜任特征
美国武装部队资格测验	1952	词语知识、段落理解、算数推理、数学知识
美国军队职业能力倾向成套测验(ASVAB)	1976	普通科学、数学推理、词汇知识、段落理解、数学知识、电子信息、自动化信息、机械理解、编码速度、数字运算
美国陆军军官选拔测验	1986	成就动机、决策、管理、人际交往、技能、战斗精神
军队选拔与分类预测项目(Project A)	1991	管理、人际关系、作战成绩、决策能力、沟通能力、技能掌握
美国西点军校学员评估体系	1995	事业心、职业道德、管理、组织计划、自律、人际交往、共同协作、决策、影响力、口头表达、文字表达、军人气质
美国陆军军官手册	1996	责任感、荣誉感、国际利益、诚实、警惕性、纪律性、完成任务能力、合作意识、忠诚、绅士风度、团队领导、一视同仁、道德、言而有信
肯尼斯	1999	坚持学习、洞察力、快速应变能力、迅速恢复的能力、主动性、创新性、企业家精神、影响他人的能力、合作精神、团队意识

续表

项目名称	时间/年	胜任特征
凯瑟·波恩	2003	完成任务的能力、领导能力、诚实、道德、忠诚、言而有信、责任感、荣誉感、国际利益、一视同仁、纪律性、警惕性、合作意识、绅士风度

2. 外军其他特殊军事专业岗位胜任特征研究

外军对特殊专业军人胜任特征的研究最早始于军事飞行员，随后对空中交通管制人员、潜水员、高危工作人员和特种部队人员等也进行了相应研究。从表2-5中可以看出，不同的军事岗位有着不同的胜任特征，并且随着时间的推移，对于胜任特征的研究越发地细致与完善。

表2-5 外军特殊军人胜任特征的相关研究

来源	时间/年	岗位	胜任特征
Collins	1981	交通管制	计算、追随口头方向指示、空间模式、抽象推理等
Zazanis	1999	特种部队	认知品质、沟通品质、人际、动机、性格品质、生理品质
Van	2001	潜水员	个性特征、集体主义精神、热心、敢为和自信
Hartmann	2003	挪威海军	天赋、情绪控制力、现实检验力、压力耐受性、毅力、快速获得理论知识和实践技能、人际交往能力、情绪稳定、决策能力、领导力
Patterson	2004	空军特种作战	情绪稳定性、问题解决、组织承诺、诚实、人际态度、身体健康、安全意识、成熟度、工作准则、灵活性及家庭
Picano	2006	高危行动人员	抗压能力、适应能力、与他人合作的能力、健康状况、良好的体能、判断力、动机、主动性、家庭稳定性、领导力
Gayton	2015	特种部队	性格优势方面：团队合作、正直和毅力

综上，外军在军事人员胜任特征领域研究方面已经比较成熟，并且有自己的理论系统。针对不同岗位兵种的职业要求，构建了不同的胜任特征模型。外军关于军事人员胜任特征研究可总结为以下五个方面：

第一，在可操作性上，外军以胜任特征研究成果为依据，建立了一套比较完整、科学、适合军事人员选拔与分类的数据库，用于评估作用力大小对不同的工作岗位和工作绩效水平及完成任务好坏，具有较强的可操作性。

第二，在研究方法上，外军将定性和定量的方法研究相结合，突出了研究方法的多元化。

第三，在研究内容上，外军紧跟时代发展，将许多最新技术发展对岗位要求的因素融入胜任特征模型中，例如，随着信息化、数字化和智能化的发展，将信息技术掌握能力纳入对未来军人的考察中。

第四，在研究技术上，外军重视发展计算机网络等高技术手段，将人工智能技术应用于胜任特征的研究与应用中，开发相应的评价系统，使人员选拔与评价更加快捷、准确和有效。

第五，在研究应用上，外军将成套心理测量与多项岗位胜任特征需求匹配，构建了复杂、实用的测验—岗位需求主动分析与分类系统，在兵员岗位分类上广为应用。

（二）中国军人胜任特征的相关研究

与外军比较，中国军人在胜任特征上的研究起步较晚，但发展相对较快。经过多年的发展，研究对象已涵盖多个军兵种岗位。根据研究对象不同，大致可将其划分为军官、军校学员、士兵和特殊专业军事人员等。

1. 中国军人军官胜任特征研究

胜任特征研究成果在中国军人军官的选拔与评估上应用比较广泛。20 世纪 90 年代，军官心理选拔研究团队采用心理学、管理学、社会科学和数学研究方法，运用文献再分析、多级评估模糊集评判、专家评估、结构式访谈、心理测验等技术，深入军队院校、基层部队进行持续 9 年的追踪研究，建立了中国军人初级军官胜任特征模型，并在后续研究中对该模型的预测效度、评价一致性进行了验证，为我军初级军官心理选拔提供了实用工具。表 2-6 是近年来关于中国军人军官胜任特征模型研究的主要成果。

表 2-6　中国军人军官胜任特征的相关研究

来源	时间/年	岗位	胜任特征
苏景宽	2005	陆军初级军官	事业心、责任心、威信、决策能力、果断、解决问题能力、公正、自信、组织协调能力、原则性、军事素质、用人任贤、纪律性、忠诚诚实、创新精神、表达能力、自制
周柳月	2007	武警部队基层中队主官	自我约束、民主意识、良好的心态、个人驱力、影响力、适应性与灵活性、忠诚守信、能力素质
梁剑	2007	基层主官	德才兼备、角色认知、团队认知、创新思维、关系管理、责任意识 6 个维度下的 16 个公共因子
胡炜	2007	陆军基层主官	内在驱动力、军事素质、成就、领导特质、影响力、管理技能、基本认知技能
周海明	2008	基层部队主官	政治信念、德行垂范、培养他人、团队领导、适应性、专业技能、计划组织、威信、沟通协调、表达能力、学习能力、归纳总结、合作能力、应变能力
耿梅娟	2011	后备技术军官	个人素质、职业素养、专业技能、忠诚适应、责任意识
李文峰	2013	基层军官	认知特征、管理特征、民主服务
柳玮	2013	基层指挥军官	领导能力、个性品质、工作态度、专业素质、军人价值观、管理能力
周亚宁	2014	复合型指挥军官	素养、能力、经历

续表

来源	时间/年	岗位	胜任特征
王芙蓉	2015	初级指挥军官	知识、态度、动机、特质
马艳明	2017	装甲兵基层主官	沟通能力、成就动机、决策能力、执行力、前瞻性、利他性

将我军初级军官胜任特征指标前17项与美国陆军、加拿大陆军军官胜任特征各项指标及排序进行比较（表2-7），可以发现各国军队在衡量优秀军官的标准上有不少异同。在第8项前，三者非常相似；第9项后，则各有不同。因此，建立我军特有文化背景、独特评价指标体系是非常必要的，既可为我军初级军官的科学评价与任用提供客观、公正、可操作性工具，也是提高我军心理选拔预测效果的重要因素。

表2-7　中国陆军与美国、加拿大陆军军官胜任特征指标比较

序号	中国陆军	美国陆军	加拿大陆军
1	事业心、责任感	事业心	事业心
2	决策能力	决策能力	决策能力
3	果断	判断能力	果断
4	公正	正直、公正	公正
5	忠诚	忠诚	忠诚
6	用人任贤	任贤	
7	威信	判断能力	威信
8	自信		自信
9	解决问题	敢为	敢为
10	组织协调	自制	自制
11	原则	聪慧	聪慧
12	独立工作	举止	专业能力
13	纪律性		诚实
14	创新精神		常识
15	说服力		洞察能力
16	自制		幽默
17			主动性
18			开朗

2. 我军军校学员胜任特征研究

有关我军军校学员胜任特征的研究相对较少，表2-8反映了近年来关于我军军校学员胜任特征模型研究的主要成果。

表 2-8 我军军校学员胜任特征的相关研究

来源	时间/年	特殊岗位	研究内容
苗丹民	2004	陆军军校学员	事业心、管理能力、人际交往能力、文字表达能力、口头表达与激励能力、聪慧、约束力、军人气质、决策、情绪稳定性、威信与影响力
田建全	2004	陆军学院学员	事业心、管理能力、决策能力、影响力、口头表达能力、文字表达能力、聪慧、约束力、人际交往能力、军人气质、情绪稳定性
苏景宽	2005	陆军指挥院校学员	事业心、管理能力、人际交往能力、文字表达能力、口头表达能力、聪慧、纪律性、军人气质、决策能力、情绪稳定性、群众威信
田建全	2007	军校学员	事业心、智力与知识、书面表达、口头表达、组织计划、模范、合作、果断、社会判断、自信、善解人意
晁殿雷	2009	空军某院校研究生学员	事业心、管理能力、决策能力、军人气质、理解能力、独立自主能力、协调能力、原则、解决问题能力、洞察力和正义
李志	2012	军校学员	适应与忠诚、影响特征、责任意识、认知特征、管理特征、民主服务

根据近 4 000 名陆军指挥院校教官和学员与部队初级军官在初级军官胜任特征评价指标模糊集量表值上的比较，编制开放式访谈提纲，对数十名教官、学员管理干部和心理学专家进行个别访谈，提取"陆军学院学员胜任特征评价指标"（表 2-9）。

表 2-9 军校学员与初级军官、美国西点军校学员胜任特征指标比较

序号	中国军校学员	中国初级军官	美国西点军校学员
1	事业心	事业心 责任心	责任心 敬业精神
2	管理能力	组织协调 计划	管理 组织计划
3	决策能力	决策	决策
4	影响力	威信	影响力
5	口头表达能力	说服力	口头表达能力
6	文字表达能力	说服力	文字表达能力
7	人际交往能力	社会交往	人际合作
8	军人气质		军人气质
9	情绪稳定性	自制	
10	约束力	纪律性	
11	聪慧	聪慧	
12			授权
13			培养下属

与同期研究的美国西点军校学员评估指标（West Point military development grade，1995）比较，有 8 项指标完全吻合，2 项指标涵盖了西点军校 4 项指标，吻合度达 73%~83%，表明两军院校学员胜任特征指标存在高一致性；3 项指标为中国军校学员特有，2 项指标为西点军校学员特有，特异度为 18%~27%。该结果表明，文化差异是导致其胜任特征评价指标差别的重要因素。该研究结果为我军借鉴、吸收国外军队建设的成功经验，建设一支具有中国特色军事人才队伍提供了有力的理论依据。

3. 我军特殊专业军事人员胜任特征研究

我军特殊岗位人员胜任特征的研究近几年来得到较大发展，主要集中在飞行员、航天员、潜水员、特战人员等职业岗位（表 2-10），着重突出个体素质和专业素质两方面胜任特征。研究中有些学者还在胜任特征模型研究中运用层次分析法，对特殊岗位人才选拔评估进行了理论探讨；对潜水员和潜艇指挥员岗位突出了心理素质和个性心理的研究，这一点与外军极为相似，这也符合该岗位的特殊性要求。

表 2-10 我军特殊军人胜任特征的相关研究

来源	时间/年	特殊岗位	胜任特征
周永垒	2006	舰艇指挥员	确定 10 项对潜艇指挥员有重要影响的心理素质：注意力和反应时间、运算和记忆能力、视听能力等
景晓路	2007	航天员	应急反应能力、果断、职业动机、责任心、耐受性、情绪稳定性、操作、领导能力
许明辉	2009	军队驾驶员	心理特质、意志品质、业务技能、文化素养、政治思想、身体素质、作风道德、军人素养
程广利	2009	水下信息战人才	专业特征、岗位特征、领导能力和个人魅力 4 个维度共 23 项指标
耿梅娟	2011	军队技术干部	个人素质和专业素质共 14 个指标
乔圆	2012	空军警卫人员	工作技能、工作能力、工作风格、工作活动 4 个维度
张千里	2014	步战车炮长	心理特质、个人素养、品行能力
张宇飞	2015	陆军特种兵	建立了由 5 个维度 19 个条目构成的陆军特种兵胜任特征调查问卷
任晓梅	2015	航天发射参试官兵	压力应对、团队协作、责任心、承担后果、奉献精神、组织协调、沟通能力
谢东珊	2015	空军报务员	知识、技能、能力、活动、风格
甘景梨	2016	潜艇兵	个性特征、职业价值、组织纪律

从我军胜任特征研究检索到的文献看，以往研究得出了许多有开创性且有意义的结论，有些研究成果已为部队所用，成为选拔与评价人员岗位胜任性的新方法。但由于我军开展军人胜任特征的研究时间短、底子薄，研究范围相对较窄，与外

军的研究水平还存在一定的差距,具体表现在以下四个方面:

第一,在研究方法上,我军的研究方法较为单一,多采用定性的研究,而外军已从单一方法走向多种方法的融合。

第二,在研究手段上,外军研究起步较早,手段比较先进;而我军不少研究在手段上仍沿用外军的技术,研究结论不一定适合我军现在的发展形势。

第三,在可操作性上,我军对军事人员胜任特征的研究多停留在理论上,较少能在实践中应用,可操作性差,研究结论对心理选拔的指导作用有限。

第四,在绩效与胜任特征的联系方面,我军现有多数研究关注于胜任特征要素的确定,忽视了要素与绩效的关系,降低了胜任特征模型研究的价值。

四、军事飞行员胜任特征研究

随着经济发展与社会进步,航空安全已经成为一个影响社会稳定的公共安全概念,因机械、电子等设备故障所引起的飞行事故的概率在不断下降,而由飞行人员失误所导致的飞行事故或事故征候却在逐年增加。据中国民用航空局对飞行事故原因的调查分析,因飞行员原因导致的飞行事故占事故总数的 70% 以上。不仅如此,飞行员职业具有责任大、难度大、风险大的特点,这在很大程度上对飞行员的心理品质提出了更高的要求。因此,为了使飞行员能够恰当、准确地完成所承担的飞行作业,对于飞行员胜任特征的分析与研究显得尤为重要。

(一)外军飞行员胜任特征研究概述

与其他职业的胜任特征一样,军事飞行人员胜任特征是区分高飞行绩效和一般飞行绩效的所有技巧、知识、价值观、自我形象及动机等的组合,是可以观察和衡量的,既包括可以提高和发展的行为特征,也包括达到高飞行绩效的关键驱动因素。1970 年以后,西方各国开始装备高性能战斗机,高性能战斗机的作战特点对飞行员提出了新的要求,主要针对以下几点:心理运动能力、智力/才能、人格/性格。

心理运动能力是指个体意识对躯体精细动作和动作协调的支配能力,是从感知到运动反应的过程及其相互协调活动的能力,心理运动能力与飞行操作密切相关,性能越复杂、机动灵活性越高的飞机对飞行员心理运动能力的要求就越高。例如,美国海军舰载机在不同的阶段对飞行员的评估指标有不同的见解,主要评估指标包括心理运动以及认知、学业、人格、动机、临床精神疾病、应激等;1985 年,美国布鲁克斯空军基地人力资源实验室 Kantor 等在空军飞行员选拔和分类研究项中,验证并开发了基于心理运动能力测试的飞行学员预测评估模型。

在智力/能力方面，虽然没有明显的证据能表明高中以上文化程度的人更适合担任军事飞行员，但毋庸置疑的是，要掌握军事飞行训练，中等以上的智力水平必不可少。例如，美国空军使用航空学员入学资格测验（Aviation Cadet Qualifying Examination，ACQE，1941年）来测试学员的判断、动机、决策和反应速度、情绪控制及注意分配能力五项智力因素，并且ACQE来源于航校淘汰学员与优秀战斗机驾驶员和轰炸机飞行员心理品质的评定与分析；美国还使用空军军官职业资格测验（Air Force Officer Qualifying Test，AFOQT，1954年）来测查机械知识、机械原理、航空知识、仪表理解等。

在人格/性格方面，第一次世界大战结束前，心理学家就已经发现，一名好的飞行员应具有某种与众不同的特质，这些特质是构成成功飞行员所应具备的人格特质。彭里（Rippon，1918年）最早提出成功的飞行员是精力旺盛的、无忧无虑的运动型人才；多克里（Dockery，1921年）采用个案分析法研究第一次世界大战中王牌飞行员的性格特征，发现稳重、有条理、自制力、不急不躁的人能够成为最好的飞行员。

维德诺尔（Widnall，1995年）首次把胜任力特征的概念应用于美国空军，并归纳出空军的6项核心胜任力特征：航空航天优势、全局攻击、快速的全球移动性、精确的作战技术、信息化优势和敏捷的战斗力；1998年，美国海军航空航天医学研究实验室比克斯戴夫（Biggerstaff）等根据14名美国海军无人机飞行学员基于计算机操作能力测试系统的测试数据，采用因子分析的方法得到了4个相关程度最高评价指标：科学严谨的态度、扎实的理论基础、过硬的飞行技术、果断的处置能力；2003年，美国怀特·帕特森（White Patersonm）空军基地过载研究实验室建立了包括决策能力、跟踪能力、空间定向能力、时间/速度估测能力、知觉速度、视觉功能，以及仪表判读能力等12种认知能力层次分析模型。

综上所述，美国作为世界军事强国和第一空军大国，军事飞行员选拔体系方面已发展得较为成熟，飞行员选拔综合评价方法的研究和应用较为深入。加拿大、英国、法国、荷兰、瑞士等发达国家大多参照美国的选拔体系。

（二）我军飞行员胜任特征研究概述

军事飞行职业活动危险性大，飞行人员的健康和生命随时受到各种因素的威胁。飞行人员不仅要在飞行过程中完成各种复杂精细的机械操控，尤其要在出现突发故障时能够保持镇定，在极短的时间内做出判断、决策，并完成一系列不能出任何纰漏的处置动作；在作战时，除了操纵飞机之外，还要进行残酷激烈的空中格斗，随时可能牺牲生命；20世纪末，我军装备以苏–27、苏–30和歼–10为代表的第三代战斗机以后，硬件建设的革新，对我军军事飞行员的身体和心理素质提出了更高的要求。由此可见构建我军军事飞行人员胜任特征的重要性与严峻性。

面对飞行职业高风险、高负荷的特点，我军虽在军事飞行人员胜任特征的研究上起步晚，但也取得了较多成果。例如，宋华淼等于2013年对171名高性能战斗机飞行员的研究，最终构建了包括心理动力、个性特性、心理能力3大结构共8项二级指标的高性能战斗机飞行人员胜任特征模型。在此基础上建立了相应的心理选拔指标体系与方法，具有良好的理论和应用信息高度；在舰载战斗机飞行员选拔中，相关专家提出了基于胜任力特征模型的研究方法，舰载战斗机飞行员心理选拔的内容必须根据舰载机飞行员所面临的装备、环境、作战任务需求及人—机—环境的相互关系确定选拔测评内容。一个人能否顺利地掌握飞行技能，取决于各种心理品质的有机组合；宋华淼于2016年研究发现，我军新机种军事飞行员职业胜任特征指标体系由3个维度、11个指标构成，这是飞行员绩效优异与绩效一般的关键核心区别要素，其中这3个维度分别是心理动力、个性特质和心理能力；陈凯强等于2017年通过定量研究的方式建立了陆航飞行员重要性评价模型，共三级指标，第一级指标包括敬业奉献等9项胜任特征，第二级指标包括自律等10项胜任特征，第三级指标包括开拓创新等3项胜任特征，不仅如此，研究还发现陆航飞行员胜任特征重要性评价模型实际上与普通胜任特征维度有着相似之处；宋华淼等人于2018年指出，飞行员作战时需要具备的心理品质包括了理论知识、心理能力、个性特征和心理动力，涵盖了能力和非能力因素，其中飞行作战心理能力、飞行作战个性特征、飞行作战心理动力和飞行作战理论知识为一级指标。

根据前人的研究发现，许多研究结果具有很高的相似度，主要集中在个性特征、心理运动、信息认知、应激应对、环境适应、团队协同、飞行动机和思维决策等方面。最核心的表现为个性特征、心理能力和心理动力（和外军相似）。

个性特质是职业发展的重要基础，我军军事飞行员在各种飞行情境下所表现出的本质、稳定、独特、一致性的行为特征，属于与生俱来的先天特质。这种先天特质与特殊的军事飞行环境相互匹配与适应从而形成一种稳定的心理行为特征。在人力资源管理中，特别强调"人—岗"匹配，力图使个人的特质与从事的职业相吻合，激发最大效能，对事业发展具有推进作用；心理能力是与优秀军事飞行员匹配的关键能力，优秀绩效飞行员心理能力的形成与固化是不断与航空飞行环境交互作用实现的结果，是确保稳定发挥技术能力水平的心理保证及飞行心理品质的直接体现，是操控飞行技术的关键能力；心理动力是优秀军事飞行员的核心动力，心理动力指引行动思考，以获得成功为目标的驱动力，隐含于思想和意识之中，是一种相对稳定或持久的特质，更是一种支配行为的驱动力量，同时也是一个人最大价值取向。心理动力是优秀绩效飞行员的驱动力量。

2004年，通过对175名飞行员的调查研究构建了年轻飞行员胜任特征评价模型(图2-4)。该胜任特征模型提出了优秀飞行员具备的36种特性，共分为三大类：个性特质(qualities)、品行特质(moral character)和能力倾向(competence)。排在前5位的分别为事业心、责任感、公正、果断、威信。另外，根据与其他军兵种的比较，将这些特质分为四级："第一级"为飞行员的赋值显著高于其他军兵种军官赋值的5项指标；"第二级"为赋值高于其他军兵种军官但无显著性差异的7项指标；"第三级"为赋值低于其他军兵种军官但无显著性差异的12项指标；"第四级"为赋值显著低于其他军兵种军官赋值的12项指标。各级指标内部按飞行员评价的重要度排序。

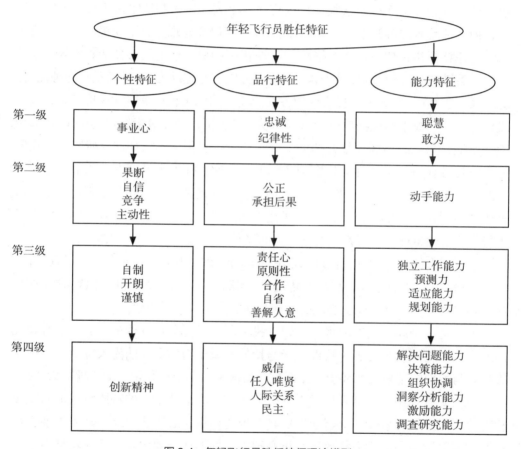

图2-4 年轻飞行员胜任特征理论模型

综上所述，胜任特征及其模型在我军军事飞行职业中的研究虽然起步较晚，但也得到了一些突破性的成就，应用前景非常广阔，具有巨大的军事和经济价值。未来随着研究的逐渐深入，必将为我国空军新式战斗力的加速生成和飞行人员整体素质的全面提升起到重大的推动作用。

（三）飞行员胜任特征与心理选拔研究

飞行员由于任务特殊，而且培养困难，事故率高等原因，故各国飞行员都是经过层层选拔而来的。对飞行员胜任特征的研究可以为飞行人员的心理选拔、心理训练以及年度鉴定的心理评估和日常自我心理维护的指标体系提供理论依据。

1. 美军飞行员心理选拔

自第二次世界大战以来，美军在海军飞行员心理选拔方面进行了大量探索，通过修订、完善不同的测验来鉴别候选人的能力。

（1）航空选拔成套测验

航空选拔成套测验（Aviation Selection Test Battery，ASTB），是美国海军、海军陆战队和海岸警卫队开展的飞行前选拔测试，用于测试候选人的基础能力，并预测参试者最终是否会成功完成飞行训练（表2-11）。

表2-11 航空选拔系列测试构成与测试目的

分测试名称	能力倾向
数学能力测试（MST）	数学推理能力
阅读能力测试（RST）	阅读及文字理解能力
机械知识测试（MCT）	物理及机械理解能力
空间感受测试（SAT）	空间理解及定向能力
航空与航海常识测试（ANIT）	间接测量受试者飞行动机
航空补充测试（AST）	一般能力

对ASTB测量的主要心理要素进行分析，可以看到其设计的理论基础是斯皮尔曼的能力双因素论（一般能力与特殊能力）。其中数学、阅读主要测量的是受试者一般因素的能力水平，而机械理解、空间认知、飞行动机测的主要是特殊能力水平。

（2）ASTB的补充改进

ASTB被应用于海军飞行员选拔以来，研究者一直在探讨其对于飞行员训练成功率的预测情况，并对其进行了各种补充改良，主要包括基于计算机的能力测试（Computer-Based Performance Test，CBPT）、基于操作的成套测验（Performance-Based Measurement Battery，PBMB）和基本航空技能测试（Test of Basic Aviation Skills，TBAS）。

1）基于计算机的能力测试

研究者发现ASTB无法测量飞行需要的心理运动和认知处理过程。因此，20世纪80年代末，美军开始研究以心理运动为基础的基于计算机的能力测试（CBPT），希望开发出能够与ASTB相互补充的飞行员选拔方法。

CBPT 能够通过追踪任务、双耳分听、二维空间测试等，评估学员的认知能力、心理运动技能、时间分配能力、个人特点，预测其能否完成海军飞行训练（表 2-12）。

表 2-12 CBPT 心理运动测试内容

测试名称	能力倾向
心理运动测试	手眼协调
双耳分听测试	注意力分配
心理运动测试 / 双耳分听测试联合	时间分配、多任务处理能力
人像测验	视觉、空间能力、反应时
水平追踪	补偿追踪能力
绝对差任务	记忆、反应时
水平追踪和绝对差任务	时间分配、追踪能力
复杂视觉信息处理	视觉信号信息处理
Baddeley 语法推理	逻辑推理
风险测试	执行任务

从 CBPT 的主要测量要素进行分析，可以看到其对 ASTB 的补充，主要体现在特殊能力的测评方面，尤其是心理运动能力。2000 年，美军对飞行前航空教育阶段的学员开展研究，进行了为期 3 年的 CBPT 使用评估，改进了 CBPT 变量分析的回归模型，分析认为 CBPT 能够有效预测海军飞行员的心理能力，有助于提高飞行员选拔水平。

2）基于操作的成套测验

作为 ASTB 的补充测试，美海军医学作业训练中心开发出海军基于操作的成套测验。

PBMB 是一种心理运动测试，能够测试多任务、手眼协调追踪、任务优化、决策和空间定向能力（表 2-13）。

2007 年，NMOTC 在 40 名海军飞行员候选人中进行了 PBMB 测试。研究结果表明，PBMB 能够测试手眼协调追踪技能，有助于改善飞行员选拔措施。此后，美军改进了 PBMB 评分算法，使其更有效地选拔飞行员。

3）基本航空技能测试

基本航空技能测试由美国空军于 1981 年研制，初名为基本资格测试（Basic Attributes Test，BAT），主要用于评估心理运动和认知能力。1999 年，美空军训练司令部开展了大量利用最新心理和认知研究成果改进飞行员选拔的研究。最终，将基本资格测试改进为 TBAS（表 2-14）。自 2006 年起，美空军飞行员选拔开始广泛使用 TBAS。TBAS 由单任务测试和多任务测试组成。

表 2-13　PBMB 测试组成

类别	分测试名称	能力倾向
单任务测试	方位定向测试（DOT）	听觉注意
	双耳两分听测试（DLT）	注意分配
	垂直追踪测试（VTT）	垂直目标追踪
	飞机追踪任务测试（ATT）	多角度目标追踪
多任务测试	垂直追踪测试+飞机追踪任务测试（VTT/ATT）	目标追踪能力
	垂直追踪测试+飞机追踪任务测试+双耳两分听测试（VTT/ATT/DLT）	追踪与听觉注意多任务完成能力
	水平追踪任务测试+飞机追踪任务测试+5位数倾听测试（AHDL5）	追踪、听觉注意与工作记忆多任务完成能力
	垂直追踪测试+飞机追踪任务测试+紧急操作（VTT/ATT/EP）	追踪与特情处置能力

表 2-14　TBAS 各分测试

类别	分测试名称	能力倾向
单任务测试	方位定向测试（DOT）	听觉注意
	3位数双耳两分听测试（DL3）	听觉注意与短时记忆
	5位数双耳两分听测试（DL5）	听觉注意与短时记忆
	水平追踪任务测试（HTT）	水平目标追踪能力
	飞机追踪任务测试（ATT）	多角度目标追踪能力
多任务测试	水平追踪任务测试+飞机追踪任务测试（AHT）	目标追踪能力
	水平追踪任务测试+飞机追踪任务测试+3位数双耳两分听测试（AHDL3）	目标追踪与短时记忆能力
	水平追踪任务测试+飞机追踪任务测试+5位数双耳两分听测试（AHDL5）	目标追踪与短时记忆能力
	水平追踪任务测试+飞机追踪任务测试+紧急情况测试（AHSC）	目标追踪与特情处置能力

从对 TBAS 的分析，可以看出其与 PBMB 具有很高的相似性，测评的重点是受试者的特殊能力，测评任务通过不断叠加，增加任务难度，挖掘受试者潜力。

（3）自动化飞行员测验系统

ASTB 经过不断研发，最新的进展主要体现在应用于海军飞行员选拔的自动化飞行员测验系统（The Automatic Pilot Examination，APEX）的改进上。APEX 主要改进表现在两个方面，一方面是改进了测验形式和算法；另一方面是增加了心理运动测验。

APEX 已不是将原来的纸笔测验简单地计算机化，为了提高测验的安全性和效率，研究者开发了基于网络的计算机自适应测验版本。计算机可以根据不同受试者的水平挑选适合其能力水平的题目组成试卷。虽然不同受试者所完成的题目不同，但由于算法的改进，可直接对他们的分数进行比较，而且测验题库也可以得到不断更新。

APEX 的另一个亮点在于增加了原来 ASTB 系统里忽略的心理运动能力测验（表 2-15）。

表 2-15 APEX 新增心理运动能力测验内容

类别	分测试名称	能力倾向
单任务测试	方位定向测试	听觉注意
	双耳两分听测试	听觉注意与注意分配
	多重追踪任务	注意分配与目标追踪能力
多任务测试	双耳分听+多重追踪任务	听觉注意、注意分配与目标追踪
	双耳分听+多重追踪任务+紧急情况处置	听觉注意、注意分配、目标追踪与特情处置

从以上分析，可以看到，作为美军飞行员入门级心理选拔系统，其检测的能力要素较为集中，主要为数学能力、阅读能力、物理知识、空间判断能力、飞行动机、心理运动能力和部分认知能力。

2. 我军飞行员心理选拔

战斗机飞行员是典型的极端环境从业人员，在所有航空事故中，由心理因素导致的事故占比较大。要降低飞行事故发生率，必须应用心理学理论和工具对候选者进行有针对性的选拔。相关专家提出了胜任力特征模型的研究方法，战斗机飞行员心理选拔的内容必须根据飞行员所面临的装备、环境、作战任务需求及人—机—环境的相互关系确定选拔测评内容。

（1）三代机飞行员心理选拔

目前，我军空军战斗机飞行员心理选拔指标主要包括 5 类 10 项，具体如图 2-5 所示。

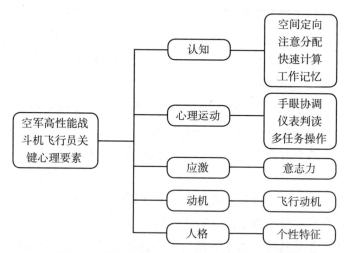

图 2-5 空军高性能战斗机飞行员关键心理要素图

（2）舰载战斗机飞行员心理选拔

我军舰载战斗机飞行员心理选拔的重点，主要集中在个性特征、心理运动、信息认知、应激应对、环境适应、团队协同、飞行动机和思维决策等方面。人的心理活动非常复杂，为提高舰载战斗机飞行员心理选拔的预测效果，通常采取综合性的评判方法，将心理测验、心理访谈、行为观察等技术进行有机结合。

（3）无人机飞行员心理选拔

随着无人机在军事领域应用的快速增长，我军对无人机操作员的需求量不断增加。因此，如何选拔无人机操作员，已经成为建立一支高素质无人机操控人才队伍所面临的重要议题。研究者对无人机操作员的工作进行了全面分析，包括工作内容、工作频率、持续时间、工作环境、技术要求和操作流程等，深入了解其任务特点，提炼出了无人机操作员的心理特征要素。总体来看，无人机操作员在操控飞行过程中，遇到的主要问题有高认知负荷、态势感知错误、情绪起伏和沟通不良等。针对这些问题，宋华淼等人提出了无人机操作员的心理选拔指标，建构了无人机操作员心理特征结构，如图2-6所示，并在此基础上，形成了无人机操作员的心理选拔技术及方法，确定了划界分数和等级标准。

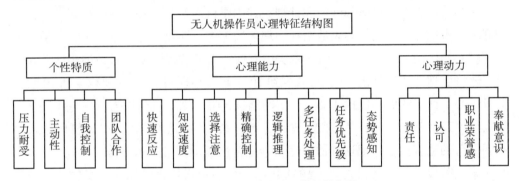

图2-6 无人机操作员心理特征结构图

（4）改装高性能战斗机飞行员的心理选拔

高性能战斗机的飞行员是从低机种飞行员中进行医学选拔和改装训练后，优中选优产生的。目前各国在改装高性能战斗机时，没有组织统一的心理选拔。为确保改装顺利、安全、高效地进行，很有必要遵循发展性原则和系统性原则对拟飞新机种的飞行员进行心理选拔。为此，心理学家着手研究新机种飞行员的心理选拔方法。

五、航天员胜任特征与心理选拔研究

航天活动是一种特殊的职业，它具有工作环境特殊、职业技能高度复杂、飞行任务艰巨、责任重、风险大等特点。这样的职业特点要求航天员应具备健康的体格、良好的心理素质、高耐受能力和适应能力、渊博的知识以及良好的学习能力等。因此，对航天员进行选拔是十分必要的。

（一）国外相关研究

1. 美国航天员心理选拔

美国对于航天员的选拔经历了三个阶段。第一个阶段是水星计划，这也是美国航天员选拔的开端。在水星计划中，确定了航天员所需的基本能力：①生存能力；②执行任务能力；③自动控制设备和仪器的备份，增加空间系统的安全性和可靠性的能力；④科研观测能力；⑤改进飞行系统及其部件的工程观测和正式试飞能力。针对以上5种基本能力确定了航天员心理选拔的7项评定内容：①智力；②内驱力与创造性；③独立性与宽容性；④适应性；⑤预见性与灵活反应性；⑥动机；⑦情绪稳定性。由2名心理学家对候选者进行25项心理测验与面试，此外，候选者还需进行一系列的航天环境因素的应激试验，例如模拟机试验、低压舱试验。总体而言，水星计划强调用研究性的途径来分析候选人的熟练性与可靠性。

第二阶段为双子星座和阿波罗计划。其主要目的是对第一阶段的计划进行补充与完善，水星计划缺乏对航天员精神病理学的筛查，导致心理选拔的实际效果并未发挥应有的作用，于是在第二阶段中美国对候选者的选拔侧重于对精神病理学的鉴定，还将心理选拔时间由30小时减少到10小时，心理测验由25项减少到10项。其对于心理评定的内容包括4部分：①情绪稳定性；②动机与精力；③自我概念；④人际关系。总之，双子星座和阿波罗计划更多采用的是临床途径，分析候选人对空间飞行的适应性，并把这种适应性作为综合性医学评价的一部分。

第三阶段为航天飞机时代。1981年第一架航天飞机哥伦比亚号发射，揭开了美国航天飞机时代的序幕。在1977—1987年期间，美国航天员心理选拔主要着眼于对精神病学的筛查，而不做其他任何正式的心理测验；1988年以后，由于缺乏对心理测验效度的验证以及精神病学筛查中缺乏标准化工具等原因，美国航天员心理选拔的问题才得以重新考虑。

2. 欧洲航天员心理选拔

20世纪70年代，欧洲航天员选拔是从对空间实验室乘员，即载荷专家的选拔开始的。欧洲航天局（European Space Agency，ESA）委托西德航空局为载荷专家制定心理选拔标准，该标准包括两部分：第一部分为操作能力，包括英语熟练性、技术知识掌握性、数理逻辑思维、感知与注意、记忆、空间定向、心理运动协调与灵巧、多任务操作能力；第二部分是人格特质，包括动机、灵活性、坚定性、外向、热情、攻击性、支配性与稳定性。

1990年，ESA与美国国家航天局（National Aeronautics and Space Adaministration，NASA）成立了欧洲航天员心理标准工作组（the European Astronauts Psychological Criteria Working Group，EAPAWG），并制定了一套符合EAPAWG标准的测验，测验一方面要求候选人具备相应的推理能力、记忆力、空间能力、注意集中性、操作灵活性，另一方面还需具备高尚的动机、热爱集体生活、低攻击性、情绪稳定性以及与同事融洽相处等个性特征。这套测验的有效性在荷兰的欧洲空间技术中心（the European Space and Technology Center，ESTEC）得到了验证。

3. 俄罗斯航天员心理选拔

20世纪50年代，对于如何选拔及选拔什么样的人的问题，苏联成立了航天员选拔工作组，该组制定的选拔标准与美国不同，主要选择年轻的空军飞行驾驶员，要求其身体健康，对飞行经验要求并不高。

而后随着航天任务的日益复杂与乘员组成员职能的不断扩大，对航天员的选拔也提出了新的要求，苏联航天员心理品质包括：低焦虑水平、情绪稳定性、性格外向、高智力与高感知能力、对厌烦和重复性工作有耐力、警戒与注意力集中、记忆、自控能力、高水平道德与心理成熟、自我批评与容忍他人、快速学习能力、幽默感、强而均衡且灵活的神经类型、可靠性等。

随着苏联解体，俄罗斯航天员选拔工作仍在继续，其选拔要求变化不大，包括强健的体魄、良好的教育水平、分析和解决问题的能力，由于航天飞船设计的逐步改进，对宇航员的体格要求有所降低。针对以上要求，俄罗斯航天员选拔的主要任务是对航天员的身体素质、心理品质、特殊环境因素适应性以及飞行专业技能进行训练。

（二）国内相关研究

1992年，我国批准了载人飞船工程，从此，中国的载人航天工程开始了迅猛发展。1995年，根据航天员选拔所实施的方案，在选拔小组的领导下，开始进行航天员的选拔。我国航天的选拔首先基于航天员胜任特征的研究，建立起航天员心理选拔测验，主要包括对智力、操作、性格、动机、情绪稳定性、决策以及协调性等检测（表2-16）。随着时间的推移，目前我国航天员的心理选拔已经形成了一套较完善的体系，并且选拔工作的有效性在一次次任务中得到了有效验证。

表2-16　中国航天员心理选拔认知能力测验

序号	测验名称	测验目的
1	心理旋转	心理旋转速度，空间认知能力
2	隐藏图形	图形推理能力

续表

序号	测验名称	测验目的
3	数字搜索	信息提取能力,数字记忆能力
4	数字相加	思维速度,注意集中性,数字计算能力
5	同名编码速度	视知觉辨别速度,视觉编码速度
6	同类编码速度	视知觉辨别速度,视觉编码速度
7	注意广度	同时能注意事物数量
8	数字估计	同时能注意批量事物数量
9	短时记忆	数字短时记忆能力
10	记忆搜索	信息提取能力,数字记忆能力
11	速度估计	运动目标速度估计能力
12	注意分配	注意分配能力

六、军人胜任特征研究实例

(一) 部队班长胜任特征模型研究

此部分介绍赵蕾硕士关于部队班长胜任特征模型的研究,其研究目的为探讨适应我军现代化发展条件下基层班长的胜任特征模型,建立班长胜任特征评价内容与方法,为我军基层班长的选拔、培养与评价提供科学的理论依据和实用方法。

赵蕾的研究在问卷调查、半结构式访谈基础上形成 31 个条目的班长胜任特征初步问卷,在某陆军部队 550 名官兵中进行调查,提取了其中的 28 个条目形成 3 个维度的班长胜任特征理论模型。将其编制成班长胜任特征调查问卷,在海、陆、航空兵部队 1 520 名官兵中进行了调查,并应用探索和验证性因素分析进行了验证。最后在某陆军新兵营中采用 360 度评价法检验其同时建构效度,选取了在上、下级评价中对绩优者和普通者都有着良好区分度的 17 个条目形成最终班长胜任特征模型。

1. 班长胜任特征问卷的形成

采用开放式问卷调查某陆军官兵 169 人,共发放调查问卷 169 份,回收有效问卷 162 份。通过开放性问卷,共收集到 3 187 条描述,经过汇总,出现频数最高的前 30 项内容为:关心战士、处处维护战士利益、军事素质过硬、模范带头作用、严格要求自己、自身形象好、作风纪律好、工作方法不简单粗暴、公平公正、态度和蔼不打骂体罚、言行一致、心胸宽广、没架子、爱学习和接受能力强、政治思想合格、管理能力强、了解下属、为战士解决实际问题、组织训练能力强、语言沟通能力强、集体荣誉感强、考虑问题周全、真诚、耐心、带兵方法灵活、责任心强、尊重下属、完成任务好、大局观念强、敬业。

采用半结构式访谈法对 2 个陆军、1 个海军和 1 个航空兵部队担任 2 年以上的 5 位优秀班长和 5 位普通班长进行访谈，同时还访谈了这 10 位班长的 10 名连级直接领导和 10 名下属士兵，共访谈 30 人。访谈结束后，将所有的访谈录音资料转换成 word 文稿，编码、合并相关描述及条目，由两编码者分别确定每一受试者每项胜任特征上的平均分数。然后，对优秀组和普通组在各胜任特征的平均分数进行了差异显著性检验，t 检验表明，优秀组和普通组在 31 个胜任特征项目的平均分上存在差异，这些条目是：纪律性、聪慧、组织协调能力、开朗、垂范性、自省、责任感、自制、主动性、自信、公正、进取心、善解人意、威信、真诚、服务性、人际关系、解决问题能力、民主性、说服能力、动手能力、灵活性、竞争观念、激励能力、合作协作、适应能力、承担后果、社交能力、守信、宽容、原则性。

对半结构式访谈和开放式问卷调查得到的条目进行归类和汇总，得到有关班长胜任特征初步问卷。对 520 名官兵进行问卷调查，根据五级肯定性重要度估量模糊集规定：极重要赋值为 0.921，很重要赋值为 0.704，较重要赋值为 0.477，稍重要赋值为 0.267，一般性赋值为 0.085，计算每个项目的平均得分，将低于 0.477 的项目删除，剔除原则性、守信和宽容 3 个指标，最后保留了 28 个项目。将 28 个项目随机排列，编制成《班长胜任特征调查问卷一》，编写指导语，简要说明问卷目的，问卷采用三级重要度评价，匿名作答。

2. 班长胜任特征模型的建立

采用《班长胜任特征调查问卷一》进行调查。问卷采用三级重要度评价，问卷要求答卷人评价各条目的重要性，"1" 为较重要，"2" 为重要，"3" 为很重要。选取 6 个部队各级官兵共 1 520 人参加调查，共发放问卷 1 520 份，获得有效问卷 1 499 份。采用简单随机抽样法将 1 499 份有效问卷分成两部分，一部分于探索性因子分析（752 份），一部分用验证性因素分析（749 份）。

在探索性因素分析中，首先对量表的信度、重复测量效果进行检验，检验结果良好。同时，经 Hotelling's T2 检验可知，Hotelling's T2=827.616，F=29.201，$P < 0.0001$，问卷项目间平均得分的相等性好，项目具有内在的相关性。其次对因子分析的可行性进行检验，结果发现 KMO 系数为 0.942，偏相关性很弱；Bartlett 球形检验值为 9 211.53，$P < 0.001$，拒绝单位相关阵的原假设，适于因子分析。探索因素分析采用主成分分析法，结合碎石图（图 2-7），提取因素的特征值大于 1 的因素，得到初始矩阵，经斜交旋转法 25 次迭代收敛，因子数为 3，结果累积解释方差为 49.005%（表 2-17）。

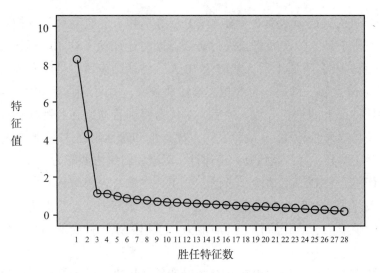

图 2-7　班长胜任特征碎石图

表 2-17　28 个项目的主成分斜交旋转因子矩阵（n=752）

项目	F1	F2	F3
真诚	0.851		
进取心	0.836		
自信	0.811		
公正	0.802		
自省	0.801		
自制	0.793		
开朗	0.769		
威信	0.767		
聪慧	0.687		
竞争观念		0.875	
垂范性		0.710	
说服能力		0.641	
承担后果		0.617	
适应能力		0.596	
主动性		0.595	
社交能力		0.589	
动手能力		0.521	
合作协作		0.412	
解决问题能力			0.752
组织协调能力			0.703
纪律性			0.632
民主性			0.616
灵活性			0.611

续表

项目	F1	F2	F3
善解人意			0.535
人际关系			0.520
责任感			0.475
服务性			0.460
激励能力			0.387

从探索性因素分析的结果来看，28个项目可以归于3个因素。因素1包含9项特征：真诚、进取心、自信、公正、自制、自省、威信、开朗、聪慧，该因素的特征值为8.265，解释方差为29.519%，α系数0.912，所有项目反映的都是个人品行和心理特质特征，命名为个人特质；因素2有9项特征：竞争观念、垂范性、说服能力、承担后果、适应能力、主动性、社交能力、动手能力、合作协作，该因素特征值为4.297，解释方差为15.347%，α系数0.902，条目与领导能力与技巧有关，命名为领导力特质；因素3包含10项特征：解决问题能力、组织协调能力、纪律性、民主性、灵活性、善解人意、人际关系、责任心、服务性、激励能力，该因素特征值为1.158，解释方差4.137%，α系数0.906，与平时人际交往和沟通、对他人的关注等特征有关，命名为团队协调能力。

通过验证性因素分析对此模型进行验证，结果证明，各项判断模型拟合程度的拟合指数中，比较拟合指数（CFI）为0.91，常规拟合指数（NFI）为0.90，增量拟合指数（IFI）为0.92，近似误差均方根（RMSEA）0.070，提示拟合良好。卡方（χ^2）受样本影响数值偏大，导致卡方值与自由度的比值（χ^2/df）稍偏大，非常规拟合指数（NNFI）为0.89，略低于0.90，见表2-18。

表2-18 验证性因素分析拟合指标的结果

模型	χ^2	df	χ^2/df	CFI	NFI	IFI	NNFI	RMSEA
一阶	1 587.80	299	5.31	0.91	0.90	0.92	0.89	0.070

根据验证性因素分析结果，构建了班长胜任特征的结构模型（图2-8）。该模型为一阶结构，28个题目构成3个一阶因素，分别是：个性特质、团队协调能力与领导力特质。三个因子之间相关系数在0.32~0.92间，说明在胜任特征模型中，每项胜任特征不是独立的，一个胜任的班长所具有的领导力特质、团队协调能力和个人特质是相互支持的。

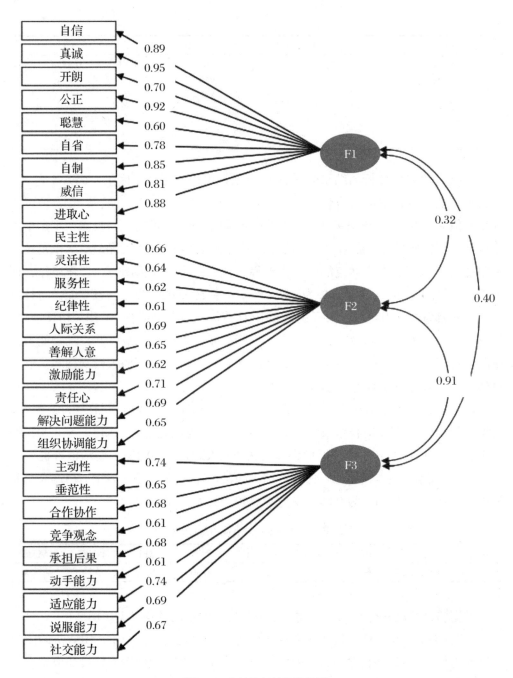

图 2-8　班长胜任特征路径图

3. 班长胜任特征模型的验证

在《班长胜任特征调查问卷一》的基础上重新编排，形成《班长胜任特征调查问卷二》并进行问卷调查。选取 5 位优秀和 5 位普通班长进行评价，每位班长的评价包括自我评价一份，营长、营教导员、副营长、军事教员、排长评价各一份以及所带班的 5 名战士评价组成，每位班长有 11 份数据。问卷分为 5 级评分，首先，将每个条目得分取均值后对优秀组和普通组得分进行独立样本 t 检验；其次，分上级评价组和下级评价组，再分别进行独立样本 t 检验，观察三组所得结果是否有显著性差异。

将优秀组 5 位班长和普通组 5 位班长在每个项目上的得分进行比较，得分越高说明该班长在该条目上的符合度越高，得分越低说明该班长在该条目上的符合度越低。结果发现，在优秀班长与普通班长之间，真诚、进取心、自信、公正、自省、自制、开朗、威信、聪慧、竞争观念、垂范性、说服能力、承担后果、适应能力、主动性、社交能力、动手能力、纪律性、合作协作、解决问题能力、组织协调能力、民主性、灵活性、善解人意、人际关系、责任感、服务性、激励能力这 27 个条目上均有显著性差异（$P < 0.05$），只有服务性条目在优秀和普通组之间没有显著性差异（$P > 0.05$）。

为了进一步筛选条目并发现上级和下级对班长胜任特征条目的评价差异，研究对上级和下级评价分别进行了统计比较，经统计发现上级和下级评价中，优秀和普通班长都存在显著性差异（$P < 0.05$）的条目为：自信、真诚、开朗、自省、自制、威信、垂范性、说服能力、主动性、动手能力、合作协作、解决问题能力、组织协调能力、民主性、善解人意、激励能力、责任心；在上级评价中，公正、进取心、灵活性、服务性、人际关系、承担后果、适应能力、社交能力在优秀班长和普通班长间并没有明显差异（$P > 0.05$）；在下级评价中，聪慧、竞争观念、纪律性三个条目间无明显差异（$P > 0.05$）。因此最终确定班长胜任特征由上级和下级评价一致的十七个条目组成：自信、真诚、开朗、自省、自制、威信、垂范性、说服能力、主动性、动手能力、合作协作、解决问题能力、组织协调能力、民主性、善解人意、激励能力、责任心。

综上所述，赵蕾硕士得到了以下研究结论：一是提取了 28 个条目形成 3 个维度的班长胜任特征理论模型，个人特质：真诚、进取心、自信、公正、自制、自省、威信、开朗、聪慧；领导力特质：竞争观念、垂范性、说服能力、承担后果、适应能力、主动性、社交能力、动手能力、合作协作；团队协调能力：解决问题能力、组织协调能力、纪律性、民主性、灵活性、善解人意、人际关系、责任心、服务性、激励能力。二是应用班长胜任特征模型对某新兵营班长进行了验证，选取了在上、下级评价中对优秀者和普通者都有着良好的区分度的 17 个条目形成班长胜任特征模型，个人特质：自信、真诚、开朗、自省、自制、威信；领导力特质：垂范性、说服能力、主动性、动手能力、合作协作；归于团队协调能力：解决问题能力、组织协调能力、民主性、善解人意、激励能力、责任心。

（二）陆军基层主官胜任特征模型研究

此部分介绍胡炜硕士关于陆军基层主官胜任特征模型的研究过程，展示了基于我国当前的社会、文化背景下，军队基层主官的职务对任职者的胜任素质特征要求，并进行探索性因素分析和验证性因素分析对胜任特征模型的结构进行验证。

胡炜硕士的研究采用质化和量化研究混合模式，主要包括三部分：一是进行工作分析，确定绩效样本指标；二是进行行为事件访谈和质化编码分析，确定胜任特征模型的建构框架和行为等级指标；三是编制胜任特征模型调查问卷，对问卷结果进行探索性因素分析与验证性因素分析，确定胜任特征模型结构。

1. 工作分析与绩效样本指标的确定

首先，进行结构化访谈（structure interview），访谈提纲是通过前期文献调研后再经由多年干部管理经验的领导反复讨论后拟定的，主要涉及一般工作职责、现有考核制度、工作中的关键事件，职务关系，以及任职要求等方面。由有心理学背景的教授与研究生对在连职岗位上任职一年半以上的陆军基层主官进行访谈。访谈步兵、炮兵、装甲兵的连职主官各 10 名，营职主官 4 名，下级战士 10 名，共计 44 人。将访谈资料进行整理与转录，其中对工作职责描述、对工作关系的认识以及关键事件的描述摘出来，最终形成 206 条相关记录。

其次，由两名经过编码培训的心理学硕士研究生对所获得的 206 条相关记录进行进一步的编码和归类。经过编码分类后，对所有访谈材料，编码小组最低一致性为 75.5%，最高一致性为 89.5%，平均一致性为 82.5%，基本达到一致性要求，获得了和主官绩效相关的条目 84 条；在此基础上再由三名心理学研究者对上述条码进行归类分析，采用开放式编码技术，最终将基层主官工作绩效指标条目归为 12 类，分别是：军事素质、内部关系维系、律己与律人、外部关系处理、学习能力、下属训练成绩、下属政治学习情况、下属生活情况、组织能力、战备、教授质量、工作主动性。

同时在研究中加入了工作日志法，作为辅助工具进行工作分析。发放日志 30 份，调研对象为接受工作分析访谈部队的基层主官，连续记录七天，最后回收日志 28 份，其中军事主官日志 16 份，获取关键事件 369 件，政治主官日志 12 份，获取关键事件 249 件，对工作日志结果进行编码归类，获得工作内容项目 9 项，分别是：各种会议组织和参与，思想工作，文体活动，组织授课，参加劳动，军事训练，日常管理，考评检查，武器保养。

最后，以上述绩效指标为基础，编订了绩效效标评价细则表，用于确定行为事件访谈对象的绩效样本。由五名专家根据前述通过工作分析访谈和日志获取的分类及描述，进行重新归类，计算其归类一致率（CA），一致性达到 70% 的予以保留，低于该一致性的予以剔除。再将专家归类结果和前述归类结果进行对比。专家对访谈资料归类 12 类，共计条目 102 条；工作分析访谈归类 12 类，共计条目 84 条，计算归类一致性为 82.35%。专家对日志归类 10 类，共计条目 410 条，工作分析日志归类 9 类，共计条目 535 条，计算归类一致性为 76.64%。由此可以看出，归类一致性较好，对主官绩效指标的认定是合适的，最终形成绩效认定指标（表 2-19），绩效指标的确定为进一步展开胜任特征研究奠定了基础。在此部分采用专家评价法，确定绩效样本，将绩效指标交由各主官的两名直接上级和一名所属部队的干部管理领导针对其行为表现进行评定，取前 50% 的认定为绩效优秀组，取后 50% 认定为绩效平平组。

表 2-19 基层主官绩效认定指标

主官工作绩效归类	典型行为指标
军事素质	体能素质；
	单兵共通科目成绩；
	武器装备掌握程度；
	部属队伍战术体系熟练程度；
	是否有比武奖励及其他军事奖项。
工作责任	工作责任感程度；
	对完成工作的标准要求；
	榜样带头作用显著性。
下属生活情况	熟悉下属生活程度；
	熟悉下属个人基本情况程度。
下属训练情况	下属战士的训练成绩。
下属政治学习情况	下属战士政治学习情况。
内部关系	部属队伍稳定情况。
律人与律己	自觉遵守军队规章制度的情况；
	服从命令坚决性；
	对下属纪律要求的严格程度。
学习能力	求知欲望，不断地寻求学习的机会行为强度；
	有否在实践中摸索出高效实用办法；
	将书本知识应用到工作中的行为。
外部关系	同级主官间协作性工作的结果；
	协助领导完成工作的结果；
	和各业务单位协调完成工作的结果。
组织协调	自发组织单位内活动的行为频率；
	平时训练生活管理的组织有序程度；
	协助参与上级单位活动组织。

2. 事件访谈和质化编码分析

由 6 名专业的访谈人员对某军下属各兵种团单位进行行为事件访谈调研，共计访谈主官 69 人，所选择访谈对象的标准是任职一年半以上的主官。行为事件访谈法采用开放式的行为回顾式探察技术，通过让被访谈者找出和描述他们在工作中最成功和最不成功的三件事，然后详细地报告当时发生了什么。访谈共获得访谈录音 69 份，经过转录后，剔除录音效果较差的内容，获得访谈文本 66 份。

随后由 6 名心理学专业研究生组成的编码小组对访谈内容进行质化编码，确定访谈者所表现出来的胜任特征。质化编码围绕主官的工作内容、职责、工作关系以及通过典型事件所暴露出的主官思维方式、决策方式、行为风格、情绪感受和反应等方面进行，最后形成具有 84 个条目的编码词典。经过质化编码分析后，提取出胜任特征条目 55 项，后由心理学和军事政工专家再次对 55 项条目反复审定，将审定结果进行归类一致性统计，4 名专家归类一致性为 72.5%，基本达到质化编码一致性的要求。最后获得 42 项条目的胜任特征框架（表 2-20）。

表 2-20 胜任特征初步框架与编码频次

特征	频次	特征	频次	特征	频次	特征	频次
政工知技	164	组织协调	118	管理知技	41	基础知识	23
关心他人	143	军事素质	118	公平公正	40	适应性	13
培育他人	139	有效沟通	92	信念	40	坚韧性	12
团队建设	133	过程监控	87	应变能力	39	果断性	12
责任感	132	质量意识	74	创新意识	39		
激励他人	130	亲和力	74	德行垂范	38		
计划能力	128	分析能力	74	自律性	32		
学习能力	127	组织忠诚	73	感召力	26		
预见应对	120	语言表达	51	豁达宽容	25		
合作协作	120	事业心	47	诚信	23		
压力应对	120	自信	43	角色转化	23		
人际洞察	119	成就欲	42	政策法律知识	23		

对绩效优秀组与绩效平平组的编码结果进行比较，发现具有绩效鉴别意义的特征为：政工知技、关心他人、培育他人、团队建设、责任感、激励他人、计划能力、学习能力、预见应对、合作协作、压力应对、组织协调、有效沟通、过程监控、事业心、自信、成就欲。上述 17 项特征即是鉴别性特征。

在质化研究中另一个很重要的内容是对各特征行为等级的编码，这是用于人才选拔、任用的评判基础。由 4 名研究生在特征框架的基础上进行反向编码，将所有编码内容放在统一特征下,进行分析,归类整理完成后,再由3名专家对各特征下的各类描述进行排序和记分,据此建立胜任特征行为等级评定。

3. 胜任特征模型问卷的编制与结构分析

依据前期质化编码所形成的胜任特征及相关描述,由2名心理学专家和1名军队职业专家共同讨论该问卷的评价范围,编制指导语,形成了包括48个原始条目的初步问卷,随后对问卷的条目和内涵进行修改,并对问卷进行预测试,反复修订后,最终形成了包括44个特征条目的胜任特征调查问卷。调查问卷采用7分等级量表进行评价。

以连职主官任职为主要对象进行问卷调查,取得数据验证模型结构。调研对象全部为男性,共发放问卷1 250份,实际回收问卷1 237份,在录入数据前,对所有回收问卷进行废卷处理,将空白较多、反应倾向过于明显的问卷剔除,最后得到的有效问卷1 221份。参与调研的人员职务包括连长、指导员、干事、参谋、营长、教导员、股长、其他基层主官职务等,几乎囊括了中国陆军基层主官各项职务。

对获得的1 221份问卷进行探索性因素分析,采用主成分分析,斜交最大方差旋转,最大迭代次数为25方法来提取公因素。以特征值大于等于1作为提取公因素的基本原则并结合碎石图,来确定抽取因素的有效数目。经过不断地探索,获得特征值大于1的有8个因素,其累计解释方差为55.58%,因素分析结果见表2-21。

表2-21 基层主官胜任特征问卷调查探索性因素分析($n=1\ 221$)

特征	因素1	因素2	因素3	因素4	因素5	因素6	因素7	因素8
诚信	0.407	−0.140	0.279	0.317	0.158	0.239	0.043	0.084
自信	0.551	0.173	−0.003	0.155	0.032	0.170	0.135	0.112
成就动机	0.578	0.198	0.101	0.016	0.010	0.166	0.112	−0.016
自我控制	0.585	0.207	0.061	0.145	0.017	0.019	0.057	0.022
自律性	0.550	0.056	0.328	0.159	0.190	0.189	0.056	0.123
坚韧性	0.591	0.147	0.113	0.204	0.078	0.144	0.037	0.130
创新意识	0.507	0.218	0.297	−0.028	0.188	0.155	0.136	0.017
适应性	0.641	0.082	0.048	0.086	0.072	0.011	0.039	0.213
组织忠诚	0.457	−0.006	0.292	0.127	0.353	0.233	0.041	−0.001
主动性	0.575	0.088	0.175	0.165	0.194	0.158	0.016	0.100
亲和力	0.488	−0.026	0.185	0.241	0.033	0.038	−0.014	0.200
预见应对	0.496	0.413	0.062	0.223	0.053	0.081	0.102	0.151
合作能力	0.407	0.002	0.251	0.200	0.187	0.099	0.085	0.359
应变能力	0.412	0.404	0.003	0.143	0.085	0.191	0.042	0.150
质量意识	0.408	0.269	−0.009	0.190	0.308	0.117	0.058	0.146

续表

特征	因素1	因素2	因素3	因素4	因素5	因素6	因素7	因素8
分析思维	0.202	0.578	0.293	0.099	0.150	0.122	0.047	0.021
归纳总结	0.140	0.628	0.166	0.192	0.176	0.085	0.058	0.073
战略思维	0.369	0.426	0.308	0.025	0.321	−0.097	0.075	−0.067
批判思维	0.408	0.412	0.228	0.155	0.271	−0.057	0.100	0.040
政治理论	0.240	0.159	0.698	0.099	0.161	0.101	0.165	0.128
政工知技	0.200	0.231	0.621	0.230	0.053	0.091	0.107	0.233
综合知识	0.172	0.311	0.443	0.011	0.114	0.015	0.155	0.195
政治信念	0.095	0.106	0.487	0.151	0.058	0.482	−0.025	−0.149
团队建设	0.155	0.234	0.084	0.554	0.062	0.142	−0.050	0.058
计划组织	0.226	0.371	−0.065	0.410	0.113	0.287	0.063	0.041
过程监控	0.280	−0.001	0.013	0.480	−0.011	−0.042	0.117	−0.234
德行垂范	0.090	−0.030	0.392	0.550	0.268	0.129	0.094	0.071
愿景激励	0.336	0.251	0.313	0.403	0.167	0.072	0.124	0.105
感召力	0.165	0.200	0.107	0.576	0.119	0.057	0.052	0.249
个性关怀	0.368	0.166	0.191	0.402	0.107	0.051	0.042	0.277
军事技能	0.050	0.090	0.114	0.151	0.768	0.188	0.079	0.052
军事理论	0.253	0.208	0.310	0.021	0.645	0.051	0.117	0.037
指挥技能	0.110	0.134	−0.002	0.134	0.748	0.136	0.065	0.105
事业心	0.243	0.112	0.115	0.052	0.167	0.720	0.093	0.078
责任感	0.213	0.054	0.055	0.105	0.150	0.683	0.070	0.126
培养人才	0.176	0.079	0.105	0.127	0.060	0.111	0.889	0.053
信息知识	0.123	0.097	0.164	0.022	0.174	0.060	0.895	0.015
沟通能力	0.149	0.004	0.149	−0.029	0.063	0.000	0.030	0.672
协调能力	0.213	0.165	0.024	0.182	0.039	0.244	−0.016	0.495
表达能力	0.198	0.200	0.004	0.387	0.115	0.036	0.046	0.418

从探索性因素分析的结果来看，出现了8个特征值大于1的因素。因素2均是认知技能类特征，该类可命名为基本认知技能；因素3则是由政治、政工类特征构成，该类可命名为政治素质；因素4包括了计划、激励、影响等一类管理领导力因素，该类可命名为领导力；因素5为军事素质；因素6为事业心和责任感，是推动个人在工作中达到一定绩效的核心动力因素，该类可称为"内在动力"；因素7中培养下属和信息化知识归类到了一起，其可能原因为目前在我军较多地强调了对战士、主官信息化知识的学习，因此两种表面所不太一致的特征以比较高的因素负荷归为一类。因素8包括了沟通能力、协调能力、表达能力3个表面意义有相关的特征，良好的沟通协调能力除了关系的维系外，需要的是清晰的表达；因素1由17个特征构成，在组成上稍微显得散乱，从内容意义上来看，更多的是

个人特质方面。为了进一步对其特征结构探索,进一步采用聚类分析进行分析。

采用阶层聚类分析,聚类方法采用华德法,拟合数据点空间距离计算方法采用欧基理德距离(euclidean distance),尝试聚类从 3 类到 8 类,增类步长为 1。发现 8 个因子的基础上还存在多个不等距离的类别,因此胜任特征的模型应该为多阶层因素模型(图 2-9)。模型在 8 个聚类因子的基础上又较好地聚类出四个二阶因子。

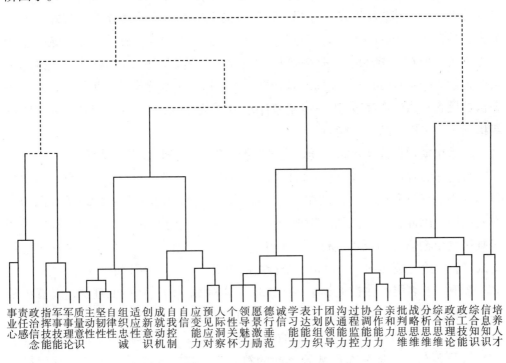

图 2-9　阶层聚类分析树状图

最终形成的陆军基层主官胜任特征模型包含 7 个维度,40 条基准性指标,7 个维度分别是内在驱动力特征序列、军事素质序列、成就特征序列、领导特质序列、影响力特征序列、管理技能特征序列、基本认知技能特征序列。

(三)初级军官胜任特征研究

此部分介绍苏景宽博士关于初级军官胜任特征的研究,研究的主要目的是在我国当前的社会、文化背景下,建立我军军队初级军官的胜任特征,主要采用质化研究的方法,通过文献法和模糊评判技术研究初级军官的胜任特征,建立了三维度三等级的初级军官胜任特征评价体系。

1. 初级军官胜任特征评价指标筛选

研究在收集国内外、军内外大量有关领导者心理素质研究文献基础上,对涉及360篇研究报告的46篇文献中2 261个条目进行了详细的分析和归纳。通过对文献的分析,并根据条目的概念及内涵,进行初步归纳、合并,共获得104个一般领导者素质特征描述的条目。依据104个条目,编制初级军官胜任特征评价指标专家调查表。

对此专家调查表进行四轮调查,第一轮调查:目的是对104个条目进行筛选,结果减少13条,余91条;第二轮调查:目的是对91个条目进行筛选,提出初步指标分类意见,删除合并15个条目,余76个条目,将76个条目分成三大类:个性、能力、品行(一级指标);第三轮调查:目的是对76个条目作进一步筛选,删除合并8条,余64个条目,在此基础上给64个条目确定概念及内涵;第四轮调查:目的是对64条目作进一步筛选,对分类(一级指标)情况作进一步修改,对每一条目的概念及内涵作修改,进一步删除合并24个条目,余40个条目,包括三大类(一级指标):个性、品行和能力。

2. 采用模糊评判技术和问卷调查建立初级军官胜任特征评价体系

对优秀的管理者而言,具备多种优良的心理素质是必要的,在实际评价过程中,判别其心理优良程度,常常是在一个"重要度"连续体上的肯定性语义量词的一方完成的,因此,为了更加准确地对初级军官胜任特征评价条目进行筛选,采用多级估量模糊集评判技术进行。肯定性"重要度"量词的词义赋值,是通过大量受试试验,给五级量词一一赋予一个特定的数值区间,经统计而完成的。

选取155名男性在校大学本科生,依个体对每一词义特性的理解,对五级量词一一在闭区间(0,10)中指定一个适合的数值范围,或一个实数。为防止不理解或偏颇的测试结果影响整个赋值的代表性,分别计算每名受试者在5类量词上的赋值与各总体取值分布函数频率间的符合度,将在5类量词上任一赋值符合度<0.05的测试删除。

3. 初级军官胜任特征评价体系建立

在经过专家筛选的初级军官胜任特征40条评价指标的基础上,采用五级肯定性重要度估量模糊集模型编制了《优秀初级军官心理素质调查表》(后简称《调查表》),分连排级和营级两类。由全军不同军兵种、不同级别的军官和院校学员填写调查表,对结果进行统计处理,建立初级军官胜任特征评价体系。《调查表》中列出了40条从国内外各种文献中收集到的有关"领导者"心理素质的条目及其概念和相关或近似的描述。采用马谋超教授提出的多级评估法来简化量表。要求受试者根据特定的事件或情景在五等级量词上选择一个最合适的等级,并画勾表示。量表估计值(P)为受试者在某一心理素质条目上重要度的评判等级分值。P值越大,表明该条目被认为重要度越高。

选取海、陆、空军男性干部、学员及连队班长共9 004名,采用集体施测的方式对《优秀初级军官心理素质调查表》进行调查。干部和学员填写连排级和营级两份《调查表》，连队班长仅填写连排级《调查表》。各干部、学员及连队班长对我军优秀初级指挥官应具备胜任特征评价指标重要度进行排序。

五级肯定性重要度估量模糊集规定：在 0～1 数值区间，极重要赋值为 0.921，很重要为 0.704，较重要为 0.477，稍重要为 0.267，一般性为 0.085。根据大样本调查结果的统计分析和五级肯定性重要度赋值规则，将低于 0.477 的指标——兴趣广泛、敢为冒险和权力欲 3 项删除，获得初级军官胜任特征评价指标 37 项（表 2-22）。

表 2-22　初级指挥官应具备胜任特征总排序（n=9 004）

序号	指标	均数	序号	指标	均数	序号	指标	均数
1	事业心	0.796	14	洞察分析	0.670	27	民主性	0.564
2	责任感	0.774	15	忠诚诚实	0.648	28	调查研究	0.561
3	威信	0.757	16	创新精神	0.647	29	开朗宽容	0.553
4	决策能力	0.757	17	说服力	0.632	30	人际关系	0.544
5	果断	0.753	18	自制忍耐	0.630	31	聪慧	0.543
6	解决问题	0.752	19	规划能力	0.628	32	自省	0.527
7	公正正直	0.738	20	竞争观念	0.626	33	谨慎	0.521
8	自信	0.715	21	预见力	0.620	34	善解人意	0.517
9	组织协调	0.706	22	合作协作	0.616	35	动手能力	0.496
10	原则性	0.704	23	主动自觉	0.606	36	服务性	0.489
11	独立工作	0.701	24	激励能力	0.597	37	社交能力	0.481
12	用人任贤	0.692	25	承担后果	0.593			
13	纪律性	0.681	26	适应能力	0.588			

根据五级肯定性重要度估量模糊集赋值原则，将 0.477～0.921 划分为三级：一级为 0.704 以上（很重要）；二级为 0.590～0.704（介于很重要和较重要之间）；三级为 0.477～0.590（较重要）。这样就形成了一个三类三级的初级军官胜任特征评价体系。初级军官胜任特征评价体系模型见图 2-10。

将 37 项胜任特征评价条目分为三个等级：

第一级，最重要的心理品质，包括事业心、责任感、威信、决策能力、果断、解决问题能力、公正正直、自信、组织协调能力和原则性 10 项指标，涉及 3 项个性特征，4 项品行特征和 3 项能力特征。

第二级，中间 20 项指标，涉及 5 项个性特征，7 项品行特征和 8 项能力特征。

第三级，相对不重要的 10 项心理品质，包括聪慧、自省、谨慎、善解人意、动手能力、服务性、社交能力，涉及 1 项人格特征，3 项品行特征和 3 项能力特征。

综上所述，通过大样本的调查，建立起三维度三等级的初级军官胜任特征评价体系（图2-10）。

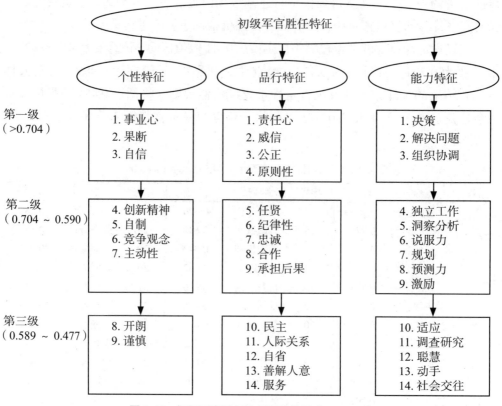

图 2-10　初级军官胜任特征评价体系（n=9 004）

（隋佳汝　苗丹民　黄　荷　张亚娟）

参考文献

［1］Bartone P, Snook S, Tremble T. Cognitive and personality predictors of leader performance in West cadets[J]. MilPsychol, 2002, 14(4):321-338.

［2］Boyatzis R E. The Competent Manager: A Model for Effective Performance [M]. New York : John Wiley & Sons, 1982.

［3］Boyatzis, Richard E. Rendering unto competence the things that are competent.[J]. American Psychologist, 1994, 49(1):64.

［4］Wijk C van, Waters A H. Psychological attributes of South African Navy Underwater Sabotage Device Disposal operators.[J]. Military medicine, 2001, 12(166):1069-1073.

［5］Collins W E, Boone J O, Vandeventer A D. The selection of air traffic control specialists: history and review of contributions by the Civil Aeromedical Institute, 1960-80[J]. Aviat Space Environ Med, 1981, 52(4):217-240.

［6］Daouk-Yry L, Mufarrij A, Khalil M, et al. Nurse-Led Competency Model for Emergency Physicians: A Qualitative Study[J]. Annals of Emergency Medicine, 2017:S840748493.

［7］Gal, Mangelsdorff. Handbook of Military Psychology[M]. New York: John Wiley & Sons, 2004.
［8］Galarza L, Holland A W. Selecting Astronauts for Long-Duration Space Missions[J]. Sae Technical Papers, 1999, 7(1):12-15.
［9］Gayton S D, James K E. A prospective study of character strengths as predictors of selection into the Australian army special force.[J]. Military Medicine, 2015, 180(2):151-157.
［10］Geng Y, Zhao L, Wang Y, et al. Competency model for dentists in China: Results of a Delphi study[J]. PLoS ONE, 2018, 13(3):e194411.
［11］Hartmann E, Sunde T, Kristensen W. Psychological measures as predictors[J]. J Pers ASSESS, 2003, 80(1):87-98.
［12］Hashemian M, Zare-Farashbandi F, Yamani N, et al. A core competency model for clinical informationists[J]. Journal of the Medical Library Association JMLA, 2021, 109(1): 33-43.
［13］Hornby D, Thomas R. Towards a Better Standard of Management[J]. Personnel Management, 1989, 21(1):52-55.
［14］Jaworski B J, Kohli A K. Supervisory Feedback: Alternative Types and Their Impact on Salespeople's Performance and Satisfaction[J]. Journal of Marketing Research, 1991, 28(2):190-201.
［15］JP J C. An overview of the army selection and classification project (Project A)[J]. Personnel psychology, 1990, 43(2):232-239.
［16］Kantor J, Bordelon V. The USAF pilot selection and classification research program[J]. Aviation Space Environ Med, 1985, 56(3):258-261.
［17］Kenneth H P. Competency-Based Leadership for the 21st Century[J]. 1999, 5(79):65-67.
［18］Lei, Shi, Lihua Fan, Hai Xiao, et al. Constructing a general competency model for Chinese public health physicians: a qualitative and quantitative study.[J]. European Journal of Public Health, 29(6):1184-1191.
［19］Mcclelland. Testing for Competence Rather Than for Intelligence[J]. American Psychologist, 1973, 28(1):1-14.
［20］Patterson J, Brockway J, Greene C. Evaluation of an Air Force Special Duty Assessment and Selection Program[M]. San Antonio, TX: Conceptual Mind Works, 2004.
［21］Picano J J, Roland R R, Williams T J, et al. Sentence Completion Test Verbal Defensiveness as a Predictor of Success in Military Personnel Selection[J]. Military Psychology, 2006, 18(3):207-218.
［22］Spencer L M, Spencer S M, Wiley. Competence at work: models for superior performance[M]. New York：John Wiley & Sons, 1993.
［23］Vaughn S, Mauk K L, Jacelon C S, et al. The Competency Model for Professional Rehabilitation Nursing[J]. Rehabilitation Nursing, 2016, 41(1):33-44.
［24］晁殿雷，韩晓明，夏璐，等．空军指技合训型研究生胜任特征模型研究［J］．四川兵工学报，2009, 30(008):139-141.
［25］陈凯强，班定军．陆航飞行员胜任特征重要性评价模型［J］．华南国防医学杂志，2017, 31(1):29-31.
［26］程广利，蔡志明．水下信息战人才胜任力模型研究［J］．海军工程大学学报：综合版，2009, 6(3):57-61.
［27］邓帅，邢占军．监狱警察胜任特征模型建构［J］．政法论丛，2015(1):154-160.
［28］盖尔，曼格斯多夫，苗丹民，等．军事心理学手册［M］．军事心理学手册，2004.
［29］甘景梨，梁学军，程正祥，等．潜艇兵胜任特征模型的初步研究［J］．实用医药杂志，2016, 33(2):99-101.

[30] 耿梅娟. 后备技术军官胜任特征与绩效关系研究 [J]. 现代管理科学, 2011(6):89-91.

[31] 耿梅娟. 依托培养背景下后备技术军官胜任特征及影响因素研究 [D]. 上海: 上海交通大学, 2011.

[32] 景晓路, 刘芳, 吴斌, 等. 航天员胜任特征分析与比较研究 [J]. 航天医学与医学工程, 2007, 20(5):317-322.

[33] 凯瑟·波恩.《美国陆军军官手册》. 北京: 军事科学院外国军事研究部译 [M]. 解放军出版社, 2003.

[34] 李文峰, 胡晓汉. 基于基层军官胜任力的国防生素质调查研究 [J]. 高等建筑教育, 2013, 22(6):38-43.

[35] 李旭霞, 王松俊. 海军舰载机飞行员的心理评估和选拔借鉴研究 [J]. 中华航海医学与高气压医学杂志, 2017(4): 264-267.

[36] 李志, 朱鹏, 刘树金. 基层军官胜任力的军校学员素质调查研究 [J]. 中国健康心理学杂志, 2012(6):902-904.

[37] 梁剑. 基于胜任力的军队基层主官评价模型研究 [D]. 长沙: 国防科学技术大学, 2007.

[38] 柳玮. 基于岗位胜任力模型的基层指挥军官岗位流动决策研究——以北京军区某部为例 [D]. 长沙市: 国防科学技术大学, 2013.

[39] 露西亚, 莱普辛格, 郭玉广. 胜任: 员工胜任能力模型应用手册 [M]. 北京: 北京大学出版社, 2004.

[40] 罗立新. 出版社编辑人员胜任力模型构建研究 [D]. 广州: 暨南大学, 2007.

[41] 罗正学, 苗丹民, 苏景宽, 等. 陆军学院学员胜任特征模型的预测效度 [J]. 医学争鸣, 2004, 25(7):621-623.

[42] 马冬梅, 栾海, 徐乐乐, 等. 高性能战斗机飞行员心理健康状况及人格特征的调查分析 [J]. 华南国防医学杂志, 2015(7):537-539.

[43] 马明艳. 装甲兵基层主官胜任特征模型构建及验证研究 [D]. 大连: 辽宁师范大学, 2017.

[44] 苗丹民, 罗正学, 刘旭峰, 等. 年轻飞行员胜任特征评价模型 [J]. 中华航空航天医学杂志, 2004, 15(1):30-34.

[45] 苗丹民, 刘旭峰. 航空航天心理学 [M]. 西安: 第四军医大学出版社, 2013.

[46] 苗丹民, 肖玮, 刘旭峰, 等. 军人心理选拔 [M]. 北京: 人民军医出版社, 2014.

[47] 庞晖, 李惠文, 黄秀秀. 美国中小学优秀中文教师胜任特征 [J]. 国际汉语教学研究, 2021(2):72-79.

[48] 彭玮婧. 法官胜任特征及其与相关因素的关系研究 [D]. 广州: 暨南大学, 2008.

[49] 乔圆. 空军警卫人员胜任特征模型及评价方法 [D]. 西安: 第四军医大学, 2012.

[50] 任晓梅. 某部航天发射参试官兵人格特点和胜任特征的研究 [D]. 重庆: 第三军医大学, 2015.

[51] 施雨, 张晓阳. 高校图书馆数据馆员胜任特征模型探索 [J]. 图书馆学研究, 2021(9):35-49.

[52] 宋华淼, 王颉. 新机种军事飞行员职业胜任特征指标体系及模型构建 [J]. 中华航空航天医学杂志, 2016, 27(2): 81-86.

[53] 田建金, 苗丹民, 贯京京. 军校学员领导力胜任特征模型的建立 [J]. 中国健康心理学杂志, 2007, 15(7):618-622.

[54] 田建全, 苗丹民, 罗正学, 等. 陆军学院学员胜任特征模型的建立 [J]. 医学争鸣, 2004, 25(5):456-458.

[55] 王登峰, 崔红. 中国基层党政领导干部的胜任特征与跨文化比较 [J]. 北京大学学报: 哲学社会科学版, 2006, 43(6):138-146.

[56] 王芙蓉, 陈林, 易盼. 基于初级指挥军官任职需求的军校技术类学员胜任力模型研究 [J]. 中国临床心理学杂志, 2015, 23(3):393-396.

［57］王洪. 有关军队军事人员胜任特征的研究综述 [J]. 管理评论, 2012, 24(11):120-128.
［58］肖丁宜, 樊富珉, 杨芊, 等. 团体心理咨询与治疗师胜任特征初探 [J]. 心理科学, 2016(1):233-238.
［59］谢东珊. 空军报务人员胜任特征模型建立与验证 [D]. 西安: 第四军医大学, 2015.
［60］徐建平, 谭小月, 武琳, 等. 优秀教师的胜任特征 -- 来自文献与调查的证据分析 [J]. 当代教师教育, 2015, 8(2):13-17.
［61］许明辉, 曹泽文, 孙智信. 军队驾驶员胜任力模型研究 [J]. 国防科技, 2009, 030(4):51-55.
［62］杨柳, 宋华淼. 胜任特征研究及在军事飞行人员中的应用前景 [J]. 中华航空航天医学杂志, 2015, 26(1):69-76.
［63］叶茂林, 杜瀛. 企业行销人员胜任特征结构模型初探 [J]. 心理科学, 2009(6):1436-1438.
［64］游旭群, 姬鸣, 焦武萍. 航空心理学 [M]. 浙江教育出版社, 2017.
［65］于泽, 韩宜. 我军军事人员胜任特征研究的现状及发展方向 [J]. 青年与社会, 2019, 2(26):272-273.
［66］张建荣. 气象条件对飞机及其飞行的影响分析 [J]. 航空科学技术, 2014, 25(5):54-56.
［67］张千里. 基于胜任特征的步战车炮长选拔研究 [D]. 天津: 河北工业大学, 2014.
［68］张焱, 宋华淼, 张宜爽, 等. 飞行员作战心理品质模型研究 [J]. 中华航空航天医学杂志, 2018, 29(3-4):174-180.
［69］张宇飞, 李延鹏, 李召峰, 等. 陆军特种兵心理胜任特征效度探讨 [J]. 实用医药杂志, 2015, 8(8):739-740.
［70］赵曙明, 杨慧芳. 企业管理者的任职素质研究 [J]. 心理科学, 2007, 30(6):1503-1505.
［71］郑业星, 黄申. 基层消防指挥员胜任特征模型的建构研究 [J]. 消防科学与技术, 2019, 38(03):111-112.
［72］仲理峰, 时勘. 胜任特征研究的新进展 [J]. 南开管理评论, 2003, 2(1):4-8.
［73］周海明. 部队基层主官岗位胜任特征模型实证研究 [D]. 沈阳: 沈阳师范大学, 2008.
［74］周柳月. 武警河南基层中队主官胜任特征初探 [D]. 长沙: 湖南师范大学, 2007.
［75］周亚宁, 赵红. 复合型指挥军官胜任特征组合评价模型及实证研究 [J]. 数学的实践与认识, 2014, 44(17):73-81.
［76］周永垒, 张侃. 潜艇指挥员心理测评项目探讨 [J]. 人类工效学, 2006(1):43-45.

第3章
ASVAB的形成与发展

随着现代化战争的不断发展，各国越来越重视军人职业能力选拔，军队从过去单纯强调兵员数量转变到注重提高军人能力素质和科学知识。研究发现，军事职业能力倾向测验能够预测个体经过一定的训练或是置于特定的环境中较好地完成军事任务的可能性和水平，因此在人员选拔、分配、评定及其职业成就预测方面有着十分重要的作用。可以说，军队职业能力倾向测验的质量直接决定了军人素质的高低，间接决定了训练成绩的好坏和战争的成败。

美军在军人选拔和分类工作中走在世界前列，而其中使用最为广泛、研究投入最多的当属美国武装部队职业能力倾向测验（ASVAB）。在美国，它既是入伍筛选的主要工具，可用以确定应征人员是否有能力完成今后的军事训练任务，同时也被职业咨询顾问用于普通高中学生的职业能力测试，帮助并指导他们毕业后在社会上选择适合自身能力特质的工作。据统计，每年有超过 200 万名美国青年参加军事职业能力倾向测验。本章的内容将从 ASVAB 的发展历史、ASVAB 的版本及内容、ASVAB 的效度验证、ASVAB 的计分四个方面展开，以介绍美军军事职业能力测验的历史沿革和 ASVAB 基本概况。

一、ASVAB的发展历史

（一）ASVAB 开发的背景

美国军事心理学及军事职业能力倾向测验是在战火中产生并飞速发展起来的。在第一次世界大战期间（1914—1918 年），耶基斯、卡特尔、桑代克、华生等心理学家被召集起来，试图为美军在战场上提供心理学的专业支持。在此期间，部分心理学家与统计学家通力合作，开发出了陆军 Alpha 测验和陆军 Beta 测验，并对 1 726 966 名军事人员实施了历史上第一次大规模的人员甄选。其中 Alpha 测验主要适应于具有英语读写能力的人员，Beta 测验主要适用于不具有英语读写能力或未通过 Alpha 测验的人员。通过该测验，美军首次使用定量分析的方法，将候选人员分配到不同部队或工作岗位，这为后续《陆军一般分类测验》（Army General Classification Test，AGCT）及《陆军资格测验》（Armed Force Qualification Test，AFQT）的诞生打下了坚实的基础。

第二次世界大战期间（1939—1946 年），美国成立了军事心理学会，心理学界的影响力得到了进一步增强。心理学家在第一次世界大战的基础上，进一步编制了 AGCT，其目的是选择适合的人参加新兵训练，拒绝一般能力过差的人加入军队，同时也被应用于职业能力倾向的测试和特殊岗位的选拔。AGCT 由百道选择题构成，较大程度地规避了语言因素和教育经历的影响，而着重于空间能力和数学能力的考查，得到了广泛应用。在第二次世界大战期间，有数百万新兵参加了 AGCT 测验。

鉴于先前心理测验的成功应用与巨大贡献，1950 年美军进一步开发出了 AFQT 测验，并应用于美军士兵选拔。AFQT 是为不同的部门提供人员基本心理特征而编制的测验工具，其主要目的是作为一种筛选工具，设置"最低能力标准"，并确定人员的能力级别，同时平衡各军兵种之间士兵智力水平的分布。第一版 AFQT 测验包括语言、数量和空间知觉三个方面的检测内容，共 90 个项目，要求受试者在 45 分钟内完成。第三版于 1953 年正式使用，增加了工具知识方面的问题，这些问题分布在不同的分测验中。AFQT 的每项测验几乎都与 AGCT 有着直接或间接的关联，同时 AFQT 也是 ASVAB 的"前身"（这里的说法并不十分准确，因为 AFQT 仍是 ASVAB 的重要组成部分）。直至今日，AFQT 依然被作为美军参军的入门测验，决定了候选者是否符合军队职业的基本要求。一般来说，受试者只有在 AFQT 测验中达到合格水平以上，才能继续进行 ASVAB 其他分测验的测试。AFQT 的计分及使用方法见下文。

（二）ASVAB 的诞生与发展

基于 AGCT 和 AFQT 的开发应用经验，1966 年，美国国防部下令各军兵种联合开发全军统一的一般能力倾向测验系统，这就成为 ASVAB 研发的原动力。ASVAB 第一版的使用时间为 1968 年至 1974 年，并且测试对象仅仅是地方高中学生，测试时间为 2.5 小时。第一版的测试题目内容基本涵盖了当时所有种类的职业选拔和分类成套测验的内容。同期，美国空军还在研制航空兵资质测验（Airman Qualifying Examination，AFE），并试图采用 AFE 将应征者分配到不同的职业岗位。美国海军也在积极推行基本能力成套测验（Basic Test Battery，BTB）。海军的 BTB 除对受试者进行一般能力测试外，还测试一些特殊知识，如机械能力倾向、无线电编码等。此后，ASVAB 第二版至第五版的检测对象仍然是美国普通高中学生（表3-1）。但是 ASVAB 的第三版分别在 1973 年和 1975 年被用于空军和海军陆战队的职业选拔和分类中。美国国防部在 1976 年 1 月（美国义务兵役制度结束三年后）正式将第六版和第七版用于新兵征募站（Military Entrance Processing Station，MEPS）作为三军联合系统测试，至此，ASVAB 成为了美军各军兵种招募新兵的"硬性测试"。

表 3-1 四代 ASVAB 测试名称、条目数和施测时间 *

分测验名称	第一代 1968—1975 年		第二代 1976—1980 年		第三代 1980—1997 年		第四代 1997—2005 年	
	条目/n	时长/min	条目/n	时长/min	条目/n	时长/min	条目/n	时长/min
词汇知识（WK）	25		30	10	35	11	35	11
数学推理（AR）	25		20	20	30	36	30	36
机械原理（MC）	25		20	15	25	19	25	19
电学知识（EI）	25		20	15	25	9	20	9
空间知觉（SP）	25		20	12				
译码速度（CS）	100				84	7		
车间常识（SI）	25		20	8				
机动车辆知识（AI）	25		20	10				
汽车及维修常识（ASI）**					25	36	25	11
工具知识（TK）	25							
数字运算（NO）			50	3	50	3		
数学知识（MK）			20	20	25	24	25	24
科学常识（GS）			20	10	25	11	25	11
归类整理（CI）			87					
观察力（AD）			30	5				
段落理解（PC）					15	13	15	13
生活常识（GI）			15	7				
物体组合（AO）***							16	9
测验条目总数及总时间（分钟）	300		382		334		216	143

注1：*摘自美军2005年军事职业能力倾向测验（ASVAB）考试手册第94页；**第四代计算机辅助 ASVAB 中，此测验分成两个部分进行；***此测验只在 ASVAB 计算机自适应版本中进行。

注2：WK 表示 word knowledge；AR 表示 arithmetic reasoning；MC 表示 mechanical comprehension；EI 表示 electronics information；SP 表示 space perception；CS 表示 coding speed；SI 表示 shop information；AI 表示 automotive information；ASI 表示 auto & shop information；TK 表示 tool knowledge；NO 表示 numerical operation；MK 表示 mathematics knowledge；GS 表示 general science；CI 表示 classification inventory；AD 表示 attention to detail；PC 表示 paragraph comprehension；GI 表示 general information；AO 表示 assembling objects。

但是推行 ASVAB 联合版的过程并不是一帆风顺的。1976 年春天，研究者们发现第五版至第七版的 ASVAB 成绩远远高于期望分布。迈尔（Maier）和特鲁斯（Truss）认为导致该"常模误差"有三个原因：第一，在空军和海军征兵检测中发现的"猜测偏差"成分没有对联合 ASVAB 成绩矫正；第二，征兵检测前的辅导是导致成绩偏高的主要原因；第三，将操作测验的成绩作为判断应征公民是否适合入伍的标准是错误的。

因此，专家们对第五版至第七版存在的问题进行了矫正，研发了第八版至第十版。随后美国国防部和劳工部共同合作，指定芝加哥大学国家民意调查中心（National Opinion Research Center，NORC）收集整理了新的常模样本数据。新版 ASVAB 的全国样本包括 9 173 名受试者，代表着 2 500 万 18～23 岁的应征公民。

在应用推广之前，西姆斯（Sims）和迈尔发现 ASVAB 8a 版的速度测验出现了一些特异值。美国空军研究人员对征兵检测中搜集的基本资料进行分析发现，导致该问题的主要原因是国家民意调查中心设计的答题纸格式造成的。而韦格纳（Wegner）和雷（Ree）（1985 年）对此进行了一项等值化研究，以校正非操作性测验答题纸造成的测验偏差。直到今天，ASVAB 8a 版仍被当作开发新的 ASVAB 测验的参照标准。

与第五版至第七版相比，第八版至第十版在检测内容、条目数和测验时间上都有明显的改变。这些变化都是为适应当时社会经济发展和武器装备更新对士兵能力提出新的要求而进行的。

在第八版至第十版基础上，美国国防部于 1984 年又开发了第十一版、第十二版和第十三版，并用于征兵检测。通过对现役士兵与应征公民的对照研究，证实这三个版本的检测效果与 ASVAB 8a 版等同，对两类人群的检测效力也是相等的。从第十一版、第十二版和第十三版等值化研究中获得的经验，为开发后续第十五版、第十六版和第十七版 ASVAB 提供了很好的借鉴。后三版于 1988 年下半年被用于征兵心理检测中。2004 年，美军再次标准化了测试的百分等级评分系统，从而保证测验分数更加公平、公正、合理。目前，美军基本每三至四年组织人员对 ASVAB 进行一次修订。

（三）ASVAB 的计算机自适应化

最初的 ASVAB 采用纸笔测验的形式，这种方法是当时条件下的最佳选择。然而，它的缺陷在于：一是时间成本高，施测的时间超过 3 个小时；二是施测程序繁杂，需要印刷和分发大量试卷和答题纸；三是人力消耗大，测试准备、实施、统计过程中需要大量人员参与；四是测量效率低，无论能力水平，所有人都使用相同的测验问题，高水平受试者不得不回答很多简单的问题，反之，低水平受试者也不得不回答很多困难的问题，这两种情况下做出的回答都是无用的。

随着心理测量技术的发展，以计算机测验为代表的新型测验模式日益走俏，纸笔测验这一最为传统的测验方式也逐渐发生转变。计算机自适应测验（Computerized Adaptive Testing，CAT）是解决上述问题的有效途径。CAT 不是简单依据答对的项目数，而是根据所答题目的项目难度综合判断个人能力水平。其根据受试能力水平不同而呈现不同的测验内容，相较于常规测验，使用的测试项目少，测试时间也相应缩短，测试的效率和精度大为提升。美军经过十余年的开发，于 1993 年在全军开始使用 CAT-ASVAB，是一个相当复杂的系统工程。有关 CAT-ASVAB 的更多内容请参见本书第四章《能力倾向测验的计算机自适应化》。

二、ASVAB的版本及内容

在美国目前 ASVAB 有 4 种常用的测验版本。

第一种版本是学生测验版，采用纸笔形式测验，该版本由美国国防部和教育部的合作项目进行管理。它的主要目的是为高中学生提供职业指导，如一个学生在电子学方面得分很高，那么该学生的辅导员就可以为其推荐电子专业相关的职业发展方向。每年有 15 000 所高中和预科学校会进行一至两次 ASVAB 测试。

第二种版本为参军入伍版，通常采用计算机形式测试，但也有纸笔形式测验。该版本由军队自行控制使用，专门用于应征人员参军入伍的测试，测试难易程度与学生测验版本相当，但测试题目内容不同。如果在高中或其他地方未参加过 ASVAB，且年龄在 17～35 岁之间，可以在征兵工作站（Military Entrance Processing Station，MEPS）进行免费测试。

第三种版本为计算机自适应测验版（CAT-ASVAB），它与纸笔测验版难度系数和评分标准相同。在 CAT-ASVAB 中经常会包含部分预测试问题（tryout questions）。这些题目的主要目的是对题目的质量进行考察，以扩充 ASVAB 今后的题库。预测试问题不会作为考生的最终成绩，但是考生必须进行作答，且会被赋予额外的考试时间。以上三种版本都包含 9 个分测验（计算机自适应测验版和纸笔测验版的某些分测验内容有不同），而任何一个测验版本都可用于应征公民的心理检测。

第四种版本被称为"精简版"。2002 年以来，用于对普通中学和预科（专科）学校学生的测试。精简版测验包含五个分测验（两套数学测验，两套语言文字测验和一套科学常识测验），施测时间比完整版测验的 3.5 小时缩短了 1.5 个小时，即 2 小时，测试对象主要是普通中学学生。参加"精简版"职业能力倾向测试的学生和参加完整版测验的学生一样，考试结束后都会得到一个 AFQT 分数，这个分数被用来断定其在各个军队部门的考试中是否达到合格水平。如果这些学生将来决定应征入伍，他们只需要再进行一次计算机版"合并测试"，完成精简版测试中没有的考核项目即可。

在考试形式上，ASVAB 有纸笔测试和计算机版测验两种方式，且两种方式的施测顺序是一致的。目前，ASVAB 共分为 9 个分测验，按照测验顺序分别为科学常识、数学推理、词汇知识、段落理解、数学知识、电学知识、车辆及五金知识、机械原理、物体组合，所有的测验均为选择题。此外，在 CAT-ASVAB 版本中，车辆及五金知识测验被分成了两个分测验进行施测，但合并计分，标示仍然为"AS"（Automotive & Shop Information）。各分测验的具体信息见表 3-2。

表 3-2　ASVAB 中各分测试的名称、说明、方式、条目数和施测时间

分测试名称	测试说明	CAT-ASVAB		纸笔版本	
		条目 /n	时长 /min	条目 /n	时长 /min
科学常识（GS）	物理和生物科学知识	15	10	25	11
数学推理（AR）	解决数学和有关数学语言的问题	15	55	30	36
词汇知识（WK）	近义词选择和根据语境解释生僻词	15	9	35	11
段落理解（PC）	从段落文章中获取信息	10	27	15	13
数学知识（MK）	基本数学知识	15	23	25	24
电学知识（EI）	电子、电路知识	15	10	20	9
车辆及五金知识（AS）*	机动车相关知识和车间维修工具专有术语及其使用（AI+ASI）	10 10	7 6	25	11
机械原理（MC）	机械知识和基础力学知识	15	22	25	19
物体组合（AO）	空间定向能力	15	17	25	15

注：* Automotive & Shop Information：机动车辆知识（Automotive Information，AI）与汽车及维修常识（Auto & Shop Information，ASI）的整合。

下面就各个分测验的测试要求、测试时间和测验内容分别进行举例说明。

1. 科学常识（GS）

测试内容主要包括高中阶段对基本科学概念或名词的掌握情况。所测量的内容非常丰富，涵盖生命科学（医学、营养健康学和生物学），地球科学（地理学、地质学、气象学和天文学）和物理科学（基础物理和基础化学）。例如：

心理压力、不均衡饮食、吸烟以及遗传的因素最有可能导致人体产生_____。
A. 腹泻　　　　B. 高血压　　　　C. 胆结石　　　　D. 贫血

2. 数学推理（AR）

包括日常生活中的各种数学问题。此分测验主要考查受试的数学推理能力（反向推理、数字代入法等）和解答应用题能力。其中数学推理部分涉及数学的基本概念和定义（加、减、乘、除、奇偶数、倍数、平方和平方根、阶乘等）以及应用数学（平均数、百分比、比率、概率等）。例如：

甲乙两队进行比赛，获胜的一方队员可以平均分配一盒糖果。甲方获胜每人得到 3 颗糖果，乙方获胜每人获得 5 颗糖果，最后盒子里的糖果都没有剩余，那么盒子里的糖果数可能是多少？

  A. 325   B. 353   C. 425   D. 555

3. 词汇知识（WK）

词汇测试问题一般被划分为两大类。第一类问题是选出与划线词语意思相近的选项，简单地说就是找近义词。这种题比较简单，只需达到"识别单词"水平就能正确作答。例如：

Feasible most nearly means_____.

  A. workable B. breakable C. imperfect D. evident

另一种类型的问题是在选项中选出一个最合适的词语，替换句子中的划线单词。一般来说，句子中的划线单词都比较生僻，受试者需要根据句子意思，分析上下文语境，才能做出正确选择。

Many times, the older sibling holds dominion over his younger siblings.

  A. authority B. safety   C. ability   D. guilt

4. 段落理解（PC）

13 分钟时间内，阅读完成 13 ~ 14 篇（每篇含 30 ~ 120 个词）段落文章，并回答 15 个有关文章主题或者有关内容的提问，或者补充对文章中相关问题的描述。这些文章涉及的话题十分广泛，从艺术、科学到商务、政治、运动、生物学和历史。段落理解部分不但考查了受试者的阅读理解能力，同时还测试其能否合理规划时间完成任务的能力。例如：

沙漠植物已经进化出了极为特殊的适应特征和能力，能在非常干燥的环境中生存。大部分沙漠植物有短而厚的叶子，这有助于它们通过减小表面积控制水分的散失。一些沙漠植物的叶子会在最干燥的月份脱落。另一些，例如仙人掌，通过雨季贮存在肉质丰满的雄蕊中的水分维持生活，度过干旱期。其他植物也有积极保护自身水源供应的方法。例如，石炭酸灌木生长了一个强大的根系系统。

文章主要内容是 _____。

  A. 沙漠中发现的生物多样性 B. 沙漠植物如何适应并生存
  C. 沙漠植物间的竞争   D. 沙漠中水的短缺

5. 数学知识（MK）

涉及算术，代数（简单方程式、不等式、代数应用题等），几何知识的问题（线、角、三角形、四边形、圆形、立体几何、面积和体积计算等）。同时这项分测试部分也会有一些类似应用题的描述性数学题。但总的来说，测试的目的还是倾向于对数学基本概念的考核。因此这部分的测试时间比数学推理分测试更少。例如：

如果三角形的两边分别为 5cm 和 8cm，那么下面哪个可能是第三边？（　　）

A. 3cm　　　　　B. 5cm　　　　　C. 9cm　　　　　D. 13cm

6. 电学知识（EI）

该项分测验主要考查受试者对电子、电路和电气的基本概念及知识的理解以及实验操作掌握情况。例如：

在电源电压 60 mV，电阻 15 kΩ 的电路中，电流是多少？（　　）

A. 0.004m A　　　B. 0.9A　　　　C. 4.0A　　　　D. 900A

7. 车辆及五金知识（AS）

该项分测验主要考查有关机动车辆构造和工作原理的理解，汽车维修方法的掌握以及对汽车零部配件、汽车维修工具和工具箱等相关知识的掌握和综合应用能力。例如：

发动机冷却液的常规流向是　　　　　　。

A. 水泵、水箱、汽缸盖、引擎组　　　B. 水泵、引擎组、水箱、汽缸盖

C. 水泵、汽缸盖、水箱、引擎组　　　D. 水泵、引擎组、汽缸盖、水箱

8. 机械原理（MC）

该项分测验主要考查有关应用物理的知识内容，包括基础力学、简单机械和流体动力学。例如：

将液压油从一个小直径的液压气缸泵到一个大直径的液压气缸中时，增加的是：（　　）

A. 力　　　　　B. 距离　　　　C. 温度　　　　D. A 和 B 都正确

9. 物体组合（AO）

15 分钟内完成 25 个选择题。该项分测验主要考查受试者的抽象空间能力。每道选择题由 5 幅图形组成。要求受试者仔细观察，从备选图形选项中选出满足答案的组合正确的图形。例如：选出图 3-1 中左侧碎片图片所拼成的图案。

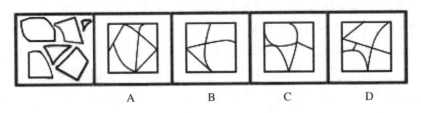

图 3-1　物体组合测验样题

ASVAB 成绩有效期为 2 年；根据不同军兵种的要求，某些兵种需要受试者重复进行 ASVAB 测验，但第二次测试和第一次测试必须间隔 30 天以上；如果还要再进行第三次 ASVAB 测试，则必须间隔 6 个月以上。无论测试成绩如何，均以最后一次的测试成绩为准。高中阶段的 ASVAB 测试成绩不能作为正式成绩记录。

三、ASVAB的效度验证

作为军事心理学研究的重要内容，ASVAB的效度研究在美国国防部的技术研究报告中占有重要篇幅。有关ASVAB的结构效度、预测效度、试题结构等问题成为20世纪80年代前美国军事测验协会（Military Testing Association，MTA）年会交流的主要内容。在此，主要介绍美国历史上规模庞大的《军人心理选拔和分类项目》（Military Personnel Selection and Classification Project，Project A）研究的相关内容，以说明ASVAB的效度及实际作用。

1. Project A 项目的历史背景

越南战争结束后，美国开始实行志愿兵役制。到1975年，一期士兵中高中毕业生的淘汰率为26.6%，而没有拿到高中毕业文凭的士兵淘汰率高达51.4%。与此同时，在应征公民中只有58%为高中毕业生（1987年为90%），低教育程度和高淘汰率是当时困扰美军的一大问题。20世纪70年代，美军发现由于对ASVAB的不当使用，大量低能力青年被征召入伍，这使得ASVAB成绩与工作绩效之间几乎没有相关，这些情况促使美国军事心理学家开始对ASVAB与工作绩效评价方法进行反思。因此美国陆军行为与社会科学研究所（Army Research Institute for the Behavioral and Social Sciences，ARI）在20世纪80年代初联合其他三家研究机构历时7年开展了Project A研究，目的是发展军队人员心理选拔与分类系统，建立一套有效的效标体系、预测方法、分析技术和相应的效度研究数据库，通过军事职业代码（Military Occupational Specialties，MOS）计划。MOS将军队按行为特征分为276种岗位，每种岗位都有相应的心理学描述及要求，并确定特定的检测方法和标准。Project A通过心理选拔和淘汰，进一步完善和提高了军事人力资源管理和安置效益，该系统每年完成30~40万人员的测评，并从中选出12~14万人进入军队的不同专业岗位，为美军的质量建设做出了历史性贡献。

2. Project A 绩效评价系统的建立

Project A项目认为，士兵绩效是多维的，将其定义为"对于完成组织目标具有重要意义的行为以及活动的总和"。通过大量的任务分析以及关键事件法、专家评判法等手段，最后将绩效定义为两个领域：一个是只针对某一特定职业特殊要求而与其他职业无关的行为或技能，即专业知识技能；另一个是所有军队职业都需要的技能和行为。据此确定了5个评价维度：专业技能（good technical proficiency）、士兵共同科目（general soldiering proficiency）、进取和领导能力（effort and leadership）、自律性（personal discipline）、体魄和军人仪表（physical fitness and military bearing）。每个维度中又包括若干个评价指标。

3. Project A 的受试者抽样

从 MOS 的 276 个职业中抽取了 19 种职业，分为 A 组和 Z 组。其中 A 组包括 9 种职业：炮兵、步兵、汽车驾驶员、装甲兵、管理专家、无线电操作员、宪兵、轻型车辆机械师、医学专家，Z 组包括 10 种职业：土木专家、核生化专家、军火专家、直升机修理员、汽油供应专家、伙食供给专家等。Project A 的主要实验研究都是在 A 组开展的。

4. Project A 预测工具的选择

Project A 的预测工具以 ASVAB 为基础，并在此基础上进行了改进，增加了新的预测手段。最终形成的测验包括以下 5 个部分。

（1）军事职业能力倾向成套测验（ASVAB）。

（2）陆军资格测验（AFQT）。AFQT 由 ASVAB 的 4 个分测验（数学推理、段落理解、词汇、数学知识）构成，主要用于士兵基本素质的筛选。该测验的成绩分 5 个等级，Ⅰ级为最好，Ⅴ级为最差。军队一般仅允许 AFQT 为Ⅰ级至ⅢA级的青年入伍。美军一项研究发现，能否达到高中毕业的文化水平对军队淘汰率有显著影响，因此，高中毕业证也成为筛选士兵的重要参考，常与 AFQT 联合使用。

（3）空间能力测验（Spatial Tests）。空间能力测验是通过纸笔测验的形式完成的，包括拼图（Assembling Objects）、旋转（Object Rotation）、迷津（Maze）、地图（Map）和推理（Reasoning），主要测试受试者的空间视觉旋转能力、空间扫视能力、空间定向能力和归纳能力。

（4）认知和心理运动能力测验（Perceptual/Psychomotor Test）。认知和心理运动能力测验采用计算机化形式进行测验，内容涉及面广，包括简单反应时、选择反应时、短时记忆、认知速度/准确率、数字记忆、目标鉴别、单（双）手轨迹追踪能力等。主要检测认知加工速度、短时记忆、心理运动准确性以及肢体协调性等能力。

（5）气质、兴趣和生平资料。将气质和生平资料用于士兵选拔是 Project A 的创新之一。在 1982 年 Project A 刚开始实施的时候，人们普遍认为气质和生平资料对工作绩效的预测性很小，并未给予足够的重视。研究人员通过分析发现，以往的预测手段都过于笼统，缺少有个性特色的预测内容，因此，在大量文献回顾和分析的基础上，编制了《生活背景和经历评估量表》（Assessment of Background and Life Experiences，ABLE）。该测验包括 10 个气质分量表，1 个身体健康状况分量表和 1 个态度诚实分量表。在兴趣测试方面，主要编制了《军队职业兴趣测验》（Army Vocational Interest Career Examination，AVOICE）。

5. Project A 预测工具的效度

研究人员对 1986—1987 年入伍的包括 21 个军队职业的 4.5 万名士兵进行了

ASVAB 测验，同时对他们进行了空间能力、认知能力、心理运动能力、气质、兴趣和生平资料等附加测验。由于受试者情况的多样性，最后能获得完整数据的人员约 3.8 万人。对测验结果进行预测效度分析，具体数值见表 3-3。

表 3-3 附加测验对 ASVAB 预测效度的影响（r）

评价维度	ASVAB	附加测验			
		空间能力	认知和心理运动能力	气质	职业兴趣
专业技能	0.63	0.65	0.64	0.63	0.64
士兵共同科目	0.65	0.68	0.67	0.66	0.66
进取和领导能力	0.31	0.32	0.32	0.42	0.35
自律性	0.16	0.17	0.17	0.35	0.19
体魄和军人仪表	0.20	0.22	0.22	0.41	0.24

通过 ASVAB 测验成绩与效标评价的相关性分析，研究人员发现 ASVAB 对专业技能和士兵共同科目有良好的预测性，对于进取和领导能力有一定预测性，但对自律性、体魄和军人仪表的预测性很小。结合认知、气质和职业兴趣等测量手段，在效标评价 5 个维度上的预测性均有提高，尤其是针对进取和领导能力、自律性、体魄和军人仪表三个维度。总体来说，ASVAB 对士兵的工作绩效具有良好的预测效度。

四、ASVAB 的计分

美军各个军兵种都设置了独立的职业资格分数系统和录取标准。征兵人员和岗位设置专家必须依据应征人员的分数，综合岗位的涉密级别、体能要求、个人身体素质，才能最终确定人员的录用情况。通过严密的审查和测试，科学进行人员——岗位匹配，保证大部分新兵成功完成后续的岗位训练科目。

在实际操作中，ASVAB 常用的分数类型有以下五种。

1. 原始分数（Raw score）：即在 ASVAB 各分测验中获得的总分。

2. 标准分数（Standard Score）：是将原始分数按照平均分数 50 分，标准差 10 分进行转换得来。

3. 百分位分数（Percentile scores）：表示考生在群体中的位置，取值范围为 1~99。比如，考生的百分位分数为 80 分，则代表该考生在群体中的答题表现超过了 80% 的人。

4. AFQT 分数（AFQT Score）：AFQT 是由 ASVAB 中有关语言文字和数学能力的 4 个分测验项目组成的，分别是词汇知识（Word Knowledge，WK）、段落理解（Paragraph Comprehension，PC）、数学推理（Arithmetic Reasoning，AR）

和数学知识（Mathematics Knowledge，MK）。AFQT 分数直接决定应征者是否能够参军入伍，可以理解为入伍的"及格线"，对于希望参军者十分重要。

在计分时，有关语言文字能力的两个分测验（WK 和 PC）综合为语言表达能力（Verbal Expression，VE），语言表达能力的成绩为双倍计分。AFQT 的总成绩可以按下面的公式进行计算：

$$AFQT=2VE+AR+MK$$

该公式计算出来的是原始分数，把原始分数转换成百分等级后，就是受试者的 AFQT 成绩。一般来说，百分等级低于 30 的受试者不能进入部队服役。需要注意的是，美军不同军兵种划定 AFQT 分数线是不一样的。空军要求应征者的 AFQT 的分数不能低于 40，如果应征者未持有高中毕业文凭或仅仅只有高中同等学历 GED 证书，则 AFQT 分数不能低于 50 分，并且这些人数不能超过每年征募总人数的 1%。陆军和海军要求 AFQT 分数线为 31 分，未持有高中毕业文凭或仅仅持有高中同等学历的应征人数不超过 10%。海军陆战队的分数线为 32 分，未持有高中毕业文凭或仅仅持有高中同等学历的应征人数不超过 5%。海岸自卫队的分数线为 40 分，基本不录用未持有高中毕业文凭或仅持有高中同等学历的应征人员。

AFQT 的成绩可分为五个等级，Ⅰ级为最好，Ⅴ级为最差（表 3-4）。从 20 世纪 90 年代初开始，美国国会通过立法规定，不得征召Ⅴ类新兵入伍，Ⅳ类新兵入伍比例不超过 20%。另外，Ⅳ类入伍新兵必须持有全日制普通高中毕业文凭而非高中同等学历。

表 3-4 AFQT 类别相应的百分等级与受训能力水平

AFQT 类别	百分等级 /%	能力水平
Ⅰ	93～99	优
Ⅱ	65～92	良
Ⅲ A	50～64	中
Ⅲ B	31～49	中
Ⅳ	10～30	差
Ⅴ	1～9	较差

5. 职业资格分数（Line Score）。军队各部门岗位录用分数是通过合并 ASVAB 不同分测验得出的分数，用以确定入伍新兵将要从事的职业。美军不同部门在确定不同岗位的职业资格分数时，都有自己的标准和系统。

下面举例说明，职业资格分数与岗位之间的计算方法。以美陆军为例，美陆军使用军事职业代码（Military Occupational Specialties，MOSs）对军人职业岗位进行详细的划分，为初级新兵提供的职业岗位超过 150 种。如果某人希望在陆军从事步兵职业，则需要在"战斗（Combat，CO）"这项职业资格分数上超过 87 分。

而该职业资格分数的计算方式为：CO=AR（数学推理）+CS（编码速度）+AS（车辆和五金知识）+MC（机械原理）。该部分详细内容请参考本书附录。

结合前文所述，美军所有军兵种都要求应征人员持有普通高中毕业文凭，否则很难进入部队服役。但是如果应征人员在能力倾向测试中获得的职业资格分数证明他能达到某项特殊工种的要求，而他本人也愿意从事这项工作，那么可以放宽录取标准。

（曹　爽　吴　青　肖　玮　保宏翔）

参考文献

[1] Baker H E. Reducing adolescent career indecision: The ASVAB career exploration program[J]. The Career Development Quarterly, 2002, 50(4):359-370.

[2] Cebi M. Locus of control and human capital investment revisited[J]. Journal of Human Resources, 2007, 42(4):919-932.

[3] Gibson S G, Harvey R J, Harris M L. Holistic versus decomposed ratings of general dimensions of work activity[J]. Management Research News, 2007, 30(10):724-734.

[4] Grant J, Vargas A L, Holcek R A, et al. Is the ASVAB ST composite score a reliable predictor of first-attempt graduation for the US Army operating room specialist course?[J]. Military medicine, 2012, 177(11):1352-1358.

[5] Jensen A R. Armed Services Vocational Aptitude Battery[J]. Measurement and Evaluation in Counseling and Development, 1985, 18(1):32-37.

[6] Kass R A, Mitchell K J, Grafton FC, et al. Factorial validity of the armed services vocational aptitude battery (ASVAB), Forms 8, 9 and 10: 1981 Army applicant sample[J]. Educational and Psychological Measurement, 1983, 43(4):1077-87.

[7] Laurence J H, Wall J E, Barnes J D, et al. Recruiting effectiveness of the ASVAB career exploration program[J]. Military Psychology, 1998, 10(4):225-238.

[8] Mchenry J J, Hough L M, Toquam J L, et al. Project A validity results: The relationship between predictor and criterion domains[J]. Personnel Psychology. 1990, 43(2):335-354.

[9] Peterson N G, Hough L M, Dunnette M D, et al. Project A: specification of the predictor domain and development of new selection/classification test. Personnel Psychology, 1990, 43(2): 240-245.

[10] Peterson N G, Mumford M D, Borman W C, et cl. Understanding work using the Occupational Information Network (O* NET): Implications for practice and research[J]. Personnel Psychology, 2001, 54(2):451-492.

[11] 吴青. 军事职业能力倾向测验修订及应用 [D]. 西安：第四军医大学, 2015.

[12] 肖玮. 基于经典测验理论及项目反应理论的征兵用智力测验系统的研制 [D]. 西安：第四军医大学, 2005.

第4章
能力倾向测验的计算机自适应化

自适应性测验（Adaptive Test）又被称为裁剪测验（Tailored Testing）、分枝测验（Branched Testing）、程序化测验（Programmed Testing）或个体化测验（Individualized Testing）。选用自适应性（Adaptive）是因为测验能主动地适应受试者。不同能力水平的受试者做答不同的项目，随后施测的项目会根据受试者对前面作答项目的作答反应进行挑选，受试者每答对一个项目后将会被施测一个难度更高的项目；如果答错一个项目，则随后被施测一个相对简单的项目（图4-1）。适应性测验的最终目标就是为每名受试者挑选一组适合其能力水平的测验项目，从而更有效地测量出受试者的特质水平。

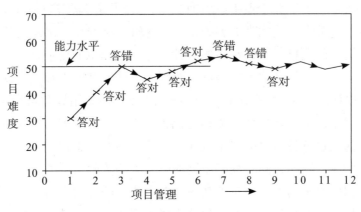

图 4-1 自适应性测验示意图

计算机自适应测验（Computerized Adaptive Testing，CAT）是20世纪90年代发展起来的一种新的测验形式。这种测验以项目反应理论为基础，以计算机技术为手段，通过题库建设、选题策略等方式形成了一套理论和方法。CAT 应用计算机来实现自适应性检测的目标，它使用计算机程序施测，决定如何对一位特定能力水平的受试者施测，根据受试者对先前项目的作答反应挑选后续测试项目，即根据受试者对施测项目的反应来估计受试者的特质水平，再应用一种或多种规则中止测验。计算机自适应性测验应用计算机程序为每一位受试者建构一份最佳的测验。为实现这个目标，受试者的特质水平在测试过程中被不断地估计，根据受试者特质水平的估计值，按照一定的选题策略从题库中挑选出匹配受试者特质水平的项目。在自适应性测试过程中，一般不会出现与受试者特质水平相差太远的项目——项目难度过高或过低。与纸笔测验不同，在计算机自适应性测验中，施测于每位受试者的测验长度和项目都不同。

一、CAT的概述

（一）CAT的发展历史背景

CAT最早在比纳—西蒙智力测验中就已被采用。这种测验技术设计的目的是提高测验效率。首先给受测者提供相当于其自然年龄组的题目，如果受测者通过了，就让其做更大年龄组的题目；如果做错了，就让其做更小年龄组的题目，最终评定其智力年龄。这种技术被称为自适应测验，大大提高了测验的效率，但由于受测者情况复杂，测验实施难度较大，所以只适用于一对一测评的场景。

随着测验大规模的开展，人工自适应测验技术不再适用，取而代之的是标准化测验，也就是所有人都完成相同的题目，既包含了简单题，也包含了较难的题，最后根据测验得分评价受测者的智力水平。这种"标准化"测验是符合当时测评需求的，即同样的题目，同样作答的条件，体现了测验的公平，但同时也存在明显的缺点：第一，题目必须严格保密，否则公平性便荡然无存，由此会带来巨大的人力物力损耗；第二，所有人必须用同样的测验，或者用具有同等效力的测验，否则分数所代表的测验水平就不能相互比较；第三，测验内容必须难易适中，要让参加测验的人员分数尽可能产生差异，不能都答对或者都答错，因此测验题目编制要求非常高；第四，测验难度设置与测验人群测验水平差异，导致一项测验只适合某一测验水平的人，而对于其他人群，测验的准确性将大打折扣。由于上述特点，在相当长的时间里，能力测验或成就测验，特别是与受试人群前途命运息息相关的测验（如中考、高考、公务员考试等），每年都需要召集大量的专家封闭出题，高等级警戒。在测验编制、运输、实施测验、评分等所有过程也都要进行严格把控才能既保证测验的准确性，又保证测验的有效性。

随着心理测验被社会认可度的增加，社会对其需求也越来越大，尤其军队人员选拔对心理测验提出新的和更高的要求，心理测验技术的变革势在必行。

美军在兵员征集中首先将自适应技术运用到ASVAB测验中。为了体现测验的公平性，帮助应征者通过考试，美军将ASVAB测验的介绍放在网站上，并提供预测试（图4-2）。能够实现如此公开的测验，除了需要大量的等价题库外，必须采用基于计算机基础上的自适应测验，以规避测验题目的重复以及采用尽可能少量的题目达到测验准确性的目的，由此推动了基于项目反应理论（Item Response Theory，IRT）的ASVAB计算机自适应测验（Computerized Adaptive Testing，CAT）的发展，称CAT-ASVAB。IRT解决了不同测验题目所得成绩的可比性问题，CAT解决了不同人完成不同测验的问题。

IRT的核心是通过算法让每一个题目都能独立评估受试者的能力，通过少量题目的测试便可精准测评受试者的能力水平。CAT的核心是计算机实时计算每一个题目的测验结果，并根据测验结果决定是否需要继续测试，以及后续用什么样的题目进行测试。IRT和CAT是心理测评理论和方法的新突破，成为了很多大型高频次测验的通用方法，如托福、雅思等。而且随着研究的深入，能力测验的功能除了进行能力水平评定外，还被研究者赋予了认知诊断的功能，通过设计知识点不同的题目，分析受试者的作答矩阵，既能知道受试者的能力水平，又能测评受试者掌握的知识点和未掌握的知识点。

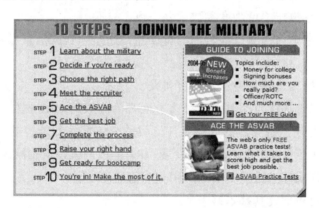

图4-2 美军征兵网站ASVAB介绍与预测试截图

（二）项目反应理论

1. 项目反应理论的优势

项目反应理论（IRT）是为了编制和改进测量工具、管理量表实施、评定个体差异的一组心理测量模型。在过去的几十年中，这些模型已经对心理测量的实施和计分带来了极大的改变，包括大规模能力测验、美国的很多全国性成就测验以及职业资格考试等。这一理论的突破被认为是教育与心理测量界的一项革命，极大地影响着大型能力测验的方方面面，包括题目的编制、测验内容的确定、测验分数的计算及结果解释等各个环节。心理测量的研究者、大型教育机构、部队及各种大型考试认证机构都在应用这项新变革为其服务。

IRT 分析的是受试者在作答每一个试题条目过程中的反应规律，在很多方面都解决了经典测验理论（Classic Testing Theory，CTT）存在的问题，如不同测验分数的比较性、单个条目的精确性、同一测验在不同群体中应用的公平性等。下面将简要说明 IRT 相对于 CTT 的优越性。

CTT 在测量理论上存在以下不足：

（1）测验分数对具体测验具有依赖性，不同测验的结果不能直接对比。

（2）测验参数估计量依赖于样本。

（3）受试者能力量表与项目难度量表不一致。

（4）测验误差估计不精确。

（5）测量结果拓广有限。

IRT 理论具有以下优势：

（1）受试者能力估计独立于测验项目的选择，不同条目的能力估计值可以进行对比，也为计算机自适应测验（CAT）打下了理论基础。

（2）项目参数估计独立于受试者样本的选择。

（3）能力参数与项目难度参数量表一致。

（4）可以精确估计测试项目的测量误差，通过项目的信息量函数来反映其测量误差。

（5）理论框架构建完备，发展潜力大。

由于 IRT 以上的优点，其中有很多方面都为高效的 CAT 提供了理论和方法基础，所以 IRT 得到了研究者的广泛关注。目前 IRT 在认知能力测验领域已经成为了基本的统计测量方法，并正在飞速发展。IRT 也被健康评定领域的研究者所采纳，但在人格、心理病理测量工具上的应用相对落后。

2. IRT 主要模型及其基本假设

常见的测验类型包括了两级计分测验和多级计分测验，从维度方面又可分为单维测验和多维测验。其中最简单的便是单维两级测验。IRT 分析也是从这里开始的。

（1）单维两级计分 IRT 模型

单维是指测验中的所有题目都测量同一个特质，比如，数学考试只考数学能力，而非语文能力。两级计分指的就是一个对或错，得分或不得分。

描述单维两级计分的 IRT 模型有很多种，包括了单参数正态肩型模型（one parameter normal ogive model）、双参数正态肩型模型（two parameter normal ogive model）、三参数正态肩型模型（three parameter normal ogive model）、单参数逻辑斯蒂模型（1 PL），双参数逻辑斯蒂模型（2 PL），三参数逻辑斯蒂模型（3 PL）和四参数逻辑斯蒂模型（4 PL）。其项目作答正确率与受试者能力、项目参数的函数关系依次如下：

单参数正态肩型模型：$P(\theta) = \int_{-\infty}^{\theta-b} \frac{1}{\sqrt{2\pi}} e^{-\frac{z^2}{2}} dz$

其中 θ 表示受试者能力特质，b 表示条目位置参数或者叫难度参数；

双参数正态肩型模型：$P(\theta) = \int_{-\infty}^{a(\theta-b)} \frac{1}{\sqrt{2\pi}} e^{-\frac{z^2}{2}} dz$

其中 θ 表示受试者能力特质，b 表示条目位置参数，a 表示条目区分度参数；

三参数正态肩型模型：$P(\theta) = C + (1-C) \int_{-\infty}^{a(\theta-b)} \frac{1}{\sqrt{2\pi}} e^{-\frac{z^2}{2}} dz$

其中 θ 表示受试者能力特质，b 表示条目位置参数，a 表示条目区分度参数，C 表示猜测度参数；

单参数逻辑斯蒂模型：$P_i(\theta) = \frac{e^{(\theta-b_i)}}{1+e^{(\theta-b_i)}}$

其中 θ 代表受试者特质水平，b_i 代表项目 i 的难度，当 $\theta=b_i$ 时代表受试者有 50% 的机会正确作答该项目。

双参数逻辑斯蒂模型：$P_i(\theta) = \frac{e^{Da_i(\theta-b_i)}}{1+e^{Da_i(\theta-b_i)}}$

其中 θ 代表受试者质水平，b_i 代表项目 i 的难度，a_i 代表项目 i 的区分度，D 为常数，项目区分度与 ICC 在点 $\theta=bi$ 的斜率成正比，这点的斜率越大，项目的区分度越大。

三参数逻辑斯蒂模型：$P_i(\theta) = c_i + \frac{1}{1+e^{-Da_i(\theta-b_i)}}$

其中 θ 代表受试者特质水平，b_i 代表项目 i 的难度，a_i 代表项目 i 的区分度，c_i 代表项目 i 的猜测参数，即能力再低的受试者正确作答的概率也会大于 0，而且具有能力水平 θ（$>b$）的受试者正确作答的概率就大于 50%，D 为常数。

四参数逻辑斯蒂模型：$P_i(\theta) = \frac{C_i + (\delta_i - C_i)}{\{1+\exp[-Da_i(\theta-b_i)]\}}$

其中 θ 代表受试者特质水平，b_i 代表项目 i 的难度，a_i 代表项目 i 的区分度，C_i 代表项目 i 的猜测参数，δ_i 为受试者正确作答概率的上限，即能力再高的受试者正确作答概率也达不到 1，D 为常数。

在正态肩型模型和逻辑斯蒂模型中，应用更广泛的是逻辑斯蒂模型，而其中 1 PL 虽然参数最少，计算最简单，但是由于其对数据的要求更苛刻，所以应用较少；2 PL 模型在非认知能力测验（两级计分条目）中目前应用是最多的，因为多数研究者假设在人格量表、临床评估量表等非智力测验中是不存在猜测度参数的；3 PL 模型在认知测验（两级计分条目）中应用最广泛，因为多数研究者认为在该类测验中存在猜测因素；4 PL 模型来源于赖泽（Reise）和沃勒（Waller）的研究，他们认为非认知测验的应答过程中正确作答的概率不仅存在不为 0 的下限，还存在不为 1 的上限，但是这种模型在已有的研究中应用较少。

另一方面，在 IRT 中项目检测的精确程度是通过项目信息函数（Item Information Function）来反映的，每一个项目均有一个项目信息函数。根据项目信息函数便可以求得特质水平的标准误。在单维模型中项目信息函数可以相加，便得到测验信息函数，也可以进一步求得整个测验对于特质水平测量的标准误。而不像 CTT 中，项目水平没有误差指标，一个测验中所有条目只有一个测量标准误，因此 IRT 对特质水平检测的精度更高。

项目信息函数：$I_j(\theta) = \dfrac{\left[P_j'(\theta)\right]^2}{P_j(\theta)Q_j(\theta)}$ $\quad j=1,\cdots,n$

其中 $P_j(\theta)$ 为特质为 θ 的受试者正确作答项目 j 的概率，$P_j'(\theta)$ 是 $P_j(\theta)$ 对 θ 的一阶导数，$Q_j(\theta)$ 等于 $1-P_j(\theta)$。在逻辑斯蒂模型中，项目信息量曲线是单峰的，其峰值是特定项目参数的函数。在 1 PL 模型和 2 PL 模型中，当受试者特质水平与项目位置参数相等时，项目信息量最大。在 3 PL 模型中，由于猜测度参数的影响，当受试者特质水平稍大于项目位置参数时，项目信息量最大。而且，项目信息量的最大值与该项目的区分度参数成正比，区分度越大，信息量的最大值越大。在 3 PL 模型中，其还受猜测度参数影响，猜测度越小，信息量最大值越大。

另一方面，根据公式，信息函数的平方根与测量的标准误成负相关：

$$SE(\hat{\theta}) = \dfrac{1}{\sqrt{I_T(\theta)}}$$

其中 $SE(\hat{\theta})$ 表示 θ 的标准误，$I_T(\theta)$ 为特质值为 θ 时整个测验信息函数的值。

（2）逻辑斯蒂 IRT 模型的基本假设

逻辑斯蒂 IRT 模型是目前应用最广泛的模型，包括了 1 PL、2 PL 和 3 PL 模型。但是这些模型本身对数据结构有着特殊的要求，那就是模型的假设。

首先，这些模型都要求数据的单维性，即测验中所有条目测量的都是同一个心理结构。确定数据的单维性，一方面理论上测量的是同一个心理变量，另一方面通过统计方法对所研究的数据进行单维性检验，通常应用的方法是因素分析法。但是在检验单维性的同时还必须慎重考虑，因为还有很多其他因素，包括测验的速度要求、测验的作答方式等方面都可能引入额外的维度。

第二个基本假设是项目作答及受试者作答的局部独立性。局部独立性反映了模型对于数据的描述是否完备，当项目作答（或受试者作答）模式能够完全被所研究模型进行描述时，也就达到了模型的局部独立性。简单来说，就是项目之间的关系除了模型参数所描述的之外，没有其他联系，受试者作答该项目的正确率与其曾做过什么样的项目没有关系。而同一个受试者作答不同项目的正确率与这些项目的难度有关。但如果有些项目的内容存在相关，例如同一个题干下的不同问题，受试者作答的正确率便存在高相关，对受试者特质水平的估计就会受到影响。

第三个假设是模型—资料拟合度假设，即如果所选的模型可以准确描述受试者作答项目的反应过程，那么由模型所做出的期望概率与受试者的实际作答概率应该是吻合的。通常，在 IRT 分析中有两种方法进行模型—资料拟合度检验。一种是数据法，即通过模型适合度检验的统计量的大小（如似然比卡方值）来衡量；另一种是图形法，即通过对比模型期望的项目特征曲线与实际项目特征曲线之间的差别来衡量。

以上三个基本假设，使得常用的 IRT 模型应用范围受到了一定限制，但是也使得其具有了有利于实现 CAT 的优点。条目作答及受试者作答的局部独立性使得受试者特质水平的估计不依赖于条目，不同受试者作答不同条目所得的结果也能相互对比。而且，在 IRT 下每个条目都有相应的受试者特质测量的标准误，使得受试者特质测量的精确度可以有效把握，这也为 CAT 的终止策略提供了可靠的指标。所以 IRT 模型被广泛应用于大型测验中，目前也受到了人格测验等非认知测验研究者的关注。

（三）CAT 的方法和组成结构

作为心理测量理论与计算机技术完美结合的计算机自适应测验（CAT）将集体测验的经济性、高效性与个别测验的准确性和有效性联系在一起。每个受试者个体独立应对计算机检测系统，计算机内部依据 IRT 理论为受试者提供最适合的条目进行施测，并根据迭代算法估算受试者的能力水平，最后按照终止规则结束测验。按照这样的施测模式，受试者不会像传统测验中那样需要完成所有条目，而只会看到与自己能力相匹配的条目。

以下从两个方面介绍 CAT 的基本理论，它的优越性和主要组成结构。

1. CAT 的优势

CAT 之所以被测验研究者和应用者青睐，是因为这种测验方式相对于 CTT 存在很多方面的优越性，主要体现在以下几方面。

（1）测验效率更高。因为在 CAT 中测验项目是根据受试者能力和题库中项目的参数来选择的，不适合受试者的条目不会出现，受试者所需做的测验更少了，测验效率也更高了。

（2）测验的安全性更高。因为在CAT中试卷是根据受试者的能力特点实时从题库中抽题组成的，所以省去了测验编制、印刷、运输等环节，测验的安全性较纸笔测验更高。

（3）受试者的作答积极性更高。由于受试者看到的题目是适合他们能力水平的，他们不会碰到太简单或太难的题目，所以他们既不会厌倦也不会受挫，积极性更高。

（4）成绩反馈更加及时、准确。因为电脑自动、实时根据受试者的作答情况与正确答案进行对比、评分，所以受试者做完题目便会及时得到成绩反馈，而且省去了人工计算分数的环节，成绩报告更加快捷、准确。

（5）题目的更新与修订更加便捷。由于测验的形式没有预先的规定，所以新的题目可以随时插入测验内容，进行预测量；而且，如果发现存在问题的条目，也可以随时将其从题库中删除，保证测验的质量。

（6）题目的内容和形式更加丰富。因为计算机施测手段的运用，可以利用多媒体工具，编制一些包括音频、视频等内容和形式多样的测验题目，增加测验的趣味性，调动受试者作答的兴趣和兴奋性。

2. CAT的主要组成部分

虽然一项好的CAT测验编制完成之后，使用的频率很高，优势很明显。但是CAT测验编制的过程比较复杂，需要投入的成本也很高。一项CAT测验主要包括四大组成部分——题库、项目选择方法、能力估计方法和终止规则。另外还有两部分是用于保证测验效度的，即内容的均衡性和曝光率控制方法。

（1）题库

CAT是根据受试者的能力水平实时抽取恰当的条目进行施测，那么测验的精度在很大程度上就依赖于题库的质量。在IRT中，受试者的能力水平和条目的位置被定义在同一个量纲上，因此要想对能力全距的受试者都进行准确评估，题库中条目的位置也必须覆盖整个全距。而且，要想对每个能力等级的受试者都进行精确的评估，就必须在各个能力等级都有足够对应的条目，以及针对各个知识点内容都有相应的考题。一般认为恰当的题库容量应达到纸笔测验题量的6~12倍，但是，如果再考虑条目的曝光率等因素，那么题库的容量应更大。由此可见，一个高质量的题库所需要投入的人力、物力都是相当大的。为了延长题库的使用期，人们提出了许多种方法，如从题库中抽取建立有重合的子题库等。

（2）项目选择

在纸笔测验中，受试者往往按照测验的顺序安排依次作答，而在CAT中，受试者作答条目的顺序是计算机根据受试者能力的估计情况进行抽取的。那么通过怎样的方法，按照什么指标才能使测验的效率最高、准确率最高，且题库的使用寿命最长，即项目的选择方法，是决定一项CAT测验质量的关键指标之一。目前最常用的两种项目选择方法是最大信息量法和贝叶斯估计法。最大信息量法是指，根据当前受试者能力水平的估计值，从未被抽取的题目中选取最有可能准确测验受试者的题目作为下一个呈现给受试者的题目。贝叶斯估计是选取那些使受试者能力估计值的后验精度期望达到最大，或使先验变异期望达到最小的题目。每测完一个题目后，就要计算受试者特质水平的后验分布。所有的项目都会被评定，能最大程度地减少先验变异的项目会被选中。贝叶斯估计方法在计算上要比最大信息法简单，所以在计算能力有限的情况下，贝叶斯估计法更加受欢迎。但随着计算机性能的提高，以及运用贝叶斯估计法本身的弱点，使得最大信息量法应用更为广泛。

（3）特质估计

关于受试者能力水平的估计需要说明两个问题，第一，由于开始时对受试者能力水平一无所知，所以能力的初值必须是设定好的。这个值一般定为受试者群体能力水平的均值，但如果有先验信息或为了限制初始项目的曝光率也可选用其它值。第二，每个项目测定之后都要根据受试者前面所有项目作答情况来对其能力水平进行重新估计，这可以通过最大似然法（Maximum Likelihood Estimate，MLE）或贝叶斯估计法来实现。

受试者对题目的作答形成了一定的对错形式，MLE通过在给定θ的情况下，受试者对每个项目正确作答的可能性相乘来计算累积概率，以此求出受试者最可能的能力水平值。贝叶斯众数估计法与上述方法基本相同，不同之处在于将似然方程多乘了一个θ的先验分布。从本质上说，贝叶斯众数估计法将先验分布也作为一个项目来看待，将其与其它项目反应的可能性相乘得出结果，注意当不用先验资料时，$P(\theta)$对所有θ都有相同的值，贝叶斯众数估计法也就简化成了MLE。而常用的后验期望估计（Expected a posteriori，EAP）是贝叶斯众数估计法的一个常用变体，它将先验分布分成许多积分点而不是将其作为连续分布来进行评估。EAP在数学上要比贝叶斯众数估计法更易于应用。

由于知道先验信息，所以在测题数目相同时，贝叶斯法的标准误要小于MLE。但是如果先验信息较差时，就需要测更多的题目来弥补，而且也会出现能力估计值向均数回归的现象。运用贝叶斯方法，在受试者作完第一题便可对其能力进行估计，而MLE只能在至少有一个正确回答和一个错误回答时才能估计受试者的能力，所以MLE不能在第一个题答完后或受试者全部答对或答错的情况下应用。

（4）终止规则

当受试者完成所有题目或测验时间终止时，纸笔测验也就结束了。对于 CAT，人们提出了许多方法来决定何时终止测验并计算最后的能力估计值。一种方法是"固定长度"，要求所有受试者完成一定数目的项目后结束测验。这种方法虽然使得测验长度一致了，但测验准确度却随受试者能力水平的不同而不同，尤其是对高或低能力水平的受试者，测量准确度最差。相反，"可变长度"方法要求受试者持续作答项目直到达到预设的测量准确度为止，例如信息量的目标水平（或标准误的指标）或后验准确度，这种方法测量的准确度达到了一致，但受试者所做测验的长度却不同。可变长度测验对题库的应用效果最好，因为使测验的长度达到了最小，但伦茨（Lunz）和伯特拉姆（Berstrom）发现向受试者解释测验长度不同会遇到一定的困难。实际上，一些对题目数量有上限和下限规定的测验可以运用可变长度终止规则。

（5）内容均衡性

在纸笔测验中，内容均衡性可根据不同的知识点或测验内容编制适当的题目来实现。由于所有受试者都要完成所有题目，所以所有受试者各个领域的内容都达到了有效考核。

在 CAT 中，内容均衡性方面要考虑的第一个问题是测验编制者所感兴趣的内容领域或项目特性的数量和类型。在 CAT 施测环境中，内容均衡性方面需要考虑用于对项目进行分类和选择的三个非统计学的项目特性——项目本质特点、重复率限制和项目组合限制。项目本质特点是指项目所属的内容领域、项目形式，等等；重复率限制是指项目之间有相似性或由于其它能力的影响而造成暗示等项目组合限制是指某些项目具有相同的刺激或相近的方向，容易造成重复测验等。综合考虑这些因素的影响，可以通过设置控制变量来实现，同时结合上述 CAT 的四个基本组成部分，便可以保证对必要的内容领域达到有效测量。

（6）曝光率控制

由于 CAT 的测验模式是在同一个题库中反复抽取测题组卷进行大规模连续施测，所以容易造成相同条目被反复抽到的现象，在一定程度上影响测验的有效性。如果受试者通过询问其他人提前知道了测题内容，那么他的作答就不再是其真实能力水平的准确反映。鲁埃赫特（Luecht）提出了一种称为"受试者联合协作网"（Examinee Collaboration Networks，ECNs）的威胁，指那些通过共享信息和资源来掌握某个题库相当大部分的题目以人为提高分数的组织。例如，托福（The Test of English as a Foreign Language，TOEFL）等大型考试就曾由于受到组织的威胁而重新采用纸笔测验。

另外，CAT 项目选择策略本身也会造成部分测题的曝光率过高。在最大信息法下，由于条目的信息量与区分度参数的平方成正比，所以一些高区分度的条目几乎对所有受试者施测过，题库中的一小部分就占了实际施测题目的相当大比例。针对这一问题，研究者进行了大量的研究探索，包括设置题目的曝光率参数等，即当某个题目的曝光率达到一定的指标时便暂停该题目的使用，等到测验的大规模实施过程中该题的曝光率低于预定的限制时，再重新启用。也有研究者提出了新的条目抽取方法，在很大程度上平衡了不同区分度条目的曝光率，延长了题库的使用寿命。

（四）CAT 的未来发展

CAT 作为心理测验的突破性进展，改变了测验的形式和得分规则，虽然在发展的过程中也遇到了很多问题，但经过大量实践之后，CAT 也得到了新的发展，比如题组策略，即将一些题匹配成题组，计算机每次抽取的时候不是按照单个试题进行抽组，而是抽取题组进行测验。还有张华华等研究者提出的 α 分层抽题法，即在测验刚开始时利用区分度低的题目先对受试者进行粗略测评，随着测验题目的增加，再采用高区分度的题目进行施测，最后达到精确测评的目的。这些方法都是基于 IRT 模型算法的改进，在一定程度上提高了 CAT 的准确性。

在各种大规模测验的实践检验下，CAT 可以说已经成为一种成熟有效的测验方法。但应用技术的复杂程度需要根据测验所面临的被盗风险而定。如果是决定受试者重大利益的高考，必须采用高度复杂且准确的模型算法才行。如果测验结果与受试者的利益关联不大，则采用简单算法即可。

随着机算力的增加，CAT 未来有可能会进一步优化测验安全性和测验效率，可以通过以下几个方面实现。

第一，在线自动生成题目。这一直是 CAT 研究者探索的方向。从上述介绍中可以看到，目前 CAT 题库的开发是一个非常困难和高投入的过程，如果能让计算机根据规则自动生成高质量的题目，那么测验将变成一件非常简单的事情，而且测验的安全性也会得到突飞猛进的进展。

第二，测验题目的选择规则进一步优化。虽然研究者们提出了很多种测验题目抽取规则，但现有的方法依然存在一些不足，更适用的题目抽组算法还需要进一步研究。

第三，速度类测验的 CAT 化。由于目前的 CAT 是基于 IRT 算法的，有些不适用 IRT 算法的测验就无法进行 CAT 测验，比如速度类测验，即限定时间内尽可能完成题目。对于这类测验的 IRT 评分方法和 CAT 算法在未来也是一个需要研究的方面。

二、CAT在ASVAB的应用

美军对计算机自适应筛选测验（Computerized Adaptive Screening Test，CAST）的研究表明，CAT能明显缩短测验时间。克纳普（Knapp）和普利斯克（Pliske）1986年研究发现，CAST的平均施测时间只有相应纸笔测验的四分之一。除施测时间显著缩短外，CAT还能在测验刚刚完成时就给出一个详尽的能力测验报告等。由于CAT的许多优点，促使军方开展CAST和CAT化武装部队职业能力倾向成套测验（CAT-ASVAB）研究。

军队开展CAT研究的第二个原因是为了更好的测验安全性。纸笔测验因易被偷盗而安全性差、因顾于情面而可靠性差、因考前培训而稳定性差等，因此采用CAT化方式可以有效地降低这些危险。如，CAT-ASVAB在募兵兵站进行时，可通过内存与题库连接，当断开电源时，保存在移动存储器或中央服务器上的题库保持不变，而新选择题库中的题目便不再会呈现。这种方法的安全性显然比由印刷材料构成的试卷试题被偷窃的高。另外，CAT可保证每位受试所接受的都是个性化试题，每人测验的题目是不完全相同的，这样降低了试题的曝光率，也降低了试题泄漏的可能性。

军队采用CAT的第三个原因是，CAT可以减少开发新版本测验所消耗的时间、精力和经费，并可明显提高测验效率。威斯科夫（Wiskoff）和施拉茨（Schratz）1989年指出，对于军队人事部门来说，研发和更新ASVAB是一个长期耗时而且费用昂贵的工作。CAT-ASVAB可以采用在线测试方式，既缩短测验的准备时间，又减少了外界因素对测验的干扰。

军队采用CAT的第四个原因是，CAT能够提高测量的准确性。ASVAB中构成每个分测验的题目是有限的，这些题目对能力在平均水平的受试的预测性最好，而对能力在高端或者低端的受试的测量误差较大。但是，通过CAT策略，可以根据受试能力状况动态选择试题，量身定做试卷，可大大提高两端受试测量的准确性。另外，CAT采取对能力估计误差达到最小程度时结束测验，这样就进一步提高了对能力分布两端受试测验的准确性。

提供测量认知能力的新方式是军队采用CAT的第五个原因。威斯科夫和施拉茨（1989）指出，ASVAB对训练绩效的预测效度已经非常明显。然而，通过CAT化可构建新的能力倾向测验，甚至将一些操作测验添加在检测中，开辟新的认知能力测验，更好地完善军队人员选拔和分类系统。

正是基于以上种种优点，早在20世纪60年代，当CAT技术尚处于探索阶段时，美军海军研究室（Office of Naval Research，ONR）便受国防部委托，开始资助有关 CAT 的研究。20 世纪 80 年代初期，美国国防部成立了由陆军、海军、空军和海军陆战队四个共同组成的联合工作组，着手 ASVAB 的 CAT 化在征兵实践中应用和推广。从 1979 年开始联合攻关到 1993 年 5 月正式决定在全军使用，历时达 14 年 5 个月，是一个相当复杂的系统工程。

研究表明，CAT-ASVAB 与传统的 CTT 相比具有更好的复本信度，见图 4-3；其结构效度与传统 CTT 相一致；在预测效度方面甚至要优于传统的 CTT，见图 4-4。

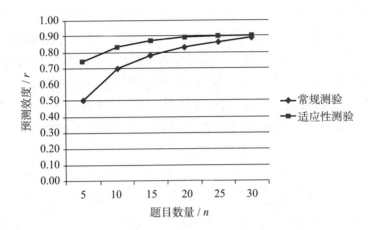

图 4-3　CAT-ASVAB 与传统测验版本复本信度研究

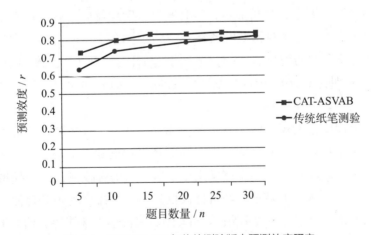

图 4-4　CAT-ASVAB 与传统测验版本预测效度研究

CAT-ASVAB 创造了心理测量历史上多个第一：第一个完全自适应化的多重能力倾向测验；第一个可以呈现图形类测验计算机自适应测验系统；第一次利用网络展开自适应测验；第一次验证了计算机自适应多重能力倾向测验和传统 CTT 具有相同的效力等等。CAT-ASVAB 标志着许多技术上的重大突破。

当然，CAT 测验也有一些缺点，主要表现在：受试者必须按照固定的顺序答题，不能自主调整答题顺序；如果出现误答，不能修正；在给定的时间内只能回答所给的条目，不能弹性利用时间等。

三、CAT在军人心理选拔研究中的应用

（一）基于IRT理论对图形推理测验的参数分析

瑞文测验由于曝光率过高，直接用于正式选拔测试会引起测验不公平的情况。根据瑞文测验编题规则，对题目进行重新编制并建立题库，再依据组卷规则重新组成若干个平行试卷来检验测验的有效性，是该测验能够被再利用的新途径。因此，为保持新测验系统持续有效性，必须对新的测验系统进行CAT化。

全国征兵心理检测技术中心的一项研究，采用华东师范大学李丹等修订的瑞文测验联合型版本，共72道题。受试者为354名15～23岁不同文化男性应征青年，平均年龄为18.05岁。探索性因素分析结果显示：第一因子的特征根为16.539，第二因子为3.145，第一因子的特征根大于第二因子5倍以上，基本满足数据单维性的要求，因此尝试采用三参数逻辑斯蒂模型进行参数估计。结果发现：①采用似然比x^2检验考察数据与模型拟合情况，除6道题拟合不好外，其余题目均适合于三参数逻辑斯蒂模型；②72道题目的区分度均大于0.5，表明各题目均具有一定的鉴别力；③难度参数分析显示，所有题目难度均偏低，表明瑞文测验对正常青年人群过于简单；④信息函数峰值在−2.75的位置上，即−3～−2之间，表明瑞文测验不能提供足够的测量信息；⑤瑞文测验与几何、语文、代数、物理、化学、英语的相关分别为0.619、0.484、0.604、0.561、0.615、0.390，均达到0.01显著相关水平。

在实际应用中也发现，瑞文测验存在如下缺点：①有多题目质量不佳，测验信息函数的峰值约在−2～0之间，表明瑞文测验对正常青年来说过于简单；②由于曝光率过高，因此直接将瑞文测验用于一些正式的选拔测试，会导致文化不公平的情况；③瑞文测验中最难的题目也仅仅只是三个操作规则联合使用，因此从内容上决定了该测验难度系数不高；④瑞文测验仅考察观察能力和抽象推理能力，因此对智力的评价效果有限。

据此，空军军医大学全国征兵心理检测技术中心应用项目反应理论编制了一套图形推理测验，共235题。由于题目较多，采用华东师范大学李丹等修订的瑞文测验联合型版本作为锚题，将题目分成5个分测验，测验1～4由自编题和联合型瑞文测验题目组成，测验5为全套联合型瑞文测验题目，最后都等值到测验5上。

为了保证各测验版本题目难度大体一致，首先将235个自编题目和72个瑞文

测验题目分别初分成低、中、高三个难度水平,由三名心理学工作者完成分类。受试者为初中到大学男性1 733 人,平均年龄18.05 岁。最终测验1~5 所施测的人数分别为:320 人、369 人、340 人、350 人、354 人。施测采用CTT 形式,采用"0""1"记分。采用3 参数Logistic 模型,项目估计包括:数据与模型拟合检验、各题目的参数(难度、区分度、猜测度)、信息函数曲线、受试者能力估计等。

将4 次等值估计所得到的瑞文测验项目参数与其单独估计所得到的项目参数进行相关分析。结果显示如表4-1~表4-3:

表4-1 五组测验难度参数估计值的相关(r)

测验名称	测验1(n=320)	测验2(n=369)	测验3(n=340)	测验4(n=350)
测验2(n=369)	0.969**			
测验3(n=340)	0.974**	0.963**		
测验4(n=350)	0.971**	0.960**	0.967**	
测验5(n=354)	0.980**	0.966**	0.975**	0.987**

注:*$P<0.05$;**$P<0.01$

表4-2 五组测验区分度参数估计值的相关(r)

测验名称	测验1(n=320)	测验2(n=369)	测验3(n=340)	测验4(n=350)
测验2(n=369)	0.925**			
测验3(n=340)	0.940**	0.905**		
测验4(n=350)	0.917**	0.856**	0.882**	
测验5(n=354)	0.941**	0.900**	0.915**	0.910**

注:*$P<0.05$;**$P<0.01$

表4-3 五组测验猜测度参数估计值的相关(r)

测验名称	测验1(n=320)	测验2(n=369)	测验3(n=340)	测验4(n=350)
测验2(n=369)	0.887**			
测验3(n=340)	0.926**	0.852**		
测验4(n=350)	0.894**	0.810**	0.923**	
测验5(n=354)	0.916**	0.834**	0.903**	0.865**

注:*$P<0.05$;**$P<0.01$

以上结果可知,由5 个测验所估计出来的瑞文测验各个题目参数的相关系数都在0.9 左右,表明参数估计基本上在一个量尺上,各个题目的参数可以直接使用。另外,由于瑞文测验的各个题目是根据不同受试者的应答情况评估出来的,因此这个结果也反映了项目反应理论参数估计具有参数不变性的特点。

(二)基于多维项目反应理论的统计计算与决策能力关系研究

决策信息通常包含概率信息,概率信息的处理和加工是决策过程中基本的认知过程。对概率的精确估计是良好决策的重要基础。统计计算能力作为运用概率和统计运算解决问题的能力,是高级判断和决策的最佳预测指标。现有研究对统计计算能力在决策中的认知优势和机制缺乏系统研究。其中一个原因是还未能很好地解决统计计算能力个体差异如何测量及如何准确测量的问题,对非理性行为在决策认知机制中的作用也缺乏系统性研究。为此,全国征兵心理检测技术中心以"基于全息 Bifactor 模型探讨统计计算能力在决策中的认知优势及其机制"为题,首先探讨统计计算能力多维项目反应理论(Multidimensional Item Response Theory,MIRT)测量方法,以此为基础探讨统计计算能力在决策能力中的作用,阐明统计计算能力在决策能力中的核心作用。

该研究首先采用全息 Bifactor 模型探讨统计计算能力的测量。研究沿用韦勒(Weller)等人对统计计算能力定义和测量方法,采用伯林(Berlin)数学能力测验(Berlin Numeracy Test,BNT)和认知反思测验(Cognitive Reflection Test,CRT)为主要测量工具,探讨联合测验的最佳拟合模型。结果发现,单维模型、两维模型和 Bifactor 模型都能基本满足模型拟合要求。综合比较三个模型的拟合指数,Bifactor 模型的拟合指数最好,提示该模型是最优拟合模型。与其他模型相比,Bifactor 模型相对于其他模型的方差最小,同样也提供了全息 Bifactor 模型是最优拟合模型的直接证据(表 4-4)。

表 4-4 BNT 与 CRT 联合测验假设模型比较分析

Models	df	χ^2	CFI	RSMEA	SRMR	$\Delta\chi^2$
单维模型	21	205.23	0.91	0.064	0.044	101.78
两维模型	20	201.31	0.92	0.043	0.021	97.86
Bifactor 模型	11	103.45	0.98	0.021	0.019	–

该研究进一步采用 PLOYBIF 程序提取 CRT 和 BNT 联合的公共因子,进行 IRT 分析。同时,进一步计算测验信息函数,进行信效度分析。研究对 BNT 和 CRT 抽取公共因子,排除了数学测验中运算法则、特定数学情景等无关因素的干扰,考察了统计计算能力的核心特征,探明了统计计算能力 IRT 测量方法。

同时,该研究进一步运用 Bifactor 模型对成人决策能力量表(ADM-C)进行 IRT 分析,发现决策能力测量应是双维的,一是决策能力元认知,另一个是特殊决策技能;同时通过计算决策能力公共因子及各个维度与统计计算能力之间的相关,分析统计计算能力在决策能力中的作用。结果发现,统计计算能力在决策能力公共因子上的相关要显著高于统计计算能力与决策特殊能力之间的相关,说明统计计算能力和决策能力之间的相关更多的是在其核心特征之上,说明统计计算能力是规范决策中的核心因素之一(表 4-5)。

表 4-5　决策能力量表各维度与统计计算能力的相关比较分析（r）

	决策能力公共因子	抵御成本沉没	抵御框架效应	风险感知一致性	运用决策规则
统计计算能力	0.462**	−0.022	0.027	0.354**	−0.039
Z	−	7.936	5.453	1.967	8.163
P	−	0.000	0.000	0.049	0.000

注：*$P<0.05$，**$P<0.01$；表中 Z 和 P 值均为统计计算能力与决策能力公共因子、统计计算能力与决策能力特殊因子的相关系数差异

该研究运用全息 Bifactor 模型进一步证实，高统计计算能力受试者在决策认知过程中有数字信息权重线性加工优势，即核心数字信息把握能力、基础概率信息准确表征能力、统计规则把握能力、自动加工过程的监控能力较好等认知优势；统计计算能力在决策中的认知优势存在以下机制：高一般能力是高统计计算能力和思维特质认知优势的保障条件、高思维特质担当监控分析思维过程、决定是否调用统计计算能力分析加工过程的教练员角色。

（杨业兵　肖　玮　张家喜　张亚娟）

参考文献

[1] Ackerman T A. Unidimensional IRT calibration of compensatory and noncompensatory multidimensional items[J]. Applied Psychological Measurement, 1989, 13: 113-127.

[2] Hambleton R K, Cook L L. Latent trait models and their use in the analysis of educational test data[J]. Journal of Educational Measurement. 1977, 14: 75-96.

[3] Hambleton R K, Swaminathan H, Rogers H J. Fundamentals of item response theory[M]. Newburry Park, CA: SAGE, 1991

[4] Hambleton R K, Swaminathan H. Item response theory: Principles and applications[M]. Boston:MA: Kluwer-Nijhoff, 1985.

[5] Sands W A, Gade P A. An application of computerized adaptive testing in U. S. Army recruiting[J]. Journal of Computer –Based Instruction. 1983, 10:87-89.

[6] Waugh G W, Russell T L. Scoring both judgment and personality in a situational judgment test. In D.J. Knapp（Chair）, Selecting Soldiers for the Future Force: The Army's Select21 Project[C]. Symposium presented at the 2003 International Military Testing Association（IMTA）Conference, Pensacola, FL, 2003

[7] 肖玮, 基于经典测验理论及项目反应理论的征兵用智力测验系统的研制 [D]. 西安：第四军医大学. 2005.

[8] 张家喜, 基于全息 Bifactor 模型探讨统计计算能力在决策中的认知优势及其机制 [D]. 西安：第四军医大学. 2015.

第5章
ASVAB与职业分类系统

美国军事人员分配起源于第一次世界大战时期，当时战地指挥官借助 α、β 测验测评士兵的能力特征，将士兵安排至相对比较擅长的战斗岗位，这是军事岗位分配的雏形。第二次世界大战期间，美军开发了一套多项能力测验以适应军队岗位复杂性和专业化，将士兵分配到合适的工作岗位。此后，在以休伯特·布罗格登（Hubert E.Brogden）为代表的心理学家的协助下，军队士兵选拔、分配和训练工作中逐渐形成分配理论及其统计规则，奠定了美国军事人员分配的基础。追溯美国军事人员分配研究和应用的历史不难发现，能力特征自始至终都是岗位分类和人员分配的基础。自 ASVAB 诞生以来，测验分数就一直作为各军兵种人员岗位分配的主要依据，ASVAB 在美军人力资源管理中的作用可见一斑。本章主要探讨美军如何运用 ASVAB 实现岗位分类与人员分配，同时对我军如何开展军事人员岗位匹配研究提出参考。

一、美国军事人员分配操作程序

美国应征者在通过美军职业资格筛查后，一般会由军队职业咨询师与应征者一起选择其合适的军事岗位和训练的开始日期。军队职业咨询师利用军事分配系统生成的岗位分配清单，与应征者一起确定具体的岗位。美国军事分配系统是一个实时人—岗匹配和训练的预约系统。它的功能就像航空订票系统，为有资格的应征者查明哪个岗位有空缺和什么时候有机会得到这个职位。美国军事人员分配系统由军队人员司令部主管。

美国军事人员岗位分配流程如下。

1. 计算机自动生成岗位分配清单

美军职业咨询师将下述信息输入军事岗位分配系统后，由计算机依据一定的算法，为每一名应征者生成一份岗位分配清单。

（1）新兵9种能力域综合分数，即武装部队资格测验（Armed Forces

Qualification Test，AFQT）分类和教育水平。

（2）进入军事职业岗位（Military Occupational Specialty，MOS）所要求的最低能力域综合分数。

（3）其他 MOS 相关的特别要求或限制（如视力、游泳能力、忠诚性、学校课程要求、岗位性别要求等）。

（4）个人希望开始服役的时间。

（5）现有空缺岗位、重要岗位、难于招募的岗位。

（6）岗位填补比率。

（7）岗位训练要求（MOS 中岗位的重要性、特殊军种优先选拔性、现行的训练机会和年度训练要求）。

（8）岗位训练班次开始时间。

（9）延迟加入现役部队计划（Delayed Entry Program，DEP）中的新兵状态。

（10）胜任能力要求最高岗位中新兵的分布情况（高中毕业，AFQT 分类为Ⅰ~Ⅲ的人员）。

一般说来，岗位分配清单是职业咨询师与应征者协商岗位分配的基础。这份清单包括应征者能胜任的 25 个岗位和每一个岗位所需开始训练的时间。岗位分配清单在排序时是经过考虑的，通常重要岗位和难于招募合适人员的岗位会排序在前边。当然，当应征者对军队岗位比较了解，职业咨询师也可以通过"搜寻模式（look up mode）"直接在军事分配系统上进行岗位预定。

2. 职业咨询师辅助应征者岗位选择

在岗位分配清单的帮助下，职业咨询师主要负责满足关键性军事岗位需要，平衡军队需要和应征者个人愿望。职业咨询师运用自身关于军队的知识、使用军事岗位分配系统的经验以及应征者的信息（如学历和兴趣），指导其开展岗位选择。一般来说，应征者倾向于选择与他们自己兴趣相吻合、能学到通用技能、允许他们参与特别计划（这能给他们带来特别的奖金和福利）的岗位。应征者的要求可能会与部队的分配计划产生矛盾，为此，职业咨询师总是劝说应征者从分配清单的顶端选择岗位，这样一方面能更好地满足部队兵员要求，另一方面也与应征者的能力特征相符合。

3. 岗位数据库反馈与更新

职业咨询师与应征者最终确定相关岗位后，职业咨询师为其预约并引导申请者签署征兵合同，在合同里有岗位分配情况的详细说明。应征者的预约会自动记录在军事岗位分配系统上，而该系统是根据岗位训练机会实时更新的。合同签订后，应征者立即宣誓入伍并且进入延迟加入现役部队计划。在约定的某个特定日期到部队报到并开始训练。最初的新兵训练完成后，进入实际岗位执行任务并在这里继续学习,为部队战备建设做贡献。美军认为,新兵能否在工作岗位上最大程度地发挥其潜能,很大程度上是由个人和工作匹配的有效性所决定的。

二、ASVAB在美军陆军岗位分类中的应用

通过文献综合分析发现,美军陆军现行分配主要程序如图5-1所示。军事岗位能力主要包括文书工作、战斗、电子设备、野战炮兵、日常维护、器械维护等12种能力域。基于能力特征实施的岗位分配都是以这12种能力域为基础的。如图5-1所示,通过对岗位工作分析,可获得每一个岗位的能力域的特征和比重。再通过计算效标关联效度,获得每一个岗位在每一种能力域上的效标分数,同时确定划界分数(cut-off),作为新兵能否分配到某一岗位的最低能力要求。

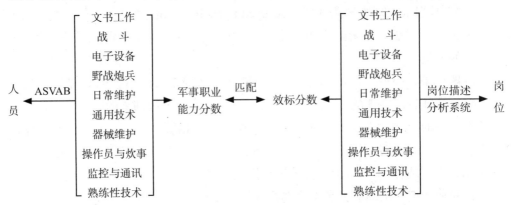

图 5-1　美军陆军简要军事人员分配流程

下面简要分析 ASVAB 在岗位分配中的作用。

1. 量化应征者能力特征

美军研究发现,陆军军事岗位 10 种能力域可以分别通过 ASVAB 不同分量表的组合来测量(见附录1)。每一位应征者在完成 ASVAB 测验后,可以生成两个方面的分数:①武装部队资质测验(The Armed Forces Qualification Test,AFQT)分数,该分数主要考查应征者是否达到了美军最低能力要求标准。AFQT 分数更多反映的是基本认知能力——言语能力和数学能力,主要用于判断应征青年入伍的能力资质,也就是说只有达到了美军各军兵种规定的最低 AFQT 分数才有可能成为美军的一员。②ASVAB 分数可以转化为可评估入伍者专业潜力的分数,主要用于岗位分配。即通过应征者 ASVAB 不同分量表的得分,可以计算其在 10 种能力域上相应的得分,这一分数可以有效预测其在某岗位上是否可以训练为一名合格的士兵。

2. 量化岗位能力特征

美军为每类或每一岗位都设置最低能力要求资格分，又称划界分数（cut-off）——这是岗位申请者在 ASVAB 测验中必须达到的最低分数。最低资格分数是依据能力域分数与培训训练成绩的关系划定的。其中一些特殊岗位还包含一些特殊要求，如有的岗位只能允许男性申请。以下以"63Y 履带式车辆机械"岗位为例进一步说明。在完成工作分析后，即可得到"63Y 履带式车辆机械"岗位在 9 种能力域上的剖面图。通过能力域分数与效标之间的关系得到最低要求标准。需要强调的是，该划界分数的确定同样是基于 ASVAB 各分量表分数确定的。以此类推，就可以得到每一个岗位在每一种能力域上的最低资格分数，从而实现对每一个岗位能力特征的量化指标。如果"63Y 履带式车辆机械"的最低资格分数线为 100 分，应征者只有在 ASVAB 机械维护能力域上得分大于或等于该分数，才有可能被分配到这个岗位上（表 5-1）。

表 5-1 机械维护能力域最低资格分数线

能力域	MOS	能力域最低资格分数线 / 分
机械维护	63Y 履带式车辆机械员 67N 通用直升机修理员 68B 飞行器动力修理员	100
	61B 船舶操纵员 61BM1A 坦克系统机械员	95
	62B 建筑工程设备修理员 63W 轮式车辆修理员	85

3. 依据岗位能力标准分配合适人员

美军 ASVAB 测验的主要功能是测查入伍申请者能力倾向的资质与潜能，作为军方选择、分配入伍者军队岗位的参考和基础。美军认为，可以通过能力域综合分数估计新兵在该岗位上的绩效水平。应征者参加征兵检测站的 ASVAB 测验后，即可得到各个岗位上的能力域综合分数，作为在某岗位上的绩效预测指标。在对岗位进行有效分类的基础上，依据选拔淘劣原则，应征者只有达到某岗位的最低划界分数时才有可能被分配到该岗位上。

三、与ASVAB对应的岗位分配系统

美军征兵选拔和分配是基于 ASVAB 成绩与专业岗位分配系统决定的。目前美陆军采用的岗位分配系统主要包括新兵定额分配系统（Recruit Quota System，REQUEST）和美军应征人员分配系统（Enlisted Personnel Allocation System，

EPAS）。

（一）REQUEST 系统

REQUEST 分配系统体现了军事人员分配早期研究成果，主要是解决如何将具备基本能力要求的军事人员定位于某些具体的岗位上，即将士兵安置到其基本胜任的工作岗位上。该系统程序、原理相对简单，能满足人员分配的基本要求。

REQUEST 主要采用"系列分配策略"进行兵员分配。具体方法是，以申请时间为序，如果应征者达到某岗位最低划界分数线，优先考虑将其分配至部队紧缺岗位和关键岗位，以保证这些岗位的人员需求。以下通过图 5-2 简要说明 REQUEST 的工作原理。P1，P2，P3 是三名应征者，按申请时间排序。MOS-A，MOS-B，MOS-C 为三个军事岗位，按重要程度排序。假设每一个岗位正好需要一个人，具体分配策略如下，为每一名应征者搜寻其能胜任的所有岗位，在所有其能胜任的岗位中，优先分配部队最紧缺和最重要的岗位。如图 5-2，P1 唯一胜任的只有 MOS-A，因而 P1 被分配到 A 岗位；P2 能胜任 MOS-B 和 MOS-C 两个岗位，而 MOS-B 具有更高的优先权，所以 P2 被分配到 B 岗位上；对 P3 来说，只剩下 MOS-C，此时其刚好达到了该岗位的最低能力要求，因而 C 岗位也得到有效的填充。

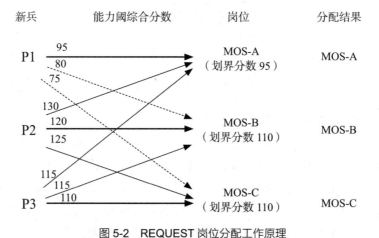

图 5-2 REQUEST 岗位分配工作原理

注：P1-P3 分别代表 3 个待分配新兵；MOS-A、MOS-B、MOS-C 分别代表 3 个空缺职位；箭头上的分数代表该新兵在箭头所指的岗位能力域综合分数；实线表明新兵达到了该岗位的最低能力要求，虚线则表示其未达到，粗线代表新兵分配的岗位；细线代表新兵也能适应但未录取的岗位；虚线代表新兵不适合分配的岗位。

该分配程序分配结果如下：

（1）首先，P1 被分配到 MOS-A，这是最重要的 MOS 岗位也是 P1 唯一有资格胜任的；

（2）然后，P2 能胜任三个 MOS 岗位，但根据分配基本原则，被分配到尚空缺的最高优先权 MOS-B 上；

（3）最后，P3 被分配到 MOS-C，这是剩下的唯一 MOS 岗位，尽管其在 MOS-A 和 MOS-B 上也具有很高的能力域综合分数。

REQUEST 的第一个优点表现为它的实时性。REQUEST 系列分配程序设计输出的是一份实时的 25 个 MOS 岗位及训练开始时间的选择。但是，也正因为实时性的特点，它只能在当前可利用的 MOS 状态下，对应征者进行分配，不能在全部岗位中统筹兼顾所有应征者的特点，因此也就不能利用当年全部应征者能力水平差异或者当年可能的 MOS 岗位空缺及其训练机会。REQUEST 第二个优点表现为广泛性。除能满足岗位最低要求以外，REQUEST 分配程序充分考虑有效管理全军范围内的征兵需求，有助于全年新兵招募和入伍程序的平稳运转。REQUEST 第三个优点体现为分配清单的个体化。其产生的分配清单是个体化的。

（二）EPAS 系统

EPAS 军事人员分配系统体现了现代人—岗匹配理论在军事分配系统中的具体应用，该系统以更优化、高效的方式对人员进行岗位定位，实现了更为精准的人—岗匹配、军事人才资源优化组合、较少投入达到资源效益最大化。

与 REQUEST 不管应征者实际能力的高低、只考虑其是否达到岗位最低能力要求的弱点相比，EPAS 可实现将应征者分配至个人潜能最大的岗位上，同时也可综合考虑征兵和兵员分配的要求，如填补关键性和紧缺性岗位的需要等。为了实现这些功能，EPAS 设计者根据能力域特性将应征人员划分为不同的群体，形成了 3 个大类、15 个次类（职业管理域，CMF）、33 个小类和 276 个具体岗位（表 5-2）。

EPAS 采用最优线性程序方法，在 276 个小类应征群组之间进行优化匹配，依据能力域综合分数为每一位应征者搜寻潜能发挥最大的 MOS 岗位。在人—岗匹配过程中，需要进行两个方面的比较：应征者自身各种能力之间的比较、应征者之间能力的比较。前者目的在于选择适合自身优势的能力域，而后者是在某岗位上对所有应征者的能力域分数进行比较，目的是为某岗位挑选最佳人选。将两种比较的结果与部队相关要求进行整合，最终可生成各应征人员群组的分配清单。该清单上的岗位是以能力域综合分数高低进行排序的，处在分配清单顶部的岗位能力域分数最高，反映某应征者在该岗位上能更好地实现个人潜能。当然，在这一过程中也必须遵循部队分配的基本原则，只有应征者达到 MOS 最低能力域分数要求，这个岗位才有可能出现在分配清单上。

表 5-2　MOS 岗位分类系统

大类名称	次类名称	小类代码	职业岗位数量 / 个
军事作战	军事科学	11，12，13，16，18，19	38
	军事情报技术	33，96，98	20
	航空	67，93	22
	通讯	25，29，31，74	42
	军事警察	95	3
军事保障	导弹维修	23，27	21
	电子维修和校准	35	1
	机械维修	63	24
	行政与会计	71，79	13
	卫生科学	91	26
军事服务	供给与服务	55，76，77，94	16
	运输	88	13
	通用工程	51	14
	通常科学	54，81	7
	艺术与公共事务	46，97	16

以下再以 REQUEST 中所述的例子为例说明 EPAS 的优点。假设图 5-3 所示的是 3 个新兵群组 P1、P2、P3，需要分配至 MOS-A、MOS-B、MOS-C 三个岗位类别上。EPAS 程序会同时对 3 个新兵群组在 3 个岗位上的胜任性进行评价，全面考查岗位的重要性和新兵能力。首先，对 P1 群组各种能力之间进行比较，其优势能力是 MOS-A，这也是其唯一能胜任的岗位，同时综合考虑征兵分配的要求，确保每一个人都适合其岗位，所以将 P1 群组分配至 MOS-A 上。对 P2 各种能力进行比较，其优势能力是 MOS-A 所对应的岗位；但综合考虑 P1 只能分配到 A 岗位的情况，需要重新审视该群次级优势能力与 MOS-B 和 MOS-C 岗位的关系。通过对所有可分配该岗位所有剩余人群的比较，P2 和 P3 群组都可以分配到 MOS-C 上，但 P2 具有更高的能力域综合分数，所以 P2 被分配到 MOS-C 上。

以下是该系统的最终分配结果：

（1）P1 群组被分配到唯一有资格的 MOS-A 上；

（2）P2 群组被分配到次好的 MOS-C 上，因为在 3 个群组中，其在 C 上的得分最高，当考虑全部应征者的能力时，这样会有较好的匹配性；

（3）P3 群组被分配到 MOS-B，将其分配到了 2 个最佳岗位中的一个上。

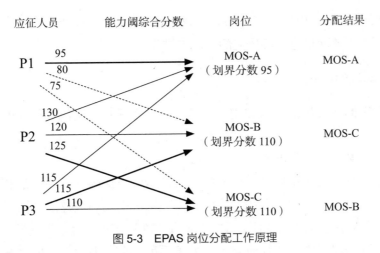

图 5-3　EPAS 岗位分配工作原理

注：P1-P3 分别代表 3 个待分配新兵；MOS-A、MOS-B、MOS-C 分别代表 3 个空缺职位；箭头上的分数代表该新兵在箭头所指的岗位能力域综合分数；实线表明新兵达到了该岗位的最低能力要求，虚线则表示其并未达到，粗线代表新兵分配的岗位；细线代表新兵也能适应但未录取的岗位；虚线代表新兵不适合分配的岗位。

四、我军军人—岗位匹配实现途径与方法

以美军为代表的西方国家在军事人员分配系统方面做了长久的探索，发展了适应于其征兵体系的分配系统，一定程度上可以为我军开展军事人员分配研究提供参考。然而其所采用的人员安置程序，实际上仅是一种适宜性填补策略的分配方式。该策略最严重的问题是，忽视能力以外的其他问题对安置可能产生的影响。对这种策略接受的程度通常依赖于安置程序、训练阶段及其具体的征兵分配体系。然而，对于其他国家来说，这套体系在使用中难免会存在各种问题，一定意义上讲直接借鉴是行不通的，现成模式不可参照。

经过二十年的研究和发展，我军士兵招募选拔形成了独特的征兵体系、招募方式和选拔方法。首先，由于我国征兵采用的是义务兵制，征兵是在现有所有符合条件的应征公民中选拔优秀者进入部队，可选人群体量相对较大。特别是我国持之以恒的爱国主义教育和社会职业岗位的适应性教育，越来越多高学历应征公民选择从军，为我军征兵选优策略提供了有力条件。这就要求我军征兵、招收军校学员、招聘文职人员和招收飞行学员必须走符合我国征集军事人员要求的道路。第二，我军避开外军以能力倾向为主线的征集思路，更加注重人格特质和心理品行在征集工作中的作用。第三，将应征公民学业成绩、学校学习表现作为能力倾向评价的重要参考，减轻了征集站的工作量。第四，我军将进入部队两年义务兵的现实表现作为士官岗位分类重要的手段，大大提高了特殊岗位人—岗匹配的准

确性。当然，与美军相比，我军心理选拔研究工作开展时间相对较短，需要一步一个脚印扎实有效地推进分类研究的发展与进步。

（一）实现的途径

综合美军岗位分配的经验和相关文献资料，实现军事岗位人员匹配需要以下4个方面：

1. 人员与岗位量化分析

无论是军事人员选拔还是岗位分析，对其所属特征的正确评估是实现岗位分配的基础。这就需要采用统一的标准体系，分别对士兵心理特点和岗位特征进行科学量化。在岗位分类选拔方面，虽然目前我军在通讯兵、汽车驾驶员、潜水兵、导弹兵等方面开展了胜任特征研究，但由于兵种不全及采用不同描述方法和检测手段，难以将其纳入统一的征集体系。

在岗位的量化分析方面，职业信息网络（Occupational Information Network，O*NET）工作分析系统成为美军目前采用的主要手段。该系统依据多重描述、共同语言和职业描述的层级分类原则，综合运用问卷法和专家访谈法等技术，全面反映了职业特点及任职者特征，是描述军队岗位特征不可或缺的重要工具，可以用统一方法和标准实现对军队岗位科学描述和量化的目的。世界许多国家或军队也都试图借用O*NET工作系统开发自己的岗位描述方法平台。2009年，也开展了军事岗位职业分析评测系统初步构建研究，是岗位量化和分类方法的积极探索。在军事人员心理特征量化方面，国内也有学者做了相关研究，有较多问卷和成果可以借鉴。有研究发现，ASVAB在中国的应用必须充分考虑岗位特征和军事人员特点在同一尺度上的有效衔接，即军事人员和岗位测量归属于同一量尺的问题。

2. 人员与岗位归类分析

我国人口分布不均且民族众多，又处于战略转型、岗位更替的阶段，因此不可能也没必要建立每一个具体岗位的心理检测方法和标准。以往有些岗位分析研究刚刚制定完标准，该岗位就不存在了，或是其重要性、独特性就下降了。

确定岗位人员分配为基础的归类方法，依据一定的原则对军事人员和岗位进行科学分类，是科学量化研究的基础。各国根据不同的目的确立了职业分类系统。美军采用MOS系统，依据能力相似的原则将岗位分为4个层次、3大类、15个次类、33个小类和细类。我国依据工作性质的同一性原则，将社会职业分为8个大类、66个次类、413个小类和1 838个细类。由此可见，这样的研究体量过于庞大，需耗费较多人力、物力、财力和时间。因此应该确立以岗位分配为目的的职业分类体系，依据一定的原则划分为不同的层次和类别，再依据不同教育程度和能力水平划分不同的子类，依此对应征人员进行有效分类以提高分配系统的效率。

3. 人员与岗位分类标准

确立岗位分配原则，即标准的确立，是实现人—岗匹配达到科学有效分配的准绳。美军采用的是岗位最低分配标准，即某个应征公民的能力达到某岗位的最低资格分数线，就有资格选择这个岗位。这种做法实际上是一种淘劣的办法，能满足岗位基本胜任要求，无法保证人力资源利用最大化。一些重要岗位可能无法分配到高能力士兵，高能力士兵可能也不能被分配至其理想岗位。因此，建立一种最佳匹配模型，既考虑重要岗位的优先安置权，又能兼顾每一个应征公民可被分配到适宜的岗位，是人—岗匹配的终极目标。要做到这一标准，应考虑如下几个方面问题：

（1）确立岗位最低分配标准，避免将不能胜任本岗位的人员分配至该岗位上；

（2）在最低分配标准的基础上确立岗位绩效最大化的原则，确保将最佳胜任特征人员匹配至最佳岗位；

（3）综合平衡兴趣、性格、岗位风格、岗位环境等因素对人—岗匹配的影响和作用，确立岗位性向（Will do）匹配原则；

（4）综合考虑部分征兵分配方面的要求，如岗位能力均衡分布、填补重要的关键岗位、对每个岗位的有效填补等部队考虑较多的因素，将具体要求纳入岗位分配的基本原则中。

4. 人—岗合理匹配方法和模型

在对士兵与岗位进行科学量化及有效分类后，需要基于云计算技术建立数据信息系统，在信息系统内对岗位和人员进行合理调配。众多学者在这方面提出许多人—岗匹配的模型和方法，如EPAS系统采用的最优线性匹配法；孔庆如和李小平以概率分析为基础，提出了基于概率分布特征的岗位配置与调试优化方法；李耘涛等运用360度模糊综合评价模型提出的定量匹配法；罗帆等提出的多指标综合指派模型等，可以作为军队人—岗匹配的参考和借鉴。选择有效的模型和方法开展人—岗匹配，实现军事人员科学分配。

（二）需要研究的内容

1. 岗位描述与分类体系

采用统一的标准语言体系开发的《军事职业岗位分析评测工具》，对军队所有的岗位进行有效的描述，实现如下三个目的：第一是构建中国军事岗位分类词典，作为职业分类的基石，这也是构建士兵职业分类系统的首要工作；第二是抽象能力域编码体系（职业能力分类体系）构建，作为能力域测验系统的基础；第三是编写军事岗位分类词典中有关技能标准体系为基础的岗位说明书，作为军事岗位选择的参考。

2. 职业能力域检测系统

该部分内容主要以实现对士兵特征的科学量化和有效分类为目的，生成有效估计职业成功可能性和区分职业间不同能力要求的职业测验分数，需要开发 4 个技术平台：一是《军事职业能力倾向检测平台》（can do）；二是《职业性向检测平台》（will do），主要包括职业兴趣测验、工作价值观测验、职业意愿测验等；三是《新兵生平资料调查表》，调查应征公民入伍前接受的各类培训、教育情况，了解其职业专长，为将其分配至相关职业领域提供参考意见；四是建立应征公民分类体系，实现科学分类。

3. 绩效评价体系

在中国军事岗位分类词典的基础上，首先需要确定若干岗位绩效指标，包括筛选硬指标和建立软指标评价体系。硬指标通常涉及诸如射击成绩、接线速度等；软指标为绩效考核的他评结果，包括任务绩效和关系绩效。其次需要建立绩效分级体系。

4. 职业胜任力标准体系

根据工作绩效开发职业胜任能力标准体系，明确分配标准。即为每一个岗位确定每一种能力域上的划界分数，作为新兵分配至某一岗位的最低能力要求，依据能力域综合分数和绩效测量的相关、回归关系，确定能力域分数分配的最低标准。

5. 人岗位信息匹配系统

需要开发三个平台：首先是建立岗位需求录入平台，实现岗位各类信息的有效编码，如岗位需求信息、能力域编码、划界分数分值；其次是建立人员检测数据信息平台，实现士兵信息的科学分类和编码，如个人能力域分数、个人特征等；最后是人岗匹配工作平台，该平台应具有输出单人最佳岗位分配清单、入伍岗位确认与反馈信息、数据实时更新等功能。

总之，开展我军军事人员匹配研究是一个综合全面的研究体系，需要在总体上全面精确把握研究步骤与内容；同时，需要认真研究军事人员选拔和安置的特点与规律，回溯我军征兵选拔和安置的特色和背景，探索适应我军特色的军事人员选拔道路。

（三）需要探讨的问题

从现有文献来看，军事人员岗位分配研究还有许多悬而未决的问题值得进一步研究。

1. 淘劣还是选优？

士兵岗位匹配不是淘劣，也不是简单的选优，只有将合适的人员分配到合适的工作岗位，并为其提供合理的教育与训练，这才是士兵岗位匹配的核心要义所在。

如前所述，当前世界军队比较通用的做法是，在满足应征人员安置基本要求的基础上，为每一个岗位设置最低分配标准，达到该岗位最低能力要求的人员即可以分配到该岗位上。这是通常理解意义上的淘劣。这种传统分配方法，避免了对不能胜任岗位能力要求人员的分配，一定意义上满足了岗位人才需求，提高了训练成才率、降低了训练淘汰率、节约了训练成本、减少了非战斗减员，初步实现了岗位分配使组织获益的目标。然而这种淘劣的方式，与实现士兵—岗位匹配以实现人尽其用的根本目标差距甚远，相当一部分能力水平较高人员不能较好地发挥个人潜能，甚至一些具有特殊能力的人员因为不能合理分配到其擅长的岗位上，其才能被埋没。当然，军队真正意义上的选优，只有在适龄青年参军积极性较高，人数远多于征兵需求的时候才有可能实现。

现代管理学理论认为，招聘过程中不能一味地追求完全符合工作要求的人。大量研究表明，如果一个人已经能够100%地完成他应聘的工作，那么他在该职位上也不可能任职太久。一般说来，选择一个能完成80%工作任务的应聘者比较现实，因为这样的雇员往往会在岗位上任职更长时间，也有更高的工作动机和更强的工作动力。可见，现实意义上的士兵岗位匹配，不能简单地理解为淘汰不适于岗位工作的能力素质较低人员，一味地选优也不能满足征兵分配基本要求。在全面分析本岗位能力、技能、工作风格、工作环境与背景的基础上，进一步采用心理测量等方法对应征者的性格、能力和知识背景全面了解和掌握，在人和岗之间实现最优化匹配，不一定为岗位选拔最好的人员，只需要分配最对的人员。

2. 人选岗还是岗选人？

以REQUEST系统为代表的美国等西方国家的军事人员分配系统，在满足最低能力要求的前提下，事先填补关键性紧缺岗位，其本质是为岗位挑选满足其最低能力要求的士兵。而为每一名应征者生成一份岗位分配清单，应征者在职业咨询师的指导下在分配清单内选择其意愿的岗位。这种分配方式貌似考虑了其爱好和个人意愿，事实上也是立足于岗位选择符合其最基本条件的人员。军队需要在多个岗位上同时安置大量不同种类的新兵，同时必须综合平衡部队各种征兵分配要求，这需要在兵员分配时做出一定的协调与妥协，即岗位要求与招募士兵的特质仅有部分是匹配的。然而，如果一味地从岗位的角度去选择人员，其科学性难免被质疑。实际情况是，从人的角度去选择应征者喜欢或者向往的岗位，可以较大程度上满足其兴趣与志向，可以更好地激发其爱军精武的动力。只是新兵没有部队相关工作经验，缺乏有关岗位选择的知识与经验，一定程度上其职业选择具有盲目性。因而需要在全面了解其职业能力倾向、个人兴趣及性格特征的基础上，综合考虑部队需要和个人意愿，不但有利于个人潜能较好地实现，也有利于培养和保留人才。与此同时,将个人发展与部队建设和发展需要有机结合,确保职适其能,人尽其才。

3. 能力匹配还是综合匹配?

现代管理学理论认为:员工与岗位相匹配,蕴涵三重相互对应的关系,一是岗位有特定要求及与之相对应的报酬;二是员工能胜任某一岗位,就应具备相应的才能与动力;三是工作报酬与个人动力相匹配。

美军在能力素质与训练淘汰率之间的关系方面有较好的研究基础,产生了以最低能力要求控制训练淘汰率的办法,并将这种方法运用于岗位分配中,确立了以能力为基础的岗位分配标准和原则。尽管这些标准和原则是建立在科学研究基础之上,也取得了一定的军事效益,然而这些结果与现代管理学的理念和最新研究成果存在一定的差距。研究发现,士兵心理选拔中通过增加气质、心理运动技能、价值观、动机等指标,能更好地提高预测效度。事实上军事绩效是多项指标的综合结果。空军军医大学研究团队通过实证性研究提出的初级军官三维三水平胜任特征心理品质评价模型,更好地诠释了能力、性格和品格对军人选拔的价值和意义。可见,单从能力在士兵与岗位之间寻求匹配难免有些片面,在士兵岗位匹配时除能力外,还需要综合考量兴趣、动机、知识、价值观等,士兵岗位匹配应该是综合全方位的匹配。

4. 人岗匹配还是组织匹配?

人—岗匹配关注人与岗位在知识、技能或能力之间的适应性,强调人和工作的关系。当个人能力、人格与岗位匹配时,会产生较高的工作满意度、工作绩效和较低的离职率,但却忽视了员工之间、员工与组织之间的适应性,一定意义说人—岗匹配是相对静止的,缺乏人与军队组织内部结构的适应关系。

人—组织匹配是指个人的人格、信念、价值观与组织文化、规范及价值理念相容程度,其基本思想是个体特征和组织特征的匹配对个体和组织绩效有着重要的影响。切合近年来组织研究中组织与情境双边互动化的趋势,尤其是军队内部共同行动和集体文化大背景下,客观上要求士兵与组织有更多配合及互动,同时也与组织及其成员灵活应对动态格局的现实要求相符,这在部队各类组织应对复杂多变战争形态和战场动态趋势方面具有广泛的适应性。

现有研究证实,人—组织匹配一方面有利于提高员工满意度、对组织的信任和忠诚度,降低离职率;另一方面可以提高组织吸引力和组织凝聚力,使组织保持一支忠诚、稳定而又灵活的队伍。可见,开展军队人—组织匹配研究可以更好地促进军事人员选拔分配的效益。

成就强军事业,重在人才。一方面需要吸纳优秀人才矢志强军事业,另一方面需要科学规范和系统配套的军事人力资源管理体系,两者互为补充,缺一不可。

美军 ASVAB 测验是军事职业选拔中的经典测验，其在美国军事岗位分类和具体岗位分配中均发挥了不可替代的作用。不管其传统的 REQUEST 分配系统，还是近年来优化开发使用的 EPAS 系统，都体现了美军分配系统中最重要的底层架构。ASVAB 在美军军事职业岗位分配中的具体应用，对我军开展军事职业分类和岗位分配具有参考价值和借鉴意义。虽然我军相关研究起步较晚，但也进行了诸多有益的探索，需要强调的是我军传统分配手段中同样有许多优秀的经验和做法。借鉴 ASVAB 系统在岗位分配中的成功经验，优化我军岗位分配具体做法，形成适合我军军事职业分配信息化系统，对开发军队人力资源管理体系，推动人才发展体制改革和政策创新，形成人才辈出、人尽其才的生动局面，使军事人力资源管理转化为战斗力等均具有无以估量的作用。

（张家喜　苗丹民　孙科伟）

参考文献

[1] Alley W E, Teachout M S. Differential assignment potential in the ASUAB[C]. Paper presented at the 100th Annual Convention of the American Psychological Association, Washington, D.C, 1992.

[2] Deirdre J, Knapp, Tonia S, et al. Validating Future Force Performance Measures (Army Class): End of Training Longitudinal Validation. VA: U.S. Army Research Institute for the Behavioral and Social Sciences, 2009.

[3] Deirdre J. Knapp, Trueman R, et al. Future-Oriented Experimental Army Enlisted Personnel Selection and Classification Project (Select 2l) Summary Report Arlington, VA: U.S. Army Research Institute for the Behavioral and Social Sciences, 2008.

[4] Diaz T, Ingerick M, Lightfoot M A. Evaluation of Alternative Aptitude Area (AA)Composites and Job Families for Army Classification (Study Report 2005-01). Arlington, VA: U.S. Army Research Institute for the Behavioral and Social Sciences, 2005.

[5] Diaz T, Ingerick M, Sticha P. Modeling Army applicant's job choices: The EPAS simulation job choice model (JCM) (Study Note 2007-01). Arlington, VA: U.S. Army Research Institute for the Behavioral and Social Sciences, 2007.

[6] Greenston P M, Mower D, Walker S W. Development of a personal computer-based enlisted personnel allocation system (PC-EPAS) (Study Report 2002-01). Arlington, VA: U.S. Army Research Institute for the Behavioral and Social Sciences, 2001.

[7] Greenston P M, Walker S W, Mower D, et al. Enlisted Personnel Allocation System (EPAS) Functional Description (ARI Draft Study Report). Alexandria, VA: U.S. Army Research Institute for the Behavioral and Social Sciences, 1998.

[8] In B F, Green H W, A. Wigdor. Linking Military Enlistment Standards to Job Performance[M]. Washington, DC: National Research Council, National Academy Press, 2001.

[9] Johnson C D, Zeidner J. The economic benefits of predicting job performance. Vol II: Classification efficiency[M]. New York: Praeger, 1991.

[10] Judge T A, Thoresen C J, Bono J E, et al. The job satisfaction-job performance relationship: A qualitative and quantitative review[J]. Psychological Bulletin, 2001, 127:376-407.

[11] Konieczny F B, Brown G N, Hutton J, et al. Enlisted personnel allocation .system: Final report (Technical Report 902). Alexandria, VA: U.S. Army Research Institute for the Behavioral and Social Sciences, 1990.
[12] Miao Danmin, HuiWang, XufengLiu, et al. Development of Military Psychology in China. Stephen V, Bowles & Paul T, Bartone. Handbook of Military Psychology[M]. Springer, 2017.
[13] Schmitz E Z, Holz B W. Technologies for person-ob matching[M]. New York: Praeger, 1987.
[14] Scholarios D, Johnson C, Zeidner J. Selecting predictors for maximizing the classification efficiency of a battery[J]. Journal of Applied Psychology, 1994, 79: 412-424.
[15] Stephen J K, John D W. The Army Military Occupational Specialty Database[M]. Santa Monica: A RAND NOTE, 2004.
[16] 苗丹民, 肖玮, 刘旭峰, 等. 军人心理选拔 [M]. 北京: 人民军医出版社, 2014.

第6章
数学知识与推理测验

一、概述

数学能力是能力测验中的重要组成部分。在 ASVAB 中,数学能力通过数学知识(Mathematics Knowledge)与数学推理(Arithmetic Reasoning)两个分测验考察,前者更侧重于对一般数学概念的理解和掌握,后者则更侧重于对数学问题的归纳、类比和演绎等。由于两者本质上都是对数学能力的考查,涉及的测验内容具有一定共通性,故安排在同一章节介绍。在本章,将向读者介绍数学能力的心理学理论与相关测验等内容。

(一)基本概念

数学是研究现实中数量关系和空间形式的科学。

数学知识测验主要是考察受试者一般的数学原理及概念,包括算术、代数、几何等知识。例如:如果 $a=-2$,$b=3$,那么 $-ab \times a$ 的结果是多少?

数学推理测验主要是考察受试者在理解已知的数学问题后,运用数学的原理、法则或策略,推理求得数字或符号之间的关系,进而解决数学问题的过程。简而言之,就是使用数学的方法以解决现实生活中的问题。在 ASVAB 中,数学推理涉及对数学概念的理解和把英文转换为数学问题的能力,试题内容涵盖日常生活中的各种问题,比如:地铁每 10 分钟经过 3 站,请问以这样的速度,1 小时可以经过多少站?

(二)考查目的与意义

毕达哥拉斯曾说过:"数学支配着宇宙。"作为一门基础性学科,数学广泛指导着物理、化学、电子等诸多学科的发展,具有举足轻重的地位。在社会层面上,数学是人类社会的重要基础。自有记载的历史以来,数学的发现和创新几乎一直处于每一个文明的前沿,甚至在最原始和最落后的文化中也以某种方式被使用。在个体层面上,数学成就与个人生活的诸多方面表现出了高度相关性,比如学术成就、职业选择、收入能力和整体生活水平等。研究表明,执行功能、工作记忆、空间技能等对于个体的数学能力至关重要。在军事领域中,数学的应用更是从未停歇。数学在军事需求下得到快速发展,同时也推动着战争形态的转变。美国总结海湾战争经验时就提出:"未来的战场是数字化的战争。"因此,数学能力也成为了 ASVAB 的重要考查部分之一。

数学为战场指挥提供了科学化的辅助信息。现代战争需要以概率论、统计学为基础构建作战指挥系统,进行定量分析,为军事决策提供科学依据。诸如战场部队调动、部队后勤保障、情报侦察检测等都离不开数据的运算。1944 年 6 月盟军发起"霸王行动",三百万士兵渡过英吉利海峡前往法国诺曼底。这次登陆行动通过对地形气候、水文天气的科学测量,制定了最佳作战计划,为盟军的成功打下了基础。当前,以数学为基础的人工智能与大数据技术也广泛应用于军事中,成为战场不可或缺的一部分。

数学是高科技武器研发的必备条件。早期战争中,投石车和火炮是重要的远程武器,它们改变了战争近距离肉搏的方式。这些武器设计的原理便是利用了抛物线知识。古希腊数学家阿基米德曾利用凹面镜的聚光作用,把阳光集中照射到敌方战船上致其烧毁。在近代,俄国科学家齐奥尔科夫斯基于 1903 年提出了齐奥尔科夫斯基公式,阐明了发动机喷气速度、火箭质量,以及燃料质量间的关系,才使得人类打开太空之门成为可能。各类洲际导弹的精确制导也是依赖于该公式对弹道的精确计算。

数学在加密与解密方面也发挥着极其重要的作用。密码战在情报收集、工业间谍活动中具有重要意义,对军事决策有着直接影响。各国情报机构组织都在不断发展新的加密方式,并试图破解敌国密码。第二次世界大战期间德国使用了名为 Enigma 的密码系统,这种密码系统无法使用传统方式破解,一度让盟军束手无策。之后英国数学家、计算机之父图灵协助盟军破译了 Enigma,为盟军扭转战争局势,获得最终胜利奠定了重要基础。

(三)数学能力与智力

自 20 世纪以来,数学能力也成为了各国心理学家的研究重点。一般认为,该种能力是一种在数学活动中形成和发展起来的较为稳定的个性心理特征,这种心理特征能够在数学活动中表现和测量出来。目前普遍认为,数学能力是智力的基本成分之一,心理学家们希望通过该种能力揭示人类的智力机制。

人的能力结构是非常复杂的,至今仍没有一个世界公认的能对智力进行全面客观测量的测量方法。斯皮尔曼提出了智力两因素论（Two-factor Theory），该理论认为智力由一般因素（General Factor，G）和特殊因素（Specific Factor，S）构成。其中 G 因素是一种概括化的机能，与各类工作均有关系，所有的智力活动主要依靠 G 因素，而 S 因素是完成某项特定工作有关。例如，数学推理测验由 G+S1 决定，而言语能力测验由 G+S2 决定。瑟斯顿提出了群因素理论（Group-Factor Theory），认为智力由七种基本心理能力构成，分别是：言语理解、语词流畅、数字运算、空间关系、联想记忆、知觉速度、一般推理。其中数字运算是指正确、迅速计算的能力，一般推理是指归纳理解的能力。卡特尔将智力分为流体智力（fluid intelligence）和晶体智力（crystallized intelligence），其中流体智力是学习和解决问题的能力，如对关系的认识、类比、演绎推理能力、形成抽象概念的能力等，它以生理为基础，较少依赖于文化和知识的内容，与年龄有密切的关系，而晶体智力是经过教育培养，社会经历实际而获得的智力，主要取决于后天学习，如词汇识别、言语理解、数学知识等，其在人的一生中一直在发展。一般认为，数学推理能力需要同时用到流体智力和晶体智力。

近年来影响比较大的多因素智力理论是加德纳（Gardner）的多元智力理论（Multipeintelligence Theory），该理论被广泛地应用于教育领域。加德纳认为：智力的内涵是多元的，由 7 种相对独立的智力成分所构成。每种智力都是一个单独的功能系统，这些系统可以相互作用，产生外显的智力行为；每个个体都有多种相互独立的智力，这些智力之间的不同组合表现出个体间的智力差异。这 7 种智力成分包括：言语智力（linguistic intelligence），逻辑—数学智力（logical-mathematical intelligence），空间智力（spatial intelligence），音乐智力（musical intelligence），身体运动智力（bodily-kinesthetic intelligence），社交智力（interpersonal intelligence），自知智力（intrapersonal intelligence）。其中逻辑—数学智力是指运用于逻辑思维和解决数学问题中的智力，包括数学运算与逻辑思考的能力。逻辑—数学智力发达的人，对于抽象的概念非常敏感，擅长推理，思考时注重因果分析。加德纳的多元智力理论将言语智力、逻辑—数学智力和空间智力排在智力因素的前三位。

（四）数学能力相关测验

对数学能力进行测量的代表性测验主要有斯坦福—比奈智力量表（Stanford–Binet Intelligence Scale，SBIC）、韦克斯勒智力量表（Wechsler Intelligence Scale，WISC）、一般能力倾向成套测验（General Aptitude Test Battery，GATB）以及 ASVAB 等。需要说明的是，ASVAB 并不侧重于对智商的考察，而是评估受试者接受培训后从事军队某项岗位的潜力。

比奈智力量表采用复杂任务来测量人类的高级心理过程,并强调在整体上去测量智力。1986年,新修订的斯坦福—比奈量表第四版的理论框架为一个三层次阶梯模型。第一层为一般智力因素。第二层由晶体能力(cystallized abilities)、流体—分析能力(fluid-analytic abilities)及短时记忆(short-term memory)构成。其中晶体能力代表获取与运用语文或数量概念的知识以解决问题的认知技能,受后天的教育影响较大,主要包括语言推理和数量推理两个方面,具体题型有:词汇、理解、谬误、语词关系、算术、数列关系、等式等。流体—分析能力代表需要涉及图形或其他非言语的刺激以解决新问题的认知技能,主要包括抽象/视觉推理因素,具体题型有:图形分析、仿造与仿画、矩阵、折纸和剪纸。短时记忆因素测量主要包括如下题型:珠子记忆、语句记忆、数字记忆、物品记忆等。

韦克斯勒智力量表包含了多种测量不同能力的分测验,韦克斯勒认为智力是个人有目的的行动、理智思考以及有效应对环境的一种综合能力,构成智力的各种能力都有相等的重要性。韦氏成人量表由11个分测验组成,每个分测验测一类能力,包括常识、数字广度、词汇、算术、理解、填图、类同、图片排列、积木图案、物体拼凑和数字符号。其中算术(arithmetic)分测验用来测量受试者的数量概念、计算及推理应用的心算能力。此后,进一步根据分测验材料的性质又将人类认知能力分为言语和操作两大部分,分别组成言语量表和操作量表。这样,韦氏量表可同时提供言语智商、操作智商、总智商以及各分测验的分数,较好地反映了智力的整体和各个侧面。

一般能力倾向成套测验由美国劳工就业保险局1944年编制,目前依然是应用较为广泛的能力倾向测验。它包括15种测验,主要考察言语能力、书写知觉、数理能力、空间判断能力、形状知觉、手指灵活度、手腕灵活度、职能和运动协调9种能力。

(五)数学能力与ASVAB

ASVAB中数学知识分测验和数学推理分测验的实际意义主要体现在两个方面:首先,这两个分测验的分数直接影响着受试者能否应征入伍。前文中介绍的美军武装部队资格测验(Armed Force Qualification Test,AFQT),就是受试者能否入伍的决定性因素,可以理解为最低能力标准。AFQT由四个分测验分数构成,其中两个分测验(数学知识和数学推理)是对于数学的考察。可见,无论从事何种军事职业,数学分数都至关重要。

其次,数学知识分测验和数学推理分测验在诸多岗位分类上具有重要地位。美军将ASVAB各分测验的分数组合为不同的能力阈,并以能力阈分数作为岗位分类的指标,不同岗位对不同能力阈有最低分数限制。数学知识分测验主要包含在：陆军中的文书工作（Clerical，CL）、电子设备（Electronics，EL）、野战炮兵（Field Artillery，FA）、日常维护（General Maintenance，GM）、熟练性技术（Skilled Technical，ST）能力阈；海军陆战队中的器械维护（Mechanical Maintenance，MM）、电子设备（Electronics，EL）能力阈；空军中的电子设备（EL）能力阈。数学推理分测验主要包含在：①陆军中的文书工作（CL）、战斗（Combat，CO）、电子设备（EL）、野战炮兵（FA）、通用技术（General Technical，GT）、监测和通信（Surveillance and Communications，SC）能力阈；②海军陆战队中的电子设备（EL）、通用技术（GT）能力阈；空军中的电子设备（EL）、通用（General，EG）能力阈，详见附录。

二、ASVAB中的考察形式

在ASVAB中，数学知识分测验和数学推理分测验都是围绕数学知识展开的，其中数学知识分测验对于问题的考查更加直接，测试时间更短。

在最新版本的ASVAB测试中，数学知识分测验主要有两种版本。在计算机自适应版本测试中，受试者需在23分钟内完成15个问题；在纸笔版本测试中，受试者需在24分钟内完成25个问题。此外，部分受试者可能会遇到预测试问题（tryout questions）。如果受试者抽到了预测试问题，则需在47分钟内完成30个问题。此分测验题目均为单项选择题，测验过程中提供草稿纸，但不允许使用计算器。部分题目题干包含图片，图片内容主要为平面几何图形或立体几何图形。

在最新版本的ASVAB测试中，数学推理分测验主要有两种版本。在计算机自适应版本测试中，受试者需在55分钟内完成15个问题；在纸笔版本测试中，受试者需在36分钟内完成30个问题。此外，部分受试者可能会遇到预测试问题。如果受试者抽到了预测试问题，则需在113分钟内完成30个问题。此分测验题目均为单项选择题，测验过程中受试者不允许使用计算器。典型的数学推理包括计数、变化率问题、平均数、转换等。

三、ASVAB中的考察内容

数学能力测验的难度相当于美国高中数学水平，其中数学知识主要考查受试者一般的数学原理及概念，包括算术、代数、几何等知识。数学推理分测验主要考查受试者将数学运算应用到实际问题中的能力，因此对于每一道试题，受试者既需要理解题目中包含的数学问题，选择正确的数学公式，也需要掌握基本的数学运算法则，执行数字和符号运算。

下面将介绍ASVAB题目中最常用的知识点，主要包括四个方面：一是基本的数学计算概念，如奇数和偶数、正数和负数、因数和倍数、数字运算顺序、分数、指数和根、阶乘等；二是应用数学中的常见概念，如百分数、比例和比率、平均数和概率等；三是代数知识，如单项式和多项式、因式分解、同类项、方程式、解方程、不等式问题等；四是几何知识，如角、三角形、圆、四边形、立体几何、平面直角坐标系等。

（一）基本数学概念

1. 整数

整数包含正整数、负整数和零，如：–900，–2，0，3，45。

2. 奇数和偶数

奇数是不能被2整除的数，如：–17，–1，3，9；偶数是能被2整除的数，如 –2，–8，0，4，2。奇数和偶数的运算遵循以下法则：

偶数 + 偶数 = 偶数	偶数 – 偶数 = 偶数	偶数 × 偶数 = 偶数
偶数 + 奇数 = 奇数	偶数 – 奇数 = 奇数	偶数 × 奇数 = 偶数
奇数 + 偶数 = 奇数	奇数 – 偶数 = 奇数	奇数 × 偶数 = 偶数
奇数 + 奇数 = 偶数	奇数 – 奇数 = 偶数	奇数 × 奇数 = 奇数

3. 正数和负数

正数是大于0的数，如：$\frac{7}{8}$，1，5，900；负数是小于0的数，如：–64，–40，–11，$-\frac{6}{13}$。正数和负数的四则运算遵循以下规则：

加法：加上一个负数相当于减法运算，如：

$$6+(-4) 即为 6-4，得数是 2$$
$$4+(-6) 即为 4-6，得数是 -2$$

减法：减去一个负数相当于加法运算，如：

$$6-(-4) 即为 6+4，得数是 10$$
$$-6-(-4) 即为 -6+4，得数是 -2$$

乘法、除法：当等式中负数的个数是奇数时，积（商）数是负数。当等式中负数的个数是偶数时，积（商）数是正数。例如：

$$6×(-4)=-24（1个负数→积为负数）$$
$$(-6)×(-4)=24（2个负数→积为正数）$$
$$(-1)×(-6)×(-4)=-24（3个负数→积为负数）$$

同理：

−24÷6=−4（1个负数→商为负数）

−24÷（−4）=6（2个负数→商为正数）

4. 因数和质数

因数：如果整数 a 除以整数 b（$b\neq 0$）的商正好是整数而没有余数，那么可以说 b 是 a 的因数。如：2 和 6 是 12 的因数，3 和 −9 是 −27 的因数。

质数：在大于 1 的自然数中，除了 1 和它本身以外不再有其他因数的自然数，如：2，3，5，7，11，59，83。

合数：在大于 1 的整数中除了能被 1 和本身整除外，还能被其他数（0 除外）整除的数。与之相对的是质数，如：12，24，46，48。

分解质因数：每个合数都可以写成几个质数相乘的形式，把一个合数用质因数相乘的形式表示出来，叫做分解质因数。如将 168 进行质因数分解：

$$168=4\times 42$$
$$=4\times 6\times 7$$
$$=2\times 2\times 2\times 3\times 7$$

最大公约数：几个数所共有的约数中最大的一个，即可以整除这几个数的最大的数，叫做这几个数的最大公约数。如：40 和 140 这两个数的最大公约数为 20。

最小公倍数：两个或多个整数公有的倍数叫做它们的公倍数，其中除 0 以外最小的一个公倍数就叫做这几个整数的最小公倍数。如：20 和 16 的最小公倍数为 80。

5. 运算顺序

数字运算顺序从先到后为：小括号→指数→（从左到右）乘除→从左到右（加减），如：

$$3^3-8\times（4-2）+60\div 4$$
$$=3^3-8\times 2+60\div 4$$
$$=27-8\times 2+60\div 4$$
$$=27-16+15$$
$$=11+15$$
$$=26$$

6. 分数

分数表示一个数是另一个数的几分之几。分数的形式是 $\frac{A}{B}$，A 是分子，B 是分母。假分数是比 1 大或比 −1 小的一种分数形式，可以化成带分数。

假分数：指分子大于或者等于分母的分数，假分数大于 1 或等于 1。如：$\frac{9}{5}$、$\frac{3}{3}$。

与假分数相对的概念是真分数，即分子小于或者等于分母的分数。如：$\frac{1}{2}$、$\frac{2}{3}$。

带分数：是假分数的一种形式，是非零自然数和真分数合成的数。如：$1\frac{1}{5}$，$2\frac{2}{3}$。带分数在进行运算时，可先化成假分数。

分数的运算遵循以下规则：

分数相加：先通分，然后分子相加，如：

$$\frac{1}{4} + \frac{1}{3} = \frac{3}{12} + \frac{4}{12} = \frac{3+4}{12} = \frac{7}{12}$$

分数相减：先通分，然后分子相减，如：

$$\frac{1}{4} - \frac{1}{3} = \frac{3}{12} - \frac{4}{12} = \frac{3-4}{12} = -\frac{1}{12}$$

分数相乘：分子乘分子，分母乘分母，如：

$$\frac{1}{4} \times \frac{1}{3} = \frac{1 \times 1}{4 \times 3} = \frac{1}{12}$$

分数相除：把除以一个分数变成乘以一个分数的倒数，如：

$$\frac{1}{4} \div \frac{1}{3} = \frac{1}{4} \times \frac{3}{1} = \frac{1 \times 3}{4 \times 1} = \frac{3}{4}$$

7. 指数和根

指数是幂运算 a^n（$a \neq 0$）中的一个参数，a 为底数，n 为指数，指数位于底数的右上角，幂运算表示指数个底数相乘。当 n 是一个正整数，a^n 表示 n 个 a 连乘。当 $n=0$ 时，$a^n=1$。如：$4^3=4 \times 4 \times 4$，4 为底数，3 为指数。在 ASVAB 中，指数的考察大多为数字或变量的平方。

平方根：如果一个数的平方等于 a，那么这个数叫做 a 的平方根或二次方根，$\sqrt{\ }$ 表示一个数的正平方根，如：$\sqrt{25}=5$。

完全平方数：如果一个正整数 a 是某一个整数 b 的平方，那么这个正整数 a 叫做完全平方数。0 也可称为完全平方数。如：9，16，25。

无理数：无限不循环小数称为无理数，它们的平方根是无限大的小数，且没有规律。如：π。ASVAB 测验中可能会让受试者估算无理数的平方根。

平方根的运算遵循以下规则：

平方根相加和相减：如果平方根号下的数字相同，则直接加或减根号外的系数，如：

$$2\sqrt{2} + 3\sqrt{2} = 5\sqrt{2}$$

平方根相乘和相除：根号外的系数相乘除，根号里面的数字相乘除，如：

$$\sqrt{x} \cdot \sqrt{y} = \sqrt{xy}$$

$$3\sqrt{2} \times 4\sqrt{5} = 12\sqrt{10}$$

$$\frac{\sqrt{x}}{\sqrt{y}} = \sqrt{\frac{x}{y}}$$

$$12\sqrt{10} \div 3\sqrt{2} = 4\sqrt{5}$$

计算分数的平方根：把分数的分子和分母分别开平方，如：

$$\sqrt{\frac{16}{25}} = \frac{\sqrt{16}}{\sqrt{25}} = \frac{4}{5}$$

8. 阶乘

在 ASVAB 数学部分，偶尔会出现"阶乘"问题。一个正整数的阶乘是所有小于及等于该数的正整数的积，自然数 n 的阶乘写作 $n!$，如：

$$7! = 7 \times 6 \times 5 \times 4 \times 3 \times 2 \times 1 = 5\,040$$

$$6! = 6 \times 5 \times 4 \times 3 \times 2 \times 1 = 720$$

阶乘有助于解决数学中的排列组合问题，如：有 5 位选手进行接力赛跑，请问他们共有多少种完成比赛的方式？（答案：共有 $5! = 5 \times 4 \times 3 \times 2 \times 1 = 120$ 种）

9. 科学记数法

科学记数法是一种记数的方法。把一个数表示成 a 与 10 的 n 次幂相乘的形式（$1 \leqslant |a| < 10$，a 不为分数形式，n 为整数），这种记数法叫做科学记数法。如：$6\,100\,000\,000 = 6.1 \times 10^9$。在 ASVAB 的数学部分可能会有一两道涉及科学记数法的题目。比如将某一数字转换为科学记数法，使用科学记数法进行计算等。

当一个数和 10 的幂相乘时，小数点向右移动，移动的位数即为这个 10 中 0 的个数。如：

$$0.0123 \times 10^4 = 123$$

除以 10 的幂时，小数点向左移动，移动的位数即为这个 10 中 0 的个数。如：

$$43.21 \div 10^3 = 0.04321$$

（二）应用数学中的常见概念

在数学推理分测验中，重点考查受试者解决实际问题的数学能力，经常涉及百分数、比率、平均数、中位数、众数、概率等概念。

1. 百分数

百分数：表示一个数是另一个数的百分之几，通常用"%"（百分号）来表示。在 ASVAB 中的问题中，可能会要求受试者增加或减少一个数的百分数，如：

25 增加 60% 是多少？（答案：25×1.6=40）

原价 125 元的相机现在打折卖 100 元。折后价是原价的百分之几？（答案：$\frac{25}{125}$=20%）

2. 比率和比例

比率是样本（或总体）中各不同类别数据之间的比值，如：一个班有 12 名男生和 21 名女生，那么这个班男女性别比为 $\frac{12}{21}=\frac{4}{7}$。

测验中常见的比率还有：$\frac{距离}{时间}$，$\frac{总量}{时间}$，$\frac{成本}{单价}$ 等，如：

一个女服务员每 5 分钟为 3 名顾客服务，以这个速度，她每小时可以为多少名顾客服务？（答案：$3×\frac{60}{5}$=36人）

比例表示两个相等的比的式子。在数学推理分测验中经常会考查比例尺相关的问题，这是因为几乎每一份军事工作都需要使用到比例尺。比例尺表示图上一条线段的长度与地面相应线段的实际长度之比。考查形式如：如果一幅地图的比例尺是 1 英寸 =250 英里，那么多少英寸代表 1250 英里？（答案：5 英寸）

3. 概率

概率：是指某一事件发生的可能性，取值为 0 到 1 之间。某件事越是可能发生，概率越趋于 1。如：

如果书架上有 12 本书，9 本是神秘故事书，那么抽出神秘故事书的概率是多少？（答案：概率为 $\frac{9}{12}=\frac{3}{4}$）

如果需要计算两件事情发生的概率，则首先要知道第一件事发生的概率，然后乘以第一事件发生时第二事件发生的概率。如：

如果书架上有 12 本书，9 本是神秘故事书，那么首先抽出神秘故事书然后又抽出非神秘故事书的概率是多少？（答案：概率为 $\frac{9}{12}×\frac{12-9}{12-1}=\frac{9}{44}$）

4. 统计学术语

平均数：指在一组数据中所有数据之和再除以这组数据的个数，用以表示一组数据的集中趋势。平均数 = $\frac{数的总和}{数的个数}$，如：

请求出"3，4，8"的平均数。答案：（$\frac{3+4+8}{3}=\frac{15}{3}=5$）

中位数：是指一组数据从小到大排列，位于中间的那个数。如果这组数据有偶数个，通常取最中间的两个数值的平均数作为中位数。如：一组数据"47，56，58，63，100"的中位数是 58。

众数：是指一组数据中出现次数最多的数值，代表数据的一般水平。如：一组数据"1，2，2，3，4"的众数是2。

如果在一组数据有两个或两个以上的数出现次数均为最多，那么这几个数都是这组数据的众数。如："1，2，2，3，3，4，5"的众数是2和3。

（三）代数知识

代数是研究数、数量、关系、结构与代数方程（组）的通用解法及其性质的数学分支。

1. 单项式和多项式

单项式（monomial）：由数和字母的积组成的，没有加号或者减号存在其中的代数式叫做单项式。单独的一个数或一个字母也叫做单项式，分数和字母的积的形式也是单项式。如：$3x$、$2b$、11。

多项式（polynomial）：由若干个单项式相加（若有减法：减一个数等于加上它的相反数）组成的代数式叫做多项式。

代数表达式（algebraic expression）：是用基本的运算符号（包括加、减、乘、除、乘方、开方等）把数、表示数的字母连接起来的式子叫做代数表达式，代数表达式不含等号。如：$3a+2b-8a$。

单项式的乘法：当乘以单项式时，它们的积仍然是单项式，积的系数等于原来两个单项式的系数的积，相同变量的指数相加。如：

$$6a \cdot 4b = (6 \times 4)(a \times b)$$
$$= 24ab$$
$$6a \cdot 4ab = (6 \times 4)(a \times a \times b)$$
$$= (6 \times 4)(a^{1+1} \times b)$$
$$= 24a^2b$$

多项式的乘法：多项式与多项式相乘，先用一个多项式的每一项与另一个多项式的每一项相乘，再把所得的积相加。即$(a+b)(c+d)=a(c+d)+b(c+d)=ac+ad+bc+bd$。如：

$$(y+1)(y+2) = (y \times y)+(y \times 2)+(1 \times y)+(1 \times 2)$$
$$= y^2+2y+y+2$$
$$= y^2+3y+2$$

2. 因式分解

因式分解（factorization）：把一个多项式化为几个最简整式的乘积的形式，这种变形叫做把这个因式分解，也叫做把这个多项式分解因式。如：$x^2-4x-21=(x-7)(x+3)$。

因式分解主要有十字相乘法、待定系数法、提公因式法、轮换对称多项式法、余式定理法等，在此不展开详细介绍。一些较常用到的因式分解公式有：

$$(x+y)(x-y)=x^2-y^2$$
$$(x+y)^2=x^2+2xy+y^2$$
$$(x-y)^2=x^2-2xy+y^2$$

3. 同类项

同类项（like terms）：如果几个单项式，它们所含的字母相同，并且相同字母的指数也分别相同，那么就称这些单项式为同类项，所有常数项都是同类项。如：$4y$ 与 $5y$，$100ab$ 与 $14ab$。

合并同类项（unite like terms）：指在多项式中，将同类项进行合并的过程，是 ASVAB 中常用到的知识点。合并同类项的规则是：同类项的系数相加，所得的结果作为系数，字母和字母的指数不变。如：

$$6a+5a=11a$$
$$8b-2b=6b$$

而"$6a+5a^2$"或者"$3a+2b$"则不能合并。不是同类项不可以进行加减运算，但可以进行乘除运算。

4. 方程式

方程式（equation）：是指含有未知数的等式。是表示两个数学式（如两个数、函数、量、运算）之间相等关系的一种等式，使等式成立的未知数的值称为"解"或"根"。如：$7a+3b=388$。

变量（variable）：是表示数字的字母字符，这些字符在不同的数学问题中代表了不同的数字，故称之为变量。如：在方程式"$7x-10y=27$"中，x 和 y 即为变量。

系数（coefficient）：是指代数式的单项式中的数字因数。通常系数不为 0，应为有理数。如在方程式"$7x-10y=27$"中，7 和 10 即为系数。

常数（constant）：是指代数表达式中只含有数字的项，该项不包含其他变量。如：在代数表达式"$14d+12a+5$"中，5 即为常数。

方程的分类：方程式根据含有未知数数目不同，分为一元方程式（只含有一个未知数）、二元方程式（含有两个未知数）和多元方程式（含有两个以上的未知数）；根据含有未知数幂数不同，分为一次方程（未知数的最高次数为 1）、二次方程（未知数的最高次数为 2），高次方程（未知数的最高次数大于 2）。

5. 解方程

求方程的解的过程称为"解方程"。使方程左右两边相等的未知数的值，叫做方程的解。解方程的依据是等式的性质：等式的两边同时加上或减去同一个数，等式依然成立；等式的两边同时乘或除以同一个不为 0 的数，等式的两边依然成立。

在测验中主要考察的方程类型包括一元一次方程、一元二次方程、二元一次方程等。每种类型的方程都有不同的解法，在此不展开介绍，只做简单举例。

（1）一元一次方程

一元一次方程指只含有一个未知数、未知数的最高次数为1且两边都为整式的方程。一元一次方程只有一个根。其一般形式是：$ax+b=0$。一元一次方程的一般解法为：去分母（方程两边同时乘各分母的最小公倍数）→去括号→移项（把含有未知数的项移到方程的另一边，其余各项移到方程的另一边）→合并同类项→化系数为一（方程两边同时除以未知数的系数）。如：

$$\frac{0.4x+0.9}{0.5}-\frac{0.03+0.02x}{0.03}=\frac{x-5}{2}$$

去分母：$6(4x+9)-10(3+2x)=15(x-5)$

去括号：$24x+54-30-20x=15x-75$

移项：$24x-20x-15x=-75+30-54$

合并同类项：$-11x=-99$

化系数为1：$x=9$

（2）二元一次方程

二元一次方程指一个含有两个未知数，并且未知数的次数都是1的整式方程，其一般形式为$ax+by+c=0$（$a,b\neq0$）。由两个二元一次方程组成的方程组，叫二元一次方程组，也称线性方程组。一个二元一次方程有多组解，而二元一次方程组才可以有唯一解。二元一次方程组常用代入消元法进行求解。代入消元法的核心思想是，将方程中的一个未知数用一个未知数的代数形式表示出来，从而将二元一次方程简化为一元一次方程求解。如：

$$12x-9y=37$$
$$8x+9y=23$$

等量代换：

$$x=\frac{37+9y}{12}$$

代入消元：

$$8\times\frac{37+9y}{12}+9y=23$$

合并同类项：

$$45y=-5$$

求出y：

$$y=-\frac{1}{9}$$

回代求出 x 即可。

（3）一元二次方程

一元二次方程指含有一个未知数，并且未知数的最高次数是 2 的整式方程。一元二次方程的一般形式为 $ax^2+bx+c=0$（$a\neq 0$）。其中 ax^2 为二次项，bx 为一次项，c 作为常数项。一元二次方程的解法有开平方法、因式分解法、求根公式法、配方法等，这里以因式分解法为例。因式分解法的核心是先移项，使方程的一边为 0，再将方程分解为多项式的乘积，此时令每个多项式分别为 0，即可求解。如：

$$x^2-2x=15$$

移项：

$$x^2-2x-15=0$$

因式分解：

$$(x-5)(x+3)=0$$

即 $(x-5)=0$ 或 $(x+3)=0$，因此 $x=5$ 或 $x=-3$。

6. 不等式问题

用符号">""<""≠"表示大小关系的式子，叫做不等式。解决不等式问题的基本思路和上述方程的思路类似，可以把变量放在不等式的一侧，常量放在另一侧，如：

$$4a+6>2a+10$$
$$4a-2a>10-6$$
$$a>2$$

解方程式和不等式之间有一个关键的不同点，当乘除一个负数时，不等式必须改变符号的方向。如：$-5a>10$，简化后为 $a<-2$。

（四）几何知识

几何是数学的一个分支，研究形状、线、点、角及其他此类物体的性质及其之间的关系。

1. 角

角（angle）：是由两条有公共端点的射线组成的几何对象。这两条射线叫做角的边，它们的公共端点叫做角的顶点。角的单位用度（°）、分（′）、秒（″）表示，规定周角的 360 分之一为 1 度的角。角度单位为 60 进制，$1°=60′$，$1′=60″$。

按照角的度数大小，可以将角分为：

锐角（acute angle）：大于 0°，小于 90° 的角。

直角（right angle）：等于 90° 的角。

钝角（obtuse angle）：大于 90° 而小于 180° 的角。

平角（straight angle）：等于180°的角叫做平角，此时可认为是直线。

除此之外，还有一些常见的概念：

余角（complementary angles）：如果两个角之和为90°，则称它们互为余角。

补角（supplementary angles）：如果两角之和为180°，则称它们互为补角。

同位角（corresponding angles）：两条直线被第三条直线所截，如果两个角都在截线的同旁，又分别处在被截的两条直线同侧，具有这样位置关系的一对角叫做同位角。

内错角（alternate interior angle）：两条直线被第三条直线所截，如果两个角都在两条直线的内侧，并且在第三条直线的两侧，那么这样的一对角叫做内错角。

外错角（consecutive interior angles）：两条直线被第三条直线所截，如果两个角都在两条被截线的外侧，并且在截线的两侧，那么这样的一对角叫做外错角。如：

对顶角（vertical angles）：如果一个角的两边分别是另一个角两边的反向延长线，且这两个角有公共顶点，那么称这两个角是对顶角。对顶角的范围介于0度到180°之间，但不包含0°和180°。互为对顶角的两个角相等。

邻补角：两个角有一条公共边，它们的另一条边互为反向延长线，具有这种关系的两个角，互为邻补角。

同旁内角：两个角都在截线的同一侧，且在两条被截线之间，具有这样位置关系的一对角互为同旁内角。

同旁外角：两个角都在截线的同一侧，且在两条被截线之外，具有这样位置关系的一对角互为同旁外角。

2. 三角形

三角形（triangle）：三角形是由三条与三个顶点相交的直边组成的封闭图形。三角形的三个角之和是180°。三角形可以根据边之间的关系，或角之间的关系进行分类。

（1）按边分

等腰三角形（isosceles triangle）：等腰三角形有两条相等的边，两条等边称为腰，另一条边称为底边，两个底角的角度相等。等腰三角形具有一些特殊的性质，例如：等腰三角形顶角平分线、底边的中线、底边上的高重合；等腰三角形两条腰上的中线和高的长度相等，见图6-1。

等边三角形（equilateral triangle）：等边三角形有三条等边，每个角都是60°。等边三角形是一种特殊的等腰三角形，见图6-2。

不等边三角形（scalene triangle）：不等边三角形的三条边均不相等。

（2）按角分

钝角三角形（obtuse triangle）：三角形中存在一个钝角大于90°的三角形。

锐角三角形：三角形中三个内角都小于90°的三角形。

直角三角形（equilateral triangle）：三角形中有一个角为直角的三角形，见图6-3。直角三角形剩下的两个角互补（和为90°）。直角所对的边称为斜边，是直角三角形中最长的边。另外两条边称为直角边。在直角三角形中存在勾股定理（pythagoras theorem），也称毕达哥拉斯定理，即直角三角形两条直角边的平方和等于斜边的平方。

三角形的周长和面积：

三角形的周长等于三条边长度的和。

三角形的面积 = $\frac{1}{2}$ × 底 × 高，高就是顶点到底边的垂直距离。

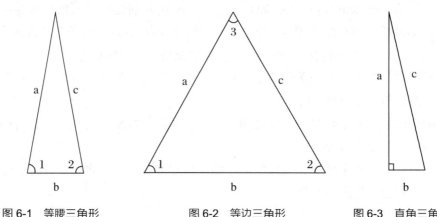

图 6-1　等腰三角形　　　图 6-2　等边三角形　　　图 6-3　直角三角形

3. 圆

圆（circle）：在平面上，在同一平面内到定点的距离等于定长的点所共同构成的图形叫做圆，这一定点称作圆心。圆是一种有无数条对称轴的图形。

半径（radius）：从圆心和圆上的任意一点的连线叫做半径，通常用 r 表示。

直径（diameter）：通过圆心并且两端都在圆上的线段叫做直径，通常用 d 表示。同一个圆的直径是半径（r）长度的两倍。

弦（chord）：是指连接圆上任意两点的线段。圆上最大的弦是圆的直径。

圆周率：圆的周长与直径的比值叫做圆周率，通常用 π 表示。π 是一个无限不循环小数，约等于 3.141 593。

圆的周长：是绕圆心一周的距离，它等于 π 乘以圆的直径或者两倍的半径，即 C=πd=2πr。

圆的面积：等于 π 乘以圆的半径的平方，即 S=πr^2。

4. 四边形

四边形即有四条首尾相接的线段所构成的封闭图形，四边形的角度之和为360°。在四边形中，最常涉及的是平行四边形、矩形、菱形、正方形和梯形等。

（1）平行四边形

平行四边形是两对边相互平行的四边形，见图6-4。平行四边形具有如下性质：对边长度相等；对角度数相同，但不一定为直角；四边形的邻角互补；夹在两条平行线间的平行的高相等。平行四边形的周长公式为：C=2(a+b)，面积公式为：S=a×h，其中a为底边，b为邻边，h为高。

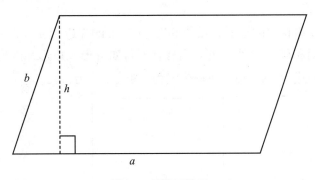

图6-4 平行四边形

（2）矩形

矩形是包含四个直角的平行四边形，也叫长方形，见图6-5。矩形的对边相等，对角线相等。由于矩形是一种特殊的平行四边形，故具有平行四边形的一般性质。矩形的周长公式为：C=2(a+b)，面积公式为：S=a×b，其中a为长，b为宽。

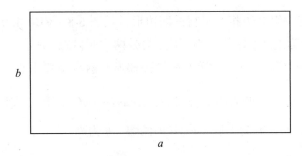

图6-5 矩形

（3）菱形

菱形是有一组邻边相等的平行四边形，即菱形的四条边长都相等，见图6-6。菱形的对角线互相垂直平分且平分每一组对角，是具有2条对称轴的轴对称图形。由于菱形是一种特殊的平行四边形，故具有平行四边形的一般性质。菱形的周长公式为：C=4a，面积公式：S=a×h，其中a为底边，h为高。

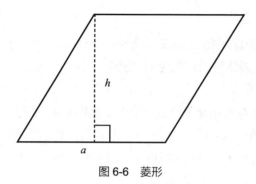

图 6-6　菱形

（4）正方形

正方形是四边相等的矩形，见图 6-7。正方形的邻边相互垂直，对角线相互垂直，具有四条对称轴。此外，正方形具有平行四边形、矩形和菱形的一般特性。正方形的周长公式为：C=4a，面积公式为：S=a^2，a 为边长。

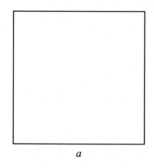

图 6-7　正方形

（5）梯形

梯形是只有一组对边相互平行的四边形，见图 6-8。梯形相互平行的对边叫做底，其中较短的为上底，较长的为下底，另外两边叫做腰，两底之间的垂线叫做高。梯形有两种特殊类型，即直角梯形和等腰梯形，前者是腰垂直于底的梯形，后者是两腰相等的梯形。梯形的周长公式为：C=a+b+c+d，面积公式为：S=$\frac{1}{2}$（a+b）×h，其中 a 为上底，b 为下底，c、d 为两腰，h 为高。

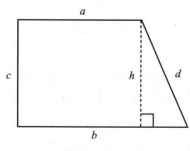

图 6-8　梯形

5. 立体几何

以上讨论的几何概念都存在于平面内，ASVAB 中还可能遇到一些简单的立体几何问题。

棱柱（prism）：是一种常见的三维多面体，其上下底面平行且全等，侧棱平行且相等。棱柱可分为斜棱柱、直棱柱和正棱柱，其中斜棱柱的侧棱与底面不垂直，直棱柱的侧棱与底面垂直，正棱柱的侧棱与底面垂直且底面为正多边形。

长方体（cuboid）：是底面为长方形的直四棱柱，由六个面组成，相对的面面积相等。长方体的每一个矩形都叫做长方体的面，面与面相交的线叫做长方体的棱，三条棱相交的点叫做长方体的顶点。长方体的表面积为（$ab+bc+ca$）×2，体积为 $a×b×c$，其中 a、b、c 分别为长方体的长、宽、高。

正方体（cube）：是六个面都是正方形的长方体，也叫做正六面体。正方体的每个面面积相等，形状完全相同。正方体的表面积为 $6a^2$，体积为 a^3，其中 a 为正方体的棱长。

圆柱（cylinder）：是由两个大小相等、相互平行的圆形以及连接两个底面的一个曲面围成的几何体，圆形是圆柱的底面，曲面是圆柱的侧面，两个底面之间的距离叫做圆柱的高。圆柱的表面积为圆柱的底面积与侧面积之和，为（$2\pi r^2+2\pi hr$），体积为 $\pi r^2 h$，其中 r 为底面半径，h 为高。

球体（spheres）：球体是一个半圆绕直径所在直线旋转一周所成的空间几何体，半圆的圆心称为球心，连接球心和球面上任意一点的线段叫做球的半径。球体有且只有一个连续的曲面，称为球面。球体的表面积为 $4\pi r^2$，体积为 $\frac{4}{3}\pi r^3$，其中 r 为球体的半径。

6. 平面直角坐标系

平面直角坐标系是在平面上由相互垂直且有公共原点的两条数轴（坐标轴）构成。其中，位于水平位置的数轴称作 x 轴或横轴，位于垂直位置的数轴称作 y 轴或纵轴。x 轴与 y 轴的公共原点称为直角坐标系的原点，一般用 O 表示。坐标轴取向右与向上的方向为正方向。平面直角坐标系被 x 轴和 y 轴分为了四个象限，右上方、左上方、左下方、右下方依次为第一象限、第二象限、第三象限、第四象限。

在平面直角坐标系中，任何一点都可以用唯一的坐标（a，b）表示，其中 a 为该点的横坐标，b 为该点的纵坐标。在 x 轴上的点，纵坐标为 0；y 轴上的点，横坐标为 0。

在平面直角坐标系中，直线可以用斜截式方程表示，方程的一般形式为 $y=mx+b$，其中 m 表示直线的斜率，b 表示直线在 y 轴上的截距，x 和 y 表示直线上各点的坐标。当给定一条直线的斜率（或截距）以及直线上的某点坐标时，利用斜截式方程可以计算出该直线的截距（或斜率）。

如：斜率为 4 并经过点（-1，-6）的直线的 y 轴截距是多少？

解：根据方程 $y=mx+b$，令 $x=-1$，$y=-6$，$m=4$，可得 $b=-2$。

四、ASVAB 试题举例

本部分试题来源主要参考《Kaplan ASVAB Premier 2015 With 6 Practice Tests》一书，其中第 1~10 题为数学知识分测验，第 11~20 题为数学推理分测验。

例题：

1. 如果 5 个连续奇数和的平均数为 11，那么最大数是？

    A. 17   B. 15   C. 13   D. 11

正确答案：B

解析：连续数字组合的中间数字等于所有数字和的平均值。所以 5 个连续奇数中，中间或第 3 个数字是 11，第 4 个数字是 13，则第 5 个（即最后一个）是 15。

2. 每份报纸的价格从 5 分涨到 15 分，价格的增长率是多少？

    A. 75%   B. 150%   C. 200%   D. 300%

正确答案：C

解析：增长率 $= \dfrac{\text{改变量}}{\text{初始数据}} \times 100\%$，每份报低价格的增长率为（$\dfrac{15-5}{5} \times 100\%$），即 200%。

3. 如果 $x=\sqrt{3}, y=2, z=\dfrac{1}{2}$，那么 $x^2-5yz+y^2=$？

    A. 1   B. 2   C. 4   D. 7

正确答案：B

解析：

$$x^2-5yz+y^2=(\sqrt{3})^2-5\times 2\times \dfrac{1}{2}+2^2=3-5+4=2$$

4. $\dfrac{15\times 7\times 3}{9\times 5\times 2}=$？

    A. $\dfrac{2}{7}$ B. $3\dfrac{1}{2}$ C. 7   D. $7\dfrac{1}{2}$

正确答案：B

解析：

$$\frac{15\times7\times3}{9\times5\times2}=\frac{5\times3\times7\times3}{3\times3\times5\times2}=\frac{7}{2}=3\frac{1}{2}$$

5. （3d–7）–（5–2d）= ?

   A. d–12　　B. 5d–2　　C. 5d+12　　D. 5d–12

   正确答案：D

   解析：（3d–7）–（5–2d）=3d–7–5+2d=3d+2d–7–5=5d–12。

6. Jim 能以每 5 分钟 1 英里的速度奔跑，Rebecca 能以每 8 分钟 1 英里的速度奔跑。如果他们都从点 A 同时出发以各自的速度同向奔跑，40 分钟后 Jim 领先 Rebecca 多少？

   A. 3 英里　　B. 5 英里　　C. 8 英里　　D. 15 英里

   正确答案：A

   解析：Jim 每 5 分钟跑 1 英里，所以 40 分钟内他可跑 8 英里；Rebecca 每 8 分钟跑 1 英里，所以 40 分钟她可跑 5 英里。因此，如果他们从同一点开始奔跑，40 分钟后 Jim 领先 Rebecca 3 英里。

7. 在 "64，16，4，1……" 排列中，下一个数字是？

   A. $\frac{1}{4}$　　B. 0　　C. $-\frac{1}{4}$　　D. –4

   正确答案：A

   解析：在这组排列中关注两个数字间的关系，64 是 16 的 4 倍，4 是 1 的 4 倍，即排列中每个数字是之前数字的 $\frac{1}{4}$，所以下个数字是 1 的 $\frac{1}{4}$，即 $\frac{1}{4}$。

8. 如果购买某个产品的税是标价的 8%，而税收是 $120，那么标价是多少？

   A. $11.60　　B. $1000　　C. $1160　　D. $1500

   正确答案：D

   解析：标价的 8% 是税，所以如果税是 $120，可设标价为 x，则 0.08x=$120，所以 $x=\frac{\$120}{0.08}=\frac{\$1\,2000}{8}=\$1500$。

9. 如果以下正方形的周长是 36，那么圆的周长是多少？（示意图见图 6-9）

   A. 6π　　B. 9π　　C. 12π　　D. 18π

   正确答案：B

   解析：如果方形的周长是 36，那么每边等于 9，方形的边等于圆的直径，根据圆的周长 C=2πr=πd，所以圆的周长为 9π。

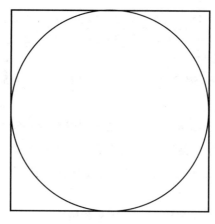

图 6-9　例题 9 示意图

10. 如果 x 是一个整数，那么下列哪项恒定是偶数？

　　A. $2x+1$　　　B. $3x+2$　　　C. $5x+1$　　　D. $6x+4$

　　正确答案：D

　　解析：6 是偶数且偶数乘任何数都是偶数，因此 $6x$ 恒是偶数，所以 $6x+4$ 一定是偶数。

11. Jones 教授买了若干卡通图书，给每个学生分三本书则恰好分完没有剩余，他可能买了多少本书？

　　A. 133　　　B. 143　　　C. 252　　　D. 271

　　正确答案：C

　　解析：Jones 教授买的书可以平均分成三组而没有剩余，那么书的数量一定是 3 的倍数，只有 C 项满足。

12. 两组队员比赛，获胜一方队员可以平均分配一盒糖果。如果甲方获胜每人得到 3 颗糖果，如果乙方获胜每人获得 5 颗糖果，都没有剩余，那么盒子里的糖果数可能是多少？

　　A. 325　　　B. 353　　　C. 425　　　D. 555

　　正确答案：D

　　解析：由题可知，糖果数是三的倍数也是五的倍数，因此只有 D 项符合。

13. Barry 比他的弟弟 Cole 大四岁，Cole 比他的妹妹大四岁，如果他们兄妹三个年龄和为 60，那么 Barry 为多少岁？

　　A. 16　　　B. 20　　　C. 24　　　D. 28

　　正确答案：C

　　解析：假设 Barry 年龄为 x，则 Cole 为 $x-4$，妹妹为 $x-8$，由题可得，$3x-12=60$，因此 $x=24$。

14. Sheila 在一截电线上截取 $\frac{4}{5}$ 得到 60 英尺线，原来的电线有多长？

    A. 48   B. 60   C. 70   D. 75

正确答案：D

解析：电线的长度为 $60 \div \frac{4}{5} = 75$。

15. Susie 和 Dennis 正在训练马拉松。星期一，他们每个人跑了 3.2 英里。星期二，Susie 跑了 $\frac{26}{5}$ 英里，Dennis 跑了 3.6 英里。星期三，Susie 跑了 4.8 英里，Dennis 跑了 $\frac{12}{5}$ 英里。三天跑的总路程，Susie 比 Dennis 多跑多少？

    A. 4.8   B. 4.0   C. 3.2   D. 3.0

正确答案：B

解析：将路程转化为小数计算。星期二，Susie 比 Dennis 多跑 5.2–3.6=1.6 英里。星期三，Susie 比 Dennis 多跑 4.8–2.4=2.4 英里，三天内 Susie 比 Dennis 总共多跑 2.4+1.6=4 英里。

16. 数字 9 899 399 和 2 082 的和是多少？

    A. 9 902 481   B. 9 901 481   C. 9 901 471   D. 9 891 481

正确答案：B

解析：9 899 399+2 082=9 901 481。

17. Zim 买了一个计算器打七折后花费 35 元，那么原价是多少？

    A. 45.50   B. 47.00   C. 50.00   D. 62.50

正确答案：C

解析：设原价是 x，由题可得，$70\% \times x = 35$，得到 $x=50$。

18. 三个彩票得主按 1∶2∶3 比例分 12 000 元钱，那么分钱最多的人得到多少钱？

    A. 2 000   B. 3 000   C. 4 000   D. 6 000

正确答案：D

解析：$12\,000 \times \frac{3}{6} = 6\,000$ 元。

19. 一个抄写员每分钟抄 150 个字，按照这样的速度，花费多久可以抄完 4 500 个字？

    A. 20 分钟   B. 25 分钟   C. 30 分钟   D. 35 分钟

正确答案：C

解析：4 500÷150=30 分钟。

20. 唱诗班五人平均年龄 34 岁，如果其中四人年龄分别是 47 岁、31 岁、27 岁和 36 岁，那么第五个成员年龄是多少？

A. 29　　　　B. 32　　　　C. 34　　　　D. 37

正确答案：A

解析：五人的总年龄为 34×5=170，因此第五人年龄为 170−47−31−27−36=29。

五、数学推理测验的编制研究

（一）基于项目反应理论数学推理测验初步编制

随着计算机技术的普及和项目反应理论（Item Response Theory，IRT）的发展，计算机自适应性测验（Computerized Adaptive Testing，CAT）正日益成为国际上大型测验的主流。由于 CAT 具有节省时间、安全性好和可及时提供受试者成绩等优点，被迅速应用到军事人员的选拔和分类中，以实现大规模测验的要求。应用项目反应理论初步编制应征公民数学推理测验，并确定测验项目的有效性。

1. 项目编制

项目反应理论应用于心理测验，主要目的是采用一批测试项目对所测行为做出明确而严格的定义，即保证这些项目可以充分涵盖所应测量的全部行为。本研究以应征公民为对象，依照 IRT 理论，构建了能够表征其基本数学推理能力的认知结构，并确定了每一个结构所包含的项目个数，确定了所有项目的预估难度。假设预估难度值范围为 1~10，1 为最容易的项目，10 为最难的项目。

（1）项目内容编定。项目编写尽可能涵盖测验内容的全域，如四则混合算式、列算式步骤的增多、题干中有大数（3 位数以上）及小数时，项目难度值在原难度值上随变化的等级逐级递增，每增大一个等级，难度值加 1 个等级（表 6-1）。

表 6-1　项目内容及预估难度值表

项目内容	列算式步骤	预估难度
加减法（大数则难度递增）	二步算式	1
	三步算式	2
	四步算式	3
整数乘除	一步算式	1
	二步算式	3
	三步算式	4
整数四则混合（小数难度递增）	二步算式	4
	三步算式	5

续表

项目内容	列算式步骤	预估难度
整数四则混合（小数难度递增）	四步算式	6
分数/百分数乘除	一步算式	5
分数/百分数四则混合	二步算式	6
	三步算式	7
	四步算式	8
正比例	一步等式	7
正比例四则混合/两步比例		9
反比例	一步等式	9
反比例四则混合/两步比例		10

（2）项目形式。项目形式统一为客观题（单项选择题）。题干由问句组成，选项包含 1 个正确答案及 3 个迷惑选项。以 0 分、1 分记分。

（3）项目样本

1）一列火车每天行 12 小时，每小时 60 公里，以同样的速度行驶了 3 天，这列火车行驶了多少公里？

（A）180　　　（B）720　　　（C）2 160　　　（D）3 260

2）3 个苹果和 4 个梨的价钱相同，3 个梨和 2 个橘子的价钱相同。那么请问多少个苹果可以换来 72 个橘子？

（A）36　　　（B）48　　　（C）64　　　（D）81

（4）答案范围

1）每个项目的答案必须是唯一的；

2）每个项目应当有四个可供选择的答案；

3）迷惑选项的格式、长度应当与正确选项相一致。

（5）编写项目的建议

1）项目的设计应该能够测量规定领域的内容；

2）每个项目的选项数目应该保持一致；

3）题干意义完整，并能表达一个确定的问题；

4）选项的叙述力求简短；

5）所有迷惑选项应该具有与题干叙述相关联的似真性或合理性，以发挥应有的诱答功能；

6）尽量在题干中使用肯定的叙述方式，避免使用否定句的叙述。如果必须使用否定句叙述时，应特别强调否定句的字眼或字词；

7）以随机方式排列及调整正确选项出现的位置和次数。

依据以上要求，初步编制了 200 个项目。考虑到数学推理能力应呈正态分布，编制项目时应具有不同难度等级项目（表6-2）。

表6-2 各预估难度等级所包含的项目个数

预估难度值	项目个数/n
1	13
2	14
3	20
4	33
5	37
6	28
7	25
8	17
9	7
10	6

项目编写完成后，邀请多位专家以及若干位中学数学教师对项目进行初步检查，对有问题的项目作适当修订。研究采用铆测验设计，从编写的200个项目中挑选20个项目作为铆题，其余180个项目按预估难度值分层随机分组，形成A、B、C、D四套试卷，每套各包括65个项目（其中含20个铆题）。铆题设置原则：①据专家建议挑选表述恰当、清楚，刺激情境与受试者日常生活相符且不陌生的项目；②铆题数不少于单套试卷项目数的1/5，或不少于20个；③铆题组的内容结构和难度分布与所有项目组相符，即亦呈钟型分布，中等难度的项目居多；④每套试卷项目均按照由易到难的顺序排列，铆题按照其预估难度值穿插在试卷中，不单独排列。

2. 预测验

对入伍一年内新兵进行了预测验，共收回有效试卷1 047份，每套试卷施测人数均超过250人。经初步分析后，在上述铆题设置原则基础上，重新评估并挑选了质量最优的20个项目作为正式测验的铆题。同时，对部分性能较差的项目作了修改，并重新编制出四套测验。

3. 正式测试

选取入伍一年内新兵，共收回有效试卷3 655份，卷A、卷B、卷C、卷D的施测人数分别为890人、921人、928人、916人。其中男性3 647名，女性8名；年龄16～25岁（平均19.4岁）；汉族3 527名，占总数的96.5%，少数民族128名，占总数的3.5%；学历包括：初中1 309人（35.8%），高中1 535人（42.0%），中专698人（19.1%），大专102人（2.8%），本科及本科以上11人（0.3%）。

采用纸笔测试，由专业心理测量工作人员担任主试，测试前解说测验注意事项。士兵独立完成测验，测试时间为11～134分钟，平均61.8分钟。研究使用 BILOGMG3.0 软件进行项目参数估计、测验等值及项目信息函数的估计，用 SPSS14.0 软件进行因素分析、相关分析等。

单维性假设检验：采用主成分法对数据进行分析，四套测验的 KMO 检验（Kaiser-Meyer-Olkin Measure of Sampling Adequacy）值均接近 1；Bartlett 球形检验 P 值均小于 0.05；第一特征值均超过第二特征值的 3 倍。

采用贝叶斯后验期望估计法进行项目参数估计和模型—资料拟合度检验。以项目 35 为例，图 6-10、图 6-11 为其项目特征曲线和项目信息函数曲线。从图 6-10 中可以看出，项目 35 的区分度参数 a=2.388，难度参数 b=0.562，猜测概率 c=0.226；从图 6-11 中可知，当受试者能力 θ=0.7 时，项目 35 所提供的信息量最大，为 0.923。

根据各项目的模型—资料拟合度检验结果分析，共删除了 5 个项目。根据等值后的各项目参数的估计值，删除猜测概率 $c > 0.25$、区分度参数 $a < 0.5$ 或 $a > 3$ 的项目，结果删除 61 个项目，保留 134 个。

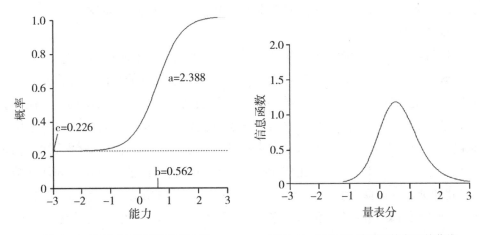

图 6-10 项目 35 的项目特征曲线　　图 6-11 项目 35 的项目信息函数曲线

根据 134 个项目的特征曲线，可以看出部分项目拐点偏左（如项目 1 到项目 8），即此类项目难度偏小；拐点处切线斜率较小的项目则对受试者能力的区分度较小；在拐点处所对应受试者的能力水平，项目所能提供的信息量最多。最终，挑选与受试者能力水平或所要测查目标需要的能力水平难度相一致的项目，确保测验可以提供尽可能大的信息量，达到精确测量或准确预测受试者能力的目的。

4. 研究讨论

根据本研究结果可知：①比较四套测验的相关系数值与偏相关系数值，其 KMO 检验值均接近 1，说明样本量（受试者）采集充足，可以接受因素分析的结果；②对四套测验的相关系数矩阵进行 Bartlett 球形检验，其 P 值均小于 0.01，即相关矩阵不是一个单位矩阵，适宜使用因子分析模型；③四套测验的第一特征值均超过第二特征值的3倍。

IRT 的核心就是建立数学模型和对模型中各个参数进行估计。项目反应理论的数学模型是一个宽阔的构架，可以统称为项目特征曲线模型，在操作上可做不同形式的具体化，选择多种多样的数学形式。但当前最为人们关注，或者技术上较成熟的，还是单维、非线性、二级反应模型（unidimensional, nonlinear, dichotomous response models），主要包括单参数（1PL）、双参数（2PL）和三参数 Logistic 模型（1 PL, 2 PL, 3 PL）。Popham 等人经过实证研究发现，数学测验能更好地拟合 3 PL，使测量误差更小。根据前人的研究，依据项目难度、区分度，排除受试者猜题及记分形式等，研究者采用了 3 PL 来拟合数学推理测验。

（二）基于项目反应理论士兵数学推理能力正式测验编制

该研究部分的目的是编制应征青年数学推理能力测验，应用项目反应理论对各测验项目进行分析，建立数学推理能力检测题库，以测查应征青年数学推理能力。研究步骤主要可分为项目编制、预测验、正式施测和讨论四个部分。

1. 项目编制

项目编制主要包括确定项目内容、编制项目说明书、形成预测试卷。

本研究通过文献回顾、专家咨询、参阅大量数学推理能力测验等，假设应征青年对数学的认知经历了从加法结构到整数乘法结构、分数乘法结构、正比例概念初步建构、正反比例概念初步整合、正反比例概念高水平整合，这样一个由低级到高级、由简单到复杂、由单维到多维的层次阶段，并且高级数学认知结构是在低级数学认知结构的基础上建构而来，原有的认知结构被整合在新的认知结构中，因此四则混合运算、列式步骤增加、多位数及非整数的出现，均会增加项目难度。由于应征入伍青年实际的文化水平多以中学为主，因此应主要关注中学阶段数学认知的内容。研究者依照上述的理论假设概括出能够表征应征公民数学推理能力的认知结构样组，确定了测验的项目内容（表6-3）。所有项目采用单选题形式，选项包含1个正确选项及3个迷惑选项，以1、0分记分。

表6-3 项目内容及列式步骤对照表

认知结构	项目内容	列式步骤
加法结构	加减法（大数则难度递增）	二步算式
		三步算式
		四步算式
整数乘法结构	整数乘除	一步算式
		二步算式
		三步算式
	整数四则混合（小数难度递增）	二步算式

续表

认知结构	项目内容	列式步骤
整数乘法结构	整数四则混合（小数难度递增）	三步算式
		四步算式
分数乘法结构	分数/百分数乘除	一步算式
	分数/百分数四则混合	二步算式
		三步算式
		四步算式
正比例概念初步建构	正比例	一步等式
	正比例四则混合/两步比例	
正反比例概念初步整合	反比例	一步等式
正反比例概念高水平整合	反比例四则混合/两步比例	

编写有代表性项目的方法之一，是先针对所要测量的心理特质编写项目说明书。根据鲍勃海姆提出的项目说明书制定原则，结合本研究测量目的、对象、项目要求等，编写了本研究的项目说明书。

（1）命题目的

数学推理能力，尤其是归纳推理能力，是多种岗位所需要的基本能力特征之一。而演绎推理能力及类比推理能力对于某些岗位来说具有较重要的意义。为了有效测查应征青年的数学推理能力，选拔具有基本推理能力的个体，并为以后合理分配兵员提供参考，本研究通过试题编写，拟构建系统、完整的数学推理题库，并实现计算机自适应测验，为其应用于全国征兵心理检测的实践而服务。

（2）项目编写原则

有效性。测验题必须有效反映测验目的和测验内容方。测验题反映测验内容越好，其有效性越高（同时也要看是否体现命题原则）。

时间性。所有题目均为心算，而且每道题完成时间应不超过3分钟为宜。因此，命题应综合考虑题目的表述方式、计算过程、受试者知识经验等，合理控制各种因素，避免出现由于作答时间不足而导致的错误作答。

简明性。文字表述简明、易懂，选用常用词，不用生造词，多用简单陈述句，少用多重复式句，特别注意尽量避免使用否定句。

准确性。表述准确，用词恰当，概念、原理引用正确，不能含糊或有误，图表清晰、计算条件充分，包括标点符号、字母的正体、斜体使用等。

独立性。不出现相同或近似的试题，各题彼此独立，不能有相互启发的现象，试题之间互不提示答案。

科学性。这是必须重点审查的内容，如答案是否科学、合理，是否有争议，避免由于对题意理解不同而造成的多答案或无答案现象。

形式多样性。命题所涉及的问题应尽量多元化，应是日常生产生活中经常碰到的问题，如：行程问题、工程问题、比例问题、概率事件、利润问题、效率问题、年龄问题、基础几何问题等，可涉及工业、农业、服务业等领域。

（3）项目内容

项目编写尽可能地涵盖全域。四则混合算式、列算式的步骤增多、题干中含多位数及小数时，项目难度值在原难度值上等级逐级递增（表6-3）。

（4）项目难度

考虑到人的能力分布总体呈正态分布，因此项目编写以中等难度为主，易—中—难各部分试题总量应呈倒U型，参考项目内容及算式形式对照表，两端的项目形式应尽量少，以不超过总项目数的30%为宜，中间部分项目形式应居多。

（5）项目样式

一步运算：

①一根电线平均截成三段，每段长32.87米，请问这根电线截断之前长多少米？

A. 96.41　　　　B. 96.61　　　　C. 98.41　　　　D. 98.61

②一头牛每天需要喂3.5千克饲料，请问630千克饲料可以喂养一头牛多少天？

A. 160　　　　B. 172　　　　C. 180　　　　D. 192

二步运算：

③商店进了8筐苹果，每筐30千克，4天全部卖完，请问平均每天卖出了多少千克？

A. 50　　　　B. 60　　　　C. 70　　　　D. 80

④小王和小李都是集邮爱好者，小王收集了5张纪念邮票和25张普通邮票，他送给了小李2张纪念邮票。请问小王现在共有多少张邮票？

A. 26　　　　B. 28　　　　C. 30　　　　D. 32

三步运算：

⑤为了促销，某商品价格比刚上市时降低了20%，如果再涨回到原价出售，请问需要上涨的百分比是多少？

A. 15%　　　　B. 20%　　　　C. 25%　　　　D. 40%

⑥6台织布机3小时织布144米，请问7台织布机5小时能织布多少米？

A. 40　　　　B. 56　　　　C. 280　　　　D. 300

据此，初步编制900个测验项目。项目编写完成后，邀请多位心理测量学专家，以及中学数学教学名师对项目进行初步检查，对有问题的项目作适当的修订，保留857个性能相对良好的测验项目，按照每套试卷的项目难易构成，初步形成20套预测试卷。本研究采用铆测验设计的方法，铆题设置原则如下：①项目表述恰当、清楚，刺激情景与受试者日常生活相符；②锚题个数应达到每套试卷项目数的20%；③锚题组的内容结构和难度分布与所有项目组相符——中等难度项目居多；④按照预估难度值，将锚题由易到难穿插在每套试卷中。

2. 预测验

对某部入伍一年内新兵2 033人进行了预测，共收回有效试卷1 962份，每套试卷施测人数均超过100人。经初步项目分析后，删除结果不好的题目（包括：答案不唯一、题目过长、意义重复等题目），同时对部分性能较差的项目作了修改，最终保留803个项目，并重新修订了32套测验。在上述锚题设置原则的基础上，重新评估并挑选了256个质量最优的项目作为正式测验的锚题。

3. 正式施测

在正式施测中，本研究抽取某部入伍3个月内新兵。共回收有效试卷6 109份，其中男性6 072名，女性37名；年龄17～24岁（平均19.5岁）；汉族5 912名，占总数的96.8%，少数民族197名，占总数的3.2%。在组卷类型上，采用链锚和中心锚题相结合的方式组卷，以实现IRT背景下的等值设计。测验共包括32套试卷、16套锚题试卷。32套试卷共803个题目，每套锚题试卷共有24个题目，分别来自三套不同的测验，每套试卷抽取8题。数据分析主要围绕单维性检验、测验信息函数、等值后项目参数估计三个方面展开。

单维性检验：利用SPSS17.0的因素分析方法对32套试卷进行主成分分析，第一特征根基本上超过第二特征根3倍以上，从各试卷的因子分析结果碎石图可以清晰地看到，第一因子拐点处明显，可以认为数据符合单维性要求（图6-12、图6-13）。

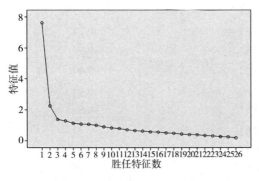
图6-12　卷1因子分析碎石图

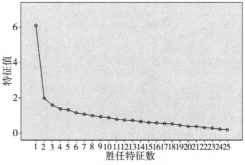
图6-13　卷2因子分析碎石图

测验信息函数：测验信息函数是组成测验的一系列项目信息函数的总和。项目所提供的信息量是它所测受试者能力水平的函数，因此，测验信息函数是针对具体的能力水平来说的。同时随着受试者能力水平的不同而变化，测验信息函数的取值还受到项目自身特点的影响。当区分度a越大，项目特征曲线越陡，项目提供的信息越多；当难度值 b 适中时，项目特征曲线落在正常区间，项目能提供的信息也越多。测验信息量就是组成测验的各项目所提供的信息量的总和，本研究采用双参数逻辑斯蒂模型拟合（图 6-14、图 6-15）。

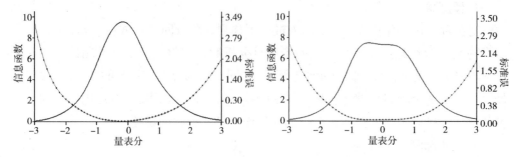

图 6-14　卷 1 测验信息函数　　　　　图 6-15　卷 2 测验信息函数

从以上结果可以看出，测验信息函数随着能力值的不同而发生变化，对于能力和测验难度相匹配的受试者，测验提供的信息量最大，测验误差也最小；每套试卷都有最大信息量，最大信息量是判断测验质量好坏的指标。下表是各试卷的最大信息函数均值及所对应的能力均值，如表 6-4 所示，所有试卷的最大信息函数值介于 6.04 ～ 15.80 之间，对应的能力区间介于 –0.50 ～ 0.60 之间，最大信息量对应的能力值基本上都位于 –0.50 ～ 0.50 之间。

表 6-4　32 套试卷测验信息函数峰值分布

试卷编号	最大信息函数均值	对应能力均值
卷 1	9.38	–0.20
卷 2	7.37	–0.40
卷 3	11.04	0.50
卷 4	11.37	0.10
卷 5	9.30	–0.30
卷 6	8.32	–0.40
卷 7	15.80	0.10
卷 8	7.11	–0.50
卷 9	8.63	–0.20
卷 10	9.83	0.10
卷 11	6.55	0.40
卷 12	6.45	–0.20
卷 13	6.04	–0.20
卷 14	7.93	0.10
卷 15	9.98	0.30
卷 16	11.51	0.10

续表

试卷编号	最大信息函数均值	对应能力均值
卷 17	10.72	0.00
卷 18	10.21	0.40
卷 19	6.82	0.00
卷 20	10.47	−0.30
卷 21	13.42	−0.10
卷 22	8.18	−0.40
卷 23	9.60	0.40
卷 24	6.37	0.50
卷 25	13.66	0.30
卷 26	9.00	−0.10
卷 27	9.04	0.50
卷 28	8.47	0.30
卷 29	9.84	0.20
卷 30	6.86	0.60
卷 31	9.24	0.20
卷 32	9.63	−0.30

等值后项目参数估计：本研究采用非等组铆测验设计，铆题连接不同测验或受试者群体，通过换算，将铆题在测验 A 中估得的参数与在测验 B 中估得的参数建立线性方程，并以此为桥梁连接不同的试卷。研究使用 BILOGMG 3.0 软件"项目特征曲线等值法"进行 32 套试卷共 803 个项目的项目参数等值转换。其中 9 个项目的测验信息函数估不出来，分别做其与所在试卷的二列相关发现，二列相关系数均小于 −0.15，因此予以删除。此外，区分度 $a < 0.5$ 或 $a > 3$ 的项目共 18 个，$b < -3$ 或 $b > 3$ 的项目共 20 个，同时满足 $a < 0.5$ 且 $b > 3$，均予以删除。1~120 项目的等值后项目参数估计值见表 6-5。

表 6-5　32 套试卷等值后项目参数估计

项目编号	a	b	项目编号	a	b	项目编号	a	b
1	1.808	−1.902	41	1.253	−2.945	81	1.278	−2.899
2	1.281	−1.150	42	1.133	−1.423	82	1.004	−0.889
3	1.714	−0.995	43△	0.974	−3.038	83	1.942	−2.390
4	1.407	−0.343	44	1.940	−1.310	84	2.203	−1.139
5	1.325	−1.114	45	1.077	−1.947	85	1.283	−2.173
6	1.617	−0.340	46	0.982	−1.340	86	1.338	−0.710
7	1.333	0.272	47	1.244	−1.251	87△	1.234	−3.207
8	1.041	−3.600	48	0.682	−2.543	88	0.657	−2.857
9	1.556	−2.190	49	1.710	−1.328	89	1.296	−1.151

续表

项目编号	a	b	项目编号	a	b	项目编号	a	b
10	1.962	−2.014	50	1.733	−1.027	90	1.353	−0.969
11	1.038	−0.243	51	1.418	−1.211	91	0.888	−2.725
12	0.919	−0.234	52	1.122	−1.329	92	0.886	−2.000
13	1.512	−0.930	53	2.193	−1.097	93	1.135	−1.174
14	1.273	−1.369	54	1.833	−1.293	94*	0.461	−0.454
15	1.990	−1.461	55	1.309	−1.921	95	1.014	−2.487
16	0.827	−0.105	56△	0.797	−3.237	96	1.138	−2.066
17	1.372	−1.872	57	1.562	−0.889	97	0.841	−2.358
18	1.287	−0.470	58	1.291	−1.525	98	1.454	−1.169
19	1.714	−1.657	59	1.529	−1.030	99	1.226	0.479
20	1.761	−0.987	60△	0.862	−3.527	100	1.062	−1.770
21△	1.437	−3.115	61	2.062	−1.947	101	2.214	−1.826
22	1.722	−2.014	62	1.463	−2.502	102	1.228	−0.404
23	1.490	−1.430	63	1.047	−1.658	103	0.924	−2.167
24	1.569	−1.862	64	1.332	−1.329	104	1.022	−0.809
25	0.919	−1.703	65	1.314	−1.807	105	0.972	−1.690
26*	0.446	0.911	66	0.718	−1.631	106	0.811	−0.718
27	0.991	−0.921	67	1.674	−0.864	107	1.172	−2.211
28	1.437	−1.499	68	1.650	−0.705	108	1.676	−1.898
29	1.578	0.542	69	1.448	−2.614	109△	0.827	−4.039
30	0.824	−1.472	70	1.937	−0.352	110	1.025	−2.624
31	1.337	−0.871	71	1.069	−2.699	111	1.553	−2.600
32	1.234	−0.228	72	1.065	−2.850	112	0.887	−2.209
33	1.539	−0.941	73	1.019	−0.542	113	1.234	−1.081
34	1.463	0.015	74	2.606	−1.340	114	0.875	−0.289
35	1.500	−0.236	75	0.665	0.631	115	1.150	−0.514
36	0.709	−1.590	76	1.132	0.113	116	1.131	−1.679
37	1.027	−2.882	77	1.712	−0.103	117	1.482	0.065
38△	1.137	−3.159	78	1.097	−0.631	118	1.704	−1.044
39	1.877	−2.133	79	1.680	−1.330	119	1.313	−2.734
40	0.966	−0.849	80	1.836	−0.703	120	1.277	−1.761

注：*表示区分度参数a<0.5或a>0.3的项目；△表示难度参数b<−3或b<3的项目

根据 IRT 挑选项目的基本原则，从等值后的 803 个项目中删除 46 个项目，共保留 757 个性能良好的项目，用于建设题库。绘制项目特征曲线图，由图可见，保留的 757 个项目 S 型曲线完整，拐点明显，难度适中，符合组建大型题库对项目特征的要求。第 1 ~ 100 项目的项目特征曲线图见图 6-16。

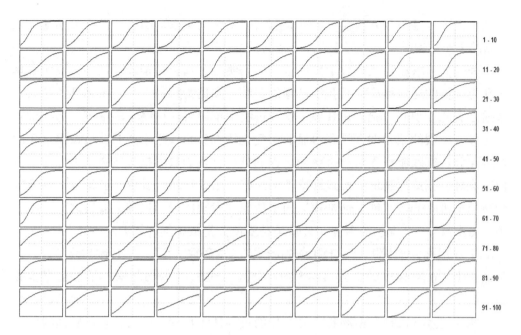

图 6-16 项目 1-100 的 ICC

4. 研究讨论

本研究综合运用文献回顾、专家访谈等方法，提出成人数学认知水平的理论假设，并编写项目说明书，根据项目说明书要求组织编写了 803 个数学推理测验项目，并根据难度和题目类型平均分为 32 套试题，施测后的资料分析显示：32 套试题均符合单维性要求，拟合双参数逻辑斯蒂模型，测验等值后删除模型拟合不良项目和项目参数 a 值、b 值不符合要求的项目，最终保留 757 个项目，用于建设题库。

在模型选择上，IRT 有很多种模型，每种模型都有自己的特点，适合于不同条件下使用。选择合适的模型进行参数估计是题库建设的重要环节。通常人们把 IRT 模型分为单维和多维模型，线性和非线性模型，二级、多级与连续反应模型等几种类型。但当前使用最多的还是双参数和三参数逻辑斯蒂模型（2 PL、3 PL）。

3PL 与 2PL 的区别在于多了一个参数 c，参数 c 是低尾端渐近线在纵轴上截得的高度，代表了低能力受试者在项目上的答对概率，被称为猜测参数，也叫伪机遇水平参数。洛德经研究发现，c 的值常小于随机猜测作答理论值，如"四择一"的选择题理论值应为 0.25。这是因为，项目编写者常设置一些极有迷惑性的错误选项，低能力者常被这些错误选项所吸引，所以不再随机猜测。c 是曲线下尾渐近线在纵轴上截得的高度，而曲线上尾渐近线最大高度为 1，因此，整个曲线应处在 c 和 1 之间。这样，若 c 过大，c 和 1 之间的距离就变小，曲线趋向平缓，斜率减小，区分度参数 a 值变小。即 a 和 c 呈反比例关系，因此 a 值的大小就反映了 c 的大小情况。

著名数学家波利亚将数学推理概括为证明推理与合情推理。其中，证明推理表现为严格的逻辑形式；而合情推理以归纳、类比为特征，带有猜测性，是人们根据已有的知识和经验，在某种情境和过程中推出可能性结论的推理，与推理者本人具有更大的亲和性，具有明显的个性化特点。心理学家斯滕伯格根据多年的教学经验、实践调查和对学生认知过程的分析，认为数学推理的3个方面——分析性推理、创造性推理和实践性推理同时起着重要作用。其中，分析性推理倾向于演绎式逻辑分析，创造性推理倾向于猜想与发现的活动过程。换言之，数学推理能力本身包含了猜测，甚至可以认为猜测能力是数学推理能力的一种。

从研究的实际出发，结合相关理论研究，本研究选用了 2 PL 做实验处理，结果也证明，在用 BILOG 3.0 软件处理数据时，3 PL 不能收敛数据，而 2 PL 数据收敛结果良好，证明 2 PL 更适合本文研究。

项目信息函数是考察测验项目质量的重要技术指标。项目信息函数曲线的形状一般呈钟形，当受试者水平 θ 与项目难度 b 相接近时，项目提供的信息量最大。对双参数逻辑斯蒂模型来说，项目所能提供的最大信息量直接跟项目的区分度 a 的平方成正比。本实验中 32 套试卷的信息函数分析显示，试卷完全符合测验编制和组卷要求，最大信息函数值说明，对位于平均能力水平附近的受试者，各测验的检测效果最好，测验误差最小。

测验等值的目的是要求取出不同测验之间（或同一测验的不同复本形式之间）测验分数与项目性能的单位系统转换关系。而要认识客观上存在的两测验间的这种转换关系，就一定要从测验项目或者从所测受试者的任一方面去找到共同因素，从而真正将拟予等值的测验关联起来。铆测验设计中起连接作用的共同因素就是测验项目，亦即在拟予等值的测验中，都加上一个共同的项目组。例如，在测验 X 中加上共同项目组 V，在测验 Y 中也加上共同项目组 V。这样，共同项目组 V 就把 X 和 Y "铆接"了起来。

（三）连续加法测验研究

连续加法测验能够在短暂的时间内利用简便的操作方法，根据测验的分项指标有效地诊断、评价受试者的数学运算能力和数字处理能力，在人事选拔研究中常常作为评价个体工作能力的重要手段。该项研究分析了连续加法测验的总体时间效应和分段时间效应，探讨和检验了测验作为筛查工作绩效低下者时对合格与不合格人员鉴别成绩分界点的选择。

1. 受试者

选取男性 18~23 岁适龄青年 19 319 人。按受教育程度分为小学（$n=26$）、初中组（$n=8 479$）、技校组（$n=410$）、高中（或中专）组（$n=9 309$）和大学（$n=1 095$）；按民族分为汉族组（$n=18 352$）和少数民族组（$n=967$）；按城乡分为城市组（$n=15 948$）和乡村组（$n=3 371$）。整个测试分为计算机辅助连续加法测验和结构式访谈。

2. 测验方法

计算机辅助连续加法测验。目的是检测连续加法运算能力。具体过程为，计算机屏幕呈现一系列连续的随机数字，每相邻两数字间下方有一方框；受试者将两两相邻的数字相加，把答案用数字键填入方框内，如果相加结果大于 10，则只要求把个位数用数字键填入方框内，要求受试者在准确的前提下尽快完成整个运算测验。作为经典的连续加法作业，内田—克莱佩林心理测验的模式为作业 15min，休息 5min，作业 15min，然后计算每分钟内正确完成的个数，体现了分段计算正确数的思想。本测验参考内田—克莱佩林心理测验的计时方法，以 40s 为一个计时单位，将 400s 连续加法测验划分为 10 个时间段，每个时间段为 40s，称"时间段"（Time of Segment），如 1、2、3 等；时间段的累计数称"累加时间段"（Accumulated Time of Segment, TS），共 10 段，如 40s、80s、120s 等。经过预实验发现，一般受试者在 400s 正确完成 85 个个位运算的人数约占整体人群的 5% 左右，所以在 400s 内正确完成 85 个个位数运算为检测合格。

3. 结构式访谈

目的是评价被检对象实际智力活动水平和工作绩效，将工作绩效低下者鉴别出来。实施过程为：根据《士兵工作绩效评价》技术制定本研究的结构式访谈提纲，主要结构流程为：①优秀和较差者提名；②优秀和较差者的主要表现差异（包括管理能力、人际交往能力、聪慧等维度）；③较差者的行为表现特点（包括任务绩效和关系绩效两个维度）；④较差者的智力特点（包括军事训练、爱学习和基本能力等三个因子）；⑤较差者的性格特点（包括工作主动、个性关怀、模范行为和集体荣誉感等四个因子）；⑥较差者的精神健康状况（包括幻觉、妄想等精神状况）。

4. 描述性统计

对不同民族和城乡的 19 319 名男性适龄青年的连续加法测验总正确数进行 t 检验，结果显示：不同组别之间存在显著差异，分别为汉族组＞少数民族组，城市组＞乡村组，结果表 6-6。

表 6-6　总正确数在不同民族组和城乡组的差异情况（M±SD）

民族			城乡		
汉族组（n=18 352）	少数民族组（n=967）	t	城市组（n=15 948）	乡村组（n=3 371）	t
219 ± 74.66	197 ± 73.49	7.817**	219 ± 75.62	208 ± 72.65	7.580**

注：*P<0.05；**P<0.01

对 19 319 名不同受教育程度的适龄男性青年的连续加法测验总正确数进行方差分析，结果显示，不同受教育程度的受试者连续加法测验总正确数差异显著，为大学组＞高中（或中专）组＞技校（或职高）组＞初中组＞小学组，结果见表 6-7。

表 6-7　总正确数在不同受教育程度组的差异情况（M±SD）

小学组（n=26）	初中组（n=8 479）	技校组（n=410）	高中组（n=9 309）	大学组（n=1 095）
142 ± 84.75[a]	198 ± 72.15[b]	230 ± 72.04[c]	245 ± 68.99[d]	273 ± 66.13

注：[a]P<0.01小学组与初中组、技校组、高中组和大学组比较；[b]P<0.01初中组与技校组、高中组和大学组比较；[c]P<0.01技校组与高中组与大学组比较；[d]P<0.01高中组与大学组比较。

将 19 319 名受试者连续加法测验的各累加时间段正确数与总正确数进行相关分析，结果见图 6-17。

由图 6-17 可见，各累计时间段正确数与总正确数相关随时间累计延长而增加，经 SPSS 曲线拟合的 10 种模型均有显著性差异，以逆模型的决定系数 R^2 最高，所以选择逆模型，得到曲线方程 $Y=1.009\ 3-0.129\ 5/X$。曲线逆模型为 $Y=b0+b1/X$，通过曲线逆模型的一阶导数可以得出，曲线在第 3 个点即第 120s 时斜率是 0.014，基本上接近于直线，在第 120s 之后，曲线变缓的速度趋于稳定，均在 0.01 以下，表明相关系数已经基本趋于稳定，变化不大。所以第 120s 可以被看作是相关系数趋于稳定的点，该点的相关系数已经达到 0.960。

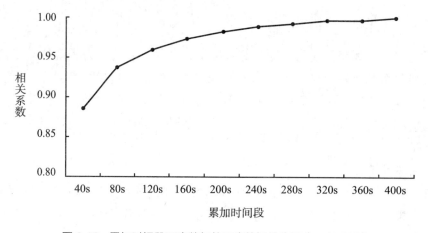

图 6-17　累加时间段正确数与总正确数相关分析（n=19 319）

为了比较两组在各时间段和累加时间段上的正确率差异，将两组受试者各自随机分为 10 个小组（如 a_1, a_2, ……a_{10}；b_1, b_2, ……b_{10}），然后对应于每个时间段或累加时间段，将两类小组均值进行两两对应相减（如 b_1-a_1，b_2-a_2，……$b_{10}-a_{10}$），这样在每个时间段或累加时间段得出 10 个差值，将各点的差值进行方差分析。

5. 追踪研究

对其中成为新兵的 1 918 名进行追踪性研究。新训 3 月后，对其带兵班长、排长进行结构式访谈。访谈每次 3~6 人；为防止权威效应，将班长与排长分开进行访谈。访谈前首先说明访谈目的和要求，强调访谈的科学研究性，消除被访者的顾虑，增加访谈的真实性。访谈结束后，将两组访谈结果进行比对。参加评价的班、排长对其评价较差的一致性达到 75% 以上，即 75% 以上的人认为其部队表现较差，将该评价结果保留，以消除偏见；将公认的部队表现较差的新兵归入"工作绩效不合格组"（$n=106$），其余为"工作绩效合格组"（$n=1\,812$）。

再将新兵分为机检合格组（$n=1\,840$）和机检不合格组（$n=78$），计算两组的正确数均数差值与正确率均数差值，结果见表 6-8。

表 6-8 显示，各差值比较均达到显著性；其中第 3 个 40s 的正确率差值在所有同类指标中最大（0.602）；120s 的正确率差值在所有同类指标中最大（0.592）。方差分析结果证实，各时间段和累计时间段之间的正确率差值均有显著性差异（$P<0.01$）。

表 6-8 机检合格组与机检不合格组的各指标差值比较（$n=1\,918$）

时间段			累加时间段		
时间段	正确数差	正确率差	累加时间段 (s)	正确数差	正确率差
1	14.946**	0.587**	40	14.946**	0.589**
2	16.925**	0.591**	80	31.871**	0.581**
3	17.922**	0.602**	120	49.793**	0.592**
4	18.151**	0.587**	160	67.944**	0.588**
5	18.419**	0.556**	200	86.363**	0.582**
6	18.493**	0.559**	240	104.856**	0.579**
7	19.091**	0.560**	280	123.947**	0.583**
8	18.793**	0.555**	320	142.740**	0.582**
9	18.068**	0.528**	360	160.808**	0.575**
10	17.632**	0.482**	400	178.440**	0.566**

注：*$P<0.05$；**$P<0.01$

将 1 812 名工作绩效合格组新兵在各时间段或累计时间段上平均值减去 106 名工作绩效不合格组新兵的成绩，分别计算正确数与正确率差值，结果见表 6-9。

表 6-9 工作绩效合格组与工作绩效不合格组的各指标差值比较（$n=1918$）

时间段			累加时间段		
时间段	正确数差	正确率差	累加时间段 (s)	正确数差	正确率差
1	10.816**	0.294**	40	10.816**	0.280**
2	11.728**	0.280**	80	22.544**	0.286**
3	12.441**	0.310**	120	34.985**	0.294**
4	11.986**	0.267**	160	46.971**	0.283**
5	11.481**	0.275**	200	58.452**	0.285**
6	12.231**	0.260**	240	70.683**	0.284**
7	12.029**	0.267**	280	82.712**	0.290**
8	12.152**	0.266**	320	94.864**	0.289**
9	11.678**	0.243**	360	106.542**	0.283**
10	11.372**	0.229**	400	117.914**	0.277**

注：*$P<0.05$；**$P<0.01$

表 6-9 显示，各差值比较均有显著性差异；其中第 3 个 40s 的正确数差值和正确率差值在各自的同类指标中最大（12.441 和 0.310）；第 120s 的正确率差值在同类指标中最大（0.294）。方差分析结果证实，各时间段之间的正确数差异和正确率差异之间均有显著性差异（$P<0.01$）；各累计时间段之间的正确率差值均有显著性差异（$P<0.01$）。

根据 400s 内正确完成 85 个个位数运算的标准，换算成 120s 的正确完成数应为 18 个个位数运算。根据流行病学的预测效果评价方法，访谈结果和计算机检测均合格的为正确录用，记为 A；访谈结果不合格而计算机检测合格的为错误录用，记为 B；访谈结果合格而计算机检测不合格的为错误拒绝，记为 C；访谈结果和计算机检测均不合格的为正确拒绝，记为 D；分别比较 400s 和 120s 的预测淘汰符合率和总预测符合率，结果见表 6-10。该结果表明，120s 检测的预测淘汰符合率高于 400s，总预测符合率也略高于 400s，χ^2 检验二者之间无显著性差异。

表 6-10 400s 和 120s 检测的预测淘汰符合率和总预测符合率的比较（$n=1918$）

计算机检测	访谈结果		预测淘汰符合率（%）	总预测符合率（%）
	合格	不合格		
400s 合格	1790	50	71.80	96.25
不合格	22	56		
120s 合格	1793	49	75.00	96.45
不合格	19	57		

6. 研究讨论

有研究提示反应时间和智力之间存在一定的相关性，证实了智力的心理速率理论，说明对于简单任务而言，受试者快速完成的成绩可以代表其能力水平。根据美军使用 Project A 对军事人员选拔和追踪的研究结果表明，言语能力、运算能力等一般认知能力对士兵工作绩效有较好的预测性。所以连续加法测验就是希望通过计算受试者在一定时间内的正确完成量来对其智力进行判别，并对部队中工作绩效低下的人群做出鉴别。

本研究发现测验成绩在不同受教育程度之间、城乡之间和民族之间均存在显著性差异，说明该测验确实对不同教育程度具有一定的鉴别力；城乡之间存在差异，可能是因为城乡经济水平不同对教育状况产生了影响；民族之间的差异则可能是由于人群地域分布不同导致的结果。

19 319 名男性适龄青年连续加法测验的累加时间段正确数和总正确数相关显示，前 120s 正确数和 400s 总正确数的相关已经达到 0.95 以上，可以作为总正确数的替代指标；曲线方程的二阶导数也表明从第 120s 开始相关系数的增长变化趋于稳定。1 918 名新兵的连续加法测验结果显示：与其他同类指标相比，前 120s 正确率在机检合格组和不合格组之间的差值最大，差异显著；前 120s 正确率在工作绩效合格组和不合格组之间的差值也为最大，差异显著。通过对连续加法的预测性研究来看，前 120s 正确数的预测淘汰符合率和总预测符合率也略高于 400s。这些都说明 120s 虽然测验时间小于 400s，对于受试者工作绩效情况的区分度要优于其他指标，原因可能是由于时间缩短减少了受试疲劳等混淆因素，对工作绩效合格组和不合格组的测验准确性和敏感性却高于 400s。

综上所述，对于机检和结构式访谈两个环节，发现在正确率指标上 120s 和 400s 之间均有显著性差异，相对于 400s 内而言，120s 的指标缩短了测验时间，提高了预测效率，指标更为敏感，应用也更为简便，有研究表明，在连续加法作业时，受试者在第 2 分钟的完成量骤然下降，这提示可能与生理上的疲劳和应激有关。因此本研究认为：在连续加法运算中，120s 可能是一个关键转折点，它更为敏感地反映了部队中工作绩效合格组和不合格组的某种心理机制的差异。国外的相关研究发现，连续加法的最初加工成绩可以用来评价工作能力，并存在明显的时间效应。所以本测验应该以 120s 作为测验时间比较合适，标准为在 120s 内正确完成 18 个及以上的个位数运算作为合格。

在实验过程中发现，存在一种"快速按键现象"，即如果受试者迅速按键而不管准确率如何，在 400s 内总正确数也能达到合格标准。为了避免此类现象发生，必须考虑正确率指标，只有在正确数和正确率均合格时才能将机检定为合格。研究发现，与同类指标相比，第 3 个 40s 内的正确率和正确数在机检合格组和不合格组之间的差值最大，差异显著；第 3 个 40s 正确率在工作绩效合格组和不合格组之间的差值最大，差异显著。以上都说明第 3 个 40s 的正确率对于受试者工作绩效情况的区分度要优于其他同类指标，所以可以采用第 3 个 40s 内正确率的 5% 分界点作为参考标准，正确率必须达到 70% 以上才视为合格。

（曹　爽　武圣君　梁伟）

参考文献

［1］Allan S C, Brian A B, Craig S W. Using Item Response Theory to Assess Effects of Mathematics Instruction in Special Populations[J]. Exceptional Children, 2001, 68(1):23-44.

［2］Bernard J D, Baddeley J L, Rodriguez B F, et al. Depression, language, and affect: an examination of the influence of baseline depression and affect induction on language[J]. Journal of Language and Social Psychology, 2016, 35(3):317-326.

［3］Campbell J P. An overview of the army selection and classification Project (Project A)[J]. Personnel Psychology, 1990, 43(2): 232-239.

［4］Carson J. Mental testing in the early twentieth century: Internationalizing the mental testing story[J]. History of psychology, 2014, 17(3):249.

［5］Charles A S, Scott F, Kira B, et al. Applications of item response theory to measurement issues in leadership research[J]. The Leadership Quarterly, 2006, 17(4):366-386.

［6］Clifton J D. Managing validity versus reliability trade-offs in scale-building decisions[J]. Psychological methods, 2020, 25(3): 259-270.

［7］Drasgow F, Levine M V, Tsien S, et al. Fitting polytomous item response theory models to multiple-choice tests[J]. Applied Psychological Measurement, 1995, 19(2):143-165.

［8］Fava M, Evins A E, Dorer DJ, et al. The problem of the placebo response in clinical trials for psychiatric disorders: culprits, possible remedies, and a novel study design approach[J]. Psychotherapy and psychosomatics, 2003, 72(3):115-127.

［9］Gameiro R R, Kaspar K, König S U, et al. Exploration and exploitation in natural viewing behavior[J]. Scientific reports, 2017, 7(1):1-23.

［10］Gerlach M, Farb B, Revelle W, et al. A robust data-driven approach identifies four personality types across four large data sets[J]. Nature human behaviour, 2018, 2(10):735-742.

［11］Gonzalez R J. Hacking the citizenry?: Personality profiling, 'big data' and the election of Donald Trump[J]. Anthropology Today, 2017, 33(3):9-12.

［12］Hambleton R K, Gruijter D N. Application of item response models to criterion-referenced test item selection[J]. Journal of Educational Measurement, 1983.20:355-367.

［13］Hough L M, Toquam J L, Hanson M A. Project A validity results: the relationship between predictor and criterion domains[J]. Personnel Psychology, 1990, 43(2): 335-354.

［14］Lewis, Kelly M L, Michael C. Measuring social change preferences in African American adolescents: development of the Measure of Social Change for Adolescents (MOSC-A)[J]. Assessment, 2006, 13(4):406-416.

［15］Li G Y, Ueki H, Kawashima T, et al. Involvement of the noradrenergic system in performance on a continuous task requiring effortful attention[J]. Neuropsy-chobiology, 2004, 50(4): 336-340.

［16］Luo Z X, Miao D M, Chen J, et al. A Research on the coherence of competency model ratings (in Chinese)[J]. Psychological Science, 2004, 25(7): 1192-1194.

［17］Park, J, Brannon, E M. Training the approximate number system improves math proficiency[J]. Psychol. Sci., 2003, 24 (10): 2013-2019.

[18] Solomon C, Valstar M F, Morriss R K, et al. Objective methods for reliable detection of concealed depression[J]. Frontiers in ICT, 2015, 2:5.
[19] Vazire S. Informant reports: A cheap, fast, and easy method for personality assessment[J]. Journal of Research in Personality, 2006, 40(5): 472-481.
[20] Vessonen E. Operationalism and realism in psychometrics[J]. Philosophy Compass, 2019, 14(10): e12624.
[21] Zhang Y H. Stability, flexibility, adaptability and durability of tests performance by players (in Chinese)[J]. Journal of Beijing University of Physical Education, 1994, 17(1): 26-32.
[22] 漆书青, 戴海崎, 丁树良.《现代教育与心理测量学原理》. 北京：高等教育出版, 2002:142-149.
[23] 漆书青, 戴海崎. 项目反应理论及其应用研究 [M]. 江西：江西高校出版社, 1992:26-37.
[24] 漆书青. 现代测量理论在考试中的应用 [M]. 武汉：华中师范大学出版社, 2003:184-268.
[25] 孙涵. 基于项目反应理论的应征公民数学推理测验项目的初步编制 [D]. 西安：第四军医大学, 2007.
[26] 武圣君. 中国征兵心理检测系统对入伍战士的预测性研究 [D]. 西安：第四军医大学, 2006.
[27] 徐斌艳. 数学学科核心能力研究 [J]. 全球教育展望, 2019, 43(6):167-174.
[28] 余嘉元. 项目反应理论及其应用. 南京：江苏教育出版社, 1992:60;155.
[29] 张锋. 应用项目反应理论对中国应征青年数学推理能力测验项目的编制 [D]. 西安：第四军医大学, 2003.
[30] 张厚粲, 龚耀先.《心理测量学》[M]. 杭州：浙江教育出版社, 2012.

第7章
词汇与段落测验及研究

一、概述

语言运用能力是能力倾向测验中的入门部分。在 ASVAB 中，语言运用能力通过词汇知识（Word Knowledge，WK）与段落理解（Paragraph Comprehension，PC）两个分测验对语言运用能力进行考察。前者是对语言运用能力基础的考察，主要针对词汇知识的质与量（即词汇知识的深度与广度）；后者是语言运用能力的进阶，侧重于考查从文本中快速获取信息、理解信息并运用信息的能力。

两个分测验本质上都是对语言运用能力的考查，测验内容具有一定的共通和递进关系，本章将统一进行介绍。

（一）词汇与段落

从识字开始，通过日复一日的学习，人们逐渐掌握了词、句和段的用法，这是一个循序渐进、不断深入的过程。

就词汇知识而言，对其概念的界定，主要分为两类：①连续体观。戴尔（Dale）、帕尔姆贝里（Palmberg）、亨利克森（Henrisken）、戈德斯坦（Goldstein）等人持此观点。该观点认为，应该以发展的眼光看待词汇知识，将其视为一个由不同水平和知识面组成的连续体，认为词汇习得是一个渐进的、不断增加的过程，词汇知识是习得过程中某一特定阶段汇知识水平的反映。②成分分类法观。克朗巴哈（Cronbach）、内申（Nation）、劳费（Laufer）等。该观点作为一种描述性框架认为应该按词汇知识的成分进行分类描述。使难以控制的词汇研究简化为几个能够控制的元素。内申对词汇知识的定义包括八个方面：词的口语形式、词的书写形式、词的语法行为、词的搭配形式、词的使用频率、该词所应用的文体、词的意义、词的语义联想网络。克朗巴哈将词汇知识分为词汇词义知识和词汇运用知识两部分，其中词义知识包括词义的概括性（generalization）、宽度（breadth of meaning）以及精确度（precision of meaning）。词汇运用知识指有关词汇的应用（application）和可用性（availability）。

本书综合众多词汇知识的概念，将 ASVAB 测试中词汇知识定义为：受试者在军队不同任务中和语境下使用词汇的能力，即胜任军队某一岗位所需的听、说、读、写等语言运用能力。就段落而言，本质是在词汇知识的基础上，对快速获取、理解并运用信息的能力进行更深层次的考察。这一部分测验在 ASVAB 的第 5～7 版中没有出现，而是在第 8～10 版中新出现的。

段落理解作为一个新的部分是为了考察从文本中快速获取信息的能力。受试者仅有 13 分钟时间，完成大约 13 到 14 篇文章并且回答 15 个问题，这就意味着大约每 51 秒回答一个问题，这 51 秒还包含了用于阅读的时间，难度较大。

（二）语言能力的定义与结构

语言能力是指个体在与他人交往时运用语言工具顺利进行信息传递的一种心理能力，包括语言表达（说话和写作）和语言领会（听话和阅读）两个方面。

（1）语言表达。语言表达包括构思和表达两个阶段，构思阶段主要是在头脑中确定所要表达的信息（审题立意）并计划如何表达（选材取材、布局谋篇），表达阶段是将表达计划以口头或书面的语言形式付诸实施，使所要表达的语言信息变为可以接受的语言信号（语音流或字符串）。

（2）语言领会活动。现代心理语言学认为语言领会活动包括语言知觉、字词识别和命题理解三个层次。但事实上，字词识别和命题理解涉及的都是语言意义的领会，前者涉及的是低层次的字词意义，后者涉及的是高层次的句子和文本意义。而使用过程一般直接依赖于意义构建过程，是对所构建的意义的进一步理解和深化，它本身的独立性较差。因此，可以认为语言领会活动主要包括两个过程，即语言信号辨认阶段和语言意义领会阶段，前者主要是对语言的物质形式（语音或文字）进行识别，确认其语言信号；后者主要是借助语言信号构建其内在的语言信息，从而达到对语义（字词、句子、篇章）的领会。

语言能力的形成主要包括语言知识的掌握和语言技能的形成。前者主要通过直观、概括以及具体化的认知活动来实现；而后者又分为语言心智技能和语言操作技能。语言心智技能是指内部语言活动方式，主要涉及语言活动过程中的心智操作；而语言操作技能主要涉及语言活动过程中的感官操作。其中心智技能是语言能力的核心。

（三）考查意义与目的

从古希腊和中国的先秦时期，人们就开始对母语词汇与段落学习感兴趣，而真正的系统研究最早起源于语言学。词汇与段落是语言的重要组成部分。英国著名语言学家威尔金斯（Wilkins）有句名言："没有语法，人们能说的话很少；而没有词汇，人们一句话也说不出。"通过对词汇与段落的研究，人们发现词汇是个体语言能力的基础，段落是个体语言能力的进阶，并且词汇、段落与个体在智力、理解力、思维力等维度的一般能力有极高的相关性。

词汇与段落直接影响个体交际效能与思想丰富。陈原在《社会语言学》一书中指出："语言是一种社会现象，是人类最重要的交际工作，是思想的直接实现。"在人与人的社会交往中，词汇与段落是人们参与活动、语言交际、信息交流、表达思想最重要的工具，语言交际的最大信息量和最佳效能依赖于词汇知识的广度和深度，即一个人掌握词汇的多少和牢固与否，以及段落理解的信息处理能力。塞尔斯·穆尔西亚（Celce-Murcia）和罗森维格（Rosensweig）指出：掌握了基本语言结构但拥有大量的词汇，比掌握了几乎所有全部结构但只有少量词汇的人，在阅读理解和最基本的语言交际中更有优势。

词汇与段落是认知能力的直接体现，从智力结构看，对词汇和段落的运用与思维的关系密切。美国学者沃尔夫（Wolf）认为，语言是"思想的塑造者"，它决定人们的思维，甚至决定人们对世界的看法。词汇与段落不仅是阅读文本时理解力的关键，还是发展其他能力的"工具性"能力，如数学能力，正如著名数学家苏步青所说："很难想象一个文理不通、错字连篇的人，能把逻辑严谨的数学内涵表达出来。"

词汇与段落是人类精神世界的表征。美国心理学家帕维奥（Piavi）的双重编码理论认为，人有两种不同的心理表征系统，其中一种就是语词系统，每个语言使用者头脑中的语词系统就是一部"心理词库"，包括了形式表征和语义表征两种类型，前者是以知觉为基础的语言视觉和听觉，后者包括以概念和命题代表的认知内容。语言使用者从"心理词库"中提取词汇与段落的速度、流利度、准确度，从某种程度上反映了个体"心智本质"和"语言理解"的深层关系。

综上所述，词汇与段落和个体能力之间存在密切联系，这使得词汇知识与段落理解测试对个体能力的预测有着不可低估的作用。其中词汇知识测试最早可追溯到 20 世纪 40 年代。早在 1942 年，克朗巴哈就提出词汇测试的五纬度说，即概括能力（定义单词的能力）、应用能力（选择或识别一个单词适用语境的能力）、知识广度（掌握单词的多种意思）、精确能力（在所有情形下均能正确使用单词且能识别对其不当使用的能力）和检索能力（在思考及会话中提取单词的能力）。

随着词汇知识与段落理解测试越来越受到人们的关注，不同种类的相关测验已广泛应用在教育、心理测量与职业选拔领域。比如，许多智力测验均包含语言能力，如对词汇、词的异同及类比等项目进行测量。在职业选拔中，语言能力也被用于预测职业能力倾向。如美国劳工部就业保险局设计的综合式职业倾向测验（General Aptitude Test Battery，GATB），测量的9种能力倾向因素中就包括语言能力（V）和文书知觉能力（Q）。在美军陆军军官选拔成套测验（Army Officer Selection Battery，OSB）中，候选者的词汇知识、段落理解和一般语言能力也是重要评估项目。

（四）语言能力理论研究的历史

语言能力的理论发展主要包括经验论、先验论和构建论三种。

（1）语言能力的经验论。经验论以现代行为主义心理学为理论基础，认为语言能力是个体在学习过程中所获得的语言经验，通过泛化作用和选择性作用，使得语言能力得到不断发展。最早明确提出语言能力经验论的是奥尔波物（Allport），他认为模仿在语言学习中具有举足轻重的作用，是达到成熟语言行为的一条捷径。斯金纳（Skinner）则认为"语言即行为"，即人类的语言能力与其他行为没有本质的不同，语言的形成发展并不需要特别的机制，它只是更广泛的学习系统中的一部分。语言行为是通过强化、塑造而形成的对外界刺激的习惯化反应体系，随着强化实践的不断进行，语言习惯的不断增强，语言行为水平的不断提高，语言能力也就不断地得以发展。总之语言能力的经验论认为，语言能力是后天获得的语言经验，是儿童通过对成人语言的反复模仿和成人对儿童语言的不断强化而实现的。

（2）语言能力的先验论。先验论认为语言能力是一种基于生物因素所决定的神经过程，也可称为"内发论"，主要以乔姆斯基（Chomsky）的转移生成语法学说和列尼伯格（Lenneberg）的自然成熟论为代表。乔姆斯基认为语言是人类特有的特殊认知能力，是一种具有高度组织性的抽象规则系统，这种规则在某种程度上独立于语言运用。正是因为有了这种能力，语言使用者才有了无限的"语言创造力"，才懂得"用有限的手段去达到无限的运用"，即能产生和理解母语中他没有听到过的语句。Lenneberg认为，语言是人类大脑机能成熟的产物，当大脑机能的成熟达到一种语言准备状态时，只要受到适当外在条件的激活，就能使潜在的语言机构状态转变为现实的语言结构，从而显露出语言能力。

（3）语言能力的建构论。建构论认为，语言能力是先天和后天的"合金"，是在已有语言经验的基础上对新的语言材料进行理解的过程，因此也被称"相互作用论"。这种观点来源于皮亚杰（Piaget）的认知发展理论，并深受现代认知心理的影响，是现代认知心理学最为流行的观点之一。皮亚杰认为语言是人类特有的行为，是认知的一部分，语言的普遍性只是认知普遍性的一个子集，"所有的认知（包括语言）的获得都是一个逐渐建构过程的结果"。同时皮亚杰认为，构成词的字母是任意的符号，每个字母都有一个特定名称和一个特别的形状，代表一种以上的声音，但是把这些符号译读成声音，并不能使词获得意义。词在一个句子中前后的用法，只能提供语言使用者想表达意思的线索，意义并不建立在书面词语当中，它们是通过概念网络，即与以往环境、有关观念的相互作用，来解释它们而创造的。如果在现有的观念体系中不能赋予词语意义，它们只能是一串毫无意义的声音或字符。总之，语言能力的建构论认为语言能力来源于认知发展，是认知机能与环境相互作用的结果。

（五）语言能力测验在军队中的应用

语言能力测验一直是军事人员能力测验的重要内容，亨特（Hunter）等人研究发现，语言能力作为一般认知能力，对士兵的工作绩效和部队适应性有较好的预测性。Project A 的研究发现，语言能力、运算能力等一般认知能力对士兵工作绩效有较好的预测性，这和亨特等人的研究结果非常一致。

作为 ASVAB 测验的第一部分入门测验，即武装部队资格测验（Armed Forces Qualification Test，AFQT）中，词汇知识部分双倍计分，占很大比例。有意从事军队职业的应征者，无论入伍后就职于军队的哪个部门，无论是给飞机布线，擦洗甲板还是开支票，都离不开词汇知识和段落理解。ASVAB 测验中词汇知识与段落理解测试成绩，可以反映受试者的语言理解能力、词汇能力、信息处理能力，判断其是否符合军队职业的最低要求，决定受试者是否能够通过入伍考试；还可以决定受试者就职于军队哪个部门，对日后工作绩效有较好的预测性。

二、ASVAB词汇考查形式

ASVAB 的词汇知识与段落理解测验形式均为选择题。

词汇知识测验在纸笔版本中，需要受试者在 11 分钟内完成 35 道题，在 CAT 版本中，需要受试者在 9 分钟完成 15 道题。段落理解测验在纸笔版本中需要受试者在 13 分钟内完成 15 道题，在 CAT 版本中，需要受试者在 27 分钟完成 10 道题目，看似题目数量很少，但此部分是为了考查从文本中快速获取信息的能力。

三、ASVAB中语言能力考查内容

（一）词汇知识测验

ASVAB 的词汇知识包括质和量两个方面。前者是词汇知识的深度，后者是词汇知识的广度。词汇知识测试，不仅要测试词汇量，更要测试词汇的"质"，即各类词汇知识之间的联系。ASVAB 的词汇知识测验主要分两种类型：

1. 直接选择近义词

ASVAB 的单词测试中有一半多的问题是仅仅给个单词，然后让受试者从选项中选出意思与该单词最接近的选项，此类问题没有太多的上下文线索可供参考。

2. 有上下文的题目

另一部分类型的词汇知识测题会有上下文线索，称为"有上下文的题目"。受试者能掌握个别单词的正确发音和基本词义，有些单词，受试者还没完全掌握，不能应用自如，只在有上下文时才能理解。在背景语境下，受试者主要凭借文本中出现的已知提示信息，并利用自己积累的经验、话题知识、篇章结构知识揣摩生词，对目标生词完成策略选择、生成语义和验证推理。

（二）段落理解测验

ASVAB 的段落理解测验中每篇文章的字数为 30～120 个。较长的文章可能会包含 2～3 个问题，但是在一场测试中最多会遇到一到两篇这种较长的文章。这些文章涉及的话题十分广泛，从艺术、医学到政治、历史等。

ASVAB 的段落理解测验主要分为 7 种类型。

1. 主旨问题。此类问题的论点多数出现在题干的第一句话或者最后一句话，因此在阅读问题时看到"主要内容""中心观点"等字样时，可以迅速阅读题干的首句和末句作答。需要注意的是，有时此类问题论点不会明显地出现，这时则需要从段落中发掘论点。

2. 目的问题。这类问题和主旨问题比较相似，解决此类问题的关键是摸清这篇文章的目的是什么，正确的选项往往不会出现在文章中，需要总结概括。

3. 语气问题。由于语气的识别是困难的，因此此类问题需要大家认真阅读文章。当然，当时间确实不够用的时候，可以告诉受试者一个小窍门，大概率快速选出正确选项，即排除极端情绪。在 ASVAB 中，语气问题的答案一般是趋于平缓的感情基调。

4. 细节问题。此类问题不需要过度思考文章内容，答案往往就是文章中信息的表层释义。但受试者往往无法从问题中得知所阅读的题目是不是细节问题。

5. 推理问题。此类问题是文中未直接提到的问题，但这类问题文章会给一些暗示。浏览文章中的细节，对答案做出释义，对此类问题没有太大帮助。关于这类问题，通读全文然后观察选项，排除那些不是由文中而来的选项是可行的方法。

6. 正确序列问题。这类问题应该不会有很大难度。只需要足够认真地定位文章的正确步骤来回答问题。

7. 语境中的单词问题。此类问题是通过给一段语言描述，要求在单词选项中选择一个最接近此段语境的单词。

四、词汇试题举例及解析

（一）词汇知识测验试题举例

词汇知识测验主要考查受试者判断短文中所出现词汇的正确意义以及确定所选单词的最佳同义词的能力。因此，词汇知识这一部分中，问题的形式有两种：

一是关键词单独出现在题目中，要求说出其基本意思。可以认为这类题是为了考查词汇量的储备。二是关键词出现在句子中，可以结合上下文理解其意思。

根据上下文猜词义，这个过程会激活受试者大脑中词汇知识的储备，可以认为这类题是考查词汇理解能力。有一半以上的题目是直接选择近义词，即问题部分仅给一个单词，然后从选项中选出意思与该单词最接近的选项。

1. Gregarious most nearly means（与"Gregarious"含义最接近的单词是）_____。

　　A. conspicuous（出色的）　　　　B. twisting（曲折的）
　　C. outgoing（爱交际的）　　　　D. deep（深刻的）
　　正确答案：C

2. Nomadic tribes often move their villages when the seasons change. Which of the following comes closest to "Nomadic"（游牧部落经常在季节变换时迁移他们的村庄，下列选项与"Nomadic"意思最接近的为）_____。

　　A. warlike（好战的）　　　　　　B. wandering（流浪的）
　　C. exclusive（排外的）　　　　　D. hasty（轻率的）
　　正确答案：B

3. Demeaning most nearly means（最接近"贬低"意思的是下列哪个选项）_____。

　　A. humiliating（丢脸的）　　　　B. boring（乏味的）
　　C. ignorant（无知的）　　　　　D. colorful（有趣的）
　　正确答案：A

4. Several other newspapers have appropriated the idea. Which of the following comes closest to "appropriated"（其他几家报纸也盗用了这个想法，下列选项与"appropriated"意思最接近的为）_____。

　　A. embezzle（盗用）　　　　　　B. proper（适当的）

C. donate（捐献） D. transfer（转移）

正确答案：A

5. Ghastly most nearly means（下列选项中与"Ghastly"含义最为接近的是）_____。

   A. fun（有趣的） B. lazy（懒惰的）

   C. torrid（热情的） D. awful（可怕的）

   正确答案：D

6. The brothers ran away in cowardice. Which of the following comes closest to "cowardice"（这对兄弟胆怯地逃跑了，下列选项与"cowardice"意思最接近的为）_____。

   A. pain（疼痛） B. fear（害怕）

   C. hopelessness（绝望） D. temperance（温暖的）

   正确答案：B

7. Resignation most nearly means（下列选项中与"Resignation"含义最为接近的是）_____。

   A. losing（失去） B. waste（浪费）

   C. acceptance（接纳） D. pride（自豪）

   正确答案：C

8. He promised to cooperate with the authorities. Which of the following comes closest to "cooperate"（他答应与当局合作，下列选项与"cooperate"意思最接近的为）_____。

   A. fight（斗争） B. talk（交谈）

   C. work with（与~共事） D. placate（平息）

   正确答案：C

9. It is imperative that you go to college to get a good job these days. Which of the following comes closest to "imperative"（现在要想找到一份好工作，你必须上大学，下列选项与"imperative"意思最接近的为）_____。

   A. sad（伤心的） B. timely（及时的）

   C. open（开放的） D. crucial（至关重要的）

   正确答案：D

10. Everyone says he lost the election due to lack of initiative. Which of the following comes closest to "initiative"（大家都说他竞选失败是因为缺乏主动性，下列选项与"initiative"意思最接近的为）_____。

    A. satisfaction（满意） B. irritation（恼怒）

C. money（金钱） D. ambition（抱负）

正确答案：D

11. The city council sought reparations for the oil spill. Which of the following comes closest to "reparations"（市议会要求对漏油事件做出赔偿，下列选项与"reparations"意思最接近的为）_____。

    A. compensation（赔偿） B. sadness（悲伤）
    C. thanks（感谢） D. antipathy（反感）

正确答案：A

12. Many times, the older sibling holds dominion over his younger siblings. Which of the following comes closest to "dominion"（很多时候，哥哥姐姐对弟弟妹妹拥有统治权，下列选项与"dominion"意思最接近的为）_____。

    A. authority（权力） B. safety（安全）
    C. ability（能力） D. guilt（内疚）

正确答案：C

13. His professors made a point of acting erudite. Which of the following comes closest to "erudite"（他的教授们表现得很博学，下列选项与"erudite"意思最接近的为）_____。

    A. civil（公民的） B. progressive（进步的）
    C. scholarly（博学的） D. amoral（非道德的）

正确答案：C

14. Tangible most nearly means. 下列选项与"Tangible"意思最接近的是_____。

    A. real（实际存在的） B. open（开放的）
    C. graphic（生动的） D. costly（昂贵的）

正确答案：A

（二）段落理解测验试题练习

本部分试题主要参考《Kaplan ASVAB Premier 2005 With 6 Practice Tests》一书。

1. 对于所有美国人来说，2000年11月的总统大选再一次展现了利用好自己的投票权是多么的重要。这次选举是如此难解难分，以至于用了好几周才结束投票的计算和争论。在计票的过程中，计票器和监察系统将民众的情绪推向了高潮。

问：文章的主要意思是（　　　）。

A. 计票器无法完成所需任务

B. 应由最高法院决定总统人选

C. 投票权可以被取消

D. 每个公民都可以使用他/她的投票权

正确答案：D

2. 四年前，当权者在这个合众国里寻找改革政治的方法。而现在，他看起却受到自己野心勃勃政治哲学的制约。想法太多让他背负"过于急躁"的名声，国内一些背地里的讽刺拖累了他的工作。他很有可能在这次改选中落败。

问：当权者的政治方式是（　　）。

A. 公事公办　　　　　　　　B. 过于理想主义

C. 草率而粗心　　　　　　　D. 未被批评家吓住的

正确答案：B

3. 毫无疑问，公立学校不再给孩子们提供有营养的食物。汉堡、披萨和巧克力不只是会让孩子们的腰围越来越粗，还会培养坏的饮食习惯。我们需要改变"任何食物都有营养"这种观念，并开始以同样的价格为学生们提供更好的食品，这是势在必行！否则，美国的新一代将会是肥胖的一代。

问：根据文章大意，在过去的几年里美国学校的午餐变得（　　）。

A. 越来越贵了　　　　　　　B. 越来越外国化了

C. 更健康了　　　　　　　　D. 更不营养了

正确答案：D

4. 很多时候尽管家具只有一小部分需要维修，许多家庭却都选择替换掉旧家具。为了固定一把歪斜的椅子，需要从以下几步做起。首先，检查椅子的接缝处，看看椅子结构上是否合理。应该用小木杆和三角木使椅子固定在一起；然后，用凿子移去三角木，一旦三角木从椅子去除，你应该就能够将接缝粘上；最后，一旦胶水看上去干得差不多了，将三角木放回椅子并轻轻地将三角木用木槌固定在木钉上。这样做拯救的不仅是椅子，还有你辛苦挣下的钱。

问：将三角木移除后，你应该（　　）。

A. 将木钉凿进去　　　　　　B. 检查接缝处的损伤

C. 将接缝处紧紧粘合　　　　D. 替换三角木

正确答案：C

5. 詹姆斯感受着人群的脉动，在房间音乐的背景声下有一阵低语声。在后台，他的乐队成员正在调音或者在桌面上轻轻地敲击。再过一会儿，整个国家都将看到这个乐队的表演，这和几年前昏暗的酒吧和俱乐部相比是多大的变化啊，这或许是所有努力工作最终得到了回报。看着他那结满老茧的手，他想知道他们之前付出的努力是否会带来突破。

这篇文章的基调是（　　）。

A. 悲伤 B. 希望
C. 气愤 D. 矛盾情绪
正确答案：B

6. 许多流行食品上的包装都是对消费者的欺骗。很多时候，印刷字体很小给阅读造成了很大困难。印刷体常常令人感到疑惑，或者故意表达很模糊。这在营养标签上的表现尤其显著。有关部门应该针对食品上的营养标签采取一些措施，因为现存的法律不足以有效遏制这种现象。

问：作者或许会支持下列哪种观点（　　）。
A. 杂志上的香烟广告 B. 薯片包装的警告标签
C. 合同上良好的印刷字体 D. 周日报纸的食品广告
正确答案：B

7. 在这个时代，我们有针对沮丧、功能紊乱以及攻击性的药剂，许多药都有严重的副作用。这些副作用涉及内出血、呕吐或者四肢肌肉酸痛，在更极端的情况下，可能会造成意识的丧失甚至昏迷。如果你受到了有害副作用的影响，立即去医院寻求治疗是十分重要的。酗酒或抽烟也可能导致强烈的副作用。

问：药品的一个可能的副作用是（　　）。
A. 酗酒 B. 功能紊乱 C. 内出血 D. 都不对
正确答案：C

8. 作为一个在原子能爆炸中被创造出来的偏执狂，神奇绿巨人的双重人格很吸引人。一方面，他是一个老实的、戴眼镜的科学家；另一方面，他是一个狂暴的野兽，他的力量只能被他愤怒时的潜能激发。这部电影不仅在陈述原子能的危险，也在通过绿巨人反映我们每个人的双重性——冷静合理的人性和暴怒的兽性。

问：根据作者的说法，绿巨人有趣的一面是（　　）。
A. 人性的反映 B. 实际上的兽性
C. 温和老实 D. 针对原子能的抗议
正确答案：A

9. 作为这个国家以前最好的高中运动员，他是曾经的奇才。现在他是一家本地建筑公司的一名砖工。当被问到他是否为现在的生活感到痛苦时，他回答"完全不"，他说事实上唯一的遗憾就是没有努力学习考上大学。他偶尔也会被认出来，但是80英镑的体重和严重受损的膝盖使他在职场上远离了以前的荣耀。

问：单词"奇才"在文中指的是（　　）。
A. 抑郁的失败者 B. 害羞的科学家
C. 有天赋的年轻人 D. 痛苦的不满现状的人
正确答案：C

10. 钻石是目前我们所知道的最坚硬的物质，并被广泛应用于各种工业塑形项目，如剪切、打磨、抛光。钻石、蓝宝石、红宝石（蓝宝石含有铬杂质）和石榴石在各方面中的应用越来越重要。例如，钻石应用于音响隔膜上的传感器和光学材料的涂料、蓝宝石应用于镓氮结合发光二极管、红宝石应用于真空管、人造石榴石应用于医学产品中的激光定向发射部件。

（1）这篇文章的最合适的标题是（　　）。

A. 永恒的宝石诱惑　　　　　B. 宝石的现代应用

C. 宝石的工业应用　　　　　D. 宝石硬度与用途

正确答案：C

（2）从文中可知（　　）。

A. 钻石比蓝宝石有价值多了

B. 红宝石和蓝宝石源自于同一种石头

C. 石榴石广泛应用于工业塑形

D. 现在宝石比以前任何时候都贵

正确答案：B

11. 猫是在4000年前被埃及人首次驯养的，他们尊猫为王室的神。直到公元前三世纪，航海的希腊商人将猫与阿耳特弥斯（月亮与狩猎的女神）联系起来并用以保护谷物收成，家养猫才在欧洲遍布开来。

猫遭到了异教徒和中世纪犹太教的虐待，上百万的猫被屠杀。猫在欧洲的数量锐减，减少了腹股沟腺炎的传播。腹股沟腺炎号称是毁灭大陆的可怕灾难。

（1）这篇文章的最合适的标题是（　　）。

A. 古埃及的神灵们　　　　　B. 从神到贱民：家养猫的尘封历史

C. 猫和腹股沟腺炎　　　　　D. 中世纪的猫和狗

正确答案：B

（2）从文中可知（　　）。

A. 在中世纪猫被屠杀之后，欧洲啮齿动物的数量增加

B. 希腊商人为了钱大量卖家养猫

C. 腹股沟腺炎可以在猫之间传播

D. 猫在异教徒与犹太教徒之间异常流行

正确答案：C

五、词汇知识测验的编制

这里通过介绍《基于项目反应理论的应征公民语言能力测验的编制》研究，

展示一套适合特殊人群语言能力测验的编制过程及有效性检验。

研究目的是通过开发特异性语言能力测验，以提高军人心理选拔检测的科学性。该测验包括三类书面语言测验：语词辨析测验、完形填空测验、句义理解测验。其中语词辨析测验和完形填空测验属词汇智力测验，句义理解测验属段落理解测验。

（一）语言能力测验编制

通过文献回顾、已有语言测验分析、查阅词典等技术，编制了包括语词辨析测验、完形填空测验、句义理解测验形式在内的《军人语言能力测验》。采用经典测验理论和项目反应理论方法，分别对测验的信度、效度进行检验，确定各题目的参数、信息函数、能力值分布以及测验的预测效度，最终构建语言能力测验试题库。

1. 语词辨析测验

在以往语词推理测验版本的基础上，对斯坦福—比奈智力测验、韦氏智力测验等经典测验进行分析，确定了本测验采用语词辨析的形式，从四个选项中选出题干中的词汇意义最相近的一个词语。

举例：舒展的近义词为（　　）。

A 抒发　　　　B 舒服　　　　C 舒畅　　　　D 伸展

其中正确答案是"D 伸展"。

该测验可以评估对词汇的识别、理解和判断能力。出题的原则有：答案要明确唯一，不能有多个正确答案；干扰项和目标项的意义、词性要尽量接近，以增加干扰项的迷惑性；项目难度跨度范围要大，以便可以区分出不同能力的人；题干和选项中的词汇最好包括名词、动词和形容词、副词等；题目和选项的字数不限。语词辨析测验题目共编制 400 题。

2. 完形填空测验

完形填空测验最早由泰勒（Taylor）于 1953 年首创，并于 20 世纪 70～80 年代逐渐发展成熟。本研究中的完形填空测验主要参照雷诺兹（Reynolds）和坎普斯（Kamphaus）于 2003 年编制的雷诺兹智力评估量表（Reynolds Intellectual Assessment Scales，RIAS）。本测验包括 6 个分量表，用来测量受试者的一般认知能力和记忆能力，其中 4 个分测验构成复合智力指数（Composite Intelligence Index，CIX），其余两个分测验构成复合记忆指数（Composite Memory Index，CMI）。CIX 主要用于评估语言和非语言推理能力，有较高的 g 负荷（0.57 到 0.83），与韦氏成人智力测验第三版的相关达 0.75。在 CIX 中，通过在一句话中某处将一个词语删去，要求受试者根据前后文的内容选择合适的选项进行补充，采用四选一的形式。

举例：青蛙的眼睛非常（　　），看运动的东西很敏锐，看静止的东西却很迟钝（　　）。

　　A 迟钝　　　　B 敏锐　　　　C 特殊　　　　D 普通

其中 C 为正确答案。

该类测验主要考查对单句的理解、前后内容连贯性的把握，可以用来测量较为复杂的语言能力。出题原则有：①答案要明确唯一，不能有多个正确答案；②干扰项和目标项的意义要尽量接近，以增加干扰项的迷惑性；③项目难度跨度范围要大，以便可以区分出不同能力的人；④句子可以是一句话，也可以是两个分句。完形填空测验共编制 380 题。

3. 句义理解测验

句义理解测验主要形式是让受试者阅读一段话，再从四个选项短句中选择与该段话内涵相近的一个。

举例：近几年来，报刊征订强行摊派之风年年刮，一些上级部门借手中的职权，把负担压给基层，把好处留给自己。这句话主要是说（　　）

　　A 报刊征订受到基层重视，上级部门负责摊派

　　B 报刊征订强行摊派加重了基层负担

　　C 报刊征订强行摊派之风愈刮愈烈

　　D 应尽快制止报刊征订过程中的不正之风

其中"B"是正确选项。

该测验用于了解对整句话的理解和掌握，考查整体的语言能力，包括识别、比较、归纳、演绎和推理能力。相比前两个分测验，该测验测量的能力更为全面和深入。出题的原则有：①答案要明确唯一，不能有多个正确答案；②干扰项和目标项的意义要尽量接近，以增加干扰项的迷惑性；③项目难度跨度范围要大，以便可以区分出不同能力的人员；④题目和选项的句子长度适中，不宜过长。句义理解测验共编制 262 题。

最终根据三轮专家讨论和反复审核，挑选出 871 个语言能力测验题目，组成 10 套试卷，每套试卷均包括语词辨析测验、完形填空测验、句义理解测验 3 种类型的题目。

（二）语言能力测验的信效度检验

研究对象为入伍新兵和西安地区三所中学高中二年级学生，合计 1 474 名。均为男性，平均年龄为 18.9 ± 2.7 岁，受教育程度均为高中或高中以上。将 871 个语言能力测验题目分成 10 套试卷，每套 87 个题目。施测后结果见表 7-1。

表 7-1　10 套语言能力测验分析结果（n=1 474）

卷号	平均数	标准差	最低分	最高分	α 系数	通过率 / %	关系绩效 /r
1	84.40	10.85	36	99	0.90	0.81	0.39**
2	71.10	13.55	26	93	0.91	0.68	0.42**
3	81.98	10.21	47	99	0.88	0.78	0.44**
4	81.98	10.21	47	99	0.88	0.78	0.38**
5	73.52	10.29	40	93	0.86	0.70	0.41**
6	77.63	10.09	49	97	0.86	0.74	0.46**
7	64.70	15.41	27	87	0.93	0.62	0.36**
8	64.23	14.66	27	88	0.92	0.61	0.39**
9	65.76	10.48	34	84	0.84	0.63	0.37**
10	53.83	9.15	32	72	0.79	0.55	0.43**

注：*P<0.05；**P<0.01

结果显示，10 套试卷的平均难度为 0.69，平均区分度为 0.29，内在一致性信度平均为 0.88。与士兵任务绩效评估相关均达显著性水平（0.4 左右），说明新兵智力水平对其训练、完成任务有较好的贡献。

根据以上分析，对 871 个题目进行逐题分析。删除 51 道点双列（高分组通过率减低分组通过率）为负值的题、6 个答案不唯一的题、62 道答案不符合智力测验要求的题、37 道偏难的题、18 道其它问题，最终保留 715 题，其中 305 道语词辨析题，245 道完形填空题，165 道句义理解题。

（三）语言能力测验的应用效果研究

全国 10 个省市 57 792 名应征公民，均为男性，年龄 17~24 岁，平均年龄 19.3±1.2 岁，均为高中或高中以上。

测验等值形式采用中心放射式锚测验设计，把 715 题组成 20 套试卷，每套试卷有独立题目 35 题，还有所有试卷共有的 15 个项目，共 50 题，并编制计算机软件（图 7-1）。每名应征公民随机完成 20 套试卷中的任意一套，每套测验有 2 880 人参加。

计算机屏幕每次呈现一题，受试者判断后按相应的数字键作答，题目整体顺序为语词辨析、完形填空和句义理解。测验结束后计算机自动判别结果。

20 套试卷的内在一致性信度较好，α 系数均在 0.75 以上，平均点二列相关系数大小说明测验间区分度较好，平均难度为 0.64 说明难易适中，各套试卷的难度和区分度没有明显偏差（表 7-2）。

通过对语词辨析、完形填空和句义理解三类题目进行分析，可了解不同类型题目的检测效果。研究结果显示，语词辨析难度 0.64，区分度 0.40；完形填空难度 0.63，区分度 0.40，句义理解 0.69，区分度 0.45。整体而言，语词辨析和完形填空难度与区分度均非常接近,句义理解难度最小,区分度最大。三种类型题目之间的相关性均为显著(表7-3)。

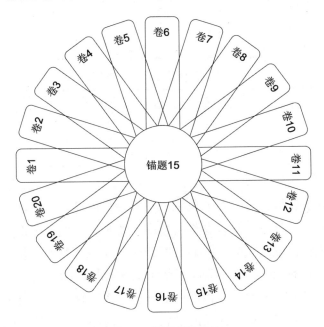

图 7-1 测验等值设计

表 7-2 语言能力测验全国性数据一般情况

试卷	均数	标准差	α 系数	平均点二列相关	难度
卷 1	32.79	5.76	0.77	0.30	0.66
卷 2	33.36	6.39	0.80	0.31	0.67
卷 3	32.20	5.89	0.77	0.30	0.64
卷 4	31.11	6.16	0.79	0.29	0.62
卷 5	33.89	6.07	0.80	0.31	0.68
卷 6	32.69	6.05	0.79	0.30	0.65
卷 7	32.71	6.49	0.82	0.33	0.65
卷 8	31.01	6.14	0.78	0.29	0.62
卷 9	31.55	6.80	0.82	0.32	0.63
卷 10	31.20	6.66	0.82	0.32	0.62
卷 11	33.56	6.65	0.80	0.31	0.67
卷 12	32.26	7.07	0.83	0.33	0.65
卷 13	31.18	5.86	0.75	0.28	0.62
卷 14	32.93	6.34	0.80	0.31	0.66
卷 15	32.02	6.10	0.78	0.29	0.64
卷 16	31.10	6.45	0.80	0.31	0.62
卷 17	31.90	6.46	0.81	0.32	0.64

续表

试卷	均数	标准差	α系数	平均点二列相关	难度
卷18	30.36	6.18	0.77	0.29	0.61
卷19	31.06	6.94	0.83	0.33	0.66
卷20	31.47	6.66	0.81	0.31	0.63

表7-3　三种题目类型之间的相关

分测验	完形总分	句义总分	总分
语词总分	0.51**	0.43**	0.86**
完形总分		0.41**	0.81**
句义总分			0.71**

注：*$P<0.05$，**$P<0.01$

推广应用效果表明，20套试卷的内在一致性信度良好，平均为0.80。全部试卷的得分大体呈正态分布，各试卷难度和区分度相当，说明在正式试验中，各试卷的题目分配比较合理。三类测验的难度和区分度略有差异，其中，语词辨析测验和完形填空测验的难度要大于句义辨析测验。分析认为，由于前两类测验字面呈现内容少，语料来源方便，有相当一部分题目难度较大；而对于句义理解测验而言，一方面，考虑到计算机界面的呈现要求，对题干、选项等限制较多，这样在句义理解测验题目编制中不得不放弃一些有难度的题目；另一方面，从出题角度考虑，句义理解测验题目有上下文的参考，为判断提供了一些线索，可能是导致测验难度偏小的原因，因此在实际编制测验中应该加大题目量。但总体看，三类测验区分度基本一致，相关系数均达到显著水平。

（四）语言能力测验的结构效度验证

探索性因素分析（Exploratory Factor Analysis，EFA）的目的在于用最少的"因子"概括和解释大量的观测事实，从而建立最简洁、最基本的概念系统。依此，本研究对全部20套试卷进行探索性因素分析。结果显示，20套试卷中碎石图在第二主成分处出现非常明显的拐点，说明各试卷的单维性较好。

验证性因素分析（Confirmatory Factor Analysis，CFA）是依据一定的理论对潜在变量与观察变量间关系做出合理的假设，并对这种假设进行统计检验。通常先采用EFA对数据进行分析，再用CFA进行深入分析、验证和模型构建。在本研究中CFI和NFI的划界点大于0.95以上，RMSEA的划界点小于等于0.05，SRMR的划界点小于0.08，说明模型的拟合度越好。

EFA和CFA分析结果表明，本研究编制的语言能力测验有较好的结构效度。

(五)语言能力测验的项目反应理论分析

1. 能力参数估计

本研究根据需要,采用三参数逻辑斯蒂模型。将题目随机分为两组,估计所有受试者在两组题目上的能力参数,结果见图7-2,显示三参数逻辑斯蒂模型和数据拟合可以满足能力参数不变性假设。

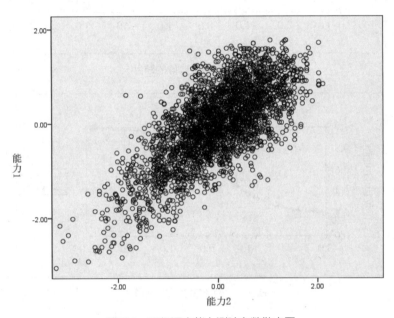

图7-2 两组语言能力测验参数散点图

2. 模型预测检验

选定一个IRT模型,估出能力与项目参数,并通过模型对各能力水平组的成绩做出预测,然后用预测成绩与实际成绩进行比较,相差越小,预测越好(图7-3、图7-4)。本研究发现,在715个测验题目中有31个存在参数不能求出和预测性差的问题,删除后余684个预测性较好的项目。

3. 题目参数估计

根据20套试卷IRT项目参数估计结果(表7-4),计算各类题型的难度和区分度。结果显示,题型难易程度从难到易的顺序是完形填空>语词辨析>句义理解,区分度从大到小的顺序是完形填空>句义理解>语词辨析。

4. 各套测验间等值性分析

检验20套测验难度和区分度之间的差异以及不同测验对锚题参数估计值的影响,对20套试卷的锚题难度和区分度参数结果进行分析。结果发现,绝大部分锚题的难度系数和联合估计值非常接近,说明20套测验的等值性好。

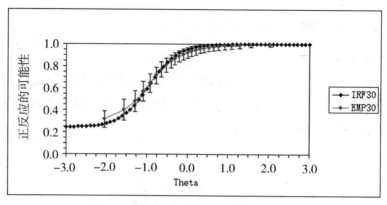

图 7-3　预测性较好的题目

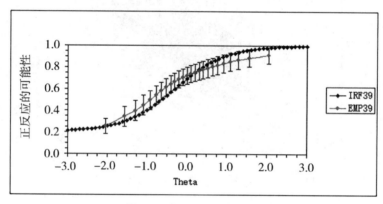

图 7-4　预测性较差的题目

表 7-4　三种题型项目参数值比较

题型	难易程度	区分度
语词辨析	−0.50	0.80
完形填空	−0.36	0.83
句义理解	−1.07	0.81

5. 题目信息函数分析

项目所提供的信息量是它所测受试者能力水平的函数。当区分度越大，即项目特征曲线越陡时，项目提供的信息就越多；当项目猜测参数越小时，项目能提供的信息也越多。测验信息量就是各项目所提供信息量的总和。最大信息量是判断测验质量的重要指标。本研究语言能力测验的信息函数在 0.6 附近，最大信息量为 123.36，符合测验编制和组卷分组的要求。

表 7-5 结果显示，所有试卷的信息量峰值介于 4.72 与 8.89 之间，对应的能力区间大部分介于 −0.88 至 0.63 之间，各试卷最大信息量对应能力值基本上都介于 −0.5 至 0.5 之间。通过题库的全部题目对所有受试者进行能力估计，能力分布

频数如图 7-5。图 7-5 呈非典型状态分布。-1.0 至 0.0 间的峰值，主要代表高中毕业生的群体；0.0 至 1.0 间的峰值，应该是大学生群体；1.0 至 2.0 间的峰值，估计为更高学历的群体（图 7-5）。

表 7-5 各套试卷项目信息函数峰值分布

试卷编号	最大信息函数值	对应能力值
卷 1	6.03	-0.63
卷 2	5.46	-0.13
卷 3	6.62	-0.88
卷 4	5.87	0.63
卷 5	5.39	-1.13
卷 6	5.09	-0.25
卷 7	5.25	-0.88
卷 8	4.72	0.00
卷 9	6.69	-0.25
卷 10	6.38	0.38
卷 11	6.16	-0.38
卷 12	7.48	0.13
卷 13	4.80	0.38
卷 14	6.20	0.25
卷 15	5.41	-0.13
卷 16	5.95	0.13
卷 17	6.49	-0.50
卷 18	4.97	-0.88
卷 19	8.89	0.25
卷 20	5.98	-0.13

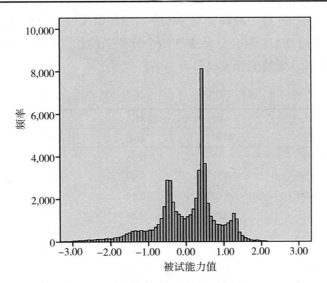

图 7-5 受试者能力值分布图

(六)语言能力测验的时长确定

受试者为 2 000 名入伍新兵,共 20 套语言能力测验,将受试者分为 10 组,每组使用同一套试卷。测验不限时,要求受试者在正确的前提下尽快完成测验。结果表明,所有受试者均在 24 分钟内完成,平均用时 703.00 秒。其中语词辨析测验平均每题 9.48 秒,最长 27.00 秒;完形填空测验平均每题 13.09 秒,最长 28.00 秒;句义理解测验平均每题 22.39 秒,最长用时 55.00 秒。考虑实际检测的要求,最终确定各测验每题作答时限分别为 30 秒、30 秒和 60 秒。

(七)语言能力测验的计算机辅助测验效度验证

将 20 套语言能力的计算机辅助测验,分别与韦克斯勒成人智力测验(Wechsler Adult Intelligence Scale,WAIS)语言分量表中的常识、类同、词汇、理解四项分测验和学校语文考试成绩作相关分析、检验效标关联效度。

随机抽取西安地区 3 所中学的高中二年级学生 310 人,平均年龄 17.2 ± 1.3 岁,均为男性。

采用的测验有《军人语言能力测验》的计算机辅助测验,以及湖南医学院龚耀先等修订 WAIS 中国版。

将受试者随机分为两组:一组先接受计算机测验,然后完成 WAIS 测验;另一组受试者顺序相反,先完成 WAIS 测验,再进行计算机测验。由于计算机软件是随机出题,可以保证接受每套试卷的受试者人数基本相当。WAIS 测验由三名接受过系统培训的主试进行个别测试,严格按照测验标准和要求进行结果评定,并记录时间。同时,根据学校成绩档案,提取所有受试者高二年级第一学期语文考试成绩。《军人语言能力测验》与 WAIS 成绩和语文成绩间相关见表 7-6。结果显示,20 套试卷与 WAIS 语言分量表的四个分测验的相关绝大部分达到显著性,同时与受试者的语言成绩的相关也具有显著性相关。

表 7-6　测验平均得分与 WAIS 语言分量表的相关(r)

试卷编号	WAIS 语言分量表				语文成绩
	常识	类同	词汇	理解	
1	0.49*	0.54*	0.46*	0.58**	0.55**
2	0.50*	0.51*	0.49*	0.48*	0.51*
3	0.42	0.48*	0.50*	0.45*	0.57*
4	0.55**	0.48*	0.56*	0.57*	0.47*
5	0.47*	0.55*	0.52*	0.51**	0.49*
6	0.54*	0.48*	0.50*	0.55**	0.54*
7	0.45*	0.54*	0.47*	0.50**	0.54*

续表

试卷编号	WAIS 语言分量表				语文成绩
	常识	类同	词汇	理解	
8	0.47**	0.49*	0.54**	0.44	0.50**
9	0.55**	0.51*	0.56*	0.41	0.54*
10	0.44*	0.55**	0.47*	0.46*	0.46*
11	0.47*	0.54*	0.55**	0.54*	0.56**
12	0.45*	0.51*	0.46*	0.47*	0.48*
13	0.51*	0.52*	0.55**	0.47*	0.47*
14	0.32	0.45*	0.56*	0.55*	0.56**
15	0.49*	0.57**	0.44	0.54*	0.46**
16	0.50*	0.43	0.60**	0.46*	0.50*
17	0.50**	0.45*	0.54*	0.47*	0.54*
18	0.55**	0.57**	0.48*	0.51*	0.55**
19	0.46*	0.50*	0.50*	0.40**	0.51*
20	0.48*	0.54*	0.55*	0.53*	0.47*
平均相关	0.48	0.51	0.52	0.49	0.51

注：*$P<0.05$；**$P<0.01$

（八）研究讨论

尽管 IRT 能解决许多 CTT 难以解决的测验编制与应用问题，具备许多优点和功能，但是这种优点和功能并不是靠一套参数估计方法和计算机程序就可以保证的，只有当所选的项目反应模型确实与施测资料的性质相符，即模型—资料拟合度检验结果优良时，IRT 的优点和功能才会体现出来，所以在应用 IRT 对数据分析之前，检验模型—数据的拟合是至关重要的。本研究严格按照 IRT 拟合检验要求，从模型假设检验、模型性质检验和模型预测检验三个方面进行了深入研究。

在模型假设检验中，本研究应用了目前在国际上被广为接受的因素分析方法 EFA 和 CFA。EFA 的原理是通过多个可观测变量间的相关，探查不可观测变量的属性，为研究者提供了一种确实可行的统计方法，但 EFA 只考虑了数据间的纯数字特征而没有任何理论前提，由于因素的数量以及因素间的关系都是未知的，所以所有的因素负荷、因素相关、唯一性方差等均是待估参数。CFA 是在对研究问题有所了解的基础上进行的，这种了解可建立在理论研究、实验研究或两者结合的基础上。在本研究中，先用 EFA 对全部数据进行了初步分析，绝大部分试卷的第一特征根与第二特征根之比大于 3.5，符合单维性假设要求，结果提示语言能力测验具有单维性趋势，然后将模型设置为单因素，应用 CFA 进行进一步验证，两种方法均证实本测验符合单维性假设。

在模型性质检验中，需要从项目参数不变性和能力参数不变性两个方面进行。在验证项目参数不变性中，常规的方法是将参加某一套试卷的受试者进行随机分组，然后分别对这两组受试者进行项目参数估计，将估计结果进行相关计算和散点图标记。由于 IRT 的一大优势在于项目参数不变性，即对于不同能力受试者而言，估计出的项目参数应该不会有太大差异，所以本研究提高了检验标准，采用分层交叉等组技术，根据受试者得分将其分为高、低能力组，然后在各组内再随机分为两组，分别计算参数之间的相关。结果显示，三参数 Logistic 模型在项目难度参数和区分度参数上表现出较好的拟合性，根据不同能力组估计出的项目参数，证实了语言能力测验的参数不变性。能力参数不变性的检验也取得了较好的效果，两方面结果说明该模型性质检验结果良好。

模型预测检验的方法有很多，本研究主要采用简便易行的图形法进行验证，结果显示，共有 31 个题目无法估出参数或拟合性不好，将这些题目删除后，共余 684 个题目。

IRT 项目参数估计的结果显示，完形填空测验的难度最大，达到了 −0.36，其次是语词辨析测验，而句义理解测验相对简单，三者的区分度基本接近。

本研究的等值设计采用的是中心放射式锚测验设计，结果显示，除拟合不良的两道锚题外，其余锚题在各测验中估得的参数值和在联合估计中求得的参数值基本一致。

信息函数分析结果显示，语言能力测验的全部 684 题在能力量表 0.6 附近，可得到最大信息量 123.36，符合测验编制和组卷的要求。信息函数峰值说明，对位于平均能力水平的受试者，各测验有最好的检测效果，测验误差最小，说明该试卷难度中等，较原来的语词推理测验难度有了较大提高。

对受试者能力值进行频数分析，结果显示大部分受试者的能力分布于中等能力水平附近。

对计算机辅助测验的效度验证结果表明，该语言能力测验和 WAIS 的语言类测验以及学校语文考试成绩这两个效标显著相关，证实效标关联效度较好。语言能力测验和士兵工作绩效之间存在显著相关，证明该测验的预测效度较好。

（彭　波　武圣君　王攀辉　刘权辉）

参考文献

[1] Dale E. Vocabulary Measurement: Techniques and Major Findings[J]. Elementary English, 1965, 42:895-901.

[2] Palmberg R. Patterns of Vocabulary Development in Foreign Language Learners[J]. Studies in

Second Language Acquisition, 1987, 9: 201-220.
［3］Laufer B, Goldstein Z. Testing vocabulary knowledge: size, strength, and computer adaptiveness[J]. Language Learning, 2004, 54: 399- 436.
［4］Cronbach L J. An analysis of techniques for diagnostic vocabulary testing[J]. Journal of Educational Research, 1942, 36: 206-217.
［5］Nation I S P. Teaching and Learning Vocabulary[M]. New York: Newburry house Publishers, 1990.
［6］陈原. 社会语言学[M]. 北京：商务印书馆出版社, 2000.
［7］Paivio A. Mental Representations: A Dual Coding Approach[M]. New York: Oxford University Press, 1990.
［8］Chomsky N. Syntactic structure[M]. The Hague: Mouton, 1957.
［9］Lenneberg, E H. The natural history of language[M]. Cambridge: MIT Press, 1966.
［10］武圣君, 基于项目反应理论的中国应征公民言语能力测验的编制. 西安：第四军医大学[D]. 2009.

第8章
物体组合测验及研究

一、概述

（一）物体组合测验的概念

物体组合（assembling objects）测验是一类考查空间能力（spatial ability）的测验。空间能力测验可以通过平面图形方式了解一个人对两维或三维空间物体空间关系的理解能力，对日常生活和军事作业具有重要意义。在 ASVAB 中的物体组合测验，旨在测量受试者通过视觉观察发现各物体空间关系（可视化空间关系）的能力。例如，当受试者看到某物体的各个部分时，确定这些部分应该如何进行正确地组合。

（二）物体组合测验考查的目的与意义

对于空间能力的研究最早起源于对机械能力和实际操作能力的研究。当时人们将其称为"空间因素"，并提出空间因素是某些实际操作能力的基础。研究表明，很多职业成功与否都与空间能力呈高度相关；后人研究认为，空间认知能力对于飞行职业更为重要。因此，从人类进行心理选拔以来，几乎所有以选拔为目的的心理测验系统都从未忽略过空间因素的价值。

（三）空间能力的定义

空间认知能力作为人类智能结构中的重要组成部分，已被广大研究者认可。目前对于空间能力的定义不尽相同，大家认同的主要观点有：对空间物体内部表征的编码、转换、合成和识记的能力以及判定与其他物体和空间位置关系的能力；处理视觉形状关系的能力；个体能够根据物体空间位置，识别形状并智能地重新安排物体位置的能力；获得并易于运用的空间想象能力；对图形进行心理操作以及推理视觉景象的能力。在这些定义中均明确指出，空间能力产生于大脑，作用于空间信息，并且是认知推理的一种形式。

（四）空间能力的结构及相关测验

关于空间能力的理论结构，目前尚无统一的观点。经典理论认为，个体的空间能力不是单一的结构，它可以分解成两个因子，空间视觉化（spatial visualization）和空间定向（spatial orientation）。空间视觉化能力包括表象旋转、操作加工及扭曲二维和三维刺激物的能力。空间定向能力包括对视觉刺激图形各元素排列关系的理解能力。在呈现的空间结构中，随着空间结构方向的不断变化而仍保持方向的能力。此外，还有研究认为是根据自身位置来定向空间能力的。根据前人的研究，在20世纪80年代有学者指出空间能力由三个因子组成：空间关系、空间视觉化和空间定向。空间关系指个体对表象的客体经过空间旋转后如何出现的感知能力。近年的研究趋向于空间能力因子的多元化，如卡罗尔（Carroll）提出的空间能力五因子模型，认为空间能力由空间视觉化、空间关系、趋向速度、趋向灵活性和知觉速度组成。为了解决因子分析带来的不一致性，有学者建议采用刻面理论和多维度相似结构分析的方法来研究空间能力结构，进一步提出了圆柱体楔状模型。无论用什么方法来分析空间能力，都不难发现空间视觉化和空间定向始终是比较稳定的两个因子。

常用的空间能力测验包括纸板测验（Paper Form Test，PFT）、木块设计（Block Design Test，BDT）、木块旋转测验（Block Rotation Task，BRT）、表面发展测验（Surface Development Test，SD）、透视图测验（Perspective Tasks）、立方体比较测验（Cube comparison test，CCT）以及空间想象能力测验等，分别对空间能力不同的结构进行针对性测验。戈登（Gordon）编制了一套能够有效评价人脑言语和空间两大认知功能整体水平和分化水平的测量工具，称认知分化成套测验（Cognitive Laterality Battery，CLB）。CLB中的视觉化空间能力测验包括：空间定位（Location）、积木连接（Touching Blocks）、S-M心理旋转（Shepard-Metzler Mental Roatation，S-MMR）和图画完形测验（Picture Completion）。有文献报道，CLB是一套具有良好的信度和效度的神经心理学测验，近年来在美国以及西方国家的临床医学、管理学、教育学以及众多领域内的人员选拔和鉴别方面取得了良好的使用效果。

（五）空间能力的应用价值与研究

空间能力测验对特殊人员选拔和作业绩效评估具有较好的预测性，其在人员选拔决策上的价值已被很好地证实。克里斯塔（Chistal）进行了大量的有关职业能力测验预测效度文献回顾性分析，认为空间能力是职业选拔和绩效预测的重要指标。美国劳动署列出了需要较高空间能力的职业，其中对工程、自然科学、绘图、设计四种职业类型预测解释率高达85%。空间能力对于飞行职业也尤为重要。在短暂的时间内综合处理大量信息、做出准确判断的决策过程已成为现代战斗机飞行员飞行认知加工的主要特征，这一过程在很大程度上依赖于良好的空间表象能力。一个合格的飞行员必须有能力根据仪表读数和直觉感知来判断自己与外部世界的位置关系，判断外部世界各客体所在的位置、大小和外形，确认其与个体所在的位置与距离，并迅速在头脑中清晰地形成当前飞机状态的正确表象，快速适应飞机在三维空间不断进行的高度、速度和状态的变化，从而准确操控飞机。1988年戈登分析了美国海军航校600名学员的认知特征与其成功率间的关系，发现视觉化空间认知的分数每增加一个标准差，飞行学员毕业的可能性就会增加两倍。

空间能力测验对职业技术培训具有较明确的预测性。最早关于职业培训效果的预测研究是在1964年由奥康纳（O'Connor）专门为测量空间能力设计的测验，用于对职业学校培训效果的预测。他利用扭曲木块测验发现，测验成绩对两组职业学校男生技能等级的预测效度分别为0.62和0.42。Paterson在大量有关机械能力的研究中发现，空间测验对于初高中和技术学校课程学业成绩的预测特别有效。霍利迪（Holliday）采用成套能力测验对参加贸易、工程和商业课程培训的学员进行测量发现，言语测验与技能熟练性之间的相关系数为0.07，而空间测验为0.66。亨特（Hunter）使用明尼苏达纸板测验（Minnesota Paper Form Board，MPFB）和奥茨智力测验B型（Otis Intelligence Tests，Form B）对技术学生的技能课程等级水平进行预测。结果前者与其效标的相关系数为0.45，后者则为0.28。同时，Smith通过十一项测验对一所职业学校的一、二年级学生进行测试，结果发现空间测验成套量表在工程制图和美工课上的预测效度为0.66和0.39。两门课程的等级与奥茨智力测验的相关系数仅为-0.07和0.019。彼得森（Peterson）等研究指出，空间能力和心理运动能力一样，对于与意愿相关的工作绩效预测力很小，但是空间能力和心理运动能力对与能力相关的工作绩效预测性却是明确的，相关系数分别达到0.54和0.49。

（六）空间能力研究存在的问题

值得注意的是，尽管空间能力的研究已经开展了近百年，但仍存在许多问题，如：①在空间能力选拔中还存在着对空间能力测验的误用问题；②对空间能力结构还存在一定的分歧，有文献报道除了空间能力和空间定向能力外，还应该包括动态空间因子；③空间能力性别差异是否存在仍无公认的依据；④对空间能力测量的评分仍然存在争议，尤其是表象旋转测验的指标是否需要进一步细化等问题。

(七) ASVAB 中空间能力测验

对于 ASVAB 而言，物体组合是较为"年轻"的测验。美军于 2005 年对 ASVAB 进行修订时，删除了数字运算（numerical operations）和编码速度（coding speed）测验，并正式添加了物体组合测验。该测验最初只在计算机版的 ASVAB 中使用，大约一年后被加入到纸质版的征兵测验中。物体组合测验不在美军武装部队资格测验（Armed Forces Qualification Test，AFQT）中，也就是其分数不影响受试者能否应征入伍。物体组合测验的实际意义主要体现在其分数作为军方衡量受试者能否胜任某些工作的一项指标。目前物体组合测验主要应用于海军，该测验在未来可能会有更广泛的用途。

二、ASVAB空间能力测验考查形式

最新版本的 ASVAB 测试中，物体组合测验主要有两种版本。计算机自适应版本测试中，受试者需在 22 分钟内完成 15 个问题；在纸笔版本测试中，受试者需在 15 分钟内完成 25 个问题，即平均每道题有不到一分钟的时间。此外，部分受试者可能会遇到预测试问题（Tryout Questions）。预测试问题的目的是对这部分题目的质量进行考察，以备用于以后 ASVAB 的测试中，这些问题不计入受试者的实际分数。如果受试者抽到了预测试问题，则需在 42 分钟内完成 30 个问题。此测验题目均为单项选择题。

三、ASVAB中空间能力测验考查内容

虽然 ASVAB 的大部分测量都涉及高中水平的学术知识，然而物体组合测试却不包括在高中学术知识中。物体组合测验的每道题目将呈现五张图片，第一张图片是构图元素，展示了一个物体被拆分成几个部件，后四张图片为备选答案，展示了这些部件被组合或者连接后可能形成的图形。受试者需要按照题目要求在四张图片中选出正确的图形。这些题目考察了受试者的空间能力，受试者需要在作答时进行心理旋转，即在大脑中运用表象对物体进行二维或三维旋转的想象，以预测物体在空间中被操作后的样子。物体组合测验中的试题可以大致分为两类，第一类是拼图类型问题（jigsaw-puzzle-type problems），第二类是物体连接类型问题（connector-type problems）。

1. 拼图类型问题

拼图类型问题，顾名思义，该类题目的考查形式类似于拼图游戏，区别在于

该类型的试题没有实体化的拼图碎片，需要受试者在大脑中移动图形进行拼图。通常，受试者将在第一张图片中看到若干碎片化的图形，其任务是在后四张图片中选出一张由这些碎片组合而成的图片。

如图 8-1 所示，在第一张图片中，展示了一个圆形被分割成的几个部分。测验的要求是选出这些部分组合的正确形状。本题答案为 C。

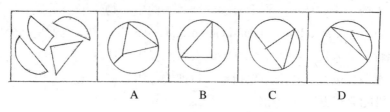

图 8-1 拼图类测验举例

2. 物体连接类型问题

在物体连接类型问题中，通常会向受试者展示两种几何图形，这些图形可能是规则图形，如三角形、四边形、圆形等，也可能是不规则图形，如云朵形状、字母形状、心形等。在第一张图中，几何图形被字母和圆点所标记，这些字母和圆点表示连接点。受试者的任务是选出两种几何图形用线段所连接的正确形状。

如图 8-2 所示，在这组图形中，有两种几何图形：半圆形和长方形。在第一张图中，半圆形和长方形分别被标记了 a 和 b，测验的要求是在后四张图片选择出 a 与 b 用线段连接后的正确图形。

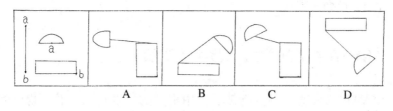

图 8-2 物体连接类测验举例

对于本道题目，正确答案为 A。第一张图片中，半圆形的连接点位于底边的中点，长方形的连接点位于一个顶角。在选项 B 和 D 中，半圆形的连接点与第一张图片不符，在选项 C 中，长方形的连接点与第一张图片不符，它们显然是错误的。

此外，连接后的组合图形可能会以旋转的镜像的方式在答案中出现，此时，对于受试者的空间旋转能力要求更高。旋转（rotation）是指物体围绕着一个定点旋转一定的角度，与其容易混淆但不相同的概念是镜像（mirroring），指的是一个物体在平面镜中反射出来的像。如果物体本身不是反射对称的，那么镜像与原物体则有所不同（图 8-3）。

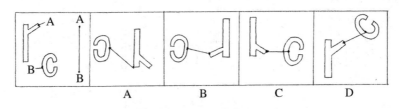

图 8-3 空间旋转测验举例

在这道题目中,正确的答案为 B。在选项 A 中,字母 Y 为第一张图中所示图形的镜像,连接点与第一张图不同。在选项 C 中,字母 Y 为第一张图中所示的镜像。在选项 D 中,Y 的形状与第一张图不同。

四、ASVAB空间能力测验试题举例

本部分试题来源主要参考《Kaplan ASVAB Premier 2015 With Practice Tests》（Kaplan ASVAB Premier 2015 With 6 Practice Tests）一书。

例题 1：请问下图（图 8-4）最左侧的图形碎片通过旋转加工后能够组合成右侧 A、B、C 或 D 哪个整体图形？

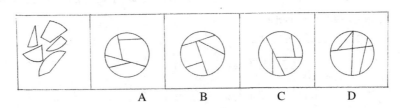

图 8-4 空间能力测验试题举例 1

正确答案：A

例题 2：请问下图（图 8-5）最左侧的图形碎片通过旋转加工后能够组合成右侧 A、B、C 或 D 哪个整体图形？

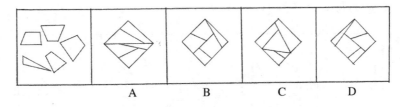

图 8-5 空间能力测验试题举例 2

正确答案：B

例题 3：请问下图（图 8-6）最左侧的图形碎片通过旋转加工后能够组合成右侧 A、B、C 或 D 哪个整体图形？

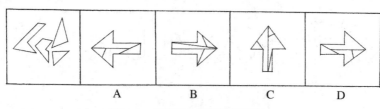

图 8-6 空间能力测验试题举例 3

<u>正确答案：D</u>

例题 4：请问下图（图 8-7）最左侧的图形碎片通过旋转加工后能够组合成右侧 A、B、C 或 D 哪个整体图形？

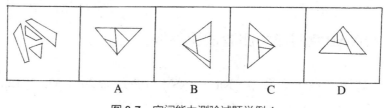

图 8-7 空间能力测验试题举例 4

<u>正确答案：D</u>

例题 5：请问下图（图 8-8）最左侧的图形碎片通过旋转加工后能够组合成右侧 A、B、C 或 D 哪个整体图形？

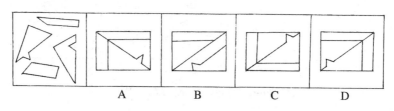

图 8-8 空间能力测验试题举例 5

<u>正确答案：A</u>

例题 6：请根据下图（图 8-9）最左侧的图形碎片和连接点指示能够组合成右侧 A、B、C 或 D 哪个整体图形？

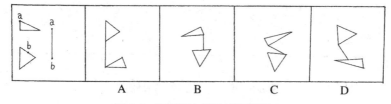

图 8-9 空间能力测验试题举例 6

<u>正确答案：B</u>

例题 7：请根据下图（图 8-10）最左侧的图形碎片和连接点指示能够组合成

右侧 A、B、C 或 D 哪个整体图形？

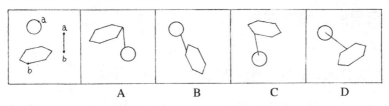

图 8-10　空间能力测验试题举例 7

正确答案：C

例题 8：请根据下图（图 8-11）最左侧的图形碎片和连接点指示能够组合成右侧 A、B、C 或 D 哪个整体图形？

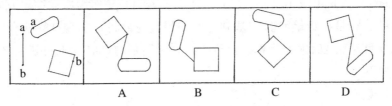

图 8-11　空间能力测验试题举例 8

正确答案：B

例题 9：请根据下图（图 8-12）最左侧的图形碎片和连接点指示能够组合成右侧 A、B、C 或 D 哪个整体图形？

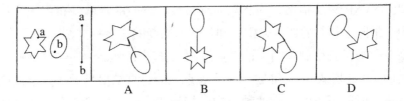

图 8-12　空间能力测验试题举例 9

正确答案：A

例题 10：请根据下图（图 8-13）最左侧的图形碎片和连接点指示能够组合成右侧 A、B、C 或 D 哪个整体图形？

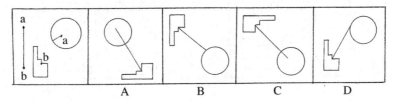

图 8-13　空间能力测验试题举例 10

正确答案：C

五、空间能力测验的编制

（一）应征公民计算机自适应化图形智力测验

围绕士兵心理选拔展开了空间能力测验编制研究，完善了征兵智力测验的内容，并利用项目反应理论来构建试题库，形成了我军第一套计算机自适应图形智力测验。以下介绍应征公民计算机自适应化图形智力测验的编制步骤及方法。

研究主要分为三个步骤：纸笔测验、计算机辅助测验和计算机自适应测验（Computerized Adaptive Test，CAT）。其中纸笔测验是作为探索性研究采用的，计算机辅助测验是在纸笔测验的基础上对条目进行修订、实现计算机化，并建立CAT试题项目库。最后根据计算机化测验结果对编制的CAT测验并进行效度验证。具体步骤如下：

1. 纸笔测验

研究目的是编制测验条目，并使用纸笔测验探讨应用项目反应理论编制图形智力测验的可行性。

（1）材料与实施过程

在文献回顾和咨询专家意见的基础上，参考明尼苏达纸板测验修订版和美军2005年版ASVAB测验指南，编制双向细目表。测验的难度分布依次为：单纯四合一拼图、带阴影判断的四合一拼图和带方向判断的三合一拼图。

根据双向细目表绘制草图，请专业绘图人员利用Photoshop 7.0软件将草图绘制成标准的JPEG格式，共48题，在测验量表的首页给出指导语并举例说明答题方法。在有关时间要求时，有两种不同的指导语，一种是"请在保证准确的前提下尽快作答，速度越快得分越高"；另一种是"答题的时间不影响成绩，请尽量保证准确"。试题为横向排列的5个方框，第一个方框中为构图元素，后4个方框为备选答案，要求受试者选出由构图元素正确拼接形成的图形（图8-14）。

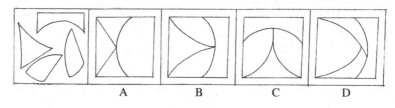

图8-14 纸笔测验试题举例

参加纸笔测验的受试者为1 450名2005年入伍的新兵，分别来自驻陕、豫、京三地区的陆军、空军和武装警察部队，平均年龄18.6±1.2岁，均为健康男性，受教育程度从小学到大专不等。

测验内容为编制的拼图测验,由48道选择题组成,采取集体测试的方式进行。图形测验采用两级(1,0)记分模式。在1 450名受试者中随机抽取100人,由其所在班班长对受试者进行绩效评价,所用问卷为《士兵工作绩效评价问卷》。

(2)实验结果及结论

资料模型适合度检验因子分析结果显示,第一因子载荷为8.53,为可解释方差的18.96%;第二因子载荷为2.40,第一因子与第二因子的比值为3.55,说明该测验具有较好的单维性,符合项目反应理论的假设要求,可以应用项目反应理论(Item Response Theory,IRT)进行指导编制和参数计算。第28题、31题和第43题为无效题,故将其删除后进行各题参数估计,绝大部分条目都有较好的区分度($a>0.5$),猜测指数也比较小($c<0.25$);测验信息函数(Test Information Function,TIF)表明,在难度参数为 -0.7 处,可得到测验的最大信息量12.304。试题参数分布及整个测验的信息量比较理想,有较好的信度,且测验结果与士兵工作绩效评价中任务绩效具有显著正相关($r=0.405$),具有较好的预测效度,提示该测验在修订后可用于士兵心理选拔。

2. 计算机辅助测验

计算机辅助测验是随着计算机工业的发展而逐渐兴起的一种测验方式,人们可以利用计算机完成试题呈现,结果判断以及一些参数记录等原来依靠手工完成的任务。和纸笔测验相比较,计算机辅助测验具有省时省力、结果判断迅速、记录准确等优点。前已述及,纸笔测验和计算机辅助测验都是为实现CAT化而进行的预试验。在纸笔测验中还存在一些问题需要通过扩大题库、扩大受试者量以及准确记录反应时间等措施进行解决。

(1)材料与实施过程

根据纸笔测验结果,在专家咨询的基础上,对双向细目表进行修订,增加了高难度、拼图素试题的数量,最复杂的有六合一拼图,带方向判断的题目增加了迷惑选项,提高了试题难度。经过题目收集、预实验后,将原有的5套试卷各60道题目且不设时间限制改为7套,每卷试题48道,以满足征兵心理检测时间限制。题目采用中心放射式铆题设计,即在7套试卷中有15道共同的试题。为了减小题目排列顺序对答题的影响,将铆题均匀地编排于试卷中,尽量避免非能力因素对试题参数估计的影响(图8-15)。

实验基于2003年至2005年应征青年心理检测计算机软件进行计算机辅助测验。该检测系统性能稳定、安全性高、即时评判、操作简单等要求,适合大面积推广施测。参加测验的应征青年分布在辽宁、山东、河南、江苏、广西、陕西六个省的137个县,共收集有效数据55 777人。

图 8-15 测验等值设计

（2）实验结果及结论

研究选择三参数 Logistic 模型，分别对数据进行单维性检验、参数不变性检验、模型预测性检验，结果表明 7 套试卷都满足单维性假设，具有良好的模型稳定性和预测性。项目区分度参数 a 介于 0.605 与 3.019 之间，平均为 1.436；难度参数介于 -1.653 和 2.793 之间；猜测参数介于 0.047 和 0.396 之间，平均为 0.191；受试者能力值介于 -3.177 和 2.659 之间，均数为 0。

就时间参数对测验成绩的影响研究发现，通过曲线拟合，测验答对率与测验时长之间不存在线性关系，答对率的高峰都出现在 20 秒到 40 秒之间，在 60 秒以上的时间里，答对率显著下降，故给定每题 70 秒的时间是合理的。

对双向细目表的分析表明，试题难度完全符合预期。铆题分析结果表明，大部分铆题的难度系数在 7 套试卷中分别估计所得结果和 7 套试卷联合同时估计所得结果相近，铆题质量较好。

项目信息函数和测验信息函数结果分析表明，本测验信息函数峰值主要分布在能力参数 θ 取值为 -0.5 到 -0.8 区间，说明对能力稍低于平均水平（能力均数为 0）的受试者，各测验也具有很好的测验效果，即测验误差最小。各试卷的测验信息函数峰值均在 13.0 以上，所有 246 道条目构成的总体项目库，在能力量表区间 -0.8 处，可得到最大信息量 77.439，满足编制测验的要求，能很好地反映受试者的特质水平。

应用概化理论对试卷分析结果表明，受试者效应、试题效应、交互效应与残差效应三者相比，由受试者提供的方差分量最大，说明这 7 套测验能够有效地引起不同受试者的不同反应，信度较好；同时，研究还考查了题目数量对信度产生的影响，发现 48 道题组成的测验具有良好的信度，与通常认为的随着测验长度增加测验信度也会提高的看法相一致。

3. 计算机自适应测验

该步骤目的是编制适合于应征青年心理检测的 CAT 化图形智力测验，通过前期的纸笔测验和计算机辅助测验，已对图形智力测验中所选择测试材料和 IRT 模型之间的适应度进行了检验，编制了 246 道题目的初级测验试题项目库。

CAT 是使用计算机程序进行施测决定如何开始对一名特定能力水平的受试者进行施测、根据受试者对先前一项目的作答反应挑选后续测试的项目、根据受试者对施测项目的反应来估计特质水平、应用一种或多种规则终止测验。CAT 化图形智力测验的实现包括，题库建设、测验编制和效度验证三个主要部分，其中测验编制是核心内容，又包括初始值估计、选题策略、参数估计、终止规则等内容。

在前期的计算机辅助测验中，研究选择 3PL 模型，采取中心放射式铆题等值设计，共编制了七份试卷，每卷 48 个题目，其中包括 15 道铆题，所有题目均为四选一的选择题，共计产生了 246 个试题的参数。按照三条原则进行筛选：一是根据计算机辅助测验的结果，删除区分度小于 0.5（$a < 0.5$）或者猜测指数大于 0.25（$c > 0.25$）的条目；二是根据 BILOG—MG 软件估计能力参数，删除卡方和自由度比值大于 5 的结果；三是根据资料模型拟合曲线对条目进行分析，剔除虽然满足了上述两个条件，但拟合曲线明显有偏差的条目。最后共保留 208 道题目，构成项目库。

计算机自适应测验的施测过程一般分为两个阶段：一是试验性探查阶段。测验开始时，一般并无受试者真实水平的信息，所以可施测一批探查性试题，以初步估计出受试者水平，也称作初始能力估计；二是精确估计真值阶段。这一阶段应严格适应受试者水平"因人施测"。根据受试者作答反应估计出其能力值，并呈现相匹配的题目直到满足测验终止条件。研究在终止规则中采用了时间、施测条目数和测验信息量三种策略来终止测验。CAT 图形智力测验的基本流程见图 8-16。

研究采用贝叶斯方法来估计能力参数，根据对给定的 5 个难度和区分度指数都适中条目的作答反应来估计初始能力值。采用 a 参数分层抽样和最大信息量法选择试题，采取贝叶斯后验分布估计受试者能力值，采取固定试题数量法和确定测验信息函数值两种规则编制 CAT 图形智力测验。

在效度验证上，使用韦克斯勒成人智力测验（Wechsler Adult Intelligence Scale，WAIS）中的积木测验和在校学业成绩（物理、数学、语文三门功课的统考成绩）为效标进行验证，计算两种测验与效标之间的 Pearson 相关系数。研究对 52 名中学生施测 CAT 图形智力测验和 WAIS 智力测验积木测验，结果表明该 CAT 图形智力测验软件性能稳定，测验成绩与 WAIS 智力测验积木测验成绩有显著正相关（$r=0.602$），与数学和物理考试成绩也有显著正相关，提示该测验有较好的效标关联效度。通过对固定试题数量法和确定 TIF 值两种测验终止规则比较发现，在目前的试题库条件下，采用固定试题数量法更适合征兵心理检测的实际需求，更加简便可行。

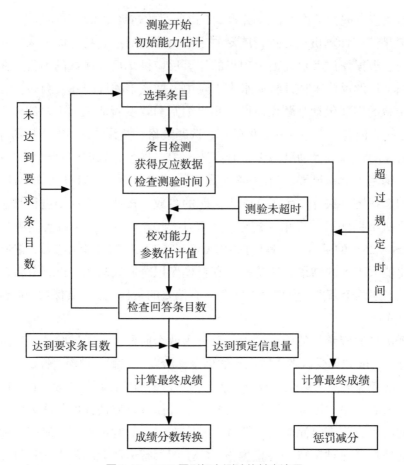

图 8-16　CAT 图形智力测验的基本流程

综上所述,以空间能力为切入点,以项目反应理论为支撑,以实现计算机自适应测验为目的,开发的有关空间能力的测验,完善了征兵智力测验的内容,为最终实现士兵心理选拔和分类系统提供了理论和实证基础。同时,该研究所检测的受试者样本近 6 万个,总采集数据量达 1 000 多万条,是大样本 CAT 智力测验的实证研究,为之后大样本实验数据收集和处理提供了方法学的借鉴。

(二) 有意义线图认知测验研究

现有对于空间能力与认知侧化能力进行测量的常用工具——认知分化成套测验已被许多国家所应用。虽然空间视觉化测验中几项测验,如图画完形测验、积木连接测验、S-M 心理旋转测验和定位测验均对飞行职业具有很好的预测性,但在实际实施的过程中仍存在许多问题。以图画完形测验为例,存在如下的问题:①测验存在明显的文化差异和"地板效应",如测验中一些图形熟悉度的差异使得其对于我国受试群体难度太大;②测验构成项目的结构要素不明确,不仅对测验的再编制构成极大不确定性,也使图画完形测验的理论研究困难重重;③测验的"重测信度"较低;④我国目前还没有关于图画完形测验的研究报告,更缺乏有关测题方面的研究。这些问题制约了飞行员的选拔效果和发展。

空间视觉化研究主要包括以下三个方面:①通过对有意义线图(meaningful patterns)视觉特征点的提取和特征点权重,提取图形特征点权重顺序,从而对有意义线图识别的加工策略进行探讨;②对特征点构成缺损的有意义线图进行项目分析,提取难度和鉴别力合适的图形,从而为下一步编制图画完形测验提供依据;③对形成的图画完形测验进行信、效度检验,利用因子分析方法分析测验的结构效度,分析不同职业人群中测验成绩的差异;利用效标团体分析测验的效标关联效度,分析趋向速度能力的年龄效应。

1. 有意义线图特征点的提取

(1)材料与实施过程

测验所用的图形选自北京师范大学提供的《图形标准化资料》,共选取 30 张有意义线图。图形的命名一致性为 0.8~1.0,表象一致性为 3.0~4.3,熟悉度为 3.5~4.7,视觉复杂性为 2.0~3.5。

将受试者随机分为三组,每组 30 人。第一组需要受试者在答题卡上圈出识别图形时所依据的图形的特征,要求受试者尽可能保证所提取的两个特征不要重合,如果这两个特征相距较近时,也可以将这两个特征作为一个特征提取,在提取时要围绕所选特征的重心画圈(样例见图 8-17)。将选中的 85% 以上的图形特征作为该图特征点。第二组和第三组受试者分别对由主要特征点构成的缺损图形(样例见图 8-18)和由非特征点构成的缺损图形(样例见图 8-19)进行识别。而后对选取的特征点的性质进行分析,计算连接点和会切点的特征点占总特征点的百分率。

图 8-17 有意义线图视觉特征点的提取

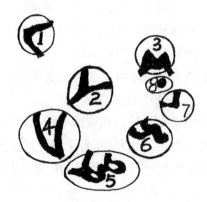
图 8-18 特征点构成的缺损有意义线图

图 8-19　非特征点构成的缺损有意义线图

（2）结果及结论

结果显示，30 张有意义线图主要特征点提取中，92% 的特征点为图形的连接点和会切点；不同的有意义线图具有不同数量的特征点，最少的特征点有 3 个，最多的有 12 个；由特征点构成图形的正确识别率显著高于非特征点构成图形的正确识别率，且有显著的统计学差异。进而根据提取的特征点数量将图形分为三个等级：小于 5 个特征点的图形为低等级组；5~9 个特征点的图形为中等级组；大于 9 个特征点的图形为高等级组。研究发现不同等级特征点或非特征点构成的图形正确识别率结果均为高等级组＞中等级组＞低等级组，三个等级组两两之间均有显著性差异。

以上结果符合识别缺损图形的认知加工过程理论和格式塔理论的连续性原则和弥合原则，与比德曼（Biedeman）的理论相一致，即人们在识别物体时先将物体分解为一些基本的单元，如图形几何离子。对几何离子的识别能力影响人们对缺损图形的识别效率。在本研究中，图形的连接点和会切点，即它们是构成图形几何离子和建立几何离子固定关系的，人们可以通过对几何离子进行有效识别从而识别整体图形。构成复杂图形的特征点比构成简单图形的特征点多，构成图形特征点的数量对于图形识别效率有一定的影响。

2. 有意义线图特征点的权重分析

（1）材料与实施过程

测验采用特征点构成的有意义缺损线图，每张图形人为删除一个特征点（样例见图 8-20）。选取 30 名受试者完成实验，要求通过反复比较，对每种图形的所有特征点图形进行由易到难的排序。共计 223 张特征点构成的缺损有意义线图。

（2）结果及结论

结果发现，不同有意义线图的每个特征点权重值优先级具有不同的排序，其特征点权重值在此类图形中越小，则在缺损该特征点的图形识别时，较缺损其它特征点的图形更易识别，该特征点对缺损图形识别的影响也更小，即该特征点在权重排序中更靠后。

还发现，图形特征点的多少和特征点之间的距离都影响图形的识别效率。研究也发现，对图形特征点的识别存在个体差异，从而影响了不同人群图形识别的难度和鉴别性。由此分析，对缺损图形特征整合加工的速度、高权重特征点识别准确性，是了解个体图形识别效率的关键。

图 8-20　特征点构成的缺损有意义线图的特征点权重

3. 有意义图形特征点难度和鉴别力分析

（1）实验材料与实施过程

测验采用的图形来自于权重分析后的图形材料。所有图形均是由提取的特征点构成的图形，每类图形都按图形特征点权重大小呈现，即先呈现权重较大的主要特征点，而后再加进权重次之的特征点，依次类推。对于特征点之间缺损的部分，根据相邻两个特征点重心连线距离的百分比来剔除缺损的信息，分别剔除相邻两个特征点重心连线中间 30%、50%、70% 的部分，对于每张图形根据呈现的顺序赋予特定的编号。

受试者随机分为 3 组，每组 40 人，第一、二、三组要求分别完成缺损 30%、50%、70% 信息的特征点图形，要求受试者在正确的前提下尽快对每道测题做出反应，完成后进入下一道测题。所有测验以团体测验的形式实施，总时间 20 分钟。根据特征点数量，图形按最小递增法呈现。在呈现相同数量的特征点图形时，图形随机呈现。

（2）结果及结论

通过难度和鉴别力计算公式获得每张特征点图形难度和鉴别力测验数据，根据文献报告选取难度在 0.3~0.7 之间，鉴别力在 0.3 以上的图形作为"图画完形测验"的备选图形，共选出符合入选条件 30% 等级的图形 37 张，50% 等级的图形 48 张，70% 等级的图形 28 张。根据实验选取特征点在 9 个以上的图形 9 张，按特征点缺损多少的顺序分为三个数量级，三个数量级之间缺损的特征点数量差为 2 个特征点，即缺损 2 个特征点为等级Ⅰ；缺损 4 个特征点为等级Ⅱ；缺损 6 个特征点为等级Ⅲ。从而判断特征点缺损数量级之间与特征点之间信息缺损等级，即 30%、50% 和 70% 间的关系。结果表明，特征点缺损等级和特征点之间缺损信息等级的主效应均有统计学差异（$P<0.01$），而它们之间在本次实验条件下没有交互作用（$P>0.01$）。

研究表明，随着图形特征点数量的增加、图形的难度降低，但鉴别力没有表现出这种趋势。在对缺损图形进行识别时，图形必须要有足够包含原图形信息的特征点。只要呈现足够量的特征点，即使缺损非特征点，人们依然可以对有意义图形进行识别，这说明人们在对图形进行识别时，仅仅是通过识别图形中构成几何离子的主要特征点和它们之间的构成关系来达到对整个图形的识别。

因此，以此方法制作缺损图形时，只要图形特征点在 9 个以上，特征点之间的缺损信息与缺损特征点就不存在交互作用，这对于制作难度和鉴别力都适中的图形是有指导意义的，也为制作图画完形测验提供了理论依据。

4. 图画完形测验的信度分析

（1）材料与实施过程

在"有意义线图特征点的权重分析"和"特征点图形难度和鉴别力分析"研究中提取项目难度和鉴别力适中的图形，根据已有的鉴别力和难度选取 48 张图片形成两套测验（甲、乙套），测验题目根据由易到难的顺序呈现，每套各 24 张图片，两套测验的图形难度和鉴别力相匹配。实验中为排除测验顺序对于测验复本信度的影响，将受试者随机分为 A、B 两组，A 组测验顺序为甲—乙，B 组测验顺序为乙—甲。

（2）结果及结论

结果显示，A 组中甲、乙两套测验成绩相关系数为 $r=0.81$（$P<0.01$）；B 组中乙、甲两套测验成绩相关系数为 $r=0.89$（$P<0.01$）。A、B 两组中甲、乙两套测验均显著相关。总体来看，甲、乙两套测验成绩之间没有统计学差异 $t=-0.59$（$P>0.05$），即可认为两套新编制的图画完形测验具有很高的复本信度。

5. 图画完形测验的结构效度分析

（1）材料与实施过程

研究共包含 5 个空间能力测验，分别是：①图画完形测验（The Picture Completion，PC），采用的是编制的新测验，共 24 张图片；②木块连接测验（The Touching Blocks，TB），每次呈现一个由一些木块构成的积木，要求受试者数出与标记的木块连接的木块数，共 30 道测试题；③表面发展测验（Surface Development Test，SD）：每次呈现两个由 1cm×1cm 正方形纸板构成的立方体以及展开后的平面图，将平面图折叠后可以形成正方体，要求受试者通过心理操作判定在平面图上标记的边与立方体中哪一个边相对应，共 8 道测试题；④S-M 三维旋转测验（the Mental Rotation-3D Test），每次将呈现两个由一些小木块连接而成的三维图形，它们通过旋转后可能是一致的，也可能是镜像关系，要求受试者通过心理旋转判定它们之间的关系，共 24 道测试题；⑤立方体比较测验（The Cube Completion test，CC），每次呈现两个 3.7 cm × 3.7 cm 的方盒，在方盒的三个面上有不同的识别图案，要求受试者判断第二个方盒是否是通过第一个方盒旋转得到，共 32 道测试题。以上测验均要求受试者在正确的前提下尽快对每道题进行反应。所有测验以集体形式实施，共 80 名受试者。每个测验先由主试讲解，并用例题演练，受试者理解后进行正式测验。

（2）结果及结论

结果显示，积木连接测验、立方体比较测验分别与 S–M 心理旋转测验有很高的相关（$P < 0.01$）；图画完形测验与表面发展测验间有一定的相关（$r=0.36$，$P < 0.05$）。KMO 统计量为：0.73，Bartlett 球形检验（$P < 0.001$）具有显著性差异。采用主成分分析提取公因子，采用斜交旋转法经 20 次迭代收敛，选择特征根值大于 1 的因子，并根据因子负荷比较认为提取 2 个因子较为合适，结果累积解释方差为 62.33%。在设定为两因子时，S-M 三维旋转测验、立方体比较测验和积木连接测验在因子 1 上的载荷分别为 89.36%、81.95% 和 58.64%；表面发展测验和图画完形测验在因子 2 上载荷分别为 83.27% 和 74.48%。因子分析折线图上也显示其转折点在因子 2 上，因此提取两因子较为合适。

在一些研究中将以上的五个测验统称为空间视觉化能力测验，不同的测验是以不同的角度测量空间视觉化能力。因子分析结果显示，图画完形测验和表面发展测验在因子 2 上的载荷较高，而其他三项测验在因子 1 上载荷较高。积木连接测验与 S-M 心理旋转测验相关较高而与立方体比较测验没有相关。S-M 心理旋转测验在两个因子上均有较高载荷。有文献报道，可能是由于这五项测验加工策略上的差异，从而形成测验在因子 2 与因子 1 上载荷的不同，而图画完形测验测量的是受试者将视野中的信息快速加工成一个知觉单元的能力，即视觉化能力中的"趋向速度"能力。

6. 图画完形测验的效标关联效度分析

（1）材料与实施过程

选取某航校四年级歼击机飞行学员和普通高校本科四年级学员各 60 名，某轰炸机飞行员 30 名，使用修订后的图画完形测验施测，共 24 道测试题。要求受试者尽快识别缺损的有意义线图，本测验主要测量受试者趋向速度能力。

（2）结果及结论

结果显示，图画完形测验在飞行学员和普通本科学员间项目的难度表现出显著差异（$P < 0.01$），即测验项目在飞行学员中的难度较普通本科学员中的难度明显降低。鉴别力没有显著性差异（$P > 0.05$）。轰炸机飞行员和飞行学员的成绩与普通本科学员成绩之间有显著性差异（$P < 0.05$），其成绩明显高于普通本科学员成绩；但轰炸机飞行员成绩与飞行学员成绩之间没有显著性差异（$P > 0.05$）。将轰炸机飞行员的年龄、飞行时间与其图画完形测验的成绩进行相关分析，发现年龄与图画完形测验的成绩呈负相关（$r=-0.45, P < 0.05$），与飞行时间未表现出显著相关。

"趋向速度"能力是指快速识别不完整或扭曲图形的能力，或将视野中破碎的知觉信息迅速加工成单一知觉对象的能力。图画完形测验可以较好地测量"趋向速度"能力，已在许多西方国家作为飞行人员选拔的重要内容。本研究发现，飞行学员和轰炸机飞行员较普通本科学员在"趋向速度"能力上具有明显的优势，表明飞行人员可能在此能力上具有优势或飞行职业可能对于"趋向速度"能力具有较高的要求。对于飞行学员来说，图画完形测验难度较普遍本科学员小，也反映出知觉的完整性和理解性的差异。此外，研究还表明测验成绩有明显的年龄效应，即随着年龄的增长"趋向速度"能力呈下降趋势。

本实验揭示了从事飞行职业的人员在图画完形测验中表现出明显的优势，提示该测验对于飞行职业具有较好的预测性；同时，通过不同职业的研究发现，在飞行职业要求很高空间视觉化能力的职业中，本测验表现出了较高的效度。

（田建全　曹　爽　齐建林　毋　琳）

参考文献

[1] Burton L J, Fogarty G J. The factors structure of visual imagery and spatial abilities[J]. Intelligence, 2003, 31(3): 289-318.
[2] Cave C B, Kosslyn S M. The role of parts and spatial relations in object identification[J]. Perception, 1993, 22(2):229-248.
[3] Christal R E. Theory based ability measurement: the learning abilities measurement program[J]. Aviation, Space, and Environmental Medicine, 1988, 59(11): 52-58.
[4] Dietrich M, Bernd L. Mental performance during short-term and long-term spaceflight[J]. Brain Research Reviews, 1998, 28(2): 215-221.
[5] Gordon H W. Hemispheric asymmetry in fighter and helicopter pilots[J]. Acta Psychologia, 1982, 52(1):33-40.
[6] Gordon H W. Importance of specialized cognitive function in the selection of military pilots[J]. Journal of Applied Psychology, 1988, 73(1):38-45.
[7] Gordon H W. Management success as a function of performance on specialized cognitive tests[J]. Human Relations, 1987, 40:671-699.
[8] Gordon H W. The cognitive laterality battery: tests of specialized cognitive function[J]. Int J

Neurosciece, 1986, 29(3): 223-244.
- [9] Lorelle J B, Gerard J F. The factors structure of visual imagery and spatial abilities[J]. Intelligence, 2003, 31(3): 289-318
- [10] Manuel J E, Francisco J A, Roberto C. Individual differences in large-spaces orientation: g and beyond?[J]. Personality and Individual Differences, 2000, 29(1):85-98.
- [11] Mark G, McGee. Human spatial abilities: Psychometric studies and environmental, genetic, hormonal, and neurological influences[J]. Psychological Bulletin, 1979, 36(5): 889-911.
- [12] Roberto C, Juan B. Vehicles of spatial ability[J]. Personality and Individual Differences, 2001, 32(5):903-912.
- [13] Stumpf H, Eliot J. A structural analysis of visual spatial ability in academically talented students[J]. Learning and Individual Difference, 1999, 11(2):137-15.
- [14] Thomas R, Carretta M S. A comparison of two U.S. Air Force pilot aptitude tests[J]. Aviation, Space, and Environmental Medicine, 1998, 69(10): 931-935.
- [15] Wouterlood D, Boselie F. A good continuation model of some occlusion phenomena[J]. Psychological Research, 1992, 54(4):267- 277.
- [16] Yin C, Kellman P, Shipley Y F. Surface completion complements boundary interpolation in the visual integration of partly occluded objects[J]. Perception, 1997, 26(11):1459-1479.
- [17] 曹立人, 李永梅. 不规则几何图形识别中的信息取样优先序 [J]. 心理学报, 2002, 35(1):44-49.
- [18] 金瑜. 心理测量 [M]. 上海：华东师范大学出版社, 2001.
- [19] 齐建林. 有意义线图认知加工策略的研究 [D]. 西安：第四军医大学, 2004.
- [20] 田建全, 苗丹民, 杨业兵, 等. 应征公民计算机自适应化拼图测验的编制 [J]. 心理学报. 2009, 41(02):167-174.
- [21] 田建全. 应征公民计算机自适应化图形智力测验的编制 [D]. 西安：第四军医大学, 2007.
- [22] 田志强. 空间认知研究及其在航空航天领域中的应用 [J]. 航天医学与医学工程, 1998, 11(6):77-81.
- [23] 王甦, 汪安圣. 认知心理学 [M]. 北京：北京大学出版社, 2001.
- [24] 游旭群, 刘宁, 皇甫恩. 战斗机飞行员空间认知特征的研究进展 [J]. 中华航空医学杂志, 1992, 3(4): 232-235.

第9章
机械理解测验及研究

一、概述

（一）机械理解的概念

机械理解（mechanical comprehension）是指个体在掌握基本物理学知识的前提下，对机构与机器的理解与认识。机械理解测验主要用来评估受试者在军事训练与作战环境下对简单机械问题的理解与解决问题的能力。比如，在一系列联动的齿轮中判断每个齿轮的转动速度与方向。

（二）考查目的与意义

约200万年前，"能人"就可以制造和使用较为粗糙的简单机械：楔形物。人类从那时起开始使用工具来提高生产力，简化工作，降低工作难度。公元前3200年左右，人类第一次在战场上使用了带有轮子的战车，提高了作战效能，随之机械在古战场上发挥的作用越来越大。值得一提的是中国在世界机械发展史上占据着重要地位。《韩非子·难二》中曾提到"审于地形、舟车、机械之利，用力少，致功大，则入多"，这是中国历史上有记载的最早的对机械的定义。除了提高原有的工作效率，不少原本无法完成的工作，都可通过使用机械得到解决。机械为人类生活带来了长足的便利，理解机械背后的运作规律和原理，是取得创造性进步的关键。

机械的设计和制造涉及很多力学基本知识，从简单的杠杆、滑轮，到复杂的车辆、机床，再到如今的自动化操作、航母、飞船等，都离不开对力学知识的理解。如常见的内燃机，即为一台机器，内燃机通过连杆、齿轮、凸轮的协调配合，将燃料燃烧的热能转化为曲轴转动的机械能，实现了能量转换，成为有用的功。其中，连杆、齿轮、凸轮就是组成机器的构件。对这些机器和构件的理解，是决定其成功运行的关键。特别是在军事应用上,随着各类高精尖的军事武器装备的发展,各类岗位的人员在使用或维修时均需具备一定的机械理解能力,才能满足需要。因此,在军人职业适应性测试中设置机械理解测试,目的是根据入伍人员对机械理解这部分知识的掌握情况,判断其更适合什么样的岗位,进行更加细致的岗位分类。考核形式以单项选择题为主,主要考查物理学基本概念、力与能量的概念和定律、机械原理等相关知识,重点考查机械理解能力,机械理解能力的高低能够为枪械拆解、战车维修等岗位的人员选拔提供客观依据。最终根据测试的评价分数对入伍人员进行准确的岗位分类。

二、考查形式

在最新版本的 ASVAB 测试中,机械理解测验主要有两种版本。在计算机自适应版本测试中,受试者需在 22 分钟内完成 15 个机械理解问题;在纸笔版本测试中,受试者需在 19 分钟内完成 25 个机械理解问题。此外,部分受试者可能会遇到预测试问题(tryout questions)。预测试问题的目的是对这部分题目的质量进行考查,以备用于以后 ASVAB 的测试中,这些问题不计入受试者的实际分数中。如果受试者抽到了预测试问题,则需在 42 分钟内完成 30 个机械理解问题。此测验题目均为单项选择题,测验过程中不允许受试者使用计算器。典型的机械理解包括经典力学、机器结构等问题。

三、考查内容

机械理解测试难度较大,主要考查受试者将力学及机械知识应用到实际问题中的能力。因此,对于每一道试题,受试者既需要理解题目中包含的力学原理,还需要对机械设计与机器运行有一定的了解。在第 9 章将介绍 ASVAB 题目中最常用到的知识点,主要包括三个方面,一是基本的物理学概念,如质量、重量、密度、相对论等;二是力和能量的概念及定律,如牛顿第一定律、牛顿第二定律、做功等;三是简单机械,如机械设计、机器运行等。

(一)基本物理学概念

1. 质量与重量

质量是对物体所包含物质的度量。重量是重力对物体施加的力(或支撑它的力)的度量。本质上来说,重量等于质量与重力的乘积。与重量不同的是,质量不会随着外界重力而变化,比如一个 60 千克的人,无论在地球还是月球,质量始终保持不变。

2. 密度

密度是对特定体积内的质量的度量。本质上来说，密度等于单位体积的质量。虽然1吨铁与1吨羽毛质量相同，但是羽毛占据更大的空间。

3. 相对论（狭义）

爱因斯坦的狭义相对论认为质量和能量是同一个物理实体，它们可以相互转化，即$E=mc^2$。m代表一个物体的质量，c^2代表光速的平方，E代表该物体的总能量。

（二）力和能量

1. 力

（1）力的概念

力是使物体的速度、方向、外形发生改变的物理量，具备大小与方向。本质上来说，力等于质量与加速度的乘积。力的作用是相互的，自然界的每个力都有一个大小相等、方向相反的反作用力。当一个人坐在椅子上时，身体对椅子会施加一个向下的重力，而椅子对身体施加一个向上的支撑力，这两种力称为作用力和反作用力。此外，力还具有平衡性，比如静止放在桌子上的水杯，受到的支撑力与重力相互平衡。值得注意的是，物体间接触面所受的力为压力，而压力的大小与受力面积之比叫做压强。

（2）力的分类

一般来讲，力可以分为引力、张力、摩擦力、弹力等。

引力：物体间相互吸引的力，宇宙中任何两个物体间均存在引力。引力与物体质量和物体间距离密切相关。质量越大，引力越大；距离越近，引力越大。最为个体感知的引力即重力，重力是地球对物体向下的吸引力。当个体距离地球足够远时便会出现重力减弱甚至消失的现象，这被称作失重。若一个物体做圆周运动，则会出现离心现象。当汽车在转弯时，个体会觉得被甩了出去，这个虚构的能使旋转物体偏离圆心的力被称作离心力。事实上，离心力并不存在，该现象的出现是由于物体具有惯性，在运动中表现为物体偏离旋转圆心。

张力：当力作用于绳子或金属丝两端时，通过绳子或金属丝传递的力，张力沿着绳子或金属丝均等地拉动两端物体（图9-1）。当使用缆绳拖拽物体时，产生了一个有趣的问题。缆绳两端的张力是否相等？物体在力的作用下可以产生加速度，但物体本身加速所需要的力比使用缆绳要略低，换句话说，想要移动该物体，在缆绳的另一端需要施加比移动物体本身更大的作用力。这也是为什么缆绳更容易从施力的一端断掉，而不是连接在物体上的一端。

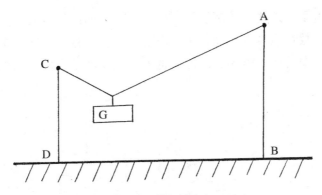

图 9-1 缆绳的张力

摩擦力：当物体在表面移动时，摩擦力会减缓物体的移动。冰球比赛中，虽然冰面比其他表面的摩擦力要小得多，但仍然会产生滑动摩擦力，使冰球最终停止移动。根据牛顿第三定律，每个力都会产生相等的反作用力。因此当一个物体放置于桌子上时，它的重量会产生向下的重力。而这个力会受到桌子产生的相等的向上力的抵消。这种向上的反作用力被称为正交力，使用 F_N 来表示（图 9-2）。正交力会影响物体的摩擦力。物体的正交力越大，则它与所处另一物体表面所产生的摩擦力就越大。简单来说，越重的物体就会产生越大的摩擦力。

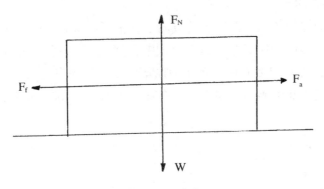

图 9-2 正交力

弹力：在弹性限度范围之内，对一个实体施加一个力，它就会向相反的方向施加一个力，这种力称为弹力。所有的材料都有一个恒定的特性（称为弹簧常数），它与自身产生的基于形变距离的力成正比。如图 9-3 所示，这只猫站在一块有弹力的木板上。当猫站上去时木板发生弯曲，猫可以感受到木板施加给它的力量。如果猫离开木板后，木板将退回到正常状态。

磁力：来自于磁铁所产生的力（吸引或排斥）。所有的磁体都有南北两极，相反的两极相互吸引，相同的两极互相排斥。能够产生磁力的空间存在着磁场，磁场吸引或排斥其他物体，产生磁力。每一种物质都由原子构成，而每个原子都有携带电荷的电子,这些电子围绕原子核旋转,从而产生电流,每个电子就像一个小磁铁。大多数物质具有相同数量的自旋电子,并且一半向一个方向自旋,另一半向另一个方向自旋,整体的磁性被抵消,这也就是为何一张纸或橡皮并不会呈现磁性。

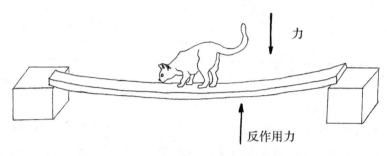

图9-3 弹力

静电力:物质表面积聚的电荷引起两物体间相互吸引,这种力叫做静电力。如果用气球在头上摩擦,再把气球贴在墙上,由于存在静电力,气球很有可能会被粘住。

2. 功

(1)功的概念

当物体受到力的作用,并在力的方向上发生了位移,这时这个力对物体产生了功。功的计算公式为 $W=Fd$。在这个公式中,F 指的是作用力,单位是牛顿(N);d 是移动的距离,单位是米(m);而 W 则是功率,单位是焦耳(J)。如图9-4所示,如果一辆车受到100牛顿的作用力,该车移动了10米,那么它共计产生了1 000焦耳的功。

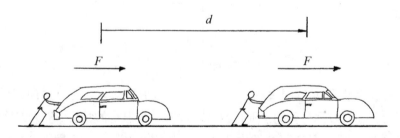

图9-4 当物体在力 F 的作用下移动了 d 距离,则产生了功

如果车辆受到力的作用但并未移动,那么就没有功产生。这也可以使用公式 $W=Fd$ 来解读,即不管作用力有多大,只要物体没有发生移动就不会产生任何的功。

(2)势能与动能

宇宙中的每一个物体都有能量(势能或动能)。势能由于物体在场中的位置而存在于物体中。一本书拿在手中就会有势能,如果把书举过头顶,就增加了书的势能。当书往地上掉落时，所有的势能都变成了动能，当书落到地面时，其能量又变成了势能。

重力势能：将物体举至特定高度可以产生功，这部分功可以转换为该物体的重力势能。物体的重力势能可以使用以下公式计算：$PE=mgh$，在该公式中 m 代表质量，单位为千克（kg）；g 代表重力加速度（9.8m/s²）；h 表示物体的高度，单位为米（m）；PE 则代表重力势能，单位为焦耳（J）。物体的高度越高，则该物体的重力势能越大。重力势能也与物体的质量（m）成正比。如图 9-5 所示，运动员在回环最低点时拥有最高的动能，而当该运动员向上翻转时，动能转换为重力势能。因此，常常看到运动员通常在回环的最高点时移动的速度最慢。因为在此时，他们的动能最低，而重力势能则到达了顶点。我们可以把这种效应解释为机械能的转换，即当物体移动时，物体的总机械能（$PE+KE$）保持不变。

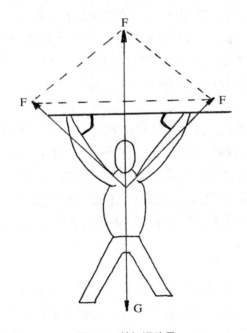

图 9-5　单杠运动员

动能：物体由于运动而具有的能量称为动能，物体移动时，动能可以用以下公式计算 $KE=\dfrac{mv^2}{2}$。在此公式中，m 代表质量，单位是千克（kg）；v 代表速度，单位是米/秒（m/s）；KE 则代表动能，单位是焦耳（J）。需要注意的是功和动能的单位都是焦耳，这并非是巧合，由于所有从静止到速度 v 的物体的加速度所产生的功都将转换为该物体的动能，这种定律被称为功能原理。使用功的计算公式 $W=Fd$，弓弦通过距离 d 产生的力 F 使弓箭获得加速，当质量为 m 箭的加速到速度 v 时，这部分功转换为箭的动能。

(3) 功率

功率指的是物体在单位时间内做的功。例如，当一个人将一辆小轿车向前推动100m。如果这个人使用100N的作用力推动这辆轿车，那么使用公式 $W=F \times d$，可以得出 $100N \times 100m = 10\,000J$，说明产生了10 000焦耳的功。如果另一个人可以在一半的时间内完成同样的工作，那么第二个人的功率是第一个人的两倍。如果第一个人需要花费1 000秒来完成10 000焦耳的工作，那么他每秒钟做功的数量为10焦耳。如果第二个人可以在同样的时间内完成20 000焦耳的工作，那么这个人每秒钟做功的数量为20焦耳。换句话说，第二个人的功率是第一个人的两倍。

(4) 能量守恒

所有形态的能量都可以转换成其他形态。以核能为例，核能本身并没有什么特殊的用途，但核能可以转换为热能，可以用来制造蒸汽。蒸汽可以输入汽轮机并将蒸汽的热能转换为机械能，而这种机械能则可以成为发电机的能源。目前认为，宇宙中存在的能量数量是有限的，但能量的总体数量恒定不变。因此，能量是不能被创造或消灭的，它只能从一种形态转换为另一种形态。这种理念被称为能量守恒定律。

虽然将能量转换成另一种形态并不复杂，但这种转换的效率通常较低。例如，通过汽车引擎使汽油转换成机械能可以移动车辆。但在能量的转换中，大量的能量以热能的形态流失了。汽油燃烧时产生的三分之二的热能随冷却和排气系统流失，只有三分之一的热能可以转换成使车辆移动的机械能。对于今天的工程师来说，主要问题是如何提高机器的工作效率，将更多能量转换为动能。

（三）简单机械

今天很多机器发明的最初理念都是为了减轻工作负担。由于人们已知功的定义为力与距离的乘积，因此繁重的工作或许需要大量的作用力或很长的距离，或两者兼备。一般来说，人们并不喜欢繁重的工作。如果某个任务需要完成大量的重体力劳动，那么工人经常会花时间试图找到更省力的工作方法。对于很多人来说，雇佣他人来完成工作是一种办法，而另一些人则使用机器来帮助他们减轻工作负担。今天制造的大多数机器只是古老理念的不断改进，使用新材料或对结构进行调整，但完全凭空创造的机器几乎是不存在的。对于工人来说，了解简单机械的工作原理可以使他们更高效地检修、维护机器装置。

机械工作最难的部分是作用力的强度：举起沉重的物体、挤压或分离部件、移动大型机器。通常，人类不可能具有足够的力气来完成这些重型工作。为了将可用的作用力大幅增加，通常通过机械增益，即使用机械增力的程度。使用恰当的设备可以将原始作用力的大小增加数倍甚至更多。

简单机械包括斜面、楔子、螺丝、杠杆、滑轮和轮轴等，它们都能够增加作用力的大小。其他复杂的方法包括液压，但由于它需要利用很多的部件，因此也较容易失败。虽然机械增益可以放大作用力，但它是以距离为代价的。换句话说，输出的功不可能超过输入这些机器的功。但是，这些机器的好处是可以将繁重的工作分解成较容易控制的数个部分。

1. 斜面

将起重任务简化的方法之一是使用斜面。如果将一个重100千克（约220磅）的箱子从地面搬到卡车车床上，一个人很难完成这个任务，但利用地面与卡车车床之间斜面（或斜坡）可以使这个工作变得非常简单（图9-6）。

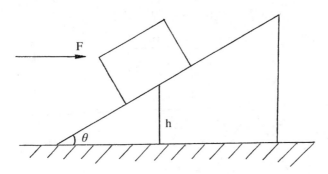

图9-6 将箱子从斜坡推到 h 高度

举起箱子时候做的功和箱子最后的重力势能应该是相等的（$PE=mgh$）。因此，在箱子被推上斜坡时会产生将其直接举到卡车上相同数量的功（假设没有摩擦力）。两者的区别是使用斜坡可以以更小的作用力将箱子移动到卡车之上。该作用力的距离会比较长，但机械增益可以使工作变得更加容易。

2. 杠杆

杠杆不仅可以放大作用力或距离，还可以改变力的方向。杠杆有三种基本类型。第一种类型的杠杆可以增加作用力或距离，并且改变作用力的方向，儿童玩耍的跷跷板就属于这类杠杆。支点是杠杆的轴心，当杠杆的一端受力，则它会在另一端改变方向。支点的位置决定了该机械是否能够产生机械增益。如果支点靠近被举起的物体一端，那么只需要较少的力就可以产生相同的功。然而，另一端受到力移动的距离则会相对更长。当支点移动到靠近施力点一侧，杠杆会产生相反的效果。在这种情况下物体可以移动的距离变大，但作用力被削弱（图9-7）。

第二种类型的杠杆只能增加作用力。最具代表性的例子是手推车，该类型的杠杆在物体靠近支点时会产生增益。这可以通过增加杠杆的长度来实现。当杠杆被抬起时，被举起物体移动的距离会变少，因此起重力则会增加（图9-8）。

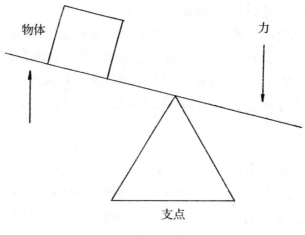

图 9-7 第一种类型杠杆

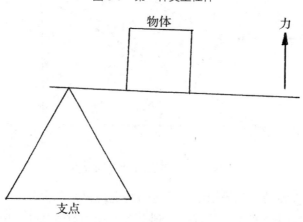

图 9-8 第二种类型的杠杆

第三种类型的杠杆可以用来增加距离,它和第二种类型的杠杆类似。它的支点位于杠杆的一端,但是物体位于杠杆的另一端,而作用力则施加于两者之间的某个位置,钓鱼竿就属于这类杠杆。由于使用这种杠杆可以使移动的距离增加,因此作用力被削弱了。而当力的作用靠近支点时效果则被放大(图 9-9)。

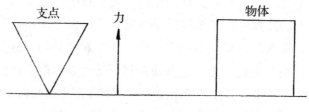

图 9-9 第三种类型的杠杆

3. 滑轮

滑轮是最佳的施力工具。滑轮是由轮盘和绳子、带子或链条组成的简单机械。

（1）滑轮组

滑轮很少单独使用。通常情况下，人们会使用两个或两个以上的滑轮组成滑轮组来增加起重力（图9-10）。

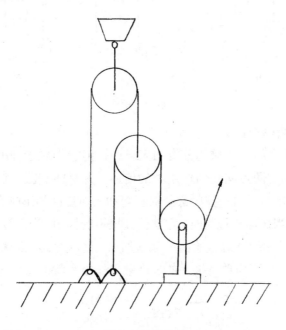

图9-10　滑轮组

上图显示的滑轮组有四个滑轮，两个滑轮系在固定物体之上（例如天花板或建筑的墙壁），而另两个滑轮系着底座（与负载物品相连）。当绳子被拉动时，底座向固定滑轮移动。注意，在这里想要将负载举起1英尺，那么绳子需要总共被拉动4英尺。这是因为四段连接绳需要各减少1英尺才能使底座移动1英尺。在忽略摩擦力的前提下，该系统产生的机械增益是4∶1，因此如果需要4磅的力举起一个物体，那么意味着对绳子施加的力为1磅。

（2）轮轴

另一种利用滑轮原理的工具是轮轴。和滑轮组类似，轮轴可以用来增加机械增益。它将两个轮子安装于传动轴之上，一个轮子的直径比另一个轮子要大。车辆的方向盘就是一种轮轴（图9-11）。

直径较大的轮子通常是受力的一端。该轮子转动较大的距离会使小轮子转动较小的距离。由于大的距离转化成小的距离，因此作用力得到增强。而机械增益的具体数值取决于两个轮子的半径比。如果大轮子的直径为20英寸，而小轮子的直径为10英寸，那么总的机械增益是2∶1。这意味着对装置施加的力需要加倍，但小轮子移动的距离是大轮子的二分之一。

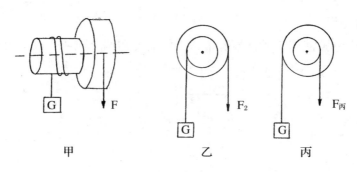

图 9-11　轮轴

（3）齿轮和齿轮速比

虽然齿轮并不在简单机械的分类列表之中，但它们对于理解机械的运作至关重要。齿轮可以用于两点间任何作用力的传递，并且能够获得极佳的机械增益。为了理解齿轮是如何工作的，技师必须对扭矩和其对速度的影响有着全面的理解。扭矩是一种扭力。当螺栓被拧紧时，它就受到扭矩的作用。当你拧紧某个紧固件时，如果使用 1 英尺长的扳手，在扳手的一端施加 100 磅的力，那么就会产生 100 英尺–磅（ft–lb）的扭力。只要简单将扳手的长度乘以作用力就可以得出扭力（图 9-12）。

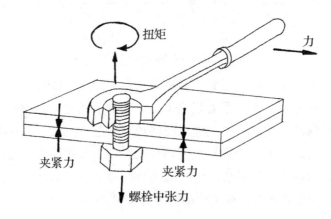

图 9-12　使用扳手向紧固件施加扭矩

当引擎使车辆移动时，它的机轴会产生扭矩来开动车辆。如果引擎可以产生很大的扭矩并处于很高的"每分钟转速"（Rotating Per Minute，RPM）时，它可以更快地产生功率，因此也拥有更强的性能。有时需要增加引擎产生的扭矩，包括车辆速度过慢，驾驶员希望快速加速车辆的时候。红灯启动就是一个例子，此时比平时需要更多的扭矩，由于使车辆启动需要向车轮施加大量的扭力，齿轮可以用来改变引擎的速度的扭矩。齿轮位于车辆的动力系统中（传动和驱动桥），整体的齿轮齿数比决定了车辆的速度、有多少扭矩可以施加于驱动轮之上。如果小齿轮驱动大齿轮，那么就会发生减速。大齿轮将会比小齿轮转得更慢，而输出的速度就会变慢。然而当扭矩翻倍情况出现之后，对大齿轮的扭矩输出就会比小齿轮更高，也就是说减速意味着扭矩的增加。

可以把"扭矩"和"速度"比成坐在跷跷板上的两个男孩。一旦"扭矩"变高，那么"速度"就会下降，反之亦然。可以使用数学公式来计算这两个量之间的反比关系。如果主动轮有 20 齿，从动轮有 40 齿，速度将减慢，且齿轮比为 2∶1，即从动轮速度是主动轮的一半。如果 100 尺磅的扭矩施加到主动轮上，会看到速度衰减一半，输出扭矩将会加倍，即输出扭矩为 200 尺磅。如果主动轮和从动轮的齿数一样，这代表齿数比为 1∶1，即直接传动。齿轮组速度不变，扭矩也不变。

大齿轮带动小齿轮称作超速传动。齿轮组速度将增加，相应的扭矩将减小。设计师有时会利用超速传动来降低在高速路行驶中发动机的每分钟转速，节约燃料。然而，当司机想超车时，会选择使扭矩增大的齿轮比来使汽车快速加速。

（4）滑轮和速度比

齿轮和齿轮比的工作原理同样可以用来解释带传送带的装置。传送带组合装置和齿轮组的区别在于，前者的两个轮子的转动方向是一致的，啮合的齿轮转动方向是相反的。和齿轮装置一样，小滑轮转得更快。在上面的例子中，小滑轮转速是大滑轮的两倍，它转两圈的时间里大齿轮只转一圈。

4. 气体力学

空气运动也可以做功。气体力学是机械力学的一个分支，主要研究气体的机械特性。空气、风和其他气体可以用来操作机器或者产生力和压强。

压缩的空气被用来操作一些气动装置，比如空气冲击式扳手或者气动棘轮。空气的能量通过使用空气压缩机来储存，它可以减小空气的体积增大空气的压强。空气压缩机是另一种能量转化装置，可将压缩机的机械能转化为压缩空气的内能。

空气压缩机将空气压缩进一个储存箱中，持续加压直到箱内达到一定的压强。大多数压缩机的储存箱设计压强保持在 90～120 磅每平方英寸左右。当压缩的空气从箱内放出时，压强减小，一直降到空气压缩机开始工作时，又重新充入气体。一条空气管道连接到储存箱，在管道的另一端连接上适当的膨胀机。当打开管道阀门时，压缩的空气进入膨胀机并且把能量转化为机械能。此时因空气运动，产生高分贝噪音，这是此类空气压缩机共有的特征。使空气压缩机正常工作的关键在于确保足够体积的空气施加在管道上。当管道阀门关闭，没有空气通过管道时，系统各处的压强相等。当大量的空气从储存箱通过管道到达膨胀机时，这一切就改变了。空气管道太长或者太短，都会限制气体的流动。流动限制会造成管道压强的大幅度降低，损害膨胀机的功能。

通过流动限制来降低空气压力，这一效应被建设性地使用到了一种叫做文丘里管的仪器上。文丘里管（图 9-13）是意大利科学家文丘里（Venturi）发明的，他发现当流体经过狭窄通道的时候压力会下降。

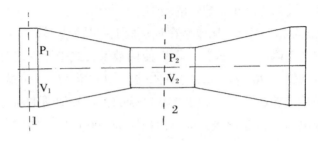

图 9-13 文丘里管

文丘里管被用于许多不同的装置中,最典型的就是汽车的汽化器。汽化器用于将发动机的空气和燃料以合适的比例混合以利燃烧。汽化器的主要零件是文丘里管,进入发动机的空气首先要经过文丘里管,然后才进入进气歧管。将虹吸管的开口一端安装在文丘里管的喉部,低的一端浸入浮筒内的汽油中。当空气流经文丘里管时,其压强下降与空气体积相当。压强的下降导致相对高的大气压将燃料通过管道压入空气流,并雾化。当空气体积增加,文丘里管喉部的压强下降,使得更多的汽油进入空气流。这就是汽化器调节空气和燃料比例的工作原理。

文丘里管内的空气压强下降与流体的流速直接相关。注意,为了使相同体积的空气通过喉部,空气的速度会加快。这就可以用著名的伯努利定理来解释,即流体的机械能守恒。

流体的机械能总量由它的重力势能,压强相关的能以及动能组成。如果流体经过水平面,它的重力势能不会变化。然而,如果喉部使流体的动能增加,根据伯努利定理,它的压强必定减小,以保持其机械能总量守恒。

伯努利定理可以解释为什么飞机可以飞行。飞机的机翼设计成上表面长于下表面。当空气流过机翼,上表面的流速大于下表面,这就导致上表面的压强小于下表面的压强,使整个飞机被抬升。

仪器制造在很大程度上依赖于伯努利定理和文丘里效应。流体的速度可以通过文丘里管,测定其压强。随着流速的增加,喉部的压强会相应减小。可以绘制一个流体速度和相应压强的图表来校准仪器。流体流动指示器就是一个利用该原理的例子。

四、机械理解测验试题举例及解析

本部分试题来源主要参考《Kaplan ASVAB Premier 2015 With 6 Practices Tests》一书及部分高校的期末考试试题及考研真题。

1. 力总是_____。

A. 存在于真空中 　　　　B. 成对存在
C. 存在于二维空间 　　　D. 存在于静止空间
正确答案：B
解释：根据牛顿第三定律，作用在物体上的力总是大小相等方向相反。因此力总是成对存在。

2. 气动工具中力的来源是_____。
A. 大气的空气 　　　　　B. 压缩的空气
C. 压缩的氧气 　　　　　D. 墙上的电源插孔
正确答案：B
解释：压缩的空气可以有效地提供气动工具工作所需的压强。

3. 增加流体的速度会导致流体的_____上升。
A. 温度　　　B. 黏性　　　C. 压强　　　D. 力
正确答案：C
解释：增加液体的速度就意味着增大压力。

4. 在某个齿轮装置中，输入杆和输出杆的速度相同。此时的齿轮比被称为_____。
A. 减速型 　　　　　　　B. 直接传导型
C. 超速转动型 　　　　　D. 以上都不对
正确答案：B
解释：当主动轮和从动轮的齿数相同时，就形成了1∶1的齿数比。这种比例称作直接传导。

5. 增加水压管的内径，会导致流体的速度_____。
A. 加快　　　B. 不变　　　C. 减慢　　　D. 以上都不对
正确答案：A
解释：增大液压管的内径意味着减小流经流体受到的压力。因此，压强的减小意味着管内流体速度的增加。

6. 给汽车安装大直径轮胎会导致_____。
A. 更高的最大速度 　　　B. 更大的扭矩
C. 更快的加速度 　　　　D. B 和 C 都对
正确答案：A
解释：大直径的轮胎意味着大周长。就轮胎而言，意味着相同时间内走过的距离更长，但受力不变。因此，增加轮胎的尺寸意味着更大的最大速度。

7. 厨房用的餐刀是根据哪个简单机械制造的？（　　　）
A. 第一类杠杆　　B. 斜面　　　C. 轮滑　　　D. 楔子

正确答案：D。

解释：厨房刀具是根据楔子的物理结构而设计的一种简单工具。

8. 双曲柄机构中，哪个是曲柄？（　　）。

　　A. 最短杆　　　　　　　B. 最长杆
　　C. 最短杆的邻边　　　　D. 以上都不对

正确答案：C

解释：在满足杆长条件的四杆结构中，当最短杆为机架时，则为双曲柄机构，因此，双曲柄机构中，最短杆为机架，两连架为曲柄。

9. 与连杆机构相比，凸轮机构最大缺点是什么？（　　）

　　A. 惯性力难以平衡　　　B. 点、线接触易磨损
　　C. 设计较为复杂　　　　D. 不能实现间歇运动

正确答案：B

解释：凸轮为高副接触（点或线）压力较大，点、线接触易磨损。

10. 平面机构中，"基本杆组"是指_____。

　　A. 生产中最小的制造单元　　　　B. 最小的运动单元
　　C. 不能再拆的自由度为零的构件组　D. 自由度为零的构件组

正确答案：C

解释：将自由度 $F=0$ 且不能再分（否则 $F \neq 0$）的运动链（构件组）称为基本杆组。

11. 构成机械的最小单元是_____。

　　A. 机器　　　B. 零件　　　C. 构件　　　D. 机构

正确答案：B

解释：零件是构成机械的最小单元，也是制造机械时的最小单元。

12. 沿着横截面的内力，被称为_____。

　　A. 扭矩　　　B. 弯矩　　　C. 轴力　　　D. 剪力

正确答案：D

解释：剪力，又称剪切力："剪切"是在一对相距很近，大小相同，指向相反的横向外力（即垂直于作用面的力）作用下，材料的横截面沿该外力作用方向发生的相对错动变形现象。

13. 动力相对于定参考系的运动，称为_____。

　　A. 绝对运动　　　　　　B. 牵连运动
　　C. 相对运动　　　　　　D. 以上都不对

正确答案：A

解释：动力相对于定参考系的运动为绝对运动，动力相对于动参考系的运动

为相对运动。

14. 材料的弹性系数 E 越大，则杆件的变形_____。

A. 越小　　　　B. 越大　　　　C. 相等　　　　D. 以上都不对

正确答案：A

解释：材料的弹性系数 E 越大，则杆件的变形越小。

15. 机械平衡研究的内容是_____。

A. 驱动力与阻力间的平衡

B. 各构件作用力间的平衡

C. 惯性力系间的平衡

D. 输入功率与输出功率间的平衡

正确答案：C

解释：所有构件的惯性力和惯性力矩，最后以合力和合力矩的形式作用在机构的机架上。这类平衡问题称为机构在机架上的平衡。

五、国内外相关研究与应用

机械能力倾向测试用于衡量一个人的机械知识和机械理解能力。用人单位通常使用机械能力倾向测试来确定受试者对物理和机械概念是否有基本的了解。相关测验被达美航空公司、基恩士和杜邦等公司用于招聘飞机技术员、机器操作员和汽车机械师等。机械能力测验也是最早和最常用于工作或者军事测验中的特殊能力倾向测验，大多数机械能力测验测量的能力主要包括视—动协调能力、知觉及空间关系、机械推理和机械知识等。

机械能力是能力倾向测验的重要内容，也出现在各国职业能力测验中。《BEC 职业能力测验 I 型》是北京人才评价与考试中心（简称 BEC）1988 年参照美国教育与工业测验服务中心《职业能力安置量表》（Occupational Ability Placement Scale，CAPS）开发的，是我国最早的一项成套职业能力倾向测验。自此之后，我国在职业能力倾向研究方面有了很大的发展，到目前为止已经修订的成套或特殊职业能力倾向测验有十几种，这些测验主要考查机械推理、空间关系、言语推理、数量关系、运算能力、言语运用、字词知识、资料分析、演绎归纳、知觉速度等知识。

1988 年，北京师范大学心理学系张厚粲先生根据选拔、招收及培训机械技术工人的实际需要，编写了一套机械技术操作能力测验《机械能力成套测验》。测验包括纸笔测验及操作测验两大部分，共计 13 个分测验。纸笔测验部分有 5 项：机械常识、空间知觉、识图理解、工程尺寸计算、注意稳定。每一项分测验都有相应的时间限定，总时间 43 分钟。其中机械常识、空间知觉、识图理解三项为难度测验(其难度值分别为 0.45、0.66、0.40),其余两项分测验为速度测验。所有题目均采用多重选择形式作答。其中除空间知觉部分试题及注意稳定性测验是参考国外相关研究之外,其余均为自行编制。操作测验部分有 8 项:手指灵巧、拼板组合、间接手部动觉反馈、双臂随意调节、理解性操作、操作知觉、双手协调、复合操作。其中手指灵巧、拼板组合、理解性操作三个分测验采取时间限制,其余五项均以工作效果为限定标准。总时间为 60~90 分钟。双臂随意调节、双手协调、理解性操作三项测验工具的设计与制作,参照了国内外同类研究,其余测验工具自行设计制作。同时,对各项目的施测时间、指导语、方法、步骤、测验成绩指标和评分标准均作出了严格规定。经过预测、题目分析及有针对性地取样,在天津三所技校抽取了 280 名技工,进行正式施测。结果表明,纸笔测验及操作测验重测信度分别为 0.83 和 0.92;纸笔测验及操作测验成绩与等级评定结果的多系列相关系数分别为 0.44 和 0.57。

1989 年起,戴忠恒等人修订一般能力倾向成套测验(General Aptitude Test Battery,GATB),2000 年,黄俊红等参照 GATB 分别对机械、自动化与职业技术教育管理三个专业的学生进行测验,发现不同专业的大学生在能力倾向上也存在着差异。研究表明:双手协调能力和推理判断能力是机械专业能力倾向结构的组成部分;双手协调能力和空间想象能力是自动化专业的能力倾向结构的组成部分。同时,研究还发现女性在协调能力、空间想象能力、手腕灵活等能力上并不逊于男性。俄罗斯的一项针对大学生创新能力及性别的文章亦有提到,女性的机械操作能力优于男性。2007 年,赵欣在此研究的基础上,比较了两个专业通过高级工、中级工和未通过中级工等级考试的学生能力差异,发现空间想象能力和手指灵活性是机械类专业高级技能能力倾向的组成部分,且发展水平越高越好;手腕灵活性是自动化专业人才能力倾向的组成部分,且如果未达到一定水平必然影响其职业活动。

陆军飞行能力倾向选拔测验(Army Flight Aptitude Selection Test,FAST)主要用于美国陆军飞行员选拔,该测验包含 200 个多项选择题,以评估候选人的背景信息、人格特点以及与成功完成直升机飞行训练有关的特殊能力。测验共包括七个部分:背景信息、仪表理解、复杂运动、直升机知识、杆舵定向、机械能力及自我描述。机械能力测验通过呈现机械原理的图片,要求候选人在两个选项中选择正确的描述(例如,影响压力、体积和速度的特性,齿轮、滑轮的运行特点)。而美国海军飞行员心理选拔采用的主要工具是航空选拔成套测验(Aviation Selection Test Battery,ASTB)和海军计算机自适应人格量表(Navy Computer Adaptive Personality Scales,NCAPS)。ASTB 是海军、海军陆战队和海岸警卫队选拔飞行员和飞行教官的主要工具。ASTB 主要应用于评估个体的能力,包括四个部分的能力测验：阅读理解、数学能力、机械知识和空间统觉。机械知识主要考查理解事物的物理联系，解决与机械原理有关的实际问题。此外，航空选拔成套测验还包含一个职业知识测验（考查航空和航海知识）。通过回归分析和权重计算，五个分测验形成了三个分数指标：学业能力评定、飞行员飞行能力评定和空军军官飞行能力评定。研究表明，航空选拔成套测验的使用为美国海军和陆战队每年节约训练费用超过 3000 万美元。

德国空军招收飞行员同样也考查了机械能力，包括了多个测验。心理选拔由预选、主选和飞行筛选三个阶段组成，共延续约 2 年时间。预选阶段，在每年大学入学考试前几个月进行。包括军官资格考试（Officer Qualification Testing，OQT）；一般面试和体能耐力测验，通过者再参加 IT-70 智力测试和 KBT 注意力考试；IT-70 智力测试，包括 5 个分量表，测试算术、空间定向和记忆力等。KBT 注意力应激测验是一种数字—符号—编码测试，测试知觉速度、注意力、记忆力和时间压力下的绩效。每年选拔出 800～1 000 名考生参加主选。主选阶段，在空军航空航天医学研究所进行，共一天时间。心理选拔在体格检查前进行，约淘汰 30% 的考生。首先进行 ICA-90（instrument coordination analyzer-90）仪器协调分析器测试、SMT（smart multi tasking）多重任务测试和 ERT（emergency response time）决策反应时测试。ICA-90 仪器协调分析仪研制于 1991 年，包括计算机、驾驶杆和油门，模拟类似飞行任务，主要测验心理运动能力、空间能力、认知能力和问题解决能力以及焦虑和成就动机等因素；SMT 多重任务测试，共需 35 分钟，主任务是通过操纵杆使目标保持稳定，次任务是通过油门控制速度，再次任务是通过脚蹬保持方向。在 ERT 决策反应时间考试中，要求考生对屏幕上的图形进行比较，并按键反应，记录反应时间和正确性；三项测验通过后，考生再参加履历表调查和面试，最后由专家委员会讨论决定是否能参加第二天的体检。在飞行筛选阶段，让通过体检的考生先经过大约一年的初级军官学校（Officer Training School，OTS）培训，继而进行飞行心理选拔系统测试。该测试由加拿大 CAE 公司为德国空军研制，自 1988 年以来一直用于招飞选拔，类似于飞行模拟器。要求学员完成几个特定飞行任务，计算机记录飞行参数，同时心理学家在另外的房间进行观察。主要测试其时间分配、注意力、速度感、反应时、学习速度、控制精准度、心理活动协调、应激耐力、自我控制能力和适应复杂人—机系统等能力。最后在亚利桑那的 Goodyear 飞行训练学校进行 70 小时的航空理论学习，达到成绩要求后，就在 F-33 Beechcraft "比奇飞机"上飞行 18 小时，成绩合格者可以结业。

机械能力不仅是机械知识和理解，也经常考察手动操作能力。荷兰在招收飞行员时，采用的是军队通用 Taskomat 系统进行认知心理运动测验，通过按钮和操纵杆反应；再基于飞行模拟器的自动化飞行员选拔系统，用于评定候选者手工和联合操作技能，也可以对学习固定翼飞行和旋翼飞行的适应性进行分类选拔。加拿大则采用空军开发的军官能力测试（Canadian Forces Aptitude Test，CFAT）和飞行员自动化选拔系统（The Canadian Automated Pilot Selection System，CAPSS）进行空军飞行员心理选拔。加拿大飞行员自动化选拔系统主要采用模拟飞行作为测试任务，包含4次模拟飞行，每次一个小时。内容涵盖航空设备基本操控、直线平飞、直线爬升，直线下降、起飞和各种转弯动作。同样的考查方式也出现在法国、土耳其等国家。

英国海军医学研究所曾开展一项研究，目的是为了确定英国皇家海军陆战队新兵训练课程中新兵机械理解分数和武器处理任务之间的关系。统计分析显示，武器训练的表现与机械理解的得分显著相关，较低的机械理解分数与处理武器任务的困难有关。该研究所建议使用机械理解的分数作为筛选项目，可减少日后参加训练中的流失人数。

英国皇家海军陆战队新兵训练课程被认为是世界上最艰苦的军事训练制度之一。机械理解作为该课程的第四部分，尽管近年来对培训课程进行了大量修改，这些改进也减少了一部分新兵的流失，但流失率仍高达46%。此前一项研究发现，可以通过两种信息来源的组合来预测选拔效果：一种是武装部队职业心理测试的个人表现，另一种是英国皇家海军陆战队课程（Potential Royal Marines Course，PRMC）测试的身体表现数据。职业心理测试中的招募测试（Recruiting Tests，RTs），主要用于补充从择业指导面试中获得的信息。海军招募测试（RTs）包含四项衡量推理（RT1）、算术（RT2）、识字（RT3）和机械理解（RT4）。这些测试旨在评估个人的学习潜力，RTs测试的不同要素可以预测军队中不同工作的表现。然而，只有RT4可以预测英国皇家海军陆战队新兵训练中的人员流失率。佩西布里奇（Pethybridge）等人研究发现，与自愿退出培训相关的四个主要变量为：

1. RT4 分数低于 15 分；
2. 突击课程时间通过率较低，完成时间较长（超过 4 分钟）；
3. 莱格尔测试（在英国通常被称为 Bleep Test）成绩为 11 分以下；
4. 通过率较低（年龄在 16 岁和 17 岁之间）。

RT4 是 1949 年由弗农（Vernon）和 Parry 开发的，用于测量"机械元素（如齿轮和滑轮）和家用机械设备（如汽车）的基本机械原理的理解"。个体获得的 RT4 分数仅用于解释现有能力本身，而不是对潜在机械能力的评估。RT4 包含了多种需要不同认知能力的项目，如视觉刺激的空间转换、作用力及其对物体作用的可视化、机械连杆中物体间交互作用的分析等。这些项目具有表面效度，并且似乎提供了受测者在工作环境下的机械理解的直接评估。然而，RT4 的其他测试项目似乎不具有表面效度，他们需要从记忆中回忆特定项目的信息（例如，关于电路功能和电池构造）来解答相关问题。因此，RT4 测试是广义的机械理解测试，因为它包含直接测量（机械能力）和间接测量（关于机械和机电设备组件的知识，最有可能从与这些设备交互的直接经验中获得）。

对英国皇家海军陆战队新兵训练期间执行的任务进行观察表明，武器训练需要 RT4 测量的能力。实证研究也支持这样一种观点，即武器训练任务的表现可能取决于个人操纵头脑中物品并将心理形象转化为身体行为的能力；本纳特（Bennet）将机械理解描述为"在实际情况下感知和理解物理力和机械元素关系的能力"。武器训练要求新兵操纵机械物体。例如，在拆卸武器时，必须按照正确的顺序拆下构成枪体和武器工作部件的每个部件。当重新组装武器时，必须按照相反的顺序进行，确保在连接下一件武器之前，每件武器都能正确安装。显然，武器训练中需要机械理解（以及手动灵活性）能力。关于 RT4 的解读也众说纷纭，佩西布里奇认为这项测试是一项结合了机械理解和经验的测试；也有人认为该测试是对认知僵化（也称为认知刚性）的一种衡量，而这种僵化在很大程度上与人们解决问题的方式有关，而不是他们本身的能力。表现出认知僵化的人不太能够考虑解决问题的其他方法，因此，尽管他们一开始有良好的意图和毅力，但很快就会感到沮丧和泄气。他们在拓展新想法方面的能力有限，很难灵活思考，最后只能选择辞职。

关于机械操作能力的相关测验也被应用于其他各个领域，近些年来人工智能领域的研究常可见到机械操作能力的身影。人工智能的核心问题之一便是捕捉人类常识推理的广度和灵活性，评估常识推理能力的一种方法是使用相关测验。本纳特机械理解测验（Bennet Mechanical Comprehension Test，BMCT）包括通过图片提出的日常推理问题，并用于评估技术人员。这项测试具有挑战性，因为它需要跨领域的概念知识，日常生活中各种各样的经验，以及空间推理能力。

（张亚娟　黄　荷）

参考文献

[1] Damos D L, Gibb G D. (1986). Development of a computer-based naval aviation selection test battery[R]. Naval Aerospace Medical Research Lab Pensacola fl, 1986.

[2] Klenk M, Forbus K, Tomai E, et al. Using analogical model formulation with sketches to solve Bennett Mechanical Comprehension Test problems[J]. Journal of Experimental & Theoretical Artificial Intelligence, 2011, 23(3): 299-327.

[3] Munnoch K, Bridger R. The Relationship Between a Mechanical Comprehension Test and Weapons-[7]Training Tasks[J]. Military Psychology, 2008, 20(2): 95-101.

[4] 黄俊红. 机械、自动化专业与非专业高年级学生能力倾向的比较研究[J]. 天津职业技术师范学院学报, 2000, 10(4):15-18.

［5］陆敬严. 中国古代机械文明史 [J]. 同济大学学报（社会科学版），2019, 30(4):125.
［6］田晋跃. 国外军用土方机械无人自动控制技术综述 [J]. 工程机械，2020, 565(11): 9-69.
［7］王素兰. 中国古代机械发展述考 [J]. 兰台世界，2010, 19: 64-65.
［8］张厚粲，田光哲. 机械能力成套测验的编制 [J]. 心理学报，1988, 2:134-141.
［9］赵欣. 机电类高级工与中级工能力倾向的差异分析 [J]. 教育与职业，2007, 12:190-191.

第10章 车辆知识测验

一、概述

随着科学技术的发展，汽车对社会形态、人们生活和军队装备现代化建设有着重要影响。汽车是人们出行的重要工具，更是许多人的就业岗位工具。汽车的普及使人们的生活丰富多彩，改变了人们的生活方式和传统观念，特别是提升了现代战争的作战效能。

中国军队在北洋政府时期，装备过少量的运输汽车。1931年张学良在辽宁迫击炮厂成立了民用工业制造厂，试制了一辆汽车，取名"民生牌"75型汽车，开辟了中国试制汽车的先河；1937年初，中国工农红军有了自己的汽车；抗日战争时期，八路军和新四军相继建立了汽车队。目前，汽车在军事领域得到了广泛使用，主要用于牵载武器装备、输送人员物资和实施军事特种作业等。军用汽车按设计和编配用途分类可分为：载重汽车、牵引车、特种车、指挥车和乘坐车。汽车给武器装备、战略战术、军事理论和实践带来了革命性的改变。

（一）车辆的概念

汽车的英文单词是"car"，"car"一般指的是乘用车，包括轿车、郊区多用途车（suburban utility vehicle，SUV）等，而"auto"（automobile），英文原译为"自动车"，在日本也称"自动车"，其他文中也多称为"自动车"，只有在我国例外（鲁植雄，2017—2021），"auto"指的是广义上的汽车，包括乘用车、商用车等。常用的表示车的单词还有"vehicle"，泛指一切交通工具，包括了轿车、卡车、巴士、摩托车、飞机、轮船，日常生活中也经常用来代替"car"。

在工程领域、书面语中，多用"auto"表示车辆。"Auto Information"（AI）译为车辆知识。何为车辆？车辆是"车"与车的单位"辆"的总称。所谓车，是指陆地上用轮子转动的交通工具；所谓辆，来源于古代对车的计量方法。那时的车一般是两个车轮，故车一乘即称一两，后来才写作辆。车辆的本义是指本身没有动力的车，用马来牵引的叫马车，用人来拉或推的叫人力车。

随着科学技术的发展，人类发明了蒸汽机，用蒸汽机牵引的叫汽车。这时车辆的概念已经悄悄发生了变化，泛化为所有车的统称。例如，交通管理部门统计的城市车辆数等。这里的车辆泛指所有的车。国家最新标准《汽车和挂车类型的术语和定义》（GB/T 3730.1—2001）中对汽车有如下定义：由动力驱动，具有4个或4个以上车轮的非轨道承载的车辆，主要用途有三：载运人员和（或）货物、牵引载运人员和（或）货物的车辆、特殊用途。

随着车辆性能发展，车辆知识不仅包括机械、能源、材料，涉及计算机技术、控制积水技术、测量技术等，同时涵盖人体力学、生物学、心理学等领域的知识。因此对车辆知识的考核，实际上是对掌握机械科学知识、获得操作技术、运用理论与实践处理车辆问题能力的综合了解。在 ASVAB 中，车辆知识测验涉及汽车的基本结构、系统知识及故障等方面。

（二）考查目的与意义

ASVAB 车辆知识的考核主要包括汽车常识、汽车维修、常用工具、发动机部件的认识及不同系统的运转。通过学习汽车的相关概念、各个部件的构成与连接，以理解汽车的运转原理。在掌握车辆知识方面，记忆是基础，思维能力是将各个部件组合成系统，再构建成整辆汽车的关键。当学习了部分车辆知识信息后，迁移（transfer learning）能力就成为受试者后期学习的帮手，如学习了柴油机燃油供给系统后，可以加速受试者对汽油机燃油供给系统的理解，这对提高解决问题的能力具有直接的促进作用。较高的迁移能力，也能帮助受试者更好地了解车辆方面的其他问题。

二、考查形式

车辆知识测验不是武装部队资格测验（Armed Forces Qualification Test，AFQT）的组成部分，这就意味着其分数高低不会影响受试者能否应征入伍，主要是作为衡量受试者胜任哪种军事岗位的参考，如海军航空救生员（Navy Aviation Rescue Swimmer，AIRR）、航空电工大副（Aviation Electrician's Mate，AE）、建筑机械师（Construction Mechanic，CM）、网络加密技术员（Cryptologic Technician –Networks，CTN）、电气燃气轮机系统技术员（Gas Turbine System Technician –Electrical，GSE）等岗位，都对车辆知识测验成绩有较高的要求。

从 1968 年美军引入 ASVAB 以来，虽然不断地增减测验模块，但车辆知识一直属于考查范围。在不同版本的 ASVAB 中，车辆知识和五金知识常作为联合测试形式存在，称车辆与五金知识（Auto & Shop Information，AS），将其分数合二为一。AS 测验通常包括 7 分钟内完成 10 道车辆知识题目和 4 分钟内完成 15 道五金知识的题目，即共 25 道题目，11 分钟完成，每道题目需花平均 26.4 秒。

三、考查内容

车辆知识测验考查的内容包括与车辆相关的 10 个系统：①发动机系统，考查发动机的作用及构造；②冷却系统，考查冷却系统主要零部件的构造与维修，冷却系统故障的诊断与排除；③润滑系统，考查润滑系统的作用、使用方式和常用零部件；④供给系统，考查供给系统的分类、作用及构成；⑤点火系统，考查点火系统的结构及工作原理；⑥换气系统，考查换气系统的功用与构成；⑦起动系统，考查起动系统的功用、组成和起动方式；⑧制动系统，考查制动系统的作用、类型、电子防抱死系统（Antilock Brake System，ABS）原理等；⑨传动系统，考查传动系统的组合与典型结构；⑩行驶系统，考查行驶系统的组成及功用。

车辆知识测验考查的内容非常广泛和细致，掌握所有的细节几乎是不可能的，所以对车辆系统每部分知识，以及各部分关系全面深刻理解十分重要。因此，车辆知识测验兼顾考查了学习能力、分析能力、决策能力、合作能力、创新能力以及工作热情、责任感与坚韧意志等心理品质。

（一）汽车基本组成

汽车是由各种工作装置和机构组成的，即发动机、底盘、车身和电气设备。发动机是汽车的动力装置，大多数汽车都采用往返活塞式内燃机，其作用是产生动力，然后通过底盘的传动系统驱动汽车行驶。传动系统主要由曲柄连杆机构、配气机构、燃料供给系统、润滑系统、冷却系统和点火系统（汽油发动机）等组成。底盘接受发动机的动力，使汽车产生运动，并保证正常行驶，包括车架、传动、行驶和转向、制动等操纵系统。车身用以安置驾驶员、乘客或装载货物。电气设备由电源、发动机起动系和点火系、照明、信号等用电设备组成，这些设备大大提高了汽车的性能。

1. 发动机系统

发动机（engine）是一种能够把其他形式的能转化为机械能的机器，需要完成能量转换，实现工作循环，包括内燃机（往复活塞式发动机）、外燃机（斯特林发动机、蒸汽机等）、喷气发动机、电动机等。内燃机通常把化学能转化为机械能。发动机既指动力发生装置，也可指包括动力装置的整个机器（如：汽油发动机、航空发动机)。汽油机由两大机构和五大系统组成,即由曲柄连杆机构、配气机构、燃料供给系统、润滑系统、冷却系统、点火系统(仅汽油机)和起动系统组成;柴油机由两大机构和四大系统组成,即由曲柄连杆机构、配气机构、燃料供给系统、润滑系统、冷却系统和起动系统组成,柴油机是压燃的,不需要点火系统(图10-1)。

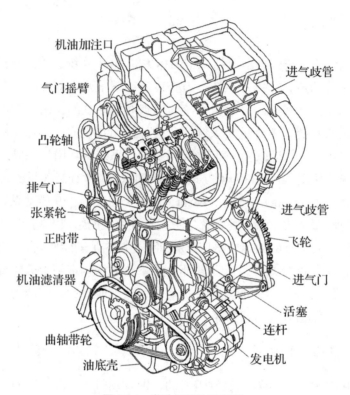

图 10-1 发动机部件示意图

大多数内燃机都是四冲程循环,需要四个活塞冲程来完成一个循环,包括进气、压缩、做功和排气四个工作过程,即一个活塞行程内只进行一个过程。其中活塞连杆由活塞、活塞环、活塞销、连杆等组成(图10-2)。

2. 冷却系统

发动机温度过热和过冷都会影响正常工作,冷却系统的功用是保持发动机在适宜的温度(80~90℃)下工作。根据冷却介质的不同,发动机的冷却方式分为风冷式和水冷式两种。风冷式是利用高速空气流把发动机中高温零件的热量直接散入大气而进行冷却的方式。水冷式是把发动机的热量先传给冷却水,然后再散入大气而进行冷却的方式。由于水冷式冷却效果好,且发动机运转噪音小,因此,汽车发动机广泛采用水冷式冷却系统。目前,发动机上普遍采用强制循环式水冷却系统,即利用水泵强制冷却水在冷却系统中进行循环流动,冷却系统主要由散热器、水泵、风扇、节温器、百叶窗、冷却水套等部件组成（图10-3）。

吸气冲程：活塞落下，将空气和汽油吸入气缸。

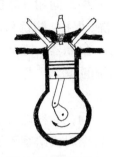
压缩冲程：活塞升起，将汽油和空气的混合物压缩。

做功冲程：火花点燃汽油和空气，将活塞推下。

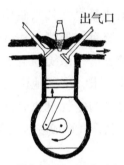
排气冲程：活塞升起，将废气排出。

图10-2　四冲程循环工作原理

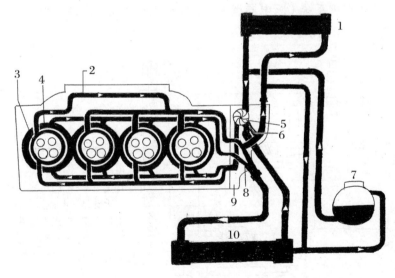

1.暖风装置热交换器；2.排气管冷却；3.气缸盖冷却；4.气缸体冷却；5.冷却液泵；6.气缸盖节温器；7.储液灌；8.气缸体节温器；9.冷却液调节器壳体；10.散热器

图10-3　冷却系统示意图

3. 润滑系统

发动机运转时，零件之间相互摩擦，需进行润滑处理。除润滑作用外，润滑系统还具有散热、清洗、保护、防锈和密封等作用。润滑系统主要部件包括机油泵、限压阀、机油滤清器、集滤器、既有冷却器、机油标尺等。根据发动机类型和润滑部位不同，润滑系统的润滑方式也不同。

4. 供给系统

根据供给燃料的不同，燃料供给系统一般分为汽油和燃料供给系统和柴油机燃料供给系统。汽油机燃料供给系统的任务是将汽油经过雾化和蒸发并与空气以一定比例均匀混合成可燃混合气，再根据发动机各种不同工况的要求，向发动机气缸内混合为不同质（即不同浓度）和不同量的可燃混合气，以便在临近压缩终了时点火燃烧而放出热量燃气膨胀做功，最后将气缸内的废气排至大气中。目前汽油机的燃料供给系统有缸外喷射和缸内喷射两大类，缸外喷射式汽油供给系统主要由燃油供给系统、进气系统和电子控制系统三部分组成。柴油机燃油供给系统根据柴油机的工作要求，准确地讲是将物化质量良好的柴油按照一定的喷油规律喷入气缸内，并使其与空气迅速而良好地混合燃烧。柴油机燃油供给系统由燃油供给、空气供给、混合气形成和废气排出四部分组成。

5. 点火系统

点火系统是汽油发动机重要的组成部分，点火系统的作用是使发动机正常工作，按照各缸点火次序，定时提供足够的高压电给火花塞，使其可产生足够强的火花。点火系统通常由蓄电池、发电机、分电器、点火线圈和火花塞等组成。点火系统一般分为：触点式点火系统（断电器点火）、电子点火系统（晶体管点火）和微机控制点火系统三种（图10-4）。

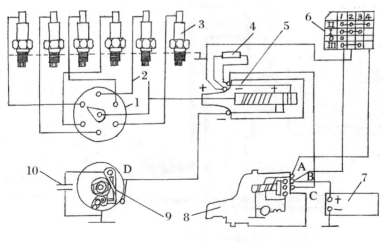

触点式点火系统组成与电路连接
1. 配电器；2. 高压导线；
3. 火花塞；4. 点火线圈附加电阻；5. 点火线圈；
6. 点火开关；7. 蓄电池；
8. 起动机；9. 断电器；
10. 电容器

图 10-4 触点式点火系统

6. 换气系统

换气系统主要是将新鲜空气（柴油机）或可混合气（汽油机）重新充入气缸。代替工作过程的燃烧产物（废气），将燃烧产物排出。换气系统主要由配气机构、进气系统、排气系统及增压装置等组成。进气系统主要由空气滤清器和进气管道等组成，而排气系统主要由排气管道和消声灭火器等组成。发动机工作时，空气先经过空气滤清器过滤，而后经进气管道、进气门进入气缸，燃烧所产生的废气在排气过程中经排气门、排气管道和消声灭火器而排出。充气效率即充量系数，是指内燃机每个工作循环内，发动机气缸内实际吸入气缸的新鲜空气质量与进气管道充满气缸工作容积的理论空气质量比值。内燃机的充气效率反映了进气过程的完善程度，充气效率越高，表明进入气缸的新鲜空气的质量越大，燃烧放出的热量越高，发动机的功率也越大，所以，充气效率是衡量发动机进气性能的重要指标。

7. 起动系统

起动系统的功用是通过起动机，利用蓄电池电流带动发动机以足够高的转速运转。起动发动机，是发动机十分重要的辅助工作系统。起动系统将储存在蓄电池内的电能转换为机械能，必须使用起动机才可实现这种转换。起动机的功用是由直流电动机产生动力，经传动机构带动发动机曲轴转动，从而实现发动机的起动。起动系统由蓄电池、起动机、组合继电器、起动开关等组成。

8. 制动系统

制动系统是强制降低汽车行驶速度的一系列专门装置，也就是人们平时说的减速与停车。制动系统主要由供能装置、控制装置、传动装置和制动器四部分组成。

汽车制动系统一般有两套独立的制动装置，一是供汽车行驶过程中减速或停车的行车制动装置，称脚踏制动器，分为气压制动装置和液压制动装置两种类型；二是供汽车停驶后保持在原地不溜滑的驻车制动装置，又称手制动器，也是通常说的"手刹"。

现代电子防抱死系统一般由传感器、控制器（电子计算机）及制动压力调节器三部分组成。在制动时，电子防抱死系统根据每个车轮速度传感器传来的速度信号，可迅速判断出车轮的抱死状态，关闭开始抱死车轮上面的常开输入电磁阀，让制动力不变，如果车轮继续抱死，则打开常闭输出电磁阀，这个车轮上的制动压力由于出现直通制动液贮油箱的管路而迅速下移，防止了因制动力过大而将车轮完全抱死。让制动状态始终处于最佳点，制动效果达到最好，行车最安全。

9. 传动系统

汽车的行驶需要传动系统的推动，传动系统的作用就是将发动机发出的动力传递给驱动轮，从而使汽车前进并在合适的速度下行驶。传动系统一般由离合器、变速器、万向传动系、驱动桥等组成。

传动系统的组成和布置形式是随发动机的类型、安装位置，以及汽车用途的不同而变化的。例如，越野车多采用四轮驱动，则在它的传动系统中就增加了分动器等总成。而对于前置前驱的车辆，它的传动系统中就没有传动轴等装置（图10-5、图10-6）。

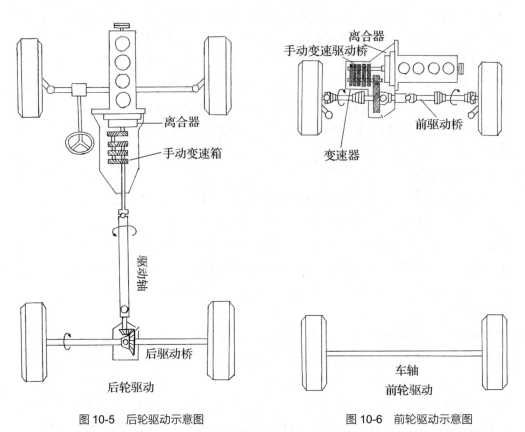

图 10-5 后轮驱动示意图　　　　　图 10-6 前轮驱动示意图

10. 行驶系统

汽车行驶系统接受发动机经传动系统传来的转矩，并通过驱动轮与路面间附着作用从而产生牵引力，使得汽车正常行驶。最大限度地缓和不平路面对车身造成的冲击，保证汽车行驶的平顺性，且与汽车转向系统配合，不影响汽车转向，保证汽车的操纵稳定性。汽车底盘行驶系统由车架、车桥、悬架、车轮和减震器等组成。车架是汽车装配的基础，它将汽车的各总成汇成一个整体。车桥通过前悬架与后车架连接，是传递车架与车轮之间各向作用力及其所产生的弯矩和转矩的装置，车轮由轮胎直接与地面接触在道路上行驶，而减震器，是用来抑制弹簧吸震后反弹时的震荡及来自路面的冲击。

四、车辆知识测验试题举例及解析

本部分试题来源主要参考《Kaplan ASVAB Premier 2015 With 6 Practice Tests》一书及部分高校的期末考试试题及考研真题。

1. 下图（图10-7）展示的是"四冲程"中的哪一个冲程？（　　）

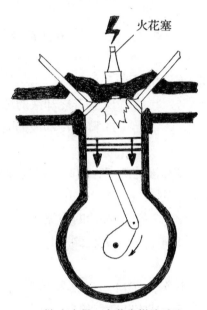

图 10-7　车辆知识测验试题举例1

A. 吸气（进气）冲程　　　　　　B. 压缩冲程

C. 做功（点火）冲程　　　　　　D. 排气冲程

正确答案：C

解释：图10-7处于"四冲程"中做功（点火）冲程状态。

2. 引擎曲轴是通过哪个零件与活塞连接的？（　　）

A. 汽缸　　　　B. 进气阀　　　　C. 排气阀　　　　D. 连杆

正确答案：D

解释：连杆将引擎机轴和活塞相连接来产生旋转运动，并借此产生动力。

3. 空气燃料混合器12∶1的属于以下哪种？（　　）

A. 富混合气　　　　　　　　　　B. 稀混合气

C. 化学当量混合气　　　　　　　D. 以上都不是

正确答案：A

解释：12∶1比率的空气和燃油混合物是富混合物，燃烧较快，可能会产生浓烟。

4. 正常燃烧的特征是？（ ）

A. 燃烧室发生爆炸

B. 火花塞点燃火焰并迅速蔓延至整个燃烧室

C. 燃烧室的过热点引发火焰

D. 以上皆是

正确答案：B

解释：在正常燃烧中，火花塞会产生火焰，并使整个燃烧室的加热处于平衡、可控的加热状态下。

5. 发动机冷却液中的防冻液可以？（ ）

A. 降低冷却液的沸点　　　　　B. 提升冷却液的沸点

C. 提升冷却液的凝固点　　　　D. 降低冷却液的耐蚀性

正确答案：B

解释：防冻剂可以提升冷却液的沸点，因此可以提升它的热能转换效率。

6. PCM 从车辆哪里接收信号？（ ）

A. 传感器　　　　　　　　　　B. 诊断数据接口

C. 制动器　　　　　　　　　　D. 检测工具

正确答案：A

解释：作为汽车的"大脑"，PCM 可以收集汽车传感器的信号，并向汽车的各种功能发出控制指令。而选项 B 诊断数据接口，用来将检测工具与 PCM 相连接，而选项 D 是技师用来读取 PCM 的工具。

7. 以下哪个陈述可以正确描述 ABS 系统的原理？（ ）

A. ABS 可以在任何时间防止车轮的抱死

B. 只有在车辆静止的时候 ABS 才能够防止车轮的抱死

C. 当车辆在高速行驶中刹车时 ABS 可以防止车轮的抱死

D. ABS 在刹车时会使车轮抱死

正确答案：C

解释：防抱死（ABS）系统只有在驾驶员刹车的时候才会启动。因此，选项 A 是不正确的。在车辆静止时，不需要进行刹车。而只有答案 C 是对的，ABS 系统会在车辆高速行驶时运行，防止车轮抱死导致的车辆失控情况。

（黄　荷　隋佳汝）

参考文献

[1] 陈家瑞主编.汽车构造 上册 第3版[M].北京：机械工业出版社,2014
[2] 汽车百科全书编纂委员会编著.汽车百科全书[M].北京：中国大百科全书出版社,2010
[3] 中国大百科全书出版社.中国大百科全书 军事[M].1993
[4] 中华人民共和国车辆购置税法[J].中华人民共和国全国人民代表大会常务委员会公报,2019,(1): 31-32

第11章
五金知识测验

一、概述

（一）五金知识的概念

"五金"一词最早出现在《吴越春秋》一书中，此书是春秋战国时期的著作；后《汉书·食货志》进一步解释，"金，谓五色之金也，黄者曰金，白者曰银，赤者曰铜，青者曰铅，黑者曰铁"。《现代汉语词典》中对五金的解释更加简洁明了，所谓五金，是指金、银、铜、铁、锡这五种金属。在如今的社会中，五金应用更为广泛，如五金工具、五金配件、日用五金、建筑五金、安防用品等。在ASVAB中，五金知识分测验涉及对五金工具（主要指维修机械所需要的车间机械等五金工具）的理解和应用。其中许多问题是为某种任务情境中选择出最适用的五金工具。例如：哪种工具最适合用来测量钢片的厚度？可以进行切割作业的钳子是哪种？

（二）考查目的与意义

五金产品种类丰富，应用广泛，与工农业生产和人们日常生活密切相关。五金工具对人类社会的发展起到了重要的作用，中国有句古话"工欲善其事，必先利其器"，阐明了工具对人们生产生活发展的重要性。五金工具出现在军事领域中的各个角落，尤其是在装备维修保障方面。装备维修保障是军队保障力向战斗力转化的重要途径，也是保障力生成的核心环节。1970年以来，随着主战坦克和装甲战斗车辆的发展和更新换代，前苏联、美国、英国、法国、德国等相应地研制并装备了采用坦克或装甲车辆底盘的装甲抢救车和修理车。在现代战场上，装甲抢救车对于任何一支装甲部队来说都发挥着至关重要的作用。为保证进行必要的装配和修理，车上需携带足够的修理备件，有些车后还可支起车篷作为修理间。

一般来说，装甲抢救车和修理车可在较短时间内恢复损伤装备基本功能。随着军队建设的信息化进程，现代军队往往列装大量的信息装备，这些装备组成和类型呈现多样化，体系结构更加复杂，使得装备维修保障任务越发繁重。这对军队装备维修保障作业提出了更高的要求。在装备维修保障作业过程中，通常会使用各种各样的装备维修保障工具，并且这些工具大多是五金工具。例如，在飞机和军用电子设备的日常维护中，螺丝刀是应用最多的五金工具，其工具房内一般有大大小小的单件螺丝刀、成套的螺丝刀手柄和螺刀头。因此，五金知识分测验成为了 ASVAB 的重要考查部分之一。事实上，五金知识分测验并不侧重于对智商的考查，而是评估受试者接受培训后从事军队某些岗位（大多数为机械维修岗位）的潜力。因此，五金知识分测验的考查对军队装备维修人才建设也具有重要意义。

五金知识分测验不在 AFQT 中出现，也就是其分数不影响受试者能否应征入伍。五金知识分测验的实际意义主要体现在其分数作为军方衡量受试者能否胜任某些工作的一种指标。美军将 ASVAB 各分测验的分数组合为不同的能力阈，并以能力域分数作为岗位分类的指标，不同岗位对不同能力阈有最低分数限制。其中五金知识和机械知识（Auto & Shop Information，AS）合为一个分测验分数（五金知识的分数约占一半），用来作为能力阈的基本分测验分数。陆军中的战斗（Combat，CO）、日常维护（General Maintenance，GM）、器械维护（Mechanical Maintenance，MM）、操作员与炊事（Operators and Food，OF）和监控和通讯（Surveillance and Communications，SC）能力阈、海军陆战队中的器械维护（Mechanical Maintenance，MM）能力阈、空军中的机械（Mechanical，ME）能力阈，均包含了五金知识和机械知识（Auto & Shop Information，AS）分测验。

二、考查形式

在最新版本的 ASVAB 测验中，五金知识分测验主要有两种版本。在计算机自适应版本测验中，受试者需在 6 分钟内完成 10 个问题。如果计算机自适应版本测验包括预测试问题（Tryout Questions），受试者则需在 17 分钟内完成 25 个问题；在纸笔版本测验中，五金知识和机械知识合为一个分测验，受试者需在 11 分钟内完成 25 个问题，其中关于五金知识的问题约占一半。

三、考查内容

五金知识分测验主要考查受试者能否识别不同的五金工具及不同五金工具的用途，其许多试题需要受试者在不同任务情境中选择出最适用的五金工具。因此，受试者需要将不同的五金工具及其适用情境熟练地联系起来。

五金工具种类丰富，样式繁杂。为了便于理解和记忆，通常需要按功能将其进行分类。一般来说，可以分类为测量工具、击打工具、紧固工具、焊接工具、切割工具、钻冲孔工具、精加工工具、夹紧工具和紧固件（包括钉子、螺丝、螺栓、螺母、垫圈和铆钉等）等。如需深入了解五金工具知识，可参考《五金工具手册》和《五金手册》。

（一）测量工具

测量工具通常指对目标长度进行精确测量的工具。常用的测量工具包括钢尺和千分尺等。

1. 钢尺是最常用也是最简单的测量工具，是用薄钢片制成的带状尺。钢尺的抗拉强度高，不易拉伸，因此，量距精度较高。钢尺的刻线间距为1mm，其对测量精确度要求很高的零件进行长度测量时会出现误差（图11-1）。

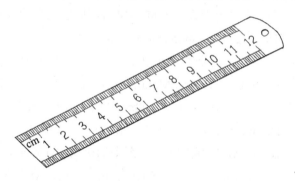

图 11-1　钢尺

2. 千分尺又称螺旋测微器，是测量长度的精密工具，其测量长度的精度可准确到 0.01mm。最常用的千分尺类型是外径千分尺，这种工具可以测量圆柱形物体的外径，也可以测量扁平物体的厚度。它的结构类似 C 形夹，千分尺的螺杆可以向内或向外转动，来调整螺杆与砧座之间的距离进行测量。千分尺的微分筒直接与螺杆相连。千分尺的固定套管是固定不动的，它上面的刻度代表了螺杆移动的距离。当微分筒向外移动时，固定套管上的即会显现刻度。微分筒与固定套管之间的相对位置决定了千分尺的最终读数（图11-2）。

（二）击打工具

击打工具是敲打目标使其移动或变形的工具。最常用来敲钉子，矫正位置或是将物件敲开。常用的击打工具包括圆头锤、橡皮锤、羊角锤和大锤等。

1. 圆头锤是最常使用的一种击打工具。这种锤子的打击面设计和大多数锤子相似,但其尾部设计为圆形,可以为金属塑形或制造垫片(图 11-3)。

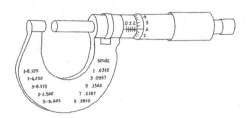

图 11-2　外径千分尺

图 11-3　圆头锤

2. 橡皮锤可以防止被打击物体受损,其通常被用于安装毂盖等精密部件,防止击打对部件外表的损坏(图 11-4)。

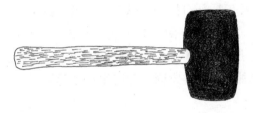

图 11-4　橡皮锤

3. 羊角锤的一头是圆的,主要功能是钉钉子;一头扁平向下弯曲并且开 V 口,主要功能是起钉子(图 11-5)。

图 11-5　羊角锤

4. 大锤可以完成重体力作业。大锤通常是一种长柄锤,其锤头是一块巨大的金属,一般需要两只手才能操作。以前铁路建设时经常会使用这种锤子,工人用它将大铁钉钉入枕木之中来固定铁轨(图 11-6)。

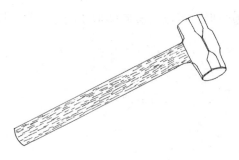

图 11-6　大锤

对击打工具进行维修保养时，最重要的是确定锤头和手柄之间是否牢固。松动的锤头可能在挥动时脱落从而对使用者造成危害，可以通过将木楔或钢楔钉入手柄和锤头的连接处来进行加固。如果这种做法不起作用，也可以更换新的手柄。

（三）紧固工具

紧固工具通常是将紧固件与目标物体紧固或拆卸。紧固工具种类丰富，包括扳手类、螺丝刀类和钳子类。

1.扳手类工具通常包括开口扳手、呆扳手和可调扳手。

开口扳手（图 11-7）使用方便，其一端是开放的，它可以将扳手滑入或滑出紧固件。由于开口扳手的开口只能接触到六角螺栓头的两面，因此它容易把固定后的紧固件边缘"磨圆"，使得紧固件变得很难被拆卸。

图 11-7　开口扳手

呆扳手（图 11-8）可用来拆卸牢固的紧固件。呆扳手的端可以完全包住螺栓头，从而确保不会将螺栓头磨圆，也使操作者能更轻易地装卸紧固件。呆扳手通常带有十二角孔或六角孔工作端。

图 11-8　呆扳手

事实上，比较常用的扳手类型是两用扳手。它的一端与开口扳手设计相同，另一端与呆扳手设计相同。两用扳手的两端可以拧转相同规格的紧固件。在使用过程中，操作者可使用呆扳手端来将螺栓松动，然后使用开口扳手端快速地卸下螺栓。

可调扳手（图 11-9）使用便捷，可通过调节器来使用不同规格的紧固件。但其调节器容易松动，可能会使扳手在螺母外滑动。可调扳手的类型由其长度决定。

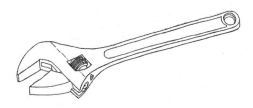

图 11-9　可调扳手

扳手类工具在使用过程中可压可拉。拉动扳手更容易控制其移动从而更加安全；压动扳手可能会导致紧固件突然松动从而损伤手指关节。另外，可使用更长手柄的扳手来松动过于牢固的紧固件。

2. 螺丝刀类工具可以用来装卸小型紧固件，其通常包括一字螺丝刀和十字螺丝刀。

一字螺丝刀（图 11-10）是历史最悠久的螺丝刀设计，可以用来旋转顶部有单凹槽的螺丝，其刀头如"一"字。

图 11-10　一字螺丝刀

十字螺丝刀（图 11-11）与紧固件有更多的接触面，因此也可以使紧固件更加牢固，其刀头如"十"字。

图 11-11　十字螺丝刀

现代螺丝刀更注重对于手柄部分的设计，特别是通过设计手柄部分使操作者的手能更多地与手柄相接触，从而增强施加于紧固器上的扭力。螺丝刀的刀头最容易受到磨损，因此需要定期检查螺丝刀刀头来确定是否需要更换。如果螺丝刀是一字刀头，那么可以轻轻打磨刀头使其变得锋利。

3. 钳子类工具不仅可以将紧固件与目标物体紧固或松开，也可以固定或切割物体。常用的钳子包括老虎钳、尖嘴钳、鹰嘴钳和剪线钳。

老虎钳（图 11-12）的适用范围广泛。其钳口可调整为不同尺寸，并可通过锁定来牢固地夹持物体。老虎钳钳头通常配有切线器以便于切割物体。

尖嘴钳（图 11-13）夹口长而尖，可将较小的物体牢牢夹持住。尖嘴钳通常用于较为复杂的作业中，例如焊接电路板或较小部件。通常其后部也配有用来切断电线的刃口。

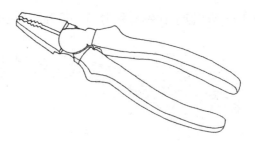

图 11-12　老虎钳

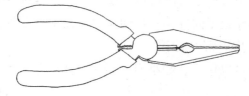

图 11-13　尖嘴钳

　　鹰嘴钳（图 11-14）可用来夹持或弯曲大尺寸物体。鹰嘴钳有着多个"弧形接口"，因此可以大范围调节尺寸。

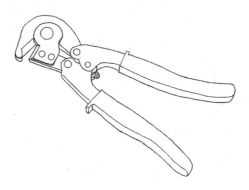

图 11-14　鹰嘴钳

　　剪线钳（图 11-15）是用于切割作业的钳子，通常用于切割电线或小型电缆。剪线钳的两个刃口呈对角排列，从而使其更容易对电线进行横切作业。

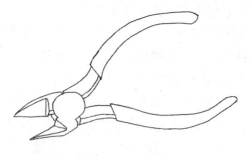

图 11-15　剪线钳

（四）焊接工具

焊接工具通常指将金属连接在一起的工具。焊接的两种主要类型是氧乙炔焊接和电弧焊接。

1. 氧乙炔焊接指使用焊枪，以氧气和乙炔为原料，将两种气体混合燃烧来创造极高温的火焰，从而融化钢铁和其他含铁的材料。氧乙炔焊接过程非常缓慢且需要使用气瓶，价格相对昂贵，已逐渐被其他焊接技术替代。

2. 电弧焊接使用电来产生热量。最简单和易于辨识的电弧焊接类型是焊条焊接。随着技术的发展，MIG焊接（melt inert-gas welding），金属惰性气体电弧焊（图11-16）正在快速取代焊条焊接。MIG焊接使用瓶装惰性气体（例如氩）来保护焊接点，其易于操作且不需频繁断开电弧来更换焊条。在电弧焊接过程中会产生高强度的"光"。这种"光"会伤害到暴露皮肤，并灼伤视网膜。因此，电弧焊接操作者必须穿保护服并佩戴滤光器面罩。

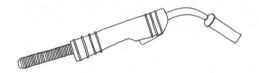

图 11-16　MIG 焊接枪

（五）切割工具

切割工具是指切割金属、木材或其他材料的工具。常用的切割工具包括钢锯、横切锯、纵割锯、弓形锯和背锯等。

1. 钢锯（图11-17）是最常用的一种锯子，可切割钢铁、铝或铜等金属。钢锯的刀片是可更换的，操作者需要选择适合的刀片来切割不同材料。刀片锯齿数量越密则切割出的材料越细。在安装新刀片时，需要将其背朝手柄锯齿向外安装。

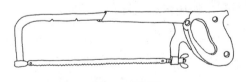

图 11-17　钢锯

2. 横切锯（图11-18）可横向切割木材，其锯齿工作原理和刀类似。

3. 纵切锯（图11-19）可沿着木材纹理纵向切割木材，其在切割木头时可自由移动。

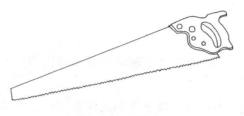

图 11-18　横切锯

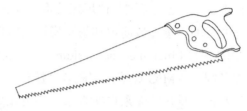

图 11-19　纵切锯

4. 弓形锯（图 11-20）的刀片纤细且有弹性，可用来进行精致型和弧线型的切割作业。弓形锯的刀片被牢固栓在一个宽框架中，刀片能在框架中随意旋转，因此灵活性高，可完成大型材料的复杂切割。

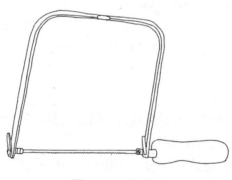

图 11-20　弓形锯

5. 背锯（图 11-21）通常用于精细作业，其刀刃由坚硬的金属条制成且刀片很细。背锯可以与铺锯箱配合使用来进行等角度切割。

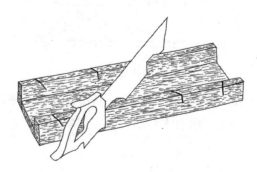

图 11-21　背锯和铺锯箱

（六）钻冲孔工具

钻冲孔工具是指在材料上打孔的工具。常用的钻冲孔工具包括电钻、尖冲头和中心冲等。

1. 电钻是利用电做动力的钻孔工具。电钻钻头通常有较大动力，其可刮削物体表面，洞穿物体。当使用电钻在金属材料上进行钻孔作业时，应该先在被钻位置处打上冲眼。在钻较大孔眼时，先用小钻头钻穿，然后使用大钻头钻孔。

2. 尖冲头（图 11-22）的形状是笔直的圆柱形，它被用来钉入柱形插销。

3. 中心冲（图 11-23）可制造小缺口来标记钻孔作业的起始位置。中心冲制造的小缺口标记可使钻头在目标位置上更稳定（钻头不易在材料上滑动）地钻出孔洞。

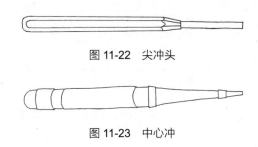

图 11-22　尖冲头

图 11-23　中心冲

（七）精加工工具

精加工工具是指将材料表面打磨平整光滑的工具。常用的精加工工具包括粗刨、木凿和锉刀等。

1. 粗刨（图 11-24）是使用最为广泛的一种刨削工具。粗刨有着平滑的下刨面，下刨面之下有可调整深度的刨刃（槽口）。刨刃有一定角度，其工作原理与一次性剃须刀类似。

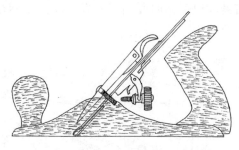

图 11-24　粗刨

2. 木凿（图 11-25）既可以用来给木材塑形，也可以使木材表面光洁。

3. 锉刀可用来打磨金属。一般来说，锉刀是使用硬化钢制造而成的，其表面是斜纹型锉纹。锉刀按形状可分为扁锉、半圆锉和三角锉，见图 11-26。大多数锉刀不配备手柄，使用者可自备手柄来防止锉刀的尾部伤手。锉刀只能向前划动，因此向后拉时需将其轻轻抬离作业面。

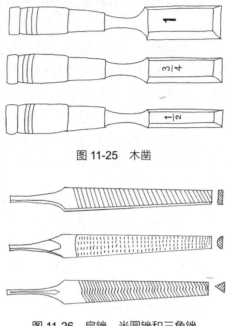

图 11-25　木凿

图 11-26　扁锉、半圆锉和三角锉

（八）夹紧工具

夹紧工具是指用于牢固固定物体使其不易移动的工具。夹紧工具包括手持钳子类（详见本章（三）紧固工具第 3 点）和台钳等。

台钳（图 11-27），又称虎钳、台虎钳，是夹持、固定工件以便进行加工的一种夹紧工具，使用广泛。在使用台钳进行固定物体时，要松紧适当。同时，只能用手扳紧手柄，不得借助其他工具加力。在强力作业时，应尽量使力朝向固定钳身。

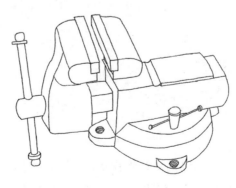

图 11-27　台钳

（九）紧固件

紧固件是指将材料紧固在一起的工具。绝大多数的紧固件为螺纹型。例如，螺栓有着阳螺纹，而螺母有阴螺纹。螺栓可拧入带有相同螺纹的螺母或孔洞。螺纹以螺距来区分，其可使用螺距规测量。

紧固件的两个重要指标分别是直径和长度（图 11-28）。例如，螺栓的直径指的是螺栓中轴两端的距离，代表紧固件适配的孔洞大小；螺栓的长度指的是螺栓头以下（不包括螺栓头的长度）到螺栓尾部间的距离。

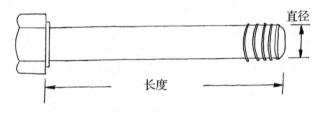

图 11-28　紧固件直径和长度

紧固件主要包括钉子、螺丝、螺栓、螺母、垫圈、扣环和铆钉等。

1. 钉子（图 11-29）指的是尖头状的硬金属（通常是钢），可用来固定木头等物体。

图 11-29　钉子

2. 螺丝（图 11-30），又称螺钉（螺丝钉）、螺杆（螺丝杆）。螺丝利用其斜面旋转来紧固物体。通常使用金属板螺丝对金属板进行紧固。一般来说，在使用金属板螺丝进行作业前会使用钻孔机或打洞机确定一个导向孔，再将金属板螺丝旋入孔洞之中。

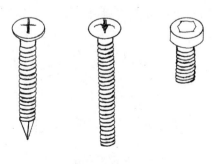

图 11-30　螺丝

3. 螺栓是由头部和螺杆（带有外螺纹的圆柱体）两部分组成的一类紧固件，其需与螺母配合，用于紧固连接两个带有通孔的零件。

4. 螺母也称螺帽，是与螺栓或螺杆拧在一起用来起紧固作用的零件。螺母可以是四角或六角的。普通的六角螺母可使用垫圈来防止松动。蝶形螺母（图11-31）可以用手来进行拆卸，其"两翼"可在不借助其他工具的情况下进行紧固或松动。槽顶螺母（图11-32）使用开口销来进行锁定定位，其可穿过螺栓上的孔洞将螺母固定。锁紧螺母（图11-33）的螺纹内部配有尼龙内衬，可增加阻力来防止螺母松动。

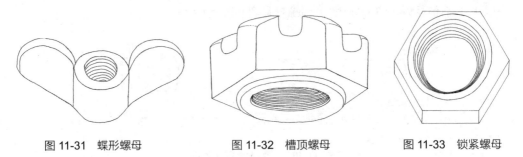

图 11-31　蝶形螺母　　　图 11-32　槽顶螺母　　　图 11-33　锁紧螺母

5. 垫圈（图11-34）指垫在被连接件与螺母之间的零件。一般为扁平形的金属环，用来保护被连接件的表面不受螺母擦伤，分散螺母对被连接件的压力。

图 11-34　垫圈

6. 扣环可用来防止孔洞内或机轴上的部件出现轴向移动。外部扣环可以安装在机轴的凹槽中，内部扣环可以安装在轴孔之内。可使用扣环拆装钳来对扣环进行安装或拆卸（图11-35）。

图 11-35　内部扣环和外部扣环

7. 铆钉是连接两个带通孔且一端有帽零件（或构件）的钉形物件。在铆接中，其利用自身形变或过盈连接被铆接的零件。铆钉种类很多，而且不拘于形式。抽芯铆钉是一类单面铆接用的铆钉，其需要使用拉铆枪来进行铆接。铆接时，铆钉钉芯由专用铆枪拉动，使铆体膨胀，起到铆接作用。这类铆钉特别适用于不便采用普通铆钉（需从两面进行铆接）的铆接场合（图 11-36）。

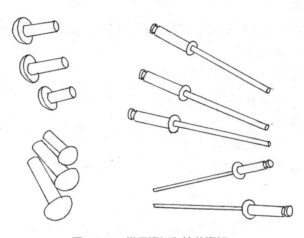

图 11-36　常用铆钉和抽芯铆钉

四、五金知识测验试题举例及解析

本部分试题来源主要参考《Kaplan ASVAB Premier 2015 With Practice Tests》和《2021/2022 ASVAB》。

1. 钢尺的刻线间距为（　　）？

A. 0.01mm　　　　B. 0.1mm　　　　C. 1mm　　　　D. 1cm

正确答案：C

解析：钢尺的刻线间距为 1mm，其对测量精确度要求很高的零件进行长度测量时会出现误差。

2. 哪个工具最适合用来测量钢片的厚度？

A. 钢尺　　　　　　B. 卷尺

C. 内径千分尺　　　D. 外径千分尺

正确答案：D

解析：由于钢板属于薄片，因此需要使用精度达到千分之一英寸以下的测量设备。最常用的千分尺类型是外径千分尺，这种设备可以测量圆柱形物体的外径，也可以测量扁平物体的厚度。在本题中，外径千分尺最为合适。如果需要更高的精度，那么则需要使用游标千分尺。另一种千分尺类型是内径千分尺，但内径千分尺通常被用于测量两个平行表面之间的距离，也用于测量圆柱形物体的内部直径，而非扁平的物体。

3. 可以防止被打击物体受损的锤子类工具是哪一种？

A. 大锤　　　　B. 橡皮锤　　　　C. 羊角锤　　　　D. 圆头锤

正确答案：B

解析：橡皮锤可以防止被打击物体受损，其通常被用于安装毂盖等精密部件，防止击打对部件外表的损坏。

4. 可以完成重体力作业的锤子是哪种？

A. 大锤　　　　B. 橡皮锤　　　　C. 羊角锤　　　　D. 圆头锤

正确答案：A

解析：大锤可以完成重体力作业。

5. 下面的工具是哪种锤子？

图 11-37　五金知识试题举例 5

A. 圆头锤　　　B. 羊角锤　　　C. 大锤　　　D. 橡皮锤

正确答案：B

解析：羊角锤的一头是圆的，主要功能是钉钉子；一头扁平向下弯曲并且开 V 口，主要功能是起钉子。

6. 圆头锤的主要功能是（　　）？

A. 钉钉子与起钉子　　　　　　B. 为金属塑形或制造垫片

C. 可以防止被打击物体受损　　D. 完成重体力作业

正确答案：B

解析：圆头锤是最常使用的一种击打工具。这种锤子的打击面设计和大多数锤子相似，但其尾部设计为圆形，可以为金属塑形或制造垫片。

7. 可以进行精致型和弧线型切割作业的锯子哪种？

A. 钢锯　　　　B. 横切锯　　　　C. 纵切锯　　　　D. 弓形锯

正确答案：D

解析：弓形锯可用来进行精致型和弧线型的切割作业，其刀片纤细且有弹性。

8. 哪种锯可以与铺锯箱配合使用来进行等角度切割？

A. 背锯　　　　B. 横切锯　　　　C. 纵切锯　　　　D. 弓形锯

正确答案：A

解析：背锯通常用于精细作业，其刀刃由坚硬的金属条制成且刀片较细。背锯可以与铺锯箱配合使用来进行等角度切割。

9. 下面的工具是哪种扳手？

图 11-38　五金知识试题举例 9

A. 开口扳手　　B. 可调扳手　　C. 呆扳手　　D. 套筒扳手

正确答案：B

解析：图中显示的工具是可调扳手。

10. 一般用于拆卸牢固紧固件的扳手是哪种？

A. 开口扳手　　B. 可调扳手　　C. 呆扳手　　D. 套筒扳手

正确答案：C

解析：呆扳手可用来拆卸牢固的紧固件。呆扳手的工作端可以完全包住螺栓头，从而确保不会将螺栓头磨圆，也使操作者能更轻易地装卸紧固件。呆扳手通常带有十二角孔或六角孔工作端。

11. 为了使螺栓更加紧固，你可以使用哪种扳手？

A. 长的　　　　B. 短的　　　　C. 重的　　　　D. 亮的

正确答案：A

解析：紧固件可以使用更长的扳手来拧紧。使用加长杆或可调扳手（月牙扳手）同样可以改善紧固性。

12. 下面的工具是哪种螺丝刀？

图 11-39　五金知识试题举例 12

A. 一字螺丝刀　　　　　　B. 十字螺丝刀

C. 四方形螺丝刀　　　　　D. 内梅花螺丝刀

正确答案：A

解析：图中显示的工具是一字螺丝刀。

13. 螺丝刀可通过设计哪个部位来增强操作者施加于紧固器上的扭力？

A. 刀头部分　　　　　　　　　　B. 手柄部分

C. 刀身部分　　　　　　　　　　D. 手柄与刀身连接处

正确答案：B

解析：现代螺丝刀更注重于对手柄部分的设计，特别是通过设计手柄部分来达到操作者的手能更多地与手柄相接触，从而增强施加于紧固器上的扭力。

14. 以下哪种工具可将金属连接在一起？

A. MIG 焊接枪　　　　　　　　　B. 弓形锯

C. 圆头锤　　　　　　　　　　　D. 台钳

正确答案：A

解析：焊接工具通常指将金属连接在一起的工具。MIG 焊接枪是一种焊接工具。

15. 下面的工具是哪种钳子？

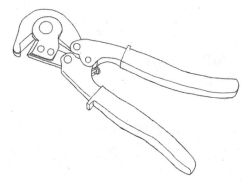

图 11-40　五金知识试题举例 15

A. 老虎钳　　　B. 尖嘴钳　　　C. 剪线钳　　　D. 鹰嘴钳

正确答案：D

解析：图中显示的工具是鹰嘴钳。

16. 可以进行切割作业的钳子是哪种？

A. 老虎钳　　　B. 尖嘴钳　　　C. 剪线钳　　　D. 鹰嘴钳

正确答案：C

解析：剪线钳是用于切割作业的钳子。剪线钳通常用于切割电线或小型电缆。

17. 可以将较小的物体牢牢夹持住的钳子是哪种？

A. 老虎钳　　　B. 尖嘴钳　　　C. 剪线钳　　　D. 鹰嘴钳

正确答案：B

解析：尖嘴钳可将较小的物体牢牢夹持住，其夹口长而尖。

18. 钢锯是用来切割什么的？
A. 木头　　　　　B. 石头　　　　　C. 塑料　　　　　D. 金属
正确答案：D
解析：钢锯是最常用的一种锯子，可切割钢铁、铝或铜等金属。

19. 能在材料上打孔的是哪类工具？
A. 切割工具　　　　　B. 焊接工具
C. 紧固工具　　　　　D. 钻冲孔工具
正确答案：D
解析：钻冲孔工具是指在材料上打孔的工具。

20. 可以制造小的缺口，标记钻孔作业的起始位置的是哪种钻冲孔工具？
A. 中心冲　　　B. 尖冲头　　　C. 电钻　　　D. 以上皆错
正确答案：A
解析：中心冲可以制造小的缺口，标记钻孔作业的起始位置。

21. 可以用来打磨金属的精加工工具是哪个？
A. 粗刨　　　B. 木凿　　　C. 锉刀　　　D. 以上皆对
正确答案：C
解析：锉刀可以用来打磨金属。

22. 下面的是哪种精加工工具？

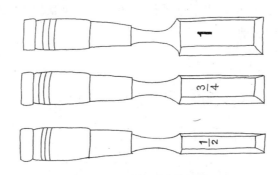

图 11-41　五金知识试题举例 22

A. 粗刨　　　B. 木凿　　　C. 半圆锉和三角锉　　　D. 三角锉
正确答案：B
解析：图中显示的精加工工具是木凿。

23. 在塑料填充物填充孔洞且干燥后应该做什么？
A. 用玻璃清洁液清洁该区域　　　　　B. 打磨该区域
C. 给该区域涂上一层底漆　　　　　D. 以上皆错
正确答案：B

解析：填充物充分干燥后，紧接着是打磨该区域，以创建一个平整光滑的表面方便进行下一步作业。

24. 如何测量一个螺栓的长度？

A. 测量螺栓的两端　　　　　　　　B. 只测量螺纹部分

C. 测量螺栓头底部到螺纹一端　　　D. 以上皆错

正确答案：C

解析：紧固件的一个重要指标是它的长度。螺栓的长度指的是螺栓头下部到螺栓底部之间的距离。需要注意的是螺栓的头部不计入螺栓长度之中。

25. 台钳是哪种类型的工具？

A. 夹紧工具　　　　　　　　　　　B. 焊接工具

C. 测量工具　　　　　　　　　　　D. 击打工具

正确答案：A

解析：台钳，又称虎钳、台虎钳，是夹持、固定工件以便进行加工的一种夹紧工具，使用十分广泛。

26. 可以用手来进行拆卸的螺母通常是哪一种？

A. 六角螺母　　　　　　　　　　　B. 蝶形螺母

C. 槽顶螺母　　　　　　　　　　　D. 锁紧螺母

正确答案：B

解析：蝶形螺母可以用手来进行拆卸，其"两翼"可以在不借助其他工具的情况下进行紧固或松动。

27. 下面的工具是什么？

图 11-42　五金知识试题举例 27

A. 六角螺母　　　　　　　　　　　B. 蝶形螺母

C. 槽顶螺母　　　　　　　　　　　D. 锁紧螺母

正确答案：C

解析：图中显示的工具是槽顶螺母。

28. 下面的工具是什么？

图 11-43　五金知识试题举例 28

A. 螺栓　　　　　　B. 螺母　　　　　　C. 垫圈　　　　　　D. 铆钉

正确答案：C

解析：图中显示的工具是垫圈。

29. 防止孔洞内或机轴上的部件出现轴向移动的紧固件是哪一类？

A. 钉子类　　　　　B. 螺母类　　　　　C. 铆钉类　　　　　D. 扣环类

正确答案：D

解析：扣环可用来防止孔洞内或机轴上的部件出现轴向移动。

30. 可以利用自身形变或过盈连接零件或构件的工具是哪一类？

A. 钉子类　　　　　B. 螺母类　　　　　C. 铆钉类　　　　　D. 扣环类

正确答案：C

解析：铆钉是用于连接两个带通孔，一端有帽的零件（或构件）的钉形物件。在铆接中，利用自身形变或过盈连接被铆接的零件。

（任　垒）

参考文献

[1] 曹玉芬. 现代战场上的装甲抢救车 [J]. 国外坦克, 2017, (08): 51-56.
[2] 贾洪成, 刘增勇, 刘亚东, 等. 信息化条件下装备维修改革人才建设研究 [J]. 中国管理信息
[3] 化, 2018, 21(19): 84-85.
[4] 刘光启, 李成栋, 赵梅. 五金手册 [M]. 化学工业出版社, 2017.
[5] 抢修抢救方队：战斗员和装备的"移动医院"[EB/OL]. 新华社［2019-10-01］.
[6] 秦海峰, 廖兴禾, 张永福, 等. 装备维修保障力量建设与运用研究 [J]. 火力与指挥控制, 2020, 45(11): 1-4, 10.
[7] 张能武. 五金工具手 [M]. 中国电力出版社, 2019.

第12章
电学知识测验

一、概述

（一）电学知识的概念

电学又称为电磁学，是物理学中重要的基础学科，主要研究"电"的形成及其应用。18世纪中叶以来，对电的研究逐渐蓬勃开展，关于它的每项重大发现都能引起广泛的实用研究。现今，人类生活、科学技术活动以及物质生产都已离不开电。随着科学技术的发展，某些带有电学知识的研究内容逐渐独立，形成专门的学科，如电子学、电工学等。

（二）考查目的与意义

电子设备的发明和应用是现代社会的标志之一。一方面，手机、电脑、电灯等电子设备已经成为人们生活中不可或缺的一部分，电子技术几乎改变了人们生活的每个方面。其中，通信手段的进步给人们的生活方式带来极大的便利，缩短了人际之间的距离。另一方面，在工业领域，自动化控制已经取代了传统的机械控制，电子技术也给许多老式机器注入了新的生命力，大大提高了生产效率。

电子技术的发展同样对武器装备具有重要意义，各种高精尖武器都得益于电子设备的保驾护航，在一定程度上提高了发射效率和打击精度。例如，电磁炮是利用电磁发射技术制成的一种先进动能杀伤武器。与传统大炮将火药燃气压力作用于弹丸不同，电磁炮是利用电磁系统中电磁场产生的安培力来对金属炮弹进行加速，使其达到打击目标所需的动能。与传统的火药推动的大炮相比，电磁炮可大大提高弹丸的速度和射程。

电子技术不仅创造出新的武器装备，还革新了人们对于战争形态的认识。有学者提出了"电子战"的概念，认为现代化战争电子战技术是主力，只将对方的电子设备干扰或者摧毁，那么战争就已经胜利了一半。电子战技术包括侦察、干扰、摧毁、隐身、欺骗等诸多技术。以海湾战争举例，伊拉克军队在被其他国家的电子设备打击之后，基本上成了没有耳朵的哑巴，瞬间失去了和外界的联系，孤立无援。这场战争也使很多国家认识到了电子技术的重要性，促使了全球电子技术的革新。

可见，电学知识在现代化的各种武器装备中发挥重要作用，而熟练掌握电学知识是胜任部队一些重要岗位的前提。陆军航空兵一级军士长芮银超自学电学、高等数学以及航空学等专业知识，成为一名优秀的陆航兵机务岗特设师，保障了飞行安全，化身飞行员的"护身符"。部队中成千上万的武器装备维修、保养、操作等都需要具备一定电学知识的专业人员负责，因此，将电学知识作为部队人员选拔的内容具有重要意义。

二、考查形式

ASVAB 纸笔版本测试时，受试者需在 9 分钟内完成 20 道题目；计算机自适应版本测试时，受试者需在 10 分钟内完成 15 道题目。此分测验题目均为单项选择题，部分题目题干包含图片，图片内容为各类电路图。

三、考查内容

电学知识隶属于科学和技术领域，考查受试者的基本电学知识，主要包括电流基本理论、电路结构、电气和电子系统结构、电磁学四个部分。

电流基本理论部分需要受试者了解电流的含义和形成原理、电压和电阻的含义以及它们和电流之间的关系；电路结构部分需要受试者具备一些基本的电路知识和能力，如欧姆定律的运用，电学定律的运用，基本串、并联电路的识别和定义以及对复杂电路的简化等；电气和电子系统结构部分需要受试者了解现代家用电器系统的安全机制，识别几种基本电器元件的符号以及了解它们的功能、用途和效益等；电磁学部分需要受试者识别电路中利用电流的磁力特性来运行的元件以及了解这些元件的功能、用途和效益。

电学知识测试的得分，主要用于对受试者的电子、电气、机械和信息系统的操作维护技能等方面能力域进行评定，以及电学相关技术岗位匹配度的计算。ASVAB 考查的电学知识整体难度并不大，是基本的电学知识，我国普通高中生水平即可完成。然而，ASVAB 考查的电学知识偏向于实际应用，例如对于电路中各种元件的考查；题目场景的设定往往是现实生活的环境，如家庭中的电灯、发电机等。这些都体现了 ASVAB 的主要目的是选拔、筛选军事人才，而不是选拔科研等理论人才。我国高中物理更偏向于理论教学，是为了应对高考的人才选拔，因此难度较大，和 ASVAB 有着本质的区别。

接下来，具体介绍电学知识考查的知识点。

（一）电流基本理论

电流基本理论需要受试者掌握电流、电压和电阻的基本知识。

1. 电流

科学上把单位时间里通过导体任一横截面的电量叫做电流强度，简称电流（electric current）。电源的电动势形成了电压，继而产生了电场力，在电场力的作用下，处于电场内的电荷发生定向移动，形成了电流。每秒通过1库仑的电量称为1安培（A）。

2. 电压

电压（voltage），也称作电势差或电位差，是衡量单位电荷在静电场中由于电势不同所产生的能量差的物理量。其大小等于单位正电荷因受电场力作用从 A 点移动到 B 点所做的功，电压的方向规定为从高电位指向低电位的方向。电压的国际单位制为伏特（V，简称伏），常用的单位还有兆伏（MV）、千伏（kV）、毫伏（mV）、微伏（μV）等。

3. 电阻

导体对电流的阻碍作用就叫该导体的电阻。电阻（resistor）是一个物理量，在物理学中表示导体对电流阻碍作用的大小。导体的电阻越大，表示导体对电流的阻碍作用越大。不同的导体，电阻一般不同，电阻是导体本身的一种性质。导体的电阻通常用字母 R 表示，电阻的单位是欧姆，简称欧，符号为 Ω。

（二）电路结构

电路结构考查的知识点有欧姆定律、串联、并联、串并联、电能，能够简化复杂的电路，并且识别电路中不同元件符号的含义。

1. 欧姆定律

欧姆定律是指在同一电路中，通过某段导体的电流跟这段导体两端的电压成正比，跟这段导体的电阻成反比。公式为：$I=\dfrac{U}{R}$（I：电流；U：电压；R：电阻）。

2. 串联

串联（图12-1）是连接电路元件的基本方式之一。将电路元件（如电阻、电容、电感、用电器等）逐个顺次首尾相连接组成的电路叫串联电路。串联电路中通过各用电器的电流都相等。

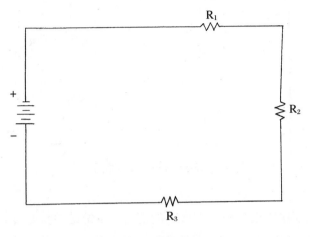

图 12-1　串联电路图

3. 并联

并联（图 12-2）是元件之间的一种连接方式，其特点是将 2 个同类或不同类的元件、器件等首首相接，同时尾尾亦相连。通常是指电路中电子元件的连接方式，即并联电路。

在串联电路中，各电阻上的电流相等，各电阻两端的电压之和等于电路总电压。由此可知，每个电阻上的电压小于电路总电压，故串联电阻分压。在并联电路中，各电阻两端的电压相等，各电阻上的电流之和等于总电流（干路电流）。由此可知，每个电阻上的电流小于总电流（干路电流），故并联电阻分流。电阻的串并联就好像水流，串联只有一条道路，电阻越大，流得越慢，并联的支路越多，电流越大。

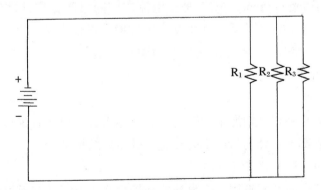

图 12-2　并联电路图

4. 串联—并联

同时包含串联和并联规律的电路称为串联—并联电路（图 12-3）。

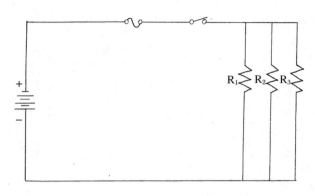

图 12-3 串—并联电路图

5. 电能

电能,是指使用电以各种形式做功的能力。电能的单位是度,它的学名叫做千瓦时,符号是"kW·h"。在物理学中,更常用的能量单位是焦耳,简称焦,符号是 J,1kw·h = 360000J。电能的计算公式为 W=UIt(W:电能;U:电压;I:电流;t:时间)。

(三)电气和电子系统结构

电气和电子系统结构考查的内容包括直流电、交流电等概念,接地、短路、熔断等电学安全知识,以及重要的电子元件符号。

1. 交流电、直流电

直流电(Direct Current,DC)是指电流在导体内始终以一个方向流动。典型的直流电是使用电池供电。许多电器,如手机、电脑等,都是使用直流电供电。交流电(Alternating Current,AC)是指电流方向随时间作周期性变化的电流,在一个周期内的平均电流为零,通常交流电波形为正弦曲线。常见的家庭用电就是典型的交流电。我国的交流电频率是 50 赫兹(Hz),电压为 220V;而北美是 60Hz,电压为 120V。

2. 安全知识

接地,指的是将正常情况下不带电,而在绝缘材料损坏后或其他情况下可能带电的电器金属部分(即与带电部分相绝缘的金属结构部分),用导线与接地体可靠连接起来的一种保护接线方式。

短路,是把电源的两端用导线直接或间接相连,中间没有通过任何用电器。如果在复杂电路中,找出一条路可以直接从电源的正极走向负极,且中间不通过任何用电器,即可视为短路。因为电流总是走最短路线的,所以电源短路很危险,容易造成电源烧毁甚至火灾。

熔断器,是指当电流超过规定值时,以本身产生的热量使熔体熔断,断开电路的一种电流保护器。熔断器广泛应用于高低压配电系统和控制系统以及用电设备中，作为短路和过电流的保护器，是应用最普遍的保护器件之一。

3. 重要的电子元件

电子元件包括电阻器、保险丝、开关、电容器、半导体、二极管和晶体管等。

电阻器，在日常生活中一般直接称为电阻，是一个限流元件。将电阻接在电路中后，电阻器的阻值是固定的，它可限制通过它所连支路的电流大小。阻值不能改变的称为固定电阻器，阻值可变的称为电位器或可变电阻器。

保险丝，也被称为电流保险丝，主要是起过载保护作用。电路中正确安置保险丝，保险丝就会在电流异常升高到一定的高度和热度的时候，自身熔断切断电流，保护电路安全运行。

开关，是指一个可以使电路开路、使电流中断或使其流到其他电路的电子元件。接点的"闭合"表示电子接点导通，允许电流流过；开关的"开路"表示电子接点不导通形成开路，不允许电流流过。

电容器，是指两个相互靠近的导体，中间夹一层不导电的绝缘介质。当电容器的两个极板之间加上电压时，电容器就会储存电荷。电容器的电容量在数值上等于一个导电极板上的电荷量与两个极板之间的电压之比，在电路图中通常用字母 C 表示电容元件。

半导体，指常温下导电性能介于导体与绝缘体之间的材料。半导体在集成电路、消费电子、通信系统、光伏发电、照明、大功率电源转换等领域都有应用。

二极管，是用半导体材料（硅、硒、锗等）制成的一种电子器件。它具有单向导电性，即给二极管阳极和阴极加上正向电压时，二极管导通。当给阳极和阴极加上反向电压时，二极管截止。因此，二极管的导通和截止，相当于开关的接通与断开。

晶体管，是一种固体半导体器件，具有检波、整流、放大、开关、稳压、信号调制等多种功能。晶体管作为一种可变电流开关，能够基于输入电压控制输出电流。与普通机械开关不同，晶体管利用电信号来控制自身的开合，所以开关速度可以非常快，实验室中的切换速度可达 100GHz 以上。

（四）电磁学

电磁学考查电、磁的关系和基本的元件，包括电感器、变压器。

1. 电和磁

电和磁是密切相关的。当导体内有电流通过时，导体的周围便产生磁场（磁体周围具有磁力作用的空间），即"电生磁"。当导体切割磁力线或穿过线圈的磁力线发生变化时，导体或线圈内便会产生感应电动势或感生电流，即"磁生电"。

2. 电感器

电感器（图 12-4）是能够把电能转化为磁能而存储起来的元件。电感器具有一定的电感，它只阻碍电流的变化。如果电感器在没有电流通过的状态下，电路接通时它将试图阻碍电流流过它；如果电感器在有电流通过的状态下，电路断开时它将试图维持电流不变。电感器又称扼流器、电抗器、动态电抗器。

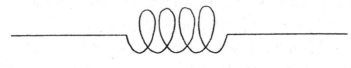

图 12-4　电感器

3. 变压器

变压器是一种静止的电气设备，是用来将某一数值的交流电压（电流）变成频率相同的另一种或几种数值不同的电压（电流）的设备。

四、电学知识测验试题举例及解析

本部分试题参考《Kaplan ASVAB Premier 2015 With 6 Practice Tests》一书。

1. 3 秒钟通过 18 库仑的电流是多大？

A. 1A　　　　　B. 6A

C. 3A　　　　　D. 18A

正确答案：B

解析：若导线中载有 1 安培的稳定电流，则在 1 秒内通过导线横截面积的电量为 1 库仑。故 3 秒钟通过 18 库仑的电流是 6 安培。

2. 30 A 的电流通过一个 60 kΩ 的电阻需要多少电压？

A. 1800V　　　B. 1.8kV　　　C. 18kV　　　D. 1.8MV

正确答案：D

解析：此题需要先对已知的数据进行换算，60KΩ= 60 000Ω。再使用计算电压的公式，$V = IR$，得到 30A × 60 000Ω = 1 800 000V 或 1.8MV（兆伏）。

3. 在电源电压 60 mV，电阻 15 KΩ 的电路中，电流是多少？

A. 0.004mA　　B. 0.9A　　　C. 4.0A　　　D. 900A

正确答案：A

解析：第一将毫伏换算为伏，60 毫伏等于 0.060 伏。第二将千欧换算为欧，15 千欧等于 15 000 欧。因为电流是未知的，需要用 $I = \dfrac{V}{R}$ 完成计算：0.060 除以

15 000 得到 0.000 004 安培。通过换算，得到 0.004 毫安。

4. 某些导电材料的电阻会随着材料的升温而减小，而随着电阻的减小，以下哪一种情况最有可能发生？

　　A. 电流增加　　　　　　B. 电流减小
　　C. 电流转向　　　　　　D. 电流不变
　　正确答案：A

解析：根据欧姆定律（$I = \dfrac{V}{R}$）可知，在电压不变的情况下，电阻和电流成反比关系。

5. 相比铝和银，为什么铜更适合用来做电线呢？

　　A. 铜的电阻最小　　　　B. 铜的电阻最大
　　C. 铜的价钱最低　　　　D. 在考虑价格因素后，铜的电阻最低
　　正确答案：D

解析：铜并不是电阻最低的导体。银比铜具有更低的电阻，因此更适合做导体。但是，银的价格远远超过了铜，不适合实际应用。铜是良好的导体，且价格适中。铝的价格较低，但导电性相比铜要差。此外，铜的安全性比铝高，因为铝加热时容易膨胀，进而引起火灾。

6. 三个电阻串联，以下哪个对于这三个电阻是相同的？

　　A. 电压　　　B. 电阻　　　C. 电流　　　D. 能量
　　正确答案：C

解析：此题考查了串联电路中的电流特点。串联中，通过电路的电流是一致的。

7. 两个 6Ω 电阻和一个 12Ω 电阻的并联，电路的总电阻是多少？

　　A. 1Ω　　　　B. 2Ω　　　　C. 2.4Ω　　　　D. 24Ω
　　正确答案：C

解析：并联电路中的总电阻等于各并联电路中各电阻的倒数之和：$\dfrac{1}{R_{total}} = \dfrac{1}{R_1} + \dfrac{1}{R_2} + \dfrac{1}{R_3}$。于是 $\dfrac{1}{R} = \dfrac{1}{6} + \dfrac{1}{6} + \dfrac{1}{12} = \dfrac{5}{12}$，$R=2.4$。因此，总电阻为 2.4Ω。

8. 图 12-5 中，经过 3Ω 电阻的电流是多少？

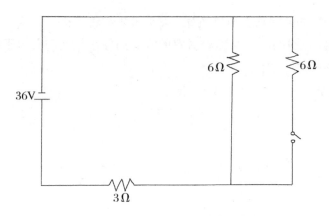

图 12-5 电学知识测验试题举例 8

A. 1A B. 4A C. 6A D. 12A

正确答案：B

解析：由于最右边的开关是打开的，因此电流不通过最右边 6Ω 的电阻。整个电路中的电阻为 6Ω + 3Ω，且两个电阻为串联。根据欧姆定律，电路中的电流为 36÷（6+3）= 4A。

9. 图 12-6 中哪个开关变动后，不会影响原电路。

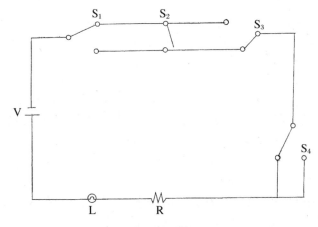

图 12-6 电学知识测验试题举例 9

A. $S1$ B. $S2$ C. $S3$ D. $S4$

正确答案：D

解析：$S2$ 是一个开/闭开关，变动后，会使得两条平行电路连接在一起，从而成为闭合电路。$S1$ 和 $S3$ 是双向切换开关，每一个连接着不同的电路；如果其中一个改变，另外一个开关一旦改变就会影响电路。$S4$ 是双向切换开关，实际上连接的电路是相同的，无论怎么改变，都不会影响原本的电路。

10. 一个咖啡壶由电压为 120V 的电源供电时工作功率为 1 200W，其工作电阻是多少？

A. 10Ω　　　　B. 12Ω　　　　C. 120Ω　　　　D. 1 200Ω

正确答案：B

解析：共有两种解法，常规解法为先利用纯电阻电路的功率计算公式 $P=U\times I$ 求出电流值，再根据欧姆定律 $I=\dfrac{U}{R}$，求出电阻值。快速解法为直接使用计算公式 $P=\dfrac{U^2}{R}$ 求出电阻值。

11. 在美国（标准电压为120V），一个发电机为一个小屋提供能量，已知小屋电线的电阻为30Ω，请问发电机的电功率为多少？

A. 4W　　　　B. 150W　　　　C. 480W　　　　D. 3 600W

正确答案：C

解析：先根据欧姆定律求出电流 $I=\dfrac{U}{R}=\dfrac{120\text{V}}{30\Omega}=4\text{A}$；再根据电功率的计算公式 $P=UI$ 计算电功率 $P=120\text{V}\times 4\text{A}=480\text{W}$。

12. 直流电在导体中流动的方向是（　　）。

A. 双向　　　　B. 向后　　　　C. 单向　　　　D. B和C

正确答案：C

解析：直流电意味着电流向一个方向流过导体，这也是由电池提供电流的方式。

13. 假设房间里电灯是以交流电供电，下述哪个能导致电灯变暗？

A. 将一个电容和电灯并联　　　　B. 将一个感应器和电灯并联

C. 将一个电容和电灯串联　　　　D. 将一个感应器和电灯串联

正确答案：D

解析：电容在直流电电路中作用类似于电阻，但并不影响交流电。相反，电感器阻断交流电，对直流电没有影响。因此，在交流电电路中，因此降低电灯电压的方式是加入电感器。通过该题目可见，ASVAB考查内容更偏向于应用。

14. 以下哪个符号代表极化电容器？

（A）⊣⊢　　　（B）⊣⊬　　　（C）⊣⊦　　　（D）⊣⊯

正确答案：C

解析：选项依次代表固定电容器、可变电容器、极化电容器和微调电容器。

15. 以下哪些物体的电阻最小？

A. 木头　　　　B. 银　　　　C. 橡胶　　　　D. 铁

正确答案：B

解析：常识性问题，选 B。

16. 晶体管的 3 个要素是（　　）。
   A. 集电极、底座、发射器　　　　　B. 集电极、栅格、阴极
   C. 金属板、栅格、发射器　　　　　D. 金属板、底座、阴极
   正确答案：A
   解析：晶体管有三个电极，所以有三种使用方式，分别是发射极接地（又称共射放大、CE 组态）、基极接地（又称共基放大、CB 组态）和集电极接地（又称共集放大、CC 组态）。

17. 图 12-7 中，保险丝允许通过的电流为 0.1A。当开关关闭的时候，短路的灯泡会发生什么？

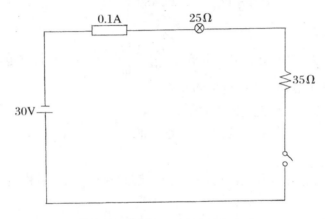

图 12-7　电学知识测验试题举例 17

   A. 灯泡点亮　　　　　　　　　　　B. 保险丝熔断，灯泡熄灭
   C. 保险丝没有熔断，灯泡熄灭　　　D. 灯泡熄灭
   正确答案：B
   解析：电路中有一个电阻和一个灯泡，电阻为 60Ω。根据欧姆定律，电流为 30/60＝0.5A。由于电流超过了保险丝的上限（0.5A＞0.1A），因此开关闭合之后，保险丝会熔断，灯泡不会亮。

18. 一个保险丝（0.5A）在电路中发生熔断。已知电路中总的电阻为 100Ω，那么电路中最小的电压可能是（　　）。
   A. 10V　　　　B. 25V　　　　C. 60V　　　　D. 120V
   正确答案：C
   解析：保险丝电流为 0.5A，也就是允许的电流强度不能超过 0.5A。通过欧姆定律可知，电路中的电压最大为 100Ω×0.5A＝50V。因此，超过 50V 时保险丝就会熔断。题目中的保险丝已经发生熔断，因此电压应该是 60V。

19. 一个开关已闭合一段时间的电路（图 12-8），当开关打开后，电灯将会发生什么变化？

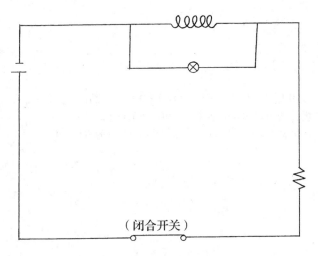

图 12-8　电学知识测验试题举例 19

A. 灯会继续亮很长时间

B. 灯会越来越暗

C. 灯会立即熄灭

D. 灯会先短暂地变得更亮，随后熄灭

正确答案：D

解析：蓄电池产生的电流类型为直流电，在直流电路中，电感器相当于短路，电阻可以忽略不计，同时由于和灯并联，因此，开关闭合后，大量电流将通过电感器，而只有少量电流通过灯，所以此时的灯不会太明亮。开关打开后，由电源产生的电流消失，电感由于其自感特性会抵抗这种变化，产生一个短暂的电压以维持电流不变，同样由于和灯并联，其所产生的电压都会加载在灯上，因此灯会短暂地变得比之前更亮，之后随着电感器产生的电压的消失而熄灭。

20. 一个欧洲人带着吹风机来到美国。说明书上说，在标准的家庭电路中，吹风机允许的电流为 10A，欧洲的电压为 220V。如果将吹风机连接到美国的电路（110V）中，吹风机的电流会变为：

A. 5A　　　　　B. 10A　　　　　C. 15A　　　　　D. 20A

正确答案：D

解析：无论在哪种电路中，吹风机的电阻是保持不变的，因此可以借助电阻的不变性计算电流。首先，根据欧姆定律计算吹风机的电阻为：$R = \dfrac{V}{I} = \dfrac{220}{10} =$

22Ω。然后,将 22Ω 的电阻带入到美国的电压中,得到电流 $I = \dfrac{V}{R} = \dfrac{110}{22} = 5\text{A}$。

(吴 迪)

参考文献

[1] 电磁炮问世:美开创新"巨舰大炮"时代 [EB/OL]. 网易
[2] 刘鹏. 浅议二极管的原理 [J]. 中学物理, 2015, 33(11): 24-45.
[3] 于敏, 张嘉. 二极管开关特性探讨 [J]. 信息通信 2012, 117(1): 70-71.

第13章
科学常识测验

一、概述

（一）概念

科学是运用范畴、定理、定律等思维形式反映现实世界各种现象本质和规律的知识体系，是社会意识形态之一。常识是指一般的、普通的知识（对于专门知识而言）。在人类历史上，科学不断进步，从而产生了浩如烟海的知识。科学常识指的是和人们生活密切相关的、经过科学验证的各种常识性知识。

（二）考查目的与意义

ASVAB中的科学常识一章，考查内容包括物理、化学和生物三个方面常见的科学常识，与生活、工作息息相关，能够反映一个人在自然科学领域知识的广度。学习科学知识可以开拓人们的视野、扩充知识储备、完善知识系统，还能锻炼其分析、解决问题的能力。此外，学习科学知识可帮助人们了解事物真相，也让学习其他领域的知识变得更加容易。一般而言，具有丰富科学常识的人，更善于使用科学的方法处理问题，在生活中更可能成为可靠的人。

ASVAB的考试重点是围绕实用知识制定的，因此应用性较强，与生活中常见的问题、现象密切相关。学习科学常识对军人而言十分受益，有助于军人以科学的方式处理各种突发事件。因此，科学常识一章出现了一系列涉及人类营养和健康的知识，这不仅要求受试者掌握基本的人体结构，还要求受试者掌握一些自然、物理、化学等相关的基本科学知识，这些相关知识是解决日常生活问题的基础，有助于解决战场中的问题。

科学常识得分主要用于对受试者的日常维护技能、熟练性技能、医护技能以及电子、电气、机械和信息系统的操作维护技能等方面能力域的评定。ASVAB中科学常识考查的内容类似于我国高中的物理、化学和生物知识，但是考查的知识点范围更广且难度一般。许多题目的出题场景贴近实际应用，符合ASVAB作为军人选拔工具的目的。

二、考查形式

ASVAB测试中，进行纸笔版本测试时，受试者需在11分钟内完成25道问题。进行计算机自适应版本测试时，受试者需在10分钟内完成15道问题。此分测验题目均为单项选择题，题目范围较广，但较为简单。

三、考查内容

科学常识属于一般性科学知识，所考查的内容在ASVAB所有分测验中涵盖范围最广，包括营养健康、生理学、天文学、气象学、地质学甚至一些化学和物理知识。由于科学常识的题目涵盖范围较广，许多出题点会超出课本大纲，这就要求受试者要同时兼顾课本和课本以外的内容；但又由于其不要求受试者对所有知识进行深入掌握，受试者只要做到"观其大略"，"不求甚解"就能在此分测验上取得理想成绩。

根据考查内容，可划分为三大主题：生命科学、地球和空间科学、自然科学。每一主题之下，根据内容可再进一步进行划分。

（一）生命科学

主要含有六方面的内容：营养和健康、人体系统和疾病、遗传学、细胞构造和功能、生态学以及生物分类等级。

1. 营养和健康

营养和健康部分需要受试者了解人体所必需的七大营养素（蛋白质、碳水化合物、脂类、纤维素、水、矿物质和维生素）在人体中所起的作用和来源，以及识别一些由营养不足所导致的疾病（如缺铁性贫血、坏血病等）。

（1）蛋白质

对身体维护、生长和修复必不可少。肉、鱼、蛋和奶酪含丰富的动物蛋白质，而豌豆、黄豆、坚果和一些谷粒含植物蛋白质。

（2）碳水化合物

包括淀粉和糖，是机体新陈代谢的主要能量。含淀粉的食物有面包、谷类、大米、土豆和面团，含糖的食物有水果、蔗糖和甜菜。

(3)脂肪

为新陈代谢提供能量。脂肪分三类，分别是饱和脂肪、单不饱和脂肪和多元不饱和脂肪。对于计划降低胆固醇的人群应该避免摄入饱和脂肪，而多摄入单不饱和脂肪和多元不饱和脂肪。饱和脂肪的来源有肉、贝类、蛋类、牛奶和牛奶制品。单不饱和脂肪的来源有橄榄油、菜籽油、杏仁和腰果。多元不饱和脂肪来源有玉米油、亚麻仁油、南瓜籽油、红花油、大豆油和向日葵油。

(4)纤维素

不能被人体吸收，但它是健康饮食的一部分。纤维增加肠蠕动，帮助大肠排泄废物。饮食中纤维素多来源于多叶绿色蔬菜、胡萝卜、大头菜、豌豆、豆类、土豆、新鲜水果、煮熟的水果、谷物和所有的谷类食物。

(5)水

是人类生存所必需的。成人每天需要补充大约2.5升水，也就是5大杯左右。大多数食物都含有水分，这有助于维持人体的水平衡。

(6)矿物质

均衡饮食离不开少量的矿物质。铁、锌、钙、镁还有氯化钠（盐）是人体必需的矿物质。

(7)维生素

能帮助调节新陈代谢。表13-1列出了维持人体健康所必需的维生素和矿物质的来源及缺乏的后果。

表13-1 维生素和矿物质来源

维生素或矿物质	来源	缺乏的后果
维生素A	鱼类和肝脏、绿色水果、黄色水果、蔬菜	失明、皮肤过敏、呼吸不畅、沮丧、失眠
维生素B_1	麦芽、谷类、家禽、豆类、蛋、面粉制品	食欲不振、脚气
维生素B_2	肝脏、牛奶、蛋类、绿色蔬菜、所有谷类	虚弱、皮肤感染
维生素B_{12}	肉、蛋类、奶制品、鱼	贫血
维生素C	柑橘、土豆、蔬菜、草莓	坏血病、牙龈出血
维生素D	牛奶、蛋类、鱼、奶酪	佝偻病、骨质疏松
维生素E	菜籽油、所有谷类、绿色蔬菜、坚果	不孕不育
维生素K	绿色蔬菜、菜油、猪肉、肝脏、蛋黄	失血过多、骨质疏松症
叶酸	豆类、谷物、绿色蔬菜、内脏	口腔溃疡、出生缺陷
钙	奶制品、海产品、绿色蔬菜	脆骨病、麻痹
铬	苹果、肝脏、奶酪、肉类、谷物、豆类	萎靡不振、近视
铜	坚果、豆类、内脏、葡萄干、海鲜、豆类、蔬菜	骨折、骨骼畸形、身体虚弱

续表

维生素或矿物质	来源	缺乏的后果
铁	肝脏、鸡蛋、肉类、家禽、鱼、蛤、多叶深色蔬菜	贫血、呼吸困难、便秘
镁	乳制品、鱼、肉、海鲜	肌肉疼痛、焦虑、方向障碍
锌	鱼、肉、家禽、海鲜、谷类、坚果、牛肝、蛋黄、利马豆、蘑菇	指甲变脆、湿疹、痤疮、疲劳、食欲不振

2. 人体系统和疾病

本部分介绍几个主要人体系统的构造和运转过程,并掌握一些人体致病菌及由其导致的常见疾病。

（1）肌肉和骨骼系统

人体的外在造型由骨骼和肌肉共同组成。人类骨架包括骨骼和软骨,软骨主要分布在关节、鼻、耳以及所有骨骼的末端。骨骼不但是为机体提供结构支撑与保护的重要器官,而且还是产生血细胞、储存钙等矿物质的器官。肌肉与骨骼协同起作用以支撑人体并支持机体活动（图 13-1）。

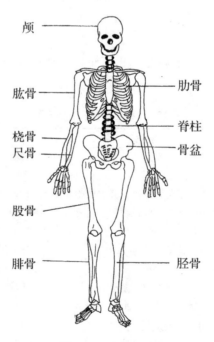

图 13-1　人体骨骼

（2）呼吸系统

呼吸系统是人体与外界空气进行气体交换的一系列器官的总称,包括鼻、咽、喉、气管、支气管及由大量的肺泡、血管、淋巴管、神经构成的肺,以及胸膜等组织（图13-2）。呼吸过程包括血细胞吸收氧气、排出二氧化碳，这个过程由呼吸系统来完成。当肺充满空气时，氧气从空气弥散到血液里，血液里的二氧化碳和水蒸气则弥散到空气中，然后二氧化碳和水蒸气通过肺收缩被呼出体外。富含氧气的血液流向全身，供给细胞营养，让细胞产生能量供应机体需要。

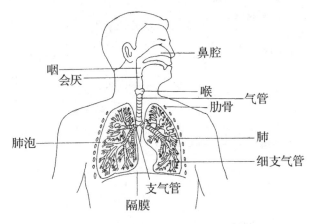

图13-2　呼吸系统

（3）循环系统

与呼吸系统相连的循环系统，其功能是输送营养物质到全身各处，并清除机体产生的废物。驱动循环系统的主要器官是心脏（图13-3）。人类的心脏是一个四腔泵，其中两个收集腔室被称为心房，另外两个泵压腔室叫心室。右心房接收来自静脉来源的缺氧血，并将血液输送到右心室；右心室又通过肺动脉将血液泵入肺。富氧血通过肺静脉返回到左心房，然后血液从左心房进入左心室，再被左心室泵入大动脉和动脉，进而输送到全身其他地方。心脏瓣膜对心脏的泵血功能是至关重要的，当血液被心脏泵出心室时，心脏瓣膜关闭以防止血液在心室收缩过程完成后逆流回心脏。血液由悬浮在血浆中的细胞构成，主要包括三种细胞：红细胞、白细胞和血小板。红细胞是携氧细胞，白细胞靠摧毁外源性生物组织起抗感染作用，血小板是一种促进血液凝固的细胞碎片。所有血细胞都在骨骼中央的骨髓中产生。血液分为四种血型：A型、B型、AB型和O型。O型血的人是万能输血者，这意味着O型血能输入所有人的身体。AB型血的人是万能受血者，这意味着AB型血的人能接受所有类型的血。

（4）淋巴系统

是一个脉管和结节构成的网络，它与循环系统平行生长，收集细胞外液（称为淋巴液）并通过胸导管将细胞外液运送回循环系统。胸导管是最大的淋巴管，它在血液进入心脏以前将淋巴液立即输送回血流中。淋巴系统的另一个主要功能是协助参与机体的免疫机制。当淋巴液通过淋巴系统流动时，它要经过淋巴结。

淋巴结是一种凸起的结节，存在于骨盆区域、颈部、腋窝等部位。淋巴结中含有淋巴细胞和免疫细胞，这些细胞通过过滤细菌、细胞外蛋白和癌细胞来帮助机体抵抗疾病。当人体生病时，淋巴结往往会肿大。

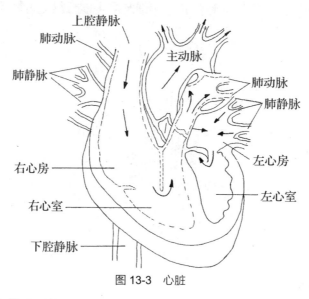

图 13-3　心脏

（5）消化和排泄系统

负责将食物消化分解成各种物质，这些物质能被机体作为能量。消化道从口腔开始，到肛门结束，它实质上是一个长的、弯弯曲曲的管道（图 13-4）。在口腔，牙齿和舌有助于机械性消化食物，唾液中的淀粉酶有助于分解食物中的淀粉。食物在口腔被咀嚼后移动到食管；食管的收缩过程推动食物从食管进入胃；在胃腔，食物与胃酸和胃蛋白酶混合，分解食物中的蛋白质。大部分消化过程在小肠发生，人体小肠长度 4～6m，小肠壁、胰腺和肝脏分泌的消化酶将食物彻底分解。胰腺分泌的酸性物质中含有脂肪酶、淀粉酶和胰蛋白酶。其中，脂肪酶能将脂肪分解成甘油、脂肪酸；淀粉酶能将复杂的碳水化合物分解成单糖，胰蛋白酶能将多肽分解成氨基酸。肝脏分泌的胆汁乳化脂肪后有助于物理消化。除脂肪酸和甘油以外，所有这些被消化的物质都在小肠通过毛细血管被吸收，随后被血液运输到肝脏，进而输送到全身其他地方。脂肪酸和甘油通过淋巴系统吸收并被输送到全身各处。消化残余物中的水分和矿物质在大肠被吸收并输送到全身各处。固态废物被储存在直肠，液态废物（尿液）被储存在膀胱。固态废物定期从肛门排泄，液态废物定期从尿道排泄。

（6）神经系统

神经系统（图 13-5）控制机体功能并接收外界环境传来的刺激信号，其由中枢神经系统和外周神经系统构成，中枢神经系统包含脑和脊髓，外周神经系统包

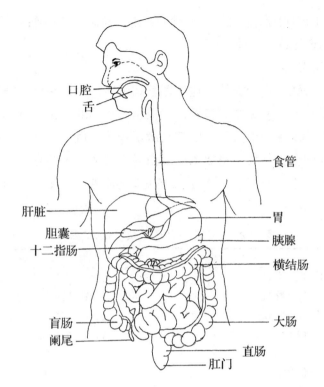

图 13-4 消化系统

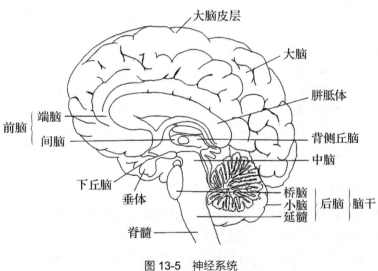

图 13-5 神经系统

含存在于机体其他部位的神经元。大脑是调节机体功能的器官，也是意识、精神、语言、学习、记忆和智能等高级神经活动的物质基础。脊髓是大脑和神经网络之间的主要连接中心，脊髓在机体的所有器官与大脑之间传递刺激信号，同时也是许多简单反射的控制中心。外周神经系统能被细分为：①躯体神经系统，包括外周神经纤维,负责传递感觉信息到中枢神经系统并控制随意动作;②自主神经系统,调节心脏和胃肠道的自发活动。

(7)内分泌系统

是机体内的特殊器官和腺体,这些器官和腺体产生、储存并分泌被称为激素的化学物质。激素是一种化学调节器,它控制着机体的生长、行为,并支持机体的生殖功能。内分泌腺产生激素,脑控制激素释放入血。一旦激素进入血液,它们就能到达机体的全身各处,释放入血的激素不但能影响器官,即靶器官,还能影响各自独特的受体。表13-2列举了机体主要的激素、产生激素的内分泌腺以及这些激素对机体的影响。

表13-2 内分泌器官和激素及对机体的影响

内分泌腺	激素	影响
腺垂体	生长激素	刺激肌肉和骨骼的生长
	促性腺激素	刺激卵巢和睾丸的运动
	促甲状腺激素	刺激甲状腺
	促肾上腺皮质激素	刺激肾上腺皮质
	催乳素	引起乳汁分泌
神经垂体	催产素	引起子宫收缩
	抗利尿激素	加强肾对水的吸收
甲状腺	甲状腺激素	调节生成代谢的速率
甲状旁腺	甲状旁腺激素	增加血钙的浓度
肾上腺皮质	醛固酮	加强肾对水和钠的吸收
肾上腺髓质	肾上腺激素和去甲肾上腺素	升高血压
卵巢	雌激素	促进女性第二性征的发展
	黄体酮	使子宫内膜的内层变厚
胰腺	胰岛素	调节血糖浓度
	胰高血糖素	增加血糖浓度
睾丸	睾酮	促进男性第二性征的发育

(8)生殖系统

包含两部分:雄性生殖系统和雌性生殖系统。在人类繁殖期间,男性生殖器官阴茎射出25亿个以上的精子,这些精子进入女性阴道,部分精子有幸进入子宫。女性大约每28天排一次卵。在女性排卵期,卵巢一般释放一枚卵子,卵子通过输卵管进入子宫。与此同时,子宫内膜的表面变得适宜受精卵着床,卵子与精子在子宫相遇并结合形成受精卵,受精卵在子宫着床、孵化,最后发育成胚胎。如果卵子未能受精,子宫内膜的表层就在月经期间脱落并随经血排出体外。从青春期到更年期,女性的月经每月周而复始,当然孕期例外。

3. 遗传学

包括遗传学的一些基本常识，如基因对有机体物理特性的决定机制，基因型和表现型的区别以及学会识别一些由基因遗传造成的健康问题等。

（1）基因型

是指某一生物个体全部基因组合的总称。它反映生物体的遗传构成，即从双亲获得的全部基因的总和。遗传学中具体使用的基因型，往往是指某一性状的基因型。两个生物只要有一个基因型不同，那么它们的基因型就不相同，因此基因型指的是一个个体所有等位基因的所有基因座上的所有组合。在杂交试验中，专指所研究的与分离现象有关的基因组合，如纯种高茎豌豆（DD）、杂种高茎豌豆（Dd）等。基因型一般不能直接看到，需通过杂交（测交）试验的表现型推知。

（2）孟德尔遗传定律

包括分离定律和基因的自由组合定律。

分离定律又称孟德尔第一定律。其要点是：决定生物体遗传性状的一对等位基因在配子形成时彼此分开，随机分别进入一个配子中。该定律揭示了一个基因座上等位基因的遗传规律。基因位于染色体上，细胞中的同源染色体对在减数分裂时经过复制后发生分离是分离定律的细胞学基础。

基因的自由组合定律，或称基因的独立分配定律，是遗传学的三大定律之一（另外两个是基因的分离定律和基因的连锁和交换定律）。它由奥地利遗传学家孟德尔（Mendel）经豌豆杂交试验发现。同源染色体相同位置上决定相对性状的基因在形成配子时，等位基因分离，非等位基因自由组合。

4. 细胞结构和功能

包括细胞学说、细胞的结构、类型及生长过程等知识。

（1）细胞学说

1838—1839年由德国的植物学家施莱登（Schleiden）和动物学家施旺（Schwann）所提出，直到1858年才较完善。它是关于生物有机体组成的学说，主要内容有：①细胞是有机体，一切动植物都是由单细胞发育而来，即生物是由细胞和细胞的产物所组成；②所有细胞在结构和组成上基本相似；③新细胞是由已存在的细胞分裂而来；④生物的疾病是因为其细胞机能失常所引起的；⑤细胞是生物体结构和功能的基本单位；⑥生物体是通过细胞的活动来反映其功能的。

（2）细胞结构

包括细胞膜、细胞壁、细胞质和细胞核。细胞膜主要成分为磷脂双分子层（基本骨架）和蛋白质，另有糖蛋白（在膜的外侧）。其结构特点是具有一定的流动性（原因：磷脂和蛋白质的运动），主要功能是具有选择通透性，可以保护和控制物质进出。细胞壁主要成分是纤维素，有支持和保护功能。细胞质包括细胞质基质和细胞器,前者为代谢提供场所和物质及一定的环境条件,影响细胞的形状、分裂、运动及细胞器的转运等;后者包括内质网、高尔基体、液泡、线粒体等。细胞核包括核膜、核仁、染色质,是遗传物质 DNA 的储存和复制的主要场所,是细胞遗传特性和细胞代谢活动的控制中心。

（3）细胞类型

包括原核细胞和真核细胞,前者没有典型的细胞核、无核膜和核仁,如细菌、蓝藻、放线菌等原核生物的细胞;后者有核膜包被的细胞核,如动物、植物和真菌(酵母菌、霉菌、食用菌)等真核生物的细胞。

5. 生态学

包括生物和其生活的物理环境之间以及各生物之间的关系等知识。

（1）生态学

是研究生物体与其周围环境相互关系的科学,具体包括以下重要的概念:

生物圈是指地球上所有的生物与其环境的总和。

生物群落,指相同时间聚集在同一区域或环境内各种生物种群的集合。

生态系统,指在自然界的一定的空间内,生物与环境构成的统一整体,在这个统一整体中,生物与环境之间相互影响、相互制约,并在一定时期内保持稳定的系统。

群落,指同一时间生活在一定自然区域内,同种生物的所有个体。

种群,在同一地区的相似有机体,特别是生物体属于同一个物种。

（2）食物链

是指生态系统中各种动植物和微生物之间由于摄食关系而形成的一种联系,因为这种联系就像链条一样,一环扣一环,所以被称为食物链。摄食关系,实际上是太阳能从一种生物转到另一种生物的关系,也即物质能量通过食物链的方式流动和转换。一个食物链一般包括 3~5 个环节:一个植物,一个以植物为食料的动物和一个或更多的肉食动物。食物链中不同环节的生物数量相对恒定,以保持自然平衡。

生产者（植物）：又叫自养生物,通过光合作用自养。

分解者（细菌和真菌）：又叫腐生生物,它们分解有机物同时将矿物质释放到土壤中。

食腐动物（许多昆虫,还有一些特定的脊椎动物,如秃鹫和豺狗）：又叫腐生生物,和分解者有着类似功能,可消化废物和腐烂的有机物,尤其是腐尸和腐肉。

消费者（大部分动物）：又叫异养生物,指通过吃其他有机生物体来存活的生物。消费者分为三个阶层:初级消费者,又称为食草动物,用植物来维持生命,如蝗虫、鹿、牛、松鼠和兔子;次级消费者,又称为食肉动物或者捕食者,以初级消费者为生,如狮子、狼和鲨鱼;三级消费者,又称为大型食肉动物,在一些程度上依靠次级消费者生存。

6. 生物分类等级

包括生物的分类等级及各级别之间的区别等知识。

生物分类法,又称科学分类法,是用生物分类学方法对生物的物种分组和归类的办法。在现代分类系统中,生物分成界(kindom)、门(phyllum)、纲(class)、目(order)、科(family)、属(genus)、种(species)七个级别。界是其中最大的一类,种是最小的一类。分类等级越高,生物间的共同特征就越少;分类等级越低,生物间的共同特征就越多。

(二)地球和太空科学

地球和太空科学主要考察四方面的内容:地质学、自然界的循环、气象学、太阳系。

1. 地质学

包括地层构造、板块构造、岩石类型及地质时间表等知识。

(1)底层构造

地球的内部结构为一同心状圈层构造,由地心至地表依次分化为地核(core)、地幔(mantle)、地壳(crust)(图13-6)。地球地核、地幔和地壳的分界面,主要依据地震波传播速度的急剧变化推测确定。

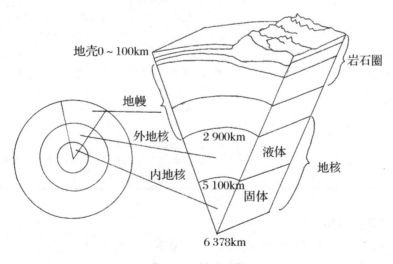

图13-6 地球结构

(2)岩石的分类

根据岩石的形成过程,地球岩石被分为三类(表13-3)。

表 13-3 地球岩石种类

岩石种类	形成过程	常见岩石
火成岩	岩浆冷却后形成的一种岩石，当到达地球表面后形成火山岩	花岗岩，泡沫岩，黑曜石，玄武石
沉积岩	成层堆积的松散沉积物固结而成的岩石，随时间推移，这种沉积物凝成一体，大部分化石都出现在沉积岩中	页岩，砂岩，石膏岩，白云岩，煤
变质岩	随着温度、压力、化学成分的改变而成的新型岩石	大理石，板岩，片麻岩，石英岩

（3）地质时间表

用来描述地球历史事件的时间单位，通常在地质学和考古学中使用。按时代早晚顺序表示地史时期的相对地质年代和同位素年龄值的表格。计算地质年龄的方法有两种：①根据生物的发展和岩石形成顺序，将地壳历史划分为对应生物发展的一些自然阶段，即相对地质年代。它可以表示地质事件发生的顺序、地质历史的自然分期和地壳发展的阶段；②根据岩层中放射性同位素衰变产物的含量，测定出地层形成和地质事件发生的年代，即绝对地质年代。据此可以编制出地质年代（表13-4）。

表 13-4 地质时间表

时代	纪元	事件
前寒武纪（4.6亿至544万年）少量化石	冥古代（4.6亿至3.8亿年前）	海洋里满是液态岩石和沸腾的硫磺，到处都是撞击产生的火山口，无生命。
	太古代（3.8亿至2.5亿年前）	地壳温度降低，海洋形成。海洋中出现简单的细胞如原核细胞的蓝绿藻，陆地上仍无生命。
	原生代（2.5亿至544万年前）	1.8亿年前出现第一个真核细胞，氧气开始存在于大气层。
显生宙（544万年前至今）有明显的生命活动	古生代（544万至248万年前）	多细胞生物大爆发时代。陆地上出现动物、植物和菌类，空中出现昆虫。古生代末，大量生物灭绝，约百分之九十的海洋生物灭绝。
	中生代（248万至65万年前）	自始至终都有恐龙和爬行动物的足迹，针叶林和开花植物开始出现。
	新生代（65万年前至今）	也叫哺乳动物的时代。这一时期大多数鸟类、昆虫和开花植物出现。

2. 自然界的循环

主要包括自然界的两大循环过程，即水循环和碳循环。

（1）水循环

水循环是指地球上不同地方的水，通过吸收太阳能量，改变状态到地球上另一地方（图13-7）。例如，地面的水分被太阳蒸发成为空气中的水蒸气。水在地球的状态包括固态、液态和气态。地球中的水多数存在于大气层、地底、湖泊、河流及海洋中。水会通过一些物理作用，例如：蒸发、降水、渗透、表面的流动和地底流动等，由一个地方移动到另一个地方。如水由河川流动至海洋。

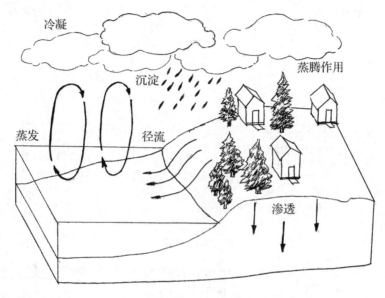

图 13-7　水循环

（2）碳循环

是指碳元素在地球上的生物圈、岩石圈、水圈及大气圈中交换，并随地球的运动循环不止的现象。生物圈中的碳循环主要表现为绿色植物从大气中吸收二氧化碳，在水的参与下经光合作用转化为葡萄糖并释放出氧气，有机体再利用葡萄糖合成其他有机化合物。有机化合物经食物链传递，又成为动物和细菌等其他生物体的一部分。植物和动物通过呼吸作用把摄入体内的一部分碳转化为二氧化碳释放入大气，另一部分则构成生物的机体或在机体内贮存。动、植物死后，残体中的碳，通过微生物的分解作用也成为二氧化碳而最终排入大气（图 13-8）。大气中的二氧化碳这样循环一次约需 20 年。

3. 气象学

大气层的结构及不同类型的锋面和云等知识。

（1）大气结构

是指大气温度随高度变化而产生的一种垂直结构，由地面向上分为对流层、平流层、中间层、热层、散逸层。

对流层：大气圈中最接近地球固体表面和水面的圈层。高度、厚度依纬度和季节而异，平均高度 11km。热力梯度明显，每升高 100 米平均降温 0.6℃，水平、垂直运动显著，为主要天气现象发生处。

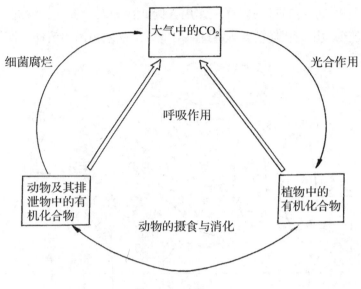

图 13-8 碳循环

平流层：对流层顶至离地面 50km 高度的大气层。气体垂直交换微弱，空气干燥，很少有天气现象发生，平流层空气主要成分是臭氧，具有吸收紫外线，保护地球生命的作用。

中间层：自平流层顶到离地面 85km 左右为中间层。该层的特点是气温随高度增加而迅速下降，并有相当强烈的垂直运动。中间层内水汽含量极低，几乎没有云层出现，仅在高纬地区的 75km~90km 处，有时能看到一种薄而带银白色的夜光云。在中间层的 60km~90km 高度上，有一个只出现在白天的电离层。

热层：位于中间层顶以上。该层气温随高度的增加而迅速增高。在热层中空气处于高度电离状态，和中间层的电离层构成了大气的电离层，正是由于电离层的存在，人们才可以收听到遥远地方的无线电台广播。此外，在高纬度地区的晴夜，热层中可以出现彩色的极光。这可能是太阳发出的高速带电粒子使高层稀薄的空气分子或原子激发后发出的光。这些高速带电粒子在地球磁场的作用下，向南北两极移动，所以极光常出现在高纬度地区上空。

散逸层：是大气层的最高层。这一层中气温很少随高度发生变化。由于温度高，空气粒子运动速度很大，又因距地心较远，地心引力较小，所以这一层的主要特点是大气粒子经常散逸至星际空间。本层是大气圈与星际空间的过渡地带。

（2）锋面

当气压不同、温度不同的气团相遇时就形成了锋面。

热锋：热空气若强于冷空气就形成热锋，热空气会爬上前方更重的冷空气。热空气上升时水蒸气汇聚，形成雨、雪、雨夹雪或冻雨。

冷锋：冷空气若强于热空气就形成冷锋。大部分冷锋在经过某个区域后会有部分减弱，但也有例外。冷锋途经的迹象表现为风和温度的骤变。

滞留锋：冷热空气势均力敌时对撞形成滞留锋。滞留锋会带来一周或更长时间的多云湿润天气。

锢囚锋：暖气团、较冷气团和更冷气团相遇时先构成两个锋面，然后其中一个锋面追上另一个锋面，即形成锢囚锋。当冷空气挤走较冷空气就形成冷性锢囚。当较冷锋赶上冷锋，就形成暖性锢囚。两种锢囚都伴有雨、雪和积云现象。锢囚锋的温度波动不大、风力温和。

（3）云

根据形状、大小、高度不同，云被分为许多种。下面是三种主要的类型：

层云：下层云，均匀广泛地覆盖着天空。下层云发生在陆地表面就形成雾。黑层云预示雨水将至。

积云：膨胀得像爆米花一样的巨大云团，有着几乎平坦的底部和圆形顶部。当积云比较重时暴雨就快来了。

卷云：卷云产生的高度很高，约为6 000米甚至更高，呈丝状或束状。

4. 太阳系

主要学习太阳系的构成、地球和其他行星、太阳之间的关系以及四季是如何产生等知识。

（1）太阳系的构成

太阳系是由太阳、行星及其卫星、小行星、彗星、流星和行星际物质构成的天体系统，太阳是太阳系的中心。在庞大的太阳系家族中，太阳的质量占太阳系总质量的99.8%，八大行星以及数以万计的小行星所占比例微乎其微。它们沿着自己的轨道万古不息地绕太阳运转着，同时，太阳又慷慨无私地奉献出自己的光和热，温暖着太阳系中的每一个成员，促使他们不停地发展和演变。

在这个家族中，离太阳最近的行星是水星，向外依次是金星、地球、火星、木星、土星、天王星、海王星。八大行星与太阳按体积由大到小排序为太阳、木星、土星、天王星、海王星、地球、金星、火星、水星。它们按质量、大小、化学组成以及和太阳之间的距离等标准，大致可以分为三类：①类地行星（水星、金星、地球、火星）；②巨行星（木星、土星）；③远日行星（天王星、海王星）。

（2）地球和其他星球的关系

地球绕着太阳进行公转，每转一圈为1年；月球绕着地球进行旋转，每转一圈为1个月；地球在进行自转，每转一圈为1天。

（3）四季的产生

一年四季是因为地球在围绕太阳公转而形成的。地球上某一平面气温高低与太阳光是直射还是斜射有关。当有一束固定大小的光束，直射在某一平面时，光斑将是一个正圆，而斜射时，光斑将是一个椭圆，而且越斜椭圆越大，也就是说，斜射时同样多的光能量照在了更大的面积上。可以理解为，斜射时光斑区单位面积内的受热少一些，直射时光斑区单位面积内的受热多一些。因而太阳光直射的地方气温较高，斜射的地方气温较低。气温是决定季节的主要因素，所以太阳光直射的地方是夏季，而斜射得最厉害的地方是冬季，两者之间的是春季或秋季。

（三）自然科学

自然科学考查各种属性测量单位、物理学和化学的相关知识。

1. 测量

包括各种计量单位，各种温度单位的关系（华氏温度、摄氏温度、绝对温度）。

（1）计量单位

米是国际单位制基本长度单位，符号为 m，1 米等于 10 分米，可用来衡量长、宽、高。

度量质量的单位有克、千克、毫克。

体积是三维空间的测量方法，1 立方厘米等于 1 毫升，1 毫升等于 1 升的千分之一。

温度测量系统是摄氏温度标，又叫摄氏度数，美国人更熟悉华氏温标。根据华氏温标，水的凝固点是 32°F，沸点是 212°F。根据摄氏温标，水的凝固点是 0℃，沸点是 100℃。可以根据一个通用方程式将华氏温标转换成摄氏温标，反之亦然。华氏温标与摄氏温标转换的通用方程如下：

$$F=1.8C+32$$
$$C=(F-32)\div 1.8$$

其中 F 为华氏温标；C 为摄氏温标

2. 物理学

包括力学、热力学、磁学、光学及电力学等，以及速度、加速度和动量的计算，力、功和能之间的关系，牛顿定律的运用，光波的特点，热传导的类型及磁的基本现象等知识。

（1）速度、动量和加速度

速度是表示物体位置变换快慢的物理量，等于距离除以时间。在物理学上，速度被称为向量，说明速度包含大小和方向两个维度。

动量又称线性动量。在经典力学中，动量（国际单位制中的单位为 kg·m/s）表示为物体的质量和速度的乘积，是与物体的质量和速度相关的物理量，指的是运动物体的作用效果。动量是矢量，它的方向与速度的方向相同。

加速度是速度改变的比率,等于速度的变化值除以时间的变化值。

（2）力、功和功率

使物体获得加速度或方向改变的作用就是力。力的国际单位是牛顿,表示能使 1 千克质量获得 $1m/s^2$ 的加速度所需要力的大小。

功等于力与位移的积:功 = 力 × 位移,单位是牛顿 / 米或焦耳。

功率是指物体在单位时间内所做的功的多少:功率 = 功 ÷ 时间,或:功率 =（力 × 位移）÷ 时间,单位是焦耳 / 秒或瓦特。

（3）牛顿定律

艾萨克·牛顿,英国人,物理学家、数学家。他早在十七世纪就提出了一些关于运动和重力的里程碑式的公式,它们是:

牛顿第一运动定律。一切物体在没有受到力的作用时,总保持静止或匀速直线运动状态。如摩擦力,即两个表面接触的物体相互运动或有运动趋势时互相施加的物理力,对运动中的物体起阻滞作用。

牛顿第二运动定律。物体加速度的大小跟物体受到的作用力成正比,跟物体的质量成反比,加速度的方向跟合外力的方向一致。用数学公式表达为:$F=ma$。这条定律也被称为惯性定律,因为物体的质量越大,需要克服其惯性的力也越大。

牛顿第三运动定律。相互作用的两个物体之间的作用力和反作用力总是大小相等,方向相反,作用在同一条直线上。换句话说,当一个物体对另一个物体施力,后者会反作用于前者一个大小相同、方向相反的力。举个开枪的例子,子弹射出去了枪却往回弹。扣动扳机时,火药爆炸产生气体推动子弹前进,同时子弹向后推动枪。然而枪获得的加速度远小于子弹获得的加速度,因为加速度和物体质量成反比,通常子弹都比枪轻。

（4）能量

用来表征物理系统做功的本领,分为动能和势能。动能是物体运动而具有的能量,如圆石从山上滚落。势能是储存于一个系统内的能量,可以释放或转化为其他形式的能量。比如,把一块圆石小心放在山顶,轻轻一推它就滚下山来,这个过程中高度的势能转化为动能。

根据能量守恒定律,能量不会凭空产生或消失。它由一个物体传递给另一个物体。例如,蓄电池在使用过程中化学能转化为电能,电能再转化为机械能等。按照物质的不同运动形式分类,能量可分为化学能、光能、太阳能、电能、机械能、声能、重力势能、核能、风能、热能等。

（5）声波

发声体产生的振动在空气或其他物质中的传播叫做声波。声波借助各种介质向四面八方传播,可以通过空气、液体和固体传播,但唯独在真空中例外。声波在水中的传播速度比在空气中快，但比在金属或木头中的传播速度慢。

（6）电磁波谱

在空间传播着的交变电磁场，即电磁波。它在真空中的传播速度约为每秒30万千米。电磁波包括的范围很广，实验证明无线电波、红外线、可见光、紫外线、X射线、γ射线都是电磁波。光波的频率比无线电波的频率高很多，光波的波长比无线电波的波长短很多；X射线和γ射线的频率更高，波长更短。为了对各种电磁波有更全面的了解，人们将这些电磁波按照它们的波长或频率、波数、能量的大小顺序进行排列，这就是电磁波谱。

（7）光

光波是一种电磁波，它能在真空中传播。光的传播速度比声波快得多，真空中光的传播速度是每秒299 792 458米（或每秒300万米）。光通过不同介质的速度不同，例如，光通过水或玻璃的速度就比真空慢。折光率是光在不同介质里的速度，例如，钻石的折光率是2.4，说明光在真空中的传播速度是钻石的2.4倍。

（8）折射

光在通过不同介质时，除了速度发生变化，传播方向也会发生变化，这种现象叫光的折射。当一根吸管插在水里面时，单用肉眼看会以为吸管进入水中时发生了弯曲，这是光进入水里面时产生了折射效果。当光线从稀介质进入重介质时，比如说从空气进入水中，光线会偏向垂线（在光学术语中叫法线）；反之，如从水中进入空气，光线则偏离法线。偏转的角度取决于两种介质的折光率。

光谱中光的颜色不同，折射的角度就不同，白光通过棱镜折射后会显现不同种颜色也是这个原因。波长越短的光折射的角度越大，紫光的波长最短，折射角最小；红光的波长最长，折射角最大。

（9）反射

包括光在内，所有的波在抵达媒质界面时都会遵循反射定律，发生折回现象。在发生反射时，反射角总是与入射角相等（图13-9）。

镜子和透镜可以是平面，也可以是凹面或凸面。放大镜是最常见的凸面镜，它能将图形近距离放大。物体离镜面越远，图像越小。继续远离焦点，图像会再次以倒影出现在镜中。相反，凹面镜也叫发散镜，因为它将所有光线发散出去。这样的镜子通常被安装在便利店的拐角处，以便店员观察店内的情况。

（10）热力学

热能通过热传导、热对流、热辐射三种方式，从一种形式转换为另一种形式。

热传导，是最简单的热传递方式，两个物体直接接触即可实现，如把手指放入温水中。一般金属都是热的良导体，像木头、塑料这些热传导性能极差的物质，被称作绝热体。

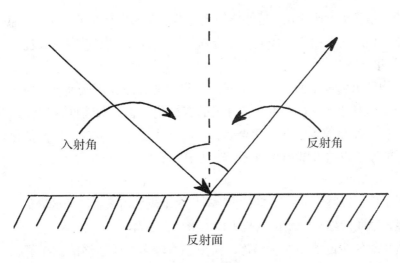

图 13-9 反射

热对流,是指热量通过流动介质,不规则地由空间的一处传播到另一处的现象。液体、气体密度的降低会导致较冷流动介质的下沉。这种循环流动就叫热对流。热气球就是热对流的一个应用实例,气球里的热空气使其在周围的冷空气中上升。

热辐射,指物体由于具有温度而辐射电磁波的现象。

(11)磁力学

磁铁有两极,即南极和北极,当两个南极或北极相遇时会产生巨大的排斥力,当南极和北极相遇时则会互相吸引。

磁铁周围存在磁场,磁感线从磁铁的一极延伸至另一极,以最大的力量集中在两极。

3. 化学

包括化学元素、化合物、酸和碱、化学变化和物理变化等,涉及元素间的区别、化合物和元素的区别,化学反应和物理变化的区别,元素周期表的运用,酸碱的特点等知识。

(1)化学元素

元素:由一种原子组成,用一般的化学方法不能使之分解,并且能构成一切物质。所有的已知元素排列在一起就成了化学元素周期表。

原子:是指化学反应不可再分的基本微粒。原子在化学反应中不可分割,但在物理状态中可以分割。原子由原子核和绕核运动的电子组成。

质子:一种带正电荷的亚原子粒子。

中子:一种次原子微粒,位于原子核中心,不带电。

电子:电子质量极小,带负电,围绕原子核旋转。通常一个原子中带负电的电子数量和带正电的质子数量相等。

分子：分子能单独存在，是保持物质化学性质的最小粒子。分子由原子构成，单质分子由相同元素的原子构成，化合物分子由不同元素的原子构成。

（2）化合物

化合物是由两种或两种以上不同元素组成的纯净物（区别于单质）。化合物成千上万，包括水（H_2O）和许多含碳的有机化合物。葡萄糖或俗称的食用糖就是其中一种，葡萄糖属于共价化合物，它溶入水中不会电离。在共价化合物中，构成分子的原子以共价键相互结合，即共用电子对。

（3）溶液和浓度

在化学中，溶质是被液体溶解的物质，水（或任何溶解溶质的液体）是溶剂，它们的混合物叫溶液。溶质可以是固体、液体或气体。

溶质相对较少的溶液叫稀溶液，溶质相对较多的叫浓溶液。在不改变温度和压力的情况下还能继续溶解溶质的为不饱和溶液；相反地，不能继续溶解溶质的为饱和溶液。通过给予特定的温度等条件使溶解的溶质超出了一般情况的溶液为超饱和溶液。

（4）酸和碱

电离时生成的阳离子全部是氢离子（H^+）的化合物叫做酸。常见的可食用酸有醋、柠檬汁。强酸有盐酸、硝酸、蓄电池酸液和硫磺酸，它们极具腐蚀性，使用时须小心。

碱指在水溶液中电离出的阴离子全部是氢氧根（OH^-）的化合物。日常生活中常见的碱性物质包括小苏打、氧化镁乳剂和肥皂，强碱有氢氧化物和漂白剂等。当酸遇到碱剧烈反应，两者中和变成水和盐。

pH值是通常意义上溶液酸碱程度的衡量标准，pH值范围从0到14。低于7的是酸性溶液，pH值越低溶液的酸性越强；7代表中性，比如纯净水。pH值高于7的溶液呈碱性。

（5）物理变化与化学变化

物质能发生物理变化或化学变化。物理变化指物质形状、体积大小的改变，分子本身不变。比如温度和压力的改变使过氧化氢呈水、气、固三态变化。另一物理变化的例子是糖溶于水，不管糖分子和水分子如何混合，也不会改变果糖的分子结构。

在化学反应中，反应结束后得到的物质叫生成物，参与反应的物质叫反应物，生成物的分子结构和反应物不同。

（6）化合反应

军人职业能力倾向测验对平衡化学反应方程式没做要求，但了解以下四种不同类型的化学反应是有必要的。

化合反应：两种或两种以上的物质反应生成一种新物质的反应，例如氢气和氧气结合成水。化学反应方程式为：

$$2H_2 + O_2 \xrightarrow{\text{点燃}} 2H_2O$$

分解反应：一种化合物分解成两种或两种以上单质或化合物的反应。分解反应是化合反应的逆反应。如水分子可以分解为氢气和氧气：

$$2H_2O \xrightarrow{\text{通电}} 2H_2\uparrow + O_2\uparrow$$

置换反应：是单质与化合物反应生成另外的单质和化合物的化学反应，包括金属与酸的反应。比如锌和稀盐酸反应生成氯化锌和氢气：

$$Zn + 2HCl \longrightarrow ZnCl_2 + H_2\uparrow$$

复分解反应：两种化合物交换离子产生两种新化合物的反应。例如硝酸银和氯化钠反应生成氯化银沉淀和硝酸钠。

$$AgNO_3 + NaCl \longrightarrow AgCl\downarrow + NaNO_3$$

四、科学常识测验试题举例及解析

本部分试题主要参考《Kaplan ASVAB Premier 2015 With 6 Pratice Tests》一书。

1. 如果一名病人胆固醇过高，医生会建议其避免食用以下何种食物？
    A. 橄榄油　　　　B. 肉　　　　C. 杏仁　　　　D. 牛油果
    正确答案：B
    解析：脂肪酸可分为三类：饱和脂肪酸、单不饱和脂肪酸、多不饱和脂肪酸。对于胆固醇过高者，需注意减少饱和脂肪酸的摄入。所给四种食物中，肉类富含饱和脂肪，其余三种食物富含单或多不饱和脂肪。

2. 一个孕妇感到头晕、头疼。以下哪一个是正确的诊断？
    A. 缺铁性贫血　　B. 坏血病　　C. 癌症　　　　D. 糖尿病
    正确答案：A
    解析：根据题目可以获得三个有用的信息：孕妇、头疼、眩晕。很显然，这是缺铁性贫血的症状。

3. 白细胞产生于（　　）。
    A. 心脏　　　　B. 上腔静脉　　C. 淋巴结　　D. 骨骼
    正确答案：D
    解析：白细胞虽然广泛存在于血液和淋巴当中，但却是由骨骼系统中的骨髓所制造和产生的，骨髓也是人体内的造血组织。此题正确答案为 D。

4. 以下哪个部位不包含含氧丰富的血液？
A. 主动脉　　　　B. 左心室　　　　C. 肺静脉　　　　D. 右心房

正确答案：D

解析：含氧丰富的血液也就是动脉血，右心房接受来自于全身的静脉血，因此选 D。容易选错的是 C 肺静脉，肺静脉内是刚经过肺泡气体交换的血液，含有丰富的氧气。

5. 以下哪个部分损伤后，人体会导致失去平衡？
A. 延髓　　　　B. 脊髓　　　　C. 小脑　　　　D. 大脑

正确答案：C

解析：延髓和脊髓负责人类的一些基本生命功能，如呼吸、反射等；而大脑负责人类的高级功能，如智力等。

6. 抗生素可以治疗下列哪项疾病？
A. 流行性感冒　　　　B. 贫血
C. 链球菌性咽喉炎　　　　D. 疱疹

正确答案：C

解析：该题目主要考查各种病原体引起的疾病，以及治疗方式。抗生素只能治疗细菌引起的疾病。流行性感冒和疱疹是病毒引起，贫血是缺铁引起，因此抗生素对这些疾病是无效的。

7. 假设兔子的黑色皮毛是显性特征，白色皮毛是隐性特征。一只黑色兔子和一只白色兔子交配，生出了一只白色兔宝宝，以下哪一个推论可以得到此事实的支持？
A. 这两只兔子的下一个兔宝宝将会是黑色
B. 白兔子有一个隐性的黑色皮毛等位基因
C. 黑兔子有一个隐性的白色皮毛等位基因
D. 兔宝宝患有白化病

正确答案：C

解析：由于白色皮毛是隐性基因，兔宝宝皮毛为白色，必定是从父母双方各遗传了一个白色皮毛等位基因，否则皮毛将为黑色。兔宝宝的一个白色皮毛等位基因毫无疑问来源于白色兔子，而另一个白色皮毛等位基因则必定来源于黑色兔子，因此可以推出黑色兔子含有一个隐性的白色皮毛等位基因。

8. DNA 的复制过程发生在以下哪个细胞器中？
A. 线粒体　　　　B. 核糖体　　　　C. 细胞核　　　　D. 内质网

正确答案：C

解析：线粒体主要参与细胞供能，核糖体和内质网主要负责蛋白质合成，细胞核是遗传物质存储和复制的场所。

9. 细胞发酵发生在下列哪个环境中?
A. 无氧环境中　　　　　　B. 有氧环境中
C. 乳酸环境中　　　　　　D. 酵母环境中
正确答案：A
解析：在无氧环境中，细胞进行厌氧呼吸，能够产生酒精和乳酸。

10. 以下哪个是"分解者"?
A. 秃鹰　　　　B. 苍蝇　　　　C. 橡树　　　　D. 细菌
正确答案：D
解析：分解者的异养生物将有机物分解为无机物，并释放到环境中供生产者再次利用，主要包括细菌、真菌等，也包括某些原生动物和食腐性动物。秃鹰和苍蝇为食腐性动物，橡树为自养生物。此题官方正确答案为D，但可以看到，其答案存在争议性和不唯一性，食腐性动物也可归类为分解者。

11. 排除"域"，按照分类法，以下从具体到一般分类顺序正确的是（　　）。
A. 种、属、科、目、纲、门、界
B. 界、门、纲、目、科、属、种
C. 界、门、目、纲、科、属、种
D. 种、属、目、科、纲、门、界
正确答案：A
解析：可采用排除法，在分类学中，"种"是小和最具体的分类，"界"是除"域"之外最大和最一般的分类，因此可首先排除选项B和C，再根据"目"和"科"的顺序，排除选项D。

12. 下列哪个选项属于哺乳动物?
A. 动物　　　　B. 植物　　　　C. 真核生物　　　　D. 无核原虫类
正确答案：A
解析：哺乳动物的特征在于胎生并有母体分泌乳汁喂养长大。

13. 以下哪一个选项属于火成岩?
A. 大理石　　　　B. 石膏　　　　C. 浮岩　　　　D. 煤炭
正确答案：C
解析：火成岩又称岩浆岩，是由岩浆冷却后形成的岩石，常见的有花岗岩、安山岩和玄武岩等。浮岩是由硅质岩浆组成的火山碎屑物。大理石是石灰岩，石膏和煤炭是矿物质。

14. 在水循环过程中，水通过以下哪种方式进入大气层?
A. 蒸发　　　　B. 凝结　　　　C. 降水　　　　D. 径流

正确答案：A

解析：水以气态、液态和固态形式在陆地、海洋和大气间不断循环的过程就是水循环。其中，降水、蒸发和径流是水循环三个最主要的环节。在水循环过程中，陆地的水经过径流进入海洋，陆地和海洋的水通过蒸发进入大气，大气的水通过降水进入陆地和海洋。

15. 下列哪种是碳释放到大气中的方式？
   A. 松树进行光合作用   B. 沉积在海洋中的沉淀物
   C. 动物尸体的分解   D. 森林里植物的生长

正确答案：C

解析：碳循环，是指碳元素在地球上的生物圈、岩石圈、水圈及大气圈中交换，并随地球的运动循环不止的现象。自然界碳循环的基本过程如下：大气中的二氧化碳（CO_2）被陆地和海洋中的植物吸收，然后通过生物或地质过程以及人类活动，又以二氧化碳的形式返回大气中。二氧化碳进入大气的方式主要包括：呼吸、分解和工业生产。

16. 在一个昏暗阴沉、雷暴即将到来的天空中，你会看到以下哪种类型的云？
   A. 卷云   B. 层云   C. 积云   D. 层积云

正确答案：C

解析：卷云比较薄且透光良好，多出现于夏日的晴空中。层云一般形成于大气较为稳定、风比较小的气象条件下，常笼罩山体和高层建筑，层云中会落下细雨，但不会下大雨。积云中有一种云称为积雨云，也称雷暴云，形成于大气不稳定的气象条件下，云体庞大且厚而浓，常产生雷暴和阵雨。层积云云层较薄，会影响日气温变化，但不太会形成雷暴和大型降水。

17. 天气预报报道称有一股暖锋气流正在靠近，那么下列哪种天气更可能发生？
   A. 气温突然发生改变   B. 冰雨
   C. 飓风   D. 天气不变

正确答案：B

解析：暖锋是指锋面在移动过程中，暖空气推动锋面向冷气团一侧移动的锋。暖锋过境后，暖气团就占据了原来冷气团的位置。暖锋过境时，温暖湿润，气温上升，气压下降，天气多转云雨天气。与冷锋相对，暖锋比冷锋移动速度慢，可能会连续性降水或出现雾。

18. 以下哪一个是海洋潮汐形成的原因？
   A. 太阳对地球的引力   B. 月亮对地球的引力
   C. 太阳的高温   D. 地磁引力

正确答案：B

解析：潮汐是指海水由于受日、月引力作用，出现周期性涨落的现象，月亮相对太阳而言，对潮汐的影响更为显著。此题正确答案为B。但可以看到，其答案存在争议性和不唯一性，太阳对地球的引力也会引起潮汐，只是相对月亮而言较弱，但不代表可以忽略其存在。

19. 华氏77度是多少摄氏度？

A. 25　　　　　B. 32　　　　　C. 37　　　　　D. 5

正确答案：A

解析：摄氏度和华氏度的换算关系为C=（F-32）/1.8。

20. 在化学实验室中，实验程序要求向烧瓶中加入50mL的液体。那么50毫升（mL）是多少升？

A. 50 000L　　　B. 5L　　　　　C. 0.5L　　　　D. 0.05L

正确答案：D

解析：1升=1 000毫升=1 000 000微升=1 000 000 000纳升。

21. 光在以下哪种媒介中传播速度最快？

A. 真空　　　　B. 空气　　　　C. 金刚石　　　D. 高纯度氢气

正确答案：A

解析：光在不同介质中传播速度不同，主要是受介质密度的影响，介质密度越大，光的传播速度越小，反之。所有选项中，密度最小的为真空，实际上，光速就是以光在真空中的速度来定义的。

22. 一个赛车撞到围栏，速度在5秒内从65m/s降低到40m/s。请计算平均加速度是多少？

A. -5 m/s^2　　B. 5 m/s^2　　C. 8 m/s^2　　D. 13 m/s^2

正确答案：A

解析：加速度是速度变化量与发生这一变化所用时间的比值$\frac{\Delta v}{\Delta t}$，是描述物体速度变化快慢的物理量，通常用$a$表示，单位是米/平方秒。本题中，加速度$a = (40-65) \div 5 = -5 \text{ m/s}^2$。由于是减速运动，因此加速度为负。

23. 在地球大气层之外，航天飞机的推进系统产生的合力为10 000N，推进运行距离50m。在此阶段航天飞机需要消耗多少动能？

A. 0 J　　　　　B. 0.005 J　　　C. 200 J　　　　D. 500 000 J

正确答案：D

解析：经典力学的定义：当一个力作用在物体上，并使物体在力的方向上通过了一段距离，力学中就说这个力对物体做了功。以W表示功的大小（单位焦耳，简称焦，J），F 表示力的大小（单位牛顿，N），S 表示位移的大小，功的计算公式为 $W=F×S$。在本题中，做功 $W=10\ 000N×50m=500\ 000J$。

24. 在厨房中，人们常常使用木质的勺子，而不是金属勺子，原因是？
    A. 木头不导热，因此不会被烫伤
    B. 木头能够吸收对流的热量，因此不会烫伤
    C. 木头是磁性的，能够转移热量
    D. 木头是能够阻断热辐射，因此不会烫伤
    正确答案：A

    解析：热传递（或称传热）是一个物理现象，是指由于温度差引起的热能传递现象。热传递主要存在三种基本形式：热传导、热辐射和热对流。在此题目中，勺子传递热量显然是热传导。相比金属，木质的勺子热传导效率更低，因此更安全。

25. 氩元素（Ar）质子、中子和电子的个数为？
    A. 18、18、18   B. 18、22、18
    C. 18、21.9、18   D. 18、22、22
    正确答案：B

    解析：氩的原子量为40，原子中含有18个质子，22个中子，电子数和质子数相等，也为18。

26. 在化学实验室中，有4种溶液，分别测量 pH 值。下列哪个溶液中含有的氢离子最多？
    A. pH 为 2.5 的溶液   B. pH 为 3.7 的溶液
    C. pH 为 7.1 的溶液   D. pH 为 9 的溶液
    正确答案：A

    解析：酸的度数越大，溶液中的氢离子浓度越大。pH 值越低说明酸的度数越高，因此本题目应选择 pH 值最小的溶液。

27. 下列各种物质状态的转换中，哪种需要能量？
    A. 固体转变为液体   B. 气体转变为液体
    C. 液体转变为固体   D. 气体转变为固体
    正确答案：A

    解析：液态到固态：凝固；液态到气态：汽化；固态到液态：熔化；固态到气态：升华；气态到液态：液化；气态到固态：凝华。其中，气体到液体，液体到固体，气体到固体，是需要能量的；相反，则释放能量。

五、国内外相关测验

（一）中考和高考

科学常识包括物理、化学和生物的相关知识，在我国小学阶段即开始教授。大多数的省市在小学阶段开设科学课，在初中阶段开设物理、化学、生物以及地理这样的课程。在某些地区，中考的科目就包括《科学》；而对于高考，《理科综合》包括物理、化学和生物的相关知识。以高考举例，理科综合将侧重于学术素养的考查，与生活现实紧密相连，并突出对于探索能力的考验；试题稳步发展，突出实用性和创新性，倡导学习和应用，开拓创新，对考生综合素质进行综合评价。而仔细观察ASVAB科学常识的题目不难发现，ASVAB更侧重于应用知识的考查，例如，考察不同天气的云彩变化，看似考察云彩类型，实则对于战场天气的变化预判很重要。也就是说，ASVAB的应用性强于我国高考，而理论性远低于我国高考。

（二）《行政职业能力倾向测验》

我国的行政能力倾向测试（简称行测），主要测查应考者从事国家机关工作必须具备的潜能。考试内容包括言语理解与表达、常识判断（侧重法律知识运用）、数量关系、判断推理和资料分析等五个部分。全部为四择一的客观性试题，考试时限120分钟，满分100分。行测中的"常识判断"部分，涵盖法律、政治、经济、管理、人文、科技等方面知识，其中科技方面的知识类似于ASVAB的科学常识，但题量较小。行测中生物科技方面的典型例题："脑是人体中枢神经系统的重要组成部分，不属于小脑功能的是：A识字功能；B维持身体平衡；C协调眼球运动；D调节肌张力"。

（吴　迪）

附录
美军军事岗位与ASVAB分数

美军对应征入伍人员（enlisted personnel）设有数百个职业岗位，包括工程师、翻译员、医疗人员等等，这些岗位以字母数字的形式编码为特定的代码。美军各部门均有自己的岗位编码方式，并对不同的岗位设置了分数要求。这些分数由 ASVAB 各分测验组合而成，可以理解为某一岗位对应的最低能力要求。

本附录旨在向读者介绍美军应征入伍岗位（enlisted jobs）与 ASVAB 测验分数的对应关系，以说明 ASVAB 测验在岗位分配时的实际作用。需要注意的是，达到了某岗位的职业资格分数并不意味着一定能够录用。美军在招募人员时，会同时考虑到各岗位需求、安全调查（security clearance）结果、体检结果等以综合确定。

本附录的信息截止到出版前尽可能保持准确，但美军岗位的要求每年都在发生变化，且部分信息难以获取，因此本附录提供的信息仅供读者参考。此外，考虑到可能存在语言文化差异，在岗位名称的翻译上以直译为主，中文译名后均附有对应的英文原名。

一、陆军

美陆军使用军事职业代码（Military Occupational Specialties，MOS）对军事岗位进行详细划分，为初级新兵提供的职业岗位超过 150 种。陆军将 ASVAB 的分数组合成了十种不同的职业资格名称，代表了十种不同的能力阈，这些分数有时也被称作 MOS 分数。陆军应征入伍岗位的分数要求以职业资格分数的形式体现。表 1 展示出了这些职业资格名称及 ASVAB 分测验量表的构成。在该表中，数字运算（Numerical Operations，NO）和编码速度（Coding Speed，CS）这两个分测验已经不再是 ASVAB 的组成部分，其分数由既往众多考生的平均数构成。表 2 展示了陆军应征入伍岗位和 ASVAB 的分数要求。

以步兵（infantry）为例，步兵的 MOS 编码为 11B，其职业资格分数要求为战斗（CO）达到 87 分。CO 的合成公式为 AR + CS + AS + MC，即数学推理、编码速度、车辆和五金知识、机械理解四个分测验累加至少需达到 87 分。

表 1 陆军职业资格名称及其 ASVAB 分量表构成

职业资格名称	ASVAB 分量表构成
文书工作（Clerical，CL）	VE + AR + MK
战斗（Combat，CO）	AR + CS + AS + MC
电子设备（Electronics，EL）	GS + AR + MK + EI
野战炮兵（Field Artillery，FA）	AR + CS + MK + MC
日常维护（General Maintenance，GM）	GS + AS + MK + EI
通用技术（General Technical，GT）	VE + AR
器械维护（Mechanical Maintenance，MM）	NO + AS + MC + EI
操作员与炊事（Operators and Food，OF）	VE + NO + AS + MC
监控与通讯（Surveillance and Communications，SC）	VE + AR + AS + MC
熟练性技术（Skilled Technical，ST）	GS + VE + MK + MC

注：GS-科学常识，AR-数学推理，MK-数学知识，AS-车辆和五金知识，EI-电学知识，AO-物体组合，WK-词汇知识，PC-段落理解，VE-言语能力（包括WK和PC），MC-机械理解，NO-数字运算，CS-编码速度。

表 2 美陆军应征入伍岗位及 ASVAB 分数要求

MOS 代码	岗位名称（中文）	岗位名称（英文）	职业资格—分数	MOS 代码	岗位名称（中文）	岗位名称（英文）	职业资格—分数
09L	翻译员	Interpreter/Translator	N/A**	11C	迫击炮步兵	Indirect Fire Infantryman	CO-87
12B	工兵	Combat Engineer	CO-87	12D	潜水员	Diver	ST-106 or GM-98 and GT-107
12G	挖掘技术军士	Quarrying Specialist (Reserves only)	GM-93	12M	消防员	Firefighter	GM-88
12N	水平结构工程师	Horizontal Construction Engineer	GM-90	12Q	配电技术员	Power Distribution Specialist	EL-93
12R	室内电工	Interior Electrician	EL-93	12V	混凝土及沥青设备操作员	Concrete and Asphalt Equipment Operator	GM-88
12W	土木工程技术军士	Carpentry and Masonry Specialist	GM-88	13B	加农炮组员	Cannon Crewmember	FA-93
13F	联合火力支援技术军士	Joint Fire Support Specialist	FA-96	13M	多管发射火箭系统机组成员	Multiple Launch Rocket System Crewmember	OF-95
13R	野战炮兵火力探测雷达操作员	Field Artillery Firefinder Radar Operator	SC-98	14E	爱国者火力控制操作员/维护员	Patriot Fire Control Enhanced Operator/Maintainer	MM-100
11B	步兵	Infantry	CO-87				
12C	桥梁建造人员	Bridge Crewmember	CO-87				
12K	水电工	Plumber	GM-88				
12P	初级电力技术军士	Prime Power Production Specialist	ST-107, EL-107, and GT-110				
12T	技术工程师	Technical Engineer	ST-101				
12Y	空间工程师	Geospatial Engineer	ST-100 or GT-100				
13J	火力控制技术军士	Fire Control Specialist	FA-93				
13T	野战炮兵测量员/气象员	Field Artillery Surveyor/Meteorological Crewmember	EL-93				

续表

MOS 代码	岗位名称（中文）	岗位名称（英文）	职业资格—分数	MOS 代码	岗位名称（中文）	岗位名称（英文）	职业资格—分数	MOS 代码	岗位名称（中文）	岗位名称（英文）	职业资格—分数
14G	防空作战管理系统操作员	Air Defense Battle Management System Operator	GT-98 and MM-96	14H	防空预警系统操作员	Air Defense Early Warning System Operator	GT-98 and MM-99	14P	防空和导弹防御系统（AMD）组员	Air and Missile Defense (AMD) Crewmember	OF-95
14S	复仇者号机组成员	Avenger Crewmember (Reserves only)	OF-85	14T	爱国者发射站增强型操作员/维护员	Patriot Launching Station Enhanced Operator/Maintainer	OF-95	15B	飞行动力装置维修员	Aircraft Powerplant Repairer	MM-104
15D	飞行动力系统维修员	Aircraft Powertrain Repairer	MM-104	15E	无人机系统维修员	Unmanned Aircraft Systems Repairer	EL-93 and MM-104	15F	飞机电工	Aircraft Electrician	MM-104
15G	飞机结构维修员	Aircraft Structural Repairer	MM-104	15H	飞机气动液压修员	Aircraft Pneudraulics Repairer	MM-104	15J	OH-58D 直升机武器/航空电气/航空电子系统维修员	OH-58D/ARH Armament/ Electrical/Avionics Systems Repairer	EL-93 and MM-104
15N	航空电子机械师	Avionic Mechanic	EL-93	15P	航空运营技术军士	Aviation Operations Specialist	ST-91	15Q	空中交通管制员	Air Traffic Control Operator	ST-101
15R	AH-64 武装直升机维修员	AH-64 Attack Helicopter Repairer	MM-99	15S	OH-58D 直升机维修员	OH-58D Helicopter Repairer	MM-99	15T	UH-60 直升机维修员	UH-60 Helicopter Repairer	MM-104

续表

MOS代码	岗位名称（中文）	岗位名称（英文）	职业资格—分数	MOS代码	岗位名称（中文）	岗位名称（英文）	职业资格—分数	MOS代码	岗位名称（中文）	岗位名称（英文）	职业资格—分数
15U	CH-47直升机维修员	CH-47 Helicopter Repairer	MM-104	15W	无人机系统操作员	Unmanned Aircraft Systems Operator	SC-102	15Y	AH-64D直升机武器/电气/航空电子系统维修员	AH-64D Armament/Electrical/Avionics Systems Repairer	EL-98 and MM-104
17C	网络作战技术军士	Cyber Operations Specialist	GT-110 and ST-112	17E	电子作战技术军士	Electronic Warfare Specialist	SC-105, EL-105, and ST-105	18X	特种部队候选人	Special Forces Candidate**	CO-100 and GT-110
19D	骑兵侦察兵	Cavalry Scout	CO-87	19K	M1坦克成员	M1 Armor Crewman	CO-87	25B	信息技术技术军士	Information Technology Specialist	ST-95
25C	无线电操作/维修员	Radio Operator/Maintainer	SC-98 and EL-98	25D	网络防御员	Cyber Network Defender	GT-105 and ST-105	25L	电缆系统安装/维护员	Cable Systems Installer/Maintainer	SC-89 and EL-89
25M	多媒体插画师	Multimedia Illustrator	EL-93 and ST-91	25N	节点网络系统操作员/通讯员	Nodal Network Systems Operator/Maintainer	EL-102 and SC-105	25P	微波系统操作员/维修员	Microwave Systems Operator/Maintainer	EL-107
25Q	多通道传输系统操作员/维护员	Multichannel Transmission Systems Operator/Maintainer	EL-98 and SC-98	25R	视觉信息设备操作员/维护员	Visual Information Equipment Operator/Maintainer	EL-107	25S	卫星通信系统操作员/维护员	Satellite Communication Systems Operator/Maintainer	EL-117
25U	信号支持系统技术军士	Signal Support Systems Specialist	SC-92 and EL-93	25V	作战文件处理/建立技术军士	Combat Documentation/Production Specialist	EL-93 and ST-91	27D	律师助理技术军士	Paralegal Specialist	CL-105

附录 美军军事岗位与 ASVAB 分数

续表

MOS 代码	岗位名称（中文）	岗位名称（英文）	职业资格—分数
31B	宪兵	Military Police	ST-91
31E	扣留/移民技术军士	Internment/Resettlement Specialist	ST-95
31K	军犬训练员	Military Working Dog Handler	ST-91
31D	刑事调查员	Criminal Investigations Special Agent	ST-107 and GT-110
35L	反间谍探员	Counterintelligence Agent*	ST-101
35F	情报分析员	Intelligence Analyst	ST-101
35G	地理情报图像分析员	Geospatial Intelligence Imagery Analyst	ST-101
35P	密码语言专家	Cryptologic Linguist	ST-91
35M	人力情报收集员	Human Intelligence Collector	ST-101
35N	信号情报分析员	Signals Intelligence Analyst	ST-101
35T	军事情报系统维护员/整合员	Military Intelligence Systems Maintainer/Integrator	ST-112
35Q	密码网络情报收集员/分析员	Cryptologic Cyberspace Intelligence Collector/Analyst	ST-112
35S	信号采集分析员	Signals Collection Analyst	ST-101
36B	财务管理人员	Financial Management Technician	CL-101
37F	心理战技术军士	Psychological Operations Specialist**	GT-107
38B	民政事务技术军士	Civil Affairs Specialist	GT-107
42A	人力资源技术军士	Human Resources Specialist	GT-100 and CL-90
42R	音乐家	Musician	N/A**
42S	特殊乐队音乐家	Special Band Musician	N/A**
46S	公共事务大众传播技术军士	Public Affairs Mass Communication Specialist	GT-107
56M	宗教事务技术军士	Religious Affairs Specialist	CL-90

续表

MOS代码	岗位名称（中文）	岗位名称（英文）	职业资格—分数	MOS代码	岗位名称（中文）	岗位名称（英文）	职业资格—分数
68A	生物医学设备技术军士	Biomedical Equipment Specialist	EL-107	68B	骨科技术军士	Orthopedic Specialist	ST-101 and GT-107
68D	手术室技术军士	Operating Room Specialist	ST-91	68E	牙科技术军士	Dental Specialist	ST-91
68G	病患管理技术军士	Patient Administration Specialist	CL-90	68H	光学实验室技术军士	Optical Laboratory Specialist	GM-98
68K	医学实验室技术军士	Medical Laboratory Specialist	ST-106	68L	职业治疗师	Occupational Therapy Specialist	ST-101 and GT-107
68N	心内科技术军士	Cardiovascular Specialist	ST-101 and GT-107	68P	放射科技术军士	Radiology Specialist	ST-106
68R	兽医食品技术军士	Veterinary Food Inspection Specialist	ST-95	68S	预防医学技术军士	Preventive Medicine Specialist	ST-101
68U	耳鼻喉科技术军士	Ear, Nose, and Throat (ENT) Specialist	ST-101 and GT-107	68V	呼吸科技术军士	Respiratory Specialist	ST-102
68X	行为健康技术军士	Behavioral Health Specialist	ST-101	68Y	眼科技术军士	Eye Specialist	ST-101 and GT-107
				68C	护理技术军士	Practical Nursing Specialist	ST-101 and GT-107
				68F	理疗技术军士	Physical Therapy Specialist	ST-101 and GT-107
				68J	医疗物流技术军士	Medical Logistics Specialist	CL-90
				68M	营养保健技术军士	Nutrition Care Specialist	OF-95
				68Q	药学技术军士	Pharmacy Specialist	ST-95
				68T	动物护理技术军士	Animal Care Specialist	ST-91
				68W	战地医疗技术军士	Combat Medic Specialist	ST-101 and GT-107
				74D	化学、生物、放射与核技术军士	Chemical, Biological, Radiological, and Nuclear Operations Specialist	ST-100

附录 美军军事岗位与 ASVAB 分数 319

续表

MOS代码	岗位名称（中文）	岗位名称（英文）	职业资格—分数	MOS代码	岗位名称（中文）	岗位名称（英文）	职业资格—分数	MOS代码	岗位名称（中文）	岗位名称（英文）	职业资格—分数
88H	货运技术军士	Cargo Specialist	GM-88	88K	船舶操作员	Watercraft Operator	MM-99	88L	船舶工程师	Watercraft Engineer	MM-99
88M	汽车运输操作员	Motor Transport Operator	OF-85	88N	运输管理协调员	Transportation Management Coordinator	CL-95	88P	铁路设备维修员	Railway Equipment Repairer (Reserves only)	MM-97
88T	铁路维修员	Railway Section Repairer (Reserves only)	MM-87	88U	铁路操作组员	Railway Operations Crewmember (Reserves only)	MM-92	89A	弹药库存控制和核算技术军士	Ammunition Stock Control and Accounting Specialist	ST-91
89B	弹药技术军士	Ammunition Specialist	ST-91	89D	爆破物处理技术军士	Explosive Ordnance Disposal (EOD) Specialist	GM-105	91A	M1艾布拉姆斯坦克系统维护员	M1 Abrams Tank System Maintainer	MM-99 or MM-88 and GT-92
91B	轮车技工	Wheeled Vehicle Mechanic	MM-92 or MM-87 and GT-85	91C	公共事业设备维修员	Utilities Equipment Repairer	GM-98 or GM-88 and GT-83	91D	发电设备维修员	Power Generation Equipment Repairer	GM-98 or GM-88 and GT-88
91E	联合贸易技术军士	Allied Trade Specialist	GM-98 or GM-88 and GT-95	91F	小型武器/火炮维修员	Small Arms/Artillery Repairer	GM-93 or GM-88 and GT-85	91G	火力控制维修员	Fire Control Repairer	EL-98 or EL-93 and GT-88
91H	履带式车辆维修员	Track Vehicle Repairer	MM-92 or MM-87 and GT-85	91J	后勤军需和化工设备维修员	Quartermaster and Chemical Equipment Repairer	MM-92 or MM-87 and GT-85	91L	建筑设备维修员	Construction Equipment Repairer	MM-92 or MM-87 and GT-85
91M	Bradley战车系统维修员	Bradley Fighting Vehicle System Maintainer	MM-99 or MM-88 and GT-92	91P	火炮机械师	Artillery Mechanic	MM-99 or MM-88 and GT-88	91S	Stryker系统维护员	Stryker Systems Maintainer	MM-92 or MM-87 and GT-85

续表

MOS代码	岗位名称（中文）	岗位名称（英文）	职业资格—分数	MOS代码	岗位名称（中文）	岗位名称（英文）	职业资格—分数	MOS代码	岗位名称（中文）	岗位名称（英文）	职业资格—分数
92A	自动化物流技术军士	Automated Logistical Specialist	CL-90	92F	石油供应技术军士	Petroleum Supply Specialist	CL-86 and OF-85	92G	烹饪技术军士	Culinary Specialist	OF-85
92L	石油实验室技术军士	Petroleum Laboratory Specialist	ST-91	92M	丧葬事务技术军士	Mortuary Affairs Specialist	GM-88	92R	降落伞装配员	Parachute Rigger	GM-88 and CO-87
92S	洗浴/洗衣和衣物修整技术军士	Shower/Laundry and Clothing Repair Specialist	GM-84	92W	水处理技术军士	Water Treatment Specialist	GM-88	92Y	单位供应技术军士	Unit Supply Specialist	CL-90
94A	地面电子导弹系统维修员	Land Combat Electronic Missile System Repairer	EL-102	94D	空中交通管制设备维修员	Air Traffic Control Equipment Repairer	EL-102	94E	无线电和通信安全维修员	Radio and Communications Security Repairer	EL-102
94F	计算机/检测系统维修员	Computer/Detection Systems Repairer	EL-102	94H	测试和诊断设备维修支持技术军士	Test Measurement and Diagnostic Equipment Maintenance Support Specialist	EL-107	94M	雷达修理员	Radar Repairer	EL-107
94P	多管发射火箭系统维修员	Multiple Launch Rocket System Repairer	EL-93	94R	航空电子和生存设备维修员	Avionic and Survivability Equipment Repairer	EL-98	94S	爱国者系统修理员	Patriot System Repairer	EL-107
94T	短程防空系统修理员	Short Range Air Defense System Repairer	EL-98	94Y	测试设备操作和维护人员	Integrated Family of Test Equipment Operator and Maintainer	EL-107				

注：*士兵毕业时必须年满21岁；**士兵必须通过一项或多项评估或选拔程序。

二、空军

美空军使用空军专业代码（Air Force Specialty Codes，AFSC）对军事岗位进行详细的划分，其中为初级新兵提供的职业岗位约有 120 种。同陆军类似，空军采用职业资格分数的形式对应征入伍岗位加以限制。空军使用的职业资格名称分为四种：机械（mechanical）、行政（administrative）、通用（general）和电子（electronics），代表四种能力阈，表 3 展示了 MAGE 在 ASVAB 中分测验的构成。

表 3　空军职业资格名称及其 ASVAB 分量表构成

职业资格名称	ASVAB 分量表构成
机械（mechanical，M）	GS + MC + 2AS
行政（administrative，A）	NO + CS + VE
通用（general，G）	AR + VE
电子（electronics，E）	GS + AR + MK + EI

注：GS-科学常识，AR-数学推理，MK-数学知识，AS-车辆和五金知识，EI-电学知识，AO-物体组合，WK-词汇知识，PC-段落理解，VE-言语能力（包括WK和PC），MC-机械理解，NO-数字运算，CS-编码速度

需要注意的是，MAGE 以百分位数计算，取值范围为 0 至 99，其反应的是某一考生在所有考生中所处的位置。如在机械上的分数为 51，则表示考生在该能力阈上的表现超过了半数的考生。表 4 列出了空军应征入伍岗位和 MAGE 的分数要求。

表 4 美空军应征入伍岗位及 ASVAB 分数要求

AFSC 代码	岗位名称（中文）	岗位名称（英文）	职业资格—分数	AFSC 代码	岗位名称（中文）	岗位名称（英文）	职业资格—分数	AFSC 代码	岗位名称（中文）	岗位名称（英文）	职业资格—分数
1A0X1	空中加油技术军士	In-Flight Refueling Specialist	G-55	1A1X1	飞行工程师	Flight Engineer	G-55	1A2X1	飞机装卸长	Aircraft Loadmaster	G-57
1A3X1	机载任务系统技术军士	Airborne Mission Systems Specialist	G-55	1A6X1	机组乘务员	Flight Attendant**	G-55	1A8X1	机载密码语言分析师	Airborne Cryptologic Language Analyst	G-72
1A8X2	空中情报、监视和侦察	Airborne Intelligence, Surveillance, and Reconnaissance	G-55	1A9X1	特殊任务飞行员	Special Missions Aviator	G-60 and M-60	1B4X1	网络战	Cyber Warfare Operations*	G-64
1C0X2	航空资源管理	Aviation Resource Management	G-55	1C1X1	空中交通管制	Air Traffic Control	G-55 and M-55	1C2X1	战斗控制员	Combat Controller	G-44
1C3X1	指挥和控制行动	Command and Control Operations	G-49	1C4X1	战术空中管制技术军士	Tactical Air Control Party Specialist	G-49	1C5X1	指挥和控制作战管理	Command and Control Battle Management Operations	G-49
1C6X1	空间系统操作	Space System Operations	E-60	1C7X1	机场管理	Airfield Management	G-50 and M-40	1C8X1	雷达、机场和天气系统	Radar, Airfield and Weather Systems	E-70
1C8X2	机场系统	Airfield Systems	E-70	1N0X1	全源情报分析员	All Source Intelligence Analyst	G-57	1N1X1	地理空间情报	Geospatial Intelligence	G-57
1N2X1	通信情报分析员	Signals Intelligence Analyst	G-62	1N3XX	密码语言分析师	Cryptologic Language Analyst	G-72	1N4X1	融合分析员	Fusion Analyst	G-49

附录 美军军事岗位与 ASVAB 分数

续表

AFSC 代码	岗位名称（中文）	岗位名称（英文）	职业资格—分数	AFSC 代码	岗位名称（中文）	岗位名称（英文）	职业资格—分数	AFSC 代码	岗位名称（中文）	岗位名称（英文）	职业资格—分数
1N7X1	人力情报技术军士	Human Intelligence Specialist	G-49	1N8X1	目标分析师	Targeting Analyst	G-50 and E-50	1P0X1	飞行机组设备	Aircrew Flight Equipment	M-40
1S0X1	安全技术军士	Safety	G-55	1T0X1	生存、躲避、抵抗和逃脱	Survival, Evasion, Resistance, and Escape*	G-55	1T2X1	伞兵救援	Pararescue	G-44
1U0X1	远程遥控飞机传感器操作员	Remotely Piloted Aircraft Sensor Operator	G-64 and E-54	1U1X1	远程遥控飞机飞行员	Remotely Piloted Aircraft Pilot	G-64 and E-54	1W0X1	气象员	Weather	G-66 and E-50
2A0X1	航空电子测试站和组件	Avionics Test Stations and Components	E-70	2A2X1	特种作战部队／人员救援综合通信／导航／任务系统	SOF/PR Integrated Communication/ Navigation/ Mission Systems	E-70	2A2X2	特种作战部队／人员救援综合仪器和飞行控制系统	SOF/PR Integrated Instruments and Flight Control Systems	E-70
2A2X3	特种作战部队／人员救援综合电子作战系统	SOF/PR Integrated Electronic Warfare Systems	E-70	2A3X3	战术飞机维修	Tactical Aircraft Maintenance	M-47	2A3X4	战斗机综合航空电子设备	Fighter Aircraft Integrated Avionics	E-70
2A5X1	空运／特种任务飞机维修	Airlift/Special Mission Aircraft Maintenance	M-47	2A5X2	直升机／倾转旋翼机维修员	Helicopter/ Tiltrotor Aircraft Maintenance	M-56	2A5X3	机动空军电子作战系统	Mobility Air Forces Electronic Warfare Systems	E-70
2A6X1	航空航天推进装置	Aerospace Propulsion	M-60	2A6X2	航空航天地面设备	Aerospace Ground Equipment	M-47 and E-28	2A6X3	机组人员逃生系统	Aircrew Egress Systems	E-70
2A6X4	飞机燃油系统	Aircraft Fuel Systems	M-47	2A6X5	飞机液压系统	Aircraft Hydraulic Systems	M-56	2A6X6	飞机电气和环境系统	Aircraft Electrical and Environmental Systems	E-61 and M-41

续表

AFSC代码	岗位名称（中文）	岗位名称（英文）	职业资格一分数	AFSC代码	岗位名称（中文）	岗位名称（英文）	职业资格一分数	AFSC代码	岗位名称（中文）	岗位名称（英文）	职业资格一分数
2A7X1	飞机金属技术	Aircraft Metals Technology	M-47	2A7X2	无损检验	Nondestructive Inspection	M-42	2A7X3	飞机结构维护	Aircraft Structural Maintenance	M-47
2A7X5	低可侦测性飞机结构维护	Low Observable Aircraft Structural Maintenance	M-47	2A8X1	机动空军综合通信/导航/任务系统	Mobility Air Forces Integrated Communication/Navigation/Mission Systems	E-61	2A8X2	机动空军综合仪器和飞行控制系统	Mobility Air Forces Integrated Instrument and Flight Control Systems	E-61
2A9X1	轰炸机/特种综合通信/导航/任务系统	Bomber/Special Integrated Communication/Navigation/Mission Systems	E-61	2A9X2	轰炸机/特种综合仪表和飞行控制系统	Bomber/Special Integrated Instrument and Flight Control Systems	E-61	2A9X3	轰炸机/特种电子作战和雷达监视综合航空电子设备	Bomber/Special Electronic Warfare and Radar Surveillance Integrated Avionics	E-61
2F0X1	燃料	Fuels	M-47 and G-38	2G0X1	后勤规划	Logistics Plans	A-56	2M0X1	导弹维护	Missile Maintenance	E-70
2M0X2	导弹和空间系统维护	Missile and Space Systems Maintenance	M-47	2M0X3	导弹和空间设施	Missile and Space Facilities	E-70	2P0X1	精密测量设备实验室	Precision Measurement Equipment Laboratory	E-70
2R0X1	维护管理分析	Maintenance Management Analysis	G-70	2R1X1	维修管理生产	Maintenance Management Production	G-44	2S0X1	军备管理	Materiel Management	A-41 or G-44
2T0X1	交通管理	Traffic Management	A-35	2T1X1	地面运输	Ground Transportation	A-28 and M-47	2T2X1	航空运输	Air Transportation	M-47 and A-28

附录 美军军事岗位与 ASVAB 分数

续表

AFSC 代码	岗位名称(中文)	岗位名称(英文)	职业资格-分数	AFSC 代码	岗位名称(中文)	岗位名称(英文)	职业资格-分数	AFSC 代码	岗位名称(中文)	岗位名称(英文)	职业资格-分数
2T3X1	车辆维护	Mission Generation Vehicular Maintenance	M-47	2T3X2	车辆管理	Vehicle Management	M-56	2T3X7	车队管理及分析	Fleet Management and Analysis	A-41
2W0X1	武器系统	Munitions Systems	G-57 or M-60	2W1X1	空军武器系统	Aircraft Armament Systems	M-60 or E-45	2W2X1	核武器	Nuclear Weapons	M-60
3D0X1	信息操作管理	Knowledge Operations Management	A-47	3D0X2	网络系统操作	Cyber Systems Operations	G-64	3D0X3	网络保障	Cyber Surety	G-64
3D0X4	电脑系统编程	Computer Systems Programming	G-64	3D1X1	用户端系统	Client Systems	E-60	3D1X2	网络传输系统	Cyber Transport Systems	E-70
3D1X3	射频传输系统	Radio Frequency Transmission Systems	E-70	3E0X1	电子系统	Electrical Systems	E-35 and M-35	3E0X2	电力生产	Electrical Power Production	E-40 and M-56
3E1X1	供暖、通风、空调和制冷	Heating, Ventilation, Air Conditioning, and Refrigeration	M-47 or E-28	3E2X1	路面和施工设备	Pavement and Construction Equipment	M-40	3E3X1	建筑结构	Structural	M-47
3E4X1	水利燃料系统维护	Water and Fuel Systems Maintenance	M-47 and E-28	3E4X2	液体燃料系统维护	Liquid Fuel Systems Maintenance	M-47	3E4X3	有害生物管理	Pest Management	G-38
3E5X1	工程军士	Engineering	G-49	3E6X1	运营管理	Operations Management	G-44	3E7X1	消防	Fire Protection	G-38
3E8X1	爆炸性军械处理	Explosive Ordnance Disposal*	G-64 and M-60	3E9X1	应急管理	Emergency Management	G-62	3M0X1	服务	Services	G-24

续表

AFSC代码	岗位名称（中文）	岗位名称（英文）	职业资格—分数	AFSC代码	岗位名称（中文）	岗位名称（英文）	职业资格—分数
3N0X2	广播记者	Broadcast Journalist	G-72	3N0X5	摄影记者	Photojournalist	G-72	3N1X1	地区乐队	Regional Band*	G-24 or A-21
3P0X1	安保部队	Security Forces	G-33	3S0X1	人事	Personnel	A-41	4A0X1	卫生事业管理	Health Services Management	G-44
4A1X1	医疗物资	Medical Materiel	G-44	4A2X1	生物医疗设备	Biomedical Equipment	E-70 and M-60	4B0X1	生物环境工程	Bioenvironmental Engineering	G-49
4C0X1	心理健康服务	Mental Health Services	G-55	4D0X1	饮食疗法	Diet Therapy	G-44	4E0X1	公共卫生	Public Health	G-44
4H0X1	心肺实验室	Cardiopulmonary Laboratory	G-44	4J0X2	物理治疗	Physical Medicine	G-49	4M0X1	航空航天和战斗生理学	Aerospace and Operational Physiology	G-44
4N0X1	航空航天医疗服务	Aerospace Medical Services	G-44	4N1X1	外科服务	Surgical Service	G-44	4P0X1	药品技师	Pharmacy Technician	G-44
4R0X1	诊断影像学	Diagnostic Imaging	G-44	4T0X1	医学实验室	Medical Laboratory	G-62	4T0X2	组织病理学	Histopathology	G-44
4V0X1	验光	Optometry	G-55	4Y0X1	牙医助理	Dental Assistant	G-44	4Y0X2	牙医实验室	Dental Laboratory	G-66
5J0X1	律师助理	Paralegal	G-51	5R0X1	宗教事务	Religious Affairs	G-51 or A-35	6C0X1	合同签订	Contracting	G-72
6F0X1	财务管理及审计	Financial Management and Comptroller	G-57	9S100	科学应用专家	Scientific Applications Specialist	M-88 and E-85				

注：*应征人员必须通过额外的考试才可获得该项职位；**应征人员必须年满21岁。

三、海军

海军将应征入伍的岗位代码称为 Rating，并使用字母数字系统对海军军事岗位（Navy Occupational Specialty，NOS）进行标识，其中为初级新兵提供了大约 80 种类型工作。与陆军、空军不同，海军不使用职业资格分数对特定的岗位进行限制，而是直接将不同分测验的标准分数进行结合。

比如，如果海军航空救生员（Navy Aviation Rescue Swimmer，AIRR）的分数要求为"VE + AR + MK + MC = 210 or VE + AR + MK + AS = 210"，则应征人员在言语能力、数学推理、数学知识、机械理解的总分必须等于或大于 210 分，或者在言语能力、数学推理、数学知识、车辆和五金知识的总分必须等于或大于 210 分。

表 5 展示了美海军应征入伍岗位及 ASVAB 分数要求，其中 GS 为科学常识，AR 为数学推理，MK 为数学知识，AS 为车辆和五金知识，EI 为电学知识，AO 为物体组合，WK 为词汇知识，PC 为段落理解，VE 为言语能力（包括 WK 和 PC），MC 为机械理解。

表 5　美海军应征入伍岗位及 ASVAB 分数要求

Rating 代码	岗位名称（中文）	岗位名称（英文）	ASVAB-分数	Rating 代码	岗位名称（中文）	岗位名称（英文）	ASVAB-分数	Rating 代码	岗位名称（中文）	岗位名称（英文）	ASVAB-分数
AIRR	海军航空救生员	Navy Aviation Rescue Swimmer	VE + AR + MK + MC = 210 or VE + AR + MK + AS = 210	AB	航空舰艇军士，操作	Aviation Boatswain's Mate, Handling	VE + AR + MK + AS = 184	ABE	航空舰艇军士，装备	Aviation Boatswain's Mate, Equipment	VE + AR + MK + AS = 184
ABF	航空舰艇军士，燃料	Aviation Boatswain's Mate, Fuels	VE + AR + MK + AS = 184	AC	空中交通指挥员	Air Traffic Controller	VE + AR + MK + MC = 220 or VE + MK + MC + CS = 220	AD	航空机械军士	Aviation Machinist's Mate	VE + AR + MK + AS = 210 or VE + AR + MK + MC = 210
AE	航空电工军士	Aviation Electrician's Mate	AR + EI + GS + MK = 222 or AR + MK + MC + VE = 222	AG	高空气象观察员军士	Aerographer's Mate	VE + MK + GS = 162	AM	航空结构机械师	Aviation Structural Mechanic	VE + AR + MK + AS = 210 or VE + AR + MK + MC = 210
AME	航空结构机械师，装备	Aviation Structural Mechanic, Equipment	VE + AR + MK + AS = 210 or VE + AR + MK + MC = 210	AO	航空军械	Aviation Ordnance	VE + AR + MK + AS = 185 or MK + AS + AO = 140	AS	航空支持设备技术员	Aviation Support Equipment Technician	VE + MC + AR + MK = 210
AT	航空电子设备技术员	Avionics Electronics Technician	AR + MK + EI + GS = 222 or VE + AR + MK + MC = 222	AW	海军空勤人员	Naval Aircrew	VE + AR + MK + MC = 210 or VE + AR + MK + AS = 210	AZ	航空维护管理	Aviation Maintenance Administration	VE + AR = 103

续表

Rating 代码	岗位名称（中文）	岗位名称（英文）	ASVAB-分数	Rating 代码	岗位名称（中文）	岗位名称（英文）	ASVAB-分数	Rating 代码	岗位名称（中文）	岗位名称（英文）	ASVAB-分数
BM	舰艇军士	Boatswain's Mate	VE+AR+MK+AS=163 or MK+AS+AO=126	BU	建筑者	Builder	AR+MC+AS=145	CE	建筑电工	Construction Electrician	AR+MK+EI+GS=201
CM	建筑机械工	Construction Mechanic	AR+MC+AS=162	CS	烹饪技术军士（水面舰船）	Culinary Specialist (Surface)	VE+AR=88	CSS	烹饪技术军士（潜艇）	Culinary Specialist (Submarine)	AR+MK+EI+GS=200 or VE+AR+MK+MC=200
CTI	密码技术员—（语言）翻译解释	Cryptologic Technician–Interpretive	VE+MK+GS=162	CTT	密码技术员—（设备）技术操作	Cryptologic Technician–Technical	VE+MK+GS=162	CTM	密码技术员—（设备）维护	Cryptologic Technician–Maintenance	VE+MK+EI+GS=223
CTN	密码技术员—网络	Cryptologic Technician–Networks	AR+2MK+GS=255 or VE+AR+MK+MC=235 or AR+2MK+GS=235 and CT=65*	CTR	密码技术员—设备技术（信息）收集	Cryptologic Technician–Collection	VE+AR=109	DC	损害控制	Damage Control	VE+AR+MK+AS=205 or VE+AR+MK+MC=205
EA	工程助理	Engineering Aide	AR+2MK+GS=207	EM	电工军士	Electrician's Mate	VE+AR+MK+MC=210 or AR+MK+EI+GS=210	EN	发动机操作员	Engineman	VE+AR+MK+AS=200 or VE+AR+MK+AO=205

续表

Rating 代码	岗位名称（中文）	岗位名称（英文）	ASVAB-分数	Rating 代码	岗位名称（中文）	岗位名称（英文）	ASVAB-分数
EO	设备操作员	Equipment Operator	AR + MC + AS = 145	EOD	爆炸性军械处理	Explosive Ordnance Disposal	AR + VE = 109 and MC = 51 or GS + MC + EI = 169
FC	火力控制	Fire Control	AR + MK + EI + GS = 222	FT	火力控制技术员	Fire Control Technician	AR + EI + GS + MK = 223
GSE	燃气轮机系统技术员—电器	Gas Turbine System Technician – Electrical	VE + AR + MK + MC = 210 or AR + MK + EI + GS = 210	GSM	燃气轮机系统技术员—机械	Gas Turbine System Technician – Mechanical	VE + AR + MK + AS = 200 or VE + AR + MK + AO = 205
HT	船体维护技术员	Hull Maintenance Technician	VE + AR + MK + AS = 205 or VE + AR + MK + MC = 205	IC	内部通讯电工	Interior Communications Electrician	AR + MK + EI + GS = 213
IT	信息系统技术员（水面舰船）	Information Systems Technician (Surface)	AR + 2MK + GS = 222 or AR + MK + EI + GS = 222	ITS	信息系统技术员（潜艇）	Information Systems Technician (Submarine)	AR + 2MK + GS = 222 or AR + MK + EI + GS = 222
				ET	电子设备技术员	Electronics Technician	基于专业而定
				GM	武器军士	Gunner's Mate	AR + MK + EI + GS = 205
				HM	海军医疗兵	Hospital Corpsman	VE + MK + GS = 156
				IS	情报技术军士	Intelligence Specialist	VE + AR = 107
				LN	律师助理	Legalman	VE + MK = 105 or VE + MK + CS = 157 (minimum VE = 52)

续表

Rating 代码	岗位名称（中文）	岗位名称（英文）	ASVAB-分数	Rating 代码	岗位名称（中文）	岗位名称（英文）	ASVAB-分数
LS	后勤技术军士（水面舰船）	Logistics Specialist (Surface)	VE + AR = 102	LSS	后勤技术军士（潜艇）	Logistics Specialist (Submarine)	AR + MK + EI + GS = 200 or VE + AR + MK + MC = 200
MC	大众传媒技术军士	Mass Communications Specialist	VE + AR = 115 (minimum VE = 55)	MN	水雷军士	Mineman	VE + AR + MK + MC = 210 or VE + AR + MK + AS = 210
MMA	机械军士（潜艇）	Machinist's Mate (Submarine)	VE + AR + MK + MC = 210	MR	机械维修	Machinery Repair	VE + AR + MK + AS = 205 or VE + AR + MK + MC = 205
MU	音乐家	Musician	没有分数标准，但AFQT必须在35分以上	ND	海军潜水员	Navy Diver	AR + VE = 103 and MC = 51
PS	人事技术军士	Personnel Specialist	VE + MK = 105 or VE + MK + CS = 157	PR	航空救生器材军士	Aircrew Survival Equipmentman	VE + AR + MK + AS = 185 or MK + AS + AO = 140
		Master-at-Arms	AR + WK = 98 (minimum WK = 43)	MA	宪兵		
		Machinist's Mate (Surface)	VE + AR + MK + AS = 200 or VE + AR + MK + AO = 205	MM	机械军士（水面舰船）		
		Missile Technician	AR + MK + EI + GS = 222 or VE + AR + MK + MC = 222	MT	导弹技术员		
		Operations Specialist	VE + MK + CS = 157 or AR + 2MK + GS = 210	OS	作战技术军士		
		Quartermaster	VE + AR = 96	QM	导航水手		

续表

Rating 代码	岗位名称（中文）	岗位名称（英文）	ASVAB-分数	Rating 代码	岗位名称（中文）	岗位名称（英文）	ASVAB-分数	Rating 代码	岗位名称（中文）	岗位名称（英文）	ASVAB-分数
RP	宗教项目技术军士	Religious Program Specialist	VE + MK = 105 or VE + MK + CS = 157	SECF	潜艇电子/计算机专业	Submarine Electronics/Computer Field	AR + MK + EI + GS = 222 or VE + AR + MK + MC = 222	SH	舰船服务人员	Ship's Serviceman	VE + AR = 95
SO	特种作战队员（海豹突击队）	Special Warfare Operator (SEAL)	GS + MC + EI = 170 or VE + MK + MC + CS = 220 or VE + AR = 110 and MC = 50***	ST	声呐技术员（水面舰船）	Sonar Technician (Surface)	AR + MK + EI + GS = 223	STS	声呐技术员（潜艇）	Sonar Technician (Submarine)	AR + MK + EI + GS = 222 or VE + AR + MK + MC = 222
SW	钢铁工人	Steelworker	AR + MC + AS = 145	UCT	水下施工队	Underwater Construction Team	VE + AR = 103 and MC = 51	UT	公共事业工作人员	Utilitiesman	AR + MK + EI + GS = 201
YN	文书军士	Yeoman	VE + MK = 105 or VE + MK + CS = 157								

注：* 申请人还必须通过海军网络测试（the Navy's Cyber Test）；
** 申请人还必须接受海军高等项目测试（the Navy Advanced Programs Test），除非他们的分数达到 VE + AR + MK + MC = 252 或者 AR + MK + EI + GS = 252；
*** 申请人必须通过额外的评估。

四、海军陆战队

与陆军类似，美海军陆战队也将军事岗位的编码称为军事职业代码（MOS），其中为初级新兵提供的职业岗位约 140 种。表 6 展示了海军陆战队使用的职业资格名称及 ASVAB 分量表，表 7 展示了美海军陆战队应征入伍岗位及 ASVAB 分数要求。

表 6　海军陆战队职业资格名称及其 ASVAB 分量表构成

职业资格名称	ASVAB 分量表构成
文书工作（Clerical，CL）	NO + CS + VE
电子设备（Electronics，EL）	GS + AR + MK + EI
通用技术（General Technical，GT）	VE + AR
器械维护（Mechanical Maintenance，MM）	GS + AS + MK + MC

注：GS-科学常识，AR-数学推理，MK-数学知识，AS-车辆和五金知识，EI-电学知识，WK-词汇知识，PC-段落理解，VE-言语能力（包括WK和PC），MC-机械理解，NO-数字运算。

表7 美海军陆战队应征入伍岗位及ASVAB分数要求

MOS代码	岗位名称（中文）	岗位名称（英文）	职业资格一分数	MOS代码	岗位名称（中文）	岗位名称（英文）	职业资格一分数	MOS代码	岗位名称（中文）	岗位名称（英文）	职业资格一分数
0111	行政技术军士	Administrative Specialist	CL-100	0161	邮政人员	Postal Clerk	CL-100	0211	反间谍/人力情报技术军士	Counterintelligence/Human Intelligence Specialist	GT-110
0231	情报技术军士	Intelligence Specialist	GT-100	0241	图像分析技术军士	Imagery Analysis Specialist	GT-100	0261	地理情报技术军士	Geographic Intelligence Specialist	GT-100
0300	海军陆战队基础步兵	Basic Infantry Marine	GT-80	0311	步枪手	Rifleman	GT-80	0313	海军陆战队轻型装甲侦察兵	Light Armored Reconnaissance Marine	GT-90
0321	海军陆战队侦察兵	Reconnaissance Marine	GT-105	0331	机枪手	Machine Gunner	GT-80	0341	迫击炮兵	Mortarman	GT-90
0351	海军陆战队突击步兵	Infantry Assault Marine	GT-100	0352	反坦克导弹炮手	Antitank Missile Gunner	GT-80	0411	维护管理技术军士	Maintenance Management Specialist	GT-100
0431	后勤/装载技术军士	Logistics/Embarkation Specialist	GT-100	0451	空降和空投技术军士	Airborne and Air Delivery Specialist	GT-100	0471	人员检索和处理技术军士	Personnel Retrieval and Processing Specialist	N/A
0472	人员检索和处理技术军士	Personnel Retrieval and Processing Technician	N/A	0481	登陆支持技术军士	Landing Support Specialist	GT-95 and MM-100	0511	陆空特遣队规划技术军士	MAGTF Planning Specialist	GT-110
0612	战术信文换操作员	Tactical Switching Operator	EL-105	0621	传输系统操作员	Transmissions System Operator	EL-105	0627	卫星通信操作员	Satellite Communications Operator	EL-105

续表

MOS代码	岗位名称（中文）	岗位名称（英文）	职业资格—分数	MOS代码	岗位名称（中文）	岗位名称（英文）	职业资格—分数	MOS代码	岗位名称（中文）	岗位名称（英文）	职业资格—分数
0631	网络管理员	Network Administrator	EL-105	0651	电子网络操作员	Cyber Network Operator	GT-110	0671	数据系统管理员	Data Systems Administrator	EL-105
0800	海军陆战队基础野战炮兵	Basic Field Artillery Marine	GT-90	0811	野战炮兵炮手	Field Artillery Cannoneer	GT-90	0842	野战炮兵雷达操作员	Field Artillery Radar Operator	GT-105
0844	野战炮兵火力控制士兵	Field Artillery Fire Control Marine	GT-105	0847	野战炮兵传感器支持士兵	Field Artillery Sensor Support Marine	GT-105	0861	火力支援士兵	Fire Support Marine	GT-100
1141	电工	Electrician	EL-90	1142	工程师设备电子系统技术员	Engineer Equipment Electrical Systems Technician	MM-105 and EL-100	1161	制冷与空气调节技术员	Refrigeration and Air Conditioning Technician	MM-105
1171	水支持技术员	Water Support Technician	MM-95	1721	防御性网络空间操作员	Cyberspace Defensive Operator	GT-110	1316	金属焊工	Metal Worker	MM-95
1341	设备机械工程师	Engineer Equipment Mechanic	MM-95	1345	工程设备操作员	Engineer Equipment Operator	MM-95	1361	工程师助理	Engineer Assistant	GT-100
1371	工兵	Combat Engineer	MM-95	1391	燃料技术军士	Bulk Fuel Specialist	MM-95	1812	海军陆战队装甲兵	Armor Marine	GT-90
1833	两栖突击车成员	Assault Amphibious Vehicle Crewmember	GT-90	1834	两栖装甲车成员	Amphibious Combat Vehicle Crewmember	GT-90	2111	轻武器维修员/技术员	Small Arms Repairer/Technician	MM-95
2131	牵引火炮系统技术员	Towed Artillery Systems Technician	MM-95	2141	两栖突击车维修员/技术员	Assault Amphibious Vehicle Repairer/Technician	MM-105	2146	主战坦克维修员/技术员	Main Battle Tank Repairer/Technician	MM-105

续表

MOS代码	岗位名称（中文）	岗位名称（英文）	职业资格—分数	MOS代码	岗位名称（中文）	岗位名称（英文）	职业资格—分数
2147	轻装甲车维修员/技术员	Light Armored Vehicle Repairer/Technician	MM-105	2161	机械员	Machinist	MM-105	2171	光电军械维修员	Electro-Optical Ordnance Repairer	EL-115 and MM-105
2311	弹药技术员	Ammunition Technician	GT-100	2621	特殊通信信号采集技术员/分析员	Special Communications Signals Collection Operator/Analyst	GT-110	2631	电子情报分析员	Electronic Intelligence Analyst	GT-110
2641	密码语言操作员/分析员	Cryptologic Linguist Operator/Analyst	GT-105	2651	情报监视侦察系统工程师	Intelligence Surveillance Reconnaissance Systems Engineer	GT-110 and EL-110	2831	数字宽带系统维护员	Digital Wideband Systems Maintainer	EL-115
2841	地面电子传输系统维护员	Ground Electronics Transmission Systems Maintainer	EL-115	2847	地面电子通信和信息技术系统维护员	Ground Electronics Telecommunications and Information Technology Systems Maintainer	EL-115	2871	校准技术员	Calibration Technician	EL-115
2887	炮兵电子设备技术员	Artillery Electronics Technician	EL-115	3043	供应链和物资管理技术军士	Supply Chain and Materiel Management Specialist	CL-105	3051	库存管理技术军士	Inventory Management Specialist	CL-95
3052	包装技术军士	Packaging Specialist	CL-90	3112	配送管理技术军士	Distribution Management Specialist	GT-90	3381	食品服务技术军士	Food Service Specialist	GT-90
3432	财务技术员	Finance Technician	CL-105	3451	财务资源管理分析员	Financial Management Resource Analyst	GT-110	3521	车辆维修技术员	Automotive Maintenance Technician	MM-95

续表

MOS 代码	岗位名称（中文）	岗位名称（英文）	职业资格—分数	MOS 代码	岗位名称（中文）	岗位名称（英文）	职业资格—分数	MOS 代码	岗位名称（中文）	岗位名称（英文）	职业资格—分数
3531	机动车辆驾驶员	Motor Vehicle Operator	MM-85	4421	法律服务技术军士	Legal Services Specialist	CL-110 and GT-105	4512	战斗图形技术军士	Combat Graphics Specialist	GT-110 and VE-45
4531	战斗信息大众传播	Combat Mass Communicator	GT-110 and VE-45	4541	战地摄影师	Combat Photographer	GT-110 and VE-45	4571	战地摄像师	Combat Videographer	GT-110 and VE-45
55XX	乐队	Band	N/A	5711	化学、生物、放射与核防护技术军士	Chemical, Biological, Radiological and Nuclear Defense Specialist	GT-110	5811	宪兵	Military Police	GT-100
5831	看守监管技术军士	Correctional Specialist	GT-100	5939	航空通信系统技术员	Aviation Communication Systems Technician	EL-115	5948	航空雷达技术员	Aviation Radar Technician	EL-115
5951	航空气象设备技术员	Aviation Meteorological Equipment Technician	EL-110	5952	空中交通管制航导设备技术员	Air Traffic Control Navigational Aids Technician	EL-110	5953	空中交通管制雷达技术员	Air Traffic Control Radar Technician	EL-110
5954	空中交通管制通讯技术员	Air Traffic Control Communications Technician	EL-110	5974	战术数据系统技术员	Tactical Data Systems Technician	EL-115	5979	战术空中作战/防空系统技术员	Tactical Air Operations/Air Defense Systems Technician	EL-115
6042	单项物资战备状况清单资产管理员	Individual Material Readiness List Asset Manager	CL-105	6046	飞机维修数据专业军士	Aircraft Maintenance Data Specialist	EL-100	6048	飞行设备技术员	Flight Equipment Technician	MM-105

续表

MOS代码	岗位名称（中文）	岗位名称（英文）	职业资格—分数	MOS代码	岗位名称（中文）	岗位名称（英文）	职业资格—分数	MOS代码	岗位名称（中文）	岗位名称（英文）	职业资格—分数
6062	飞机中级液压/气动机械师	Aircraft Intermediate Level Hydraulic/Pneumatic Mechanic	MM-105	6073	支持设备电工/制冷和引擎/燃气轮机技术员	Support Equipment Electrician/Refrigeration and Engine/Gas Turbine Technician	MM-105	6074	低温设备操作员	Cryogenics Equipment Operator	MM-105
6092	飞机中级结构机机械师	Aircraft Intermediate Level Structures Mechanic	MM-105	6111	直升机/倾转旋翼机实习机械师	Helicopter/Tiltrotor Mechanic-Trainee	MM-105	6112	CH-46直升机机械师	Helicopter Mechanic, CH-46	MM-105
6113	CH-53直升机机械师	Helicopter Mechanic, CH-53	MM-105	6114	UH/AH-1直升机机械师	Helicopter Mechanic, UH/AH-1	MM-105	6116	MV-22倾转翼机机械师	Tiltrotor Mechanic, MV-22	MM-105
6122	T-58直升机动力装置机械师	Helicopter Power Plants Mechanic, T-58	MM-105	6123	T-64直升机动力装置机械师	Helicopter Power Plants Mechanic, T-64	MM-105	6124	T-400/T-700直升机动力装置机械师	Helicopter Power Plants Mechanic, T-400/T-700	MM-105
6132	直升机/倾转旋翼机动力部件机机械师	Helicopter/Tiltrotor Dynamic Components Mechanic	MM-105	6152	CH-46直升机机身机械师	Helicopter Airframe Mechanic, CH-46	MM-105	6153	CH-53直升机机身机械师	Helicopter Airframe Mechanic, CH-53	MM-105
6154	UH/AH-1直升机机身机械师	Helicopter Airframe Mechanic, UH/AH-1	MM-105	6156	MV-22直升机机身机械师	Tiltrotor Airframe Mechanic, MV-22	MM-105	6172	CH-46直升机乘务长	Helicopter Crew Chief, CH-46	MM-105
6173	CH-53直升机乘务长	Helicopter Crew Chief, CH-53	MM-105	6174	UH-1直升机乘务长	Helicopter Crew Chief, UH-1	MM-105	6176	MV-22直升乘务长	Tiltrotor Crew Chief, MV-22	MM-105

附录 美军军事岗位与ASVAB分数

续表

MOS代码	岗位名称（中文）	岗位名称（英文）	职业资格—分数	MOS代码	岗位名称（中文）	岗位名称（英文）	职业资格—分数
621X	固定翼飞机机械师	Fixed-Wing Aircraft Mechanic	MM-105	6242	KC-130固定翼飞机飞行工程师	Fixed-Wing Aircraft Flight Engineer, KC-130	MM-105
624X	固定翼运输飞机技术军士	Fixed-Wing Transport Aircraft Specialist	MM-105	6276	KC-130固定翼飞机乘务长	Fixed-Wing Aircraft Crew Chief, KC-130	MM-105 and GT-110
628X	固定翼飞机安全设备机械师	Fixed-Wing Aircraft Safety Equipment Mechanic	MM-105	6314	航空电子设备/维修技术员，无人机系统	Avionics/Maintenance Technician, Unmanned Aircraft System	EL-105
631X	飞机通讯/导航/雷达系统技术员	Aircraft Communications/Navigation/Radar Systems Technician	EL-105	6332	AV-8B飞机航空电子设备技术员	Aircraft Avionics Technician, AV-8B	EL-105
633X	飞机电子系统技术员	Aircraft Electrical Systems Technician	EL-105	6423	航空电子微型/小型部件和电缆维修技术员	Aviation Electronic Micro/Miniature Component and Cable Repair Technician	EL-105
6432	飞机电子/仪表/飞行控制系统技术员	Aircraft Electrical/Instrument/Flight Control Systems Technician	EL-105	6483	通信/导航/加密/对抗系统技术员	Communication/Navigation/Cryptographic/Countermeasures Systems Technician	EL-105
631X	EA-6飞机通讯/导航/雷达系统技术员	Aircraft Communications/Navigation/Radar Systems Technician, EA-6	EL-105				
632X	飞机通讯/导航/电子系统技术员	Aircraft Communications/Navigation/Electrical Systems Technician	EL-105				
6386	EA-6B飞机电子对抗系统技术员	Aircraft Electronic Countermeasures Systems Technician, EA-6B	EL-105				
6469	可重构便携式综合自动化支持系统技术员	Reconfigurable Transportable Consolidated Automated Support System Technician	EL-105				

续表

MOS代码	岗位名称（中文）	岗位名称（英文）	职业资格—分数	MOS代码	岗位名称（中文）	岗位名称（英文）	职业资格—分数
6492	航空精密仪器校准/维修技术员	Aviation Precision Measurement Equipment Calibration/Repair Technician	EL-110	6499	移动设备技术员	Mobile Facility Technician	EL-105
6541	航空武器系统技术员	Aviation Ordnance Systems Technician	GT-105	6672	航空供应技术军士	Aviation Supply Specialist	CL-100
6842	气象学和海洋学信息分析预报员	METOC Analyst Forecaster	GT-105	7011	远征机场系统技术员	Expeditionary Airfield Systems Technician	MM-95
7051	远征消防救援技术军士	Expeditionary Firefighting and Rescue Specialist	MM-95	7212	低空防空炮手	Low Altitude Air Defense (LAAD) Gunner	GT-90
7242	空中支援作战人员	Air Support Operations Operator	GT-100	7257	空中交通指挥员	Air Traffic Controller	GT-110
7372	战术系统操作员/任务技术军士*	Tactical Systems Operator/Mission Specialist*	GT-110				

MOS代码	岗位名称（中文）	岗位名称（英文）	职业资格—分数
6531	航空武器技术员	Aircraft Ordnance Technician	GT-105
6694	航空物流信息管理系统	Aviation Logistics Information Management System Specialist	GT-110 and EL-115
7041	航空运营技术军士	Aviation Operations Specialist	CL-100
7236	战术防空指挥员	Tactical Air Defense Controller	GT-105
7314	无人机系统操作员	Unmanned Aircraft System Operator	GT-110

注：*申请人还必须完成SERE学校的培训。

五、海岸警卫队

美海岸警卫队隶属于国土安全部 (the Department of Homeland Security)，运作方式与国防部下属的军事部门类似。海岸警卫队与海军一样，将应征入伍的岗位代码称为 Rating。海岸警卫队不使用职业资格分数对特定的岗位进行限制，而是直接将不同分测验的标准分数进行结合。

表 8 展示了美海岸警卫队应征入伍岗位及 ASVAB 分数要求，其中 GS 为科学常识，AR 为数学推理，MK 为数学知识，AS 为车辆和五金知识，EI 为电学知识，AO 为物体组合，WK 为词汇知识，PC 为段落理解，VE 为言语能力（包括 WK 和 PC），MC 为机械理解。

表 8 美海岸警卫队应征入伍岗位及 ASVAB 分数要求

Rating 代码	岗位名称（中文）	岗位名称（英文）	ASVAB-分数	Rating 代码	岗位名称（中文）	岗位名称（英文）	ASVAB-分数	Rating 代码	岗位名称（中文）	岗位名称（英文）	ASVAB-分数
AET	航空电气设备技术员	Avionics Electrical Technician	MK + EI + GS = 171	AMT	航空维修技术员	Aviation Maintenance Technician	AFQT = 65 or AR + MC + AS + EI = 220 and minimum AR = 52	AST	航空救援技术员	Aviation Survival Technician	AFQT = 65 or VE + MC + AS = 162 and minimum AR = 52
BM	舰艇军士	Boatswain's Mate	AR + VE = 100	CS	烹饪技术军士	Culinary Specialist	VE + AR = 106	DC	损害控制员	Damage Controlman	VE + MC + AS = 155
EM	电工军士	Electrician's Mate	MK + EI + GS = 153 and minimum AR = 52	ET	电子设备技术员	Electronics Technician	AFQT = 65 or MK + EI + GS = 172 and minimum AR = 52	GM	武器军士	Gunner's Mate	AR + MK + EI + GS = 209
HS	卫生服务技术员	Health Services Technician	VE + MK + GS + AR = 207 and minimum AR = 50	IT	信息系统技术员	Information Systems Technician	AFQT = 65 or MK + EI + GS = 172 and minimum AR = 52	IS	情报技术军士	Intelligence Specialist	AR + VE = 109
ME	海事执法技术军士	Maritime Enforcement Specialist	VE + AR = 100	MK	机械技术员	Machinery Technician	AR + MC + AS = 154 or VE + AR = 105	MST	海洋科学技术员	Marine Science Technician	VE + AR = 114 and minimum MK = 56

续表

Rating 代码	岗位名称（中文）	岗位名称（英文）	ASVAB-分数	Rating 代码	岗位名称（中文）	岗位名称（英文）	ASVAB-分数	Rating 代码	岗位名称（中文）	岗位名称（英文）	ASVAB-分数
MUS	音乐家	Musician	N/A*	OS	作战技术军士	Operations Specialist	VE + AR = 105	PA	公共事务技术军士	Public Affairs Specialist	VE + AR = 109 and minimum VE = 54
SK	物资储备管理员	Storekeeper	VE + AR = 105 and minimum VE = 51	YN	文书军士	Yeoman	VE + AR = 105				

注：*申请人必须经过面试。

（曹 爽）